高等学校交通运输类实践系列教材

铁路货车设计与制造

主　编　邓成尧　马贵平　林结良

副主编　李　冬　冯　芳　王丽娟

参　编　韩金刚　李志强　雷红先　邓云波

西安电子科技大学出版社

内容简介

　　本书共九章，内容包括：铁路货车发展，车辆总体，车体钢结构、转向架、车钩缓冲装置及制动系统的主要组成和零部件的结构设计与分析计算，材料及应用，可靠性设计与货车三维设计技术，制造与检验技术等。

　　"铁路货车设计与制造"是铁路机车车辆专业的专业主干课程，属于理实一体化课程。该课程着重培养学生掌握铁路货车关键零部件与组成的设计原理、方法，以及运用标准、规范、手册和查阅有关技术资料解决实际问题的能力。

　　本书可作为高等院校铁路机车车辆专业学生用教材，也可作为相关工程技术人员的参考资料。

图书在版编目(CIP)数据

铁路货车设计与制造/邓成尧，马贵平，林结良主编. —西安：西安电子科技大学出版社，2023.1

ISBN 978 - 7 - 5606 - 6561 - 0

Ⅰ. ①铁… Ⅱ. ①邓… ②马… ③林… Ⅲ. ①铁路车辆—货车—高等学校—教材 Ⅳ. ①U272

中国版本图书馆 CIP 数据核字(2022)第 239573 号

策　　划	刘玉芳　刘统军
责任编辑	阎　彬
出版发行	西安电子科技大学出版社(西安市太白南路 2 号)
电　　话	(029)88202421　88201467　　　邮　编　710071
网　　址	www.xduph.com　　　　电子邮箱　xdupfxb001@163.com
经　　销	新华书店
印刷单位	陕西天意印务有限责任公司
版　　次	2023 年 1 月第 1 版　2023 年 1 月第 1 次印刷
开　　本	787 毫米×1092 毫米　1/16　印张　23
字　　数	548 千字
印　　数	1～3000 册
定　　价	64.00 元

ISBN 978 - 7 - 5606 - 6561 - 0/U

XDUP 6863001 - 1

* * * 如有印装问题可调换 * * *

前言 >>>>>

我国铁路货车从仿制到自主研发,从引进、消化、吸收到再创新,历经了近70年的发展历程,实现了"提速重载并举、高效周转、安全可靠"的目标,形成了多样化、系列化、不同档次水平的产品,具备商业运营速度120 km/h的运用要求,形成了能满足国内外多层次用户需求的产品结构。我国的铁路货车整体技术已接近国际先进水平,部分技术已经达到世界先进水平,较好地满足了经济发展的需要,有力地保证了货物运输安全。特别是近年来的技术创新,形成了多项高水平的适应中国铁路实际运用条件的核心技术,涵盖了设计、制造、试验等各个领域。

本课程是铁路机车车辆专业的专业主干课程,属于理论与实践紧密相结合的课程。该课程的目标:掌握铁路货车关键零部件与组成的设计原理、方法和一般规律;具有综合运用所学知识研究改进或开发新结构部件及设计的能力;培养运用标准、规范、手册和查阅有关技术资料解决实际问题的能力;培养动手实践和自主创新能力。

本书主要介绍铁路货车发展和车辆设计理论与设计技术的发展,结合编者的实际工作经验,着重对车辆总体,车体钢结构、转向架、车钩缓冲装置及制动系统的主要组成和零部件的结构设计与分析计算进行了阐述,并介绍了铁路货车的设计内容、设计过程等。

本书由邓成尧、马贵平、林结良担任主编,李冬、冯芳、王丽娟担任副主编。参加本书编写工作的有:马贵平(第1章),林结良(第2章),邓成尧(第3、5章),李志强(第4章),韩金刚(第6章),邓云波(第7章),李冬、冯芳(第8章),雷红先、王丽娟(第9章)。

本书遵从由浅入深、循序渐进的原则，力求结构严谨，重视应用，突出重点，简明易学。本书在编写过程中得到了中车眉山有限公司的大力支持，西南交通大学安琪博士提出了很多宝贵建议，同时本书还参考吸收了许多国内铁路货车专家的思想，编者在此表示衷心的感谢。

　　由于编者水平有限，书中难免存在不妥之处，诚望读者批评指正，使之日臻完善。再次感谢！

编者
2022 年 9 月

目录 >>>>>

第一章 铁路货车发展

1.1 我国铁路货车技术发展

自中华人民共和国成立以来，中国铁路货车的发展经历了两个阶段，实现了三次大的升级换代。第一阶段是从 1949 年至 1957 年的仿制国外产品阶段，第二阶段是从 1957 年至 2020 年的自行设计、自主创新阶段。在这两个阶段中，中国铁路货车实现了三次大的升级换代：1956—1957 年，中国第一个自主设计的 P_{13} 型棚车在齐齐哈尔的诞生和载重 30 t 货车的全面停产，标志着中国铁路货车实现了载重由 30 t 级迈向 50 t 级的第一次升级换代；1976—1978 年，载重 60 t 级 C_{62A} 型敞车在齐齐哈尔的完成和载重 50 t 级货车的全面停产，标志着中国铁路货车实现了载重由 50 t 级迈向 60 t 级的第二次大的升级换代；2003—2006 年，载重 80 t 级 C_{80} 型铝合金、C_{80B} 型不锈钢煤车和载重 70 t 级 C_{70} 型敞车等货车在齐齐哈尔的成功研制及载重 60 t 级货车的全面停产，标志着中国铁路货车实现了载重由 60 t 级迈向 70～80 t 级、时速由 70～80 km 迈向 100～120 km 的第三次大的升级换代。2007—2016 年，我国持续推进既有线开行 27 t 轴重通用货车、专用线开行 30 t 轴重货车成套技术研究。

1.1.1 我国货车产品开发取得的成就

我国货车产品开发取得的成就如下：

（1）引进消化了美国铝合金货车技术，研制开发了载重 80 t 级 C_{80} 型铝合金、C_{80B} 型不锈钢运煤敞车，满足了大秦线开行 2 万 t 重载组合列车的运输需求，开辟了中国铁路重载运输的新纪元，使中国铁路重载运输技术一步跨入了世界先进行列，为大秦铁路年运量从 1 亿 t 跃升到 2 亿 t～4 亿 t 提供了新型运输装备，揭开了中国铁路货车第三次全面升级换代的崭新一页。

（2）研制开发了具有自主知识产权的载重 70 t 级 C_{70}、C_{70A}、C_{70B} 型敞车，P_{70} 型棚车，X_{4K} 型集装箱平车，KM_{70A} 型底开门煤车，KM_{70B} 型不锈钢煤炭漏斗车，L_{70} 型粮食漏斗车等新型货车，实现了中国铁路货车由 60 t 级迈向 70 t 级的全面升级换代。

（3）研制了转 K2 型提速转向架，完成了既有货车 120 km/h 提速改造技术方案设计，快速提升了既有铁路货车的技术性能，改写了中国铁路货车速度 40 年来长期在

$70\sim80$ km/h 徘徊的历史，为铁路全面实施提速战略奠定了重要基础。

（4）研制开发了载重 $350\sim450$ t 落下孔车、载重 $350\sim380$ t 钳夹车、载重 320 t 凹底平车、载重 260 t 组合式长大平车，填补了多项国内空白，达到了国内领先、国际先进水平，连创了 4 项中国铁路之最。其中，载重 450 t 落下孔车是我国乃至亚洲载重最大的特种货车，也是世界上载重吨位最大的落下孔车。

（5）研制开发了澳大利亚、新西兰等国使用的 $25\sim30$ t 轴重 3×20 英尺集装箱车、五单元关节式集装箱车、C_{35} 型粮食漏斗车及 C_{32} 型煤漏斗车、$35.7\sim40$ t 轴重不锈钢矿石车，取得了货车整机出口的新突破，实现了中国向世界发达国家批量出口铁路货车整机的夙愿，向世人展示了中国铁路货车制造业的综合实力。

（6）研制的 21 t 轴重转 K2 型、转 K4 型与转 K5 型提速转向架和 25 t 轴重转 K6 型、转 K5 型及转 K7 型低动力作用转向架已成为中国铁路新型货车的主型转向架，$25\sim40$ t 轴重转向架是中国铁路出口货车的主力转向架，$21\sim25$ t 轴重 2 轴、3 轴、4 轴、5 轴焊接转向架满足了国内长大特种货车开发的需求；储备开发了 30 t 轴重重载货车转向架、160 km/h 快捷货车转向架。此外，引进消化了美国 E、F 型车钩技术并全部实现了国产化，开发了高强度牵引杆、锻造钩尾框、组合式大容量缓冲器等重载货车车钩缓冲配件，初步搭建起了国内外铁路货车整机开发的技术平台。

1.1.2 核心技术的发展

我国铁路货车从仿制到自主研发，从引进、消化、吸收到再创新，历经了近 70 年的发展历程，整体技术已接近国际先进水平，部分技术已经达到世界先进水平，较好地满足了我国货车发展的需要，有力保证了货物运输安全。特别是 21 世纪以来的技术创新，形成了多项高水平的适应中国铁路实际运用条件的核心技术，涵盖了设计、制造、试验等各个领域。

1. 车体轻量化设计技术

通过采用铝合金、不锈钢和非金属等新材料，创新研发不同断面冷弯型钢技术，优化车体结构等设计手段，降低了车辆自重，提高了车辆载重，从而提高车辆本身的运输能力。

2. 低动力作用技术

通过弹性定位技术、摆动技术和径向技术的研究与应用，降低车辆的轮轨动作用力，在提高车辆使用寿命的同时，减少钢轨磨耗和对路基的损坏，降低线路的维修成本和整体的运营成本。

3. 抗菱技术

通过在转向架采用交叉杆、弹簧托板等抗菱技术，实现了三大件式转向架运用性能的本质提升，更好地满足重载、提速条件下对走行装置的要求。

4. 纵向力技术

重载列车是铁路货车的一个发展方向，通过对纵向力的研究，采用 16 和 17 型车钩技术、牵引杆技术、大容量缓冲器技术、锻造钩尾框技术及制动控制技术，减小了列车纵向作用力，确保了 2 万 t 列车的顺利开行。

5. 可靠性技术

基于疲劳分析理论的可靠性设计，提高了车体钢结构及车辆关键部件的设计可靠性；采用紧凑型轴承、二次磨耗轮、新车轴，改善了受力状况，提高了强度储备，有效提高了车辆运用的可靠性；运用弹性常接触旁承技术和心盘连接技术，提高了车体运行性能和侧滚稳定性，降低了心盘连接部位的磨耗；采用无级空重车自动调整装置、高摩合成闸瓦等制动新技术，提高了制动性能和使用可靠性；通过环形线运行可靠性试验、干线运行可靠性试验以及载荷谱研究，为产品的质量和性能提高提供了理论基础。

1.1.3 货车新工艺开发取得的新突破

车体不锈钢焊接新技术不仅填补了国内铁路货车制造工艺技术的空白，而且带动了国内铁路货车耐候钢焊接技术水平的同步提升；摇枕、侧架整体芯铸造新技术有效提高了铸件的安全可靠性；制动系统模块化组装新技术，彻底改变了传统的生产组织作业方式，提高了制动装置零部件制造质量和组装质量，可解决运用货车制动系统长期存在的管路泄漏和折断等惯性质量问题。上述三项重大工艺新技术的开发与应用推广，大大提升了铁路货车制造技术水平，为中国铁路货车推行精益制造奠定了重要技术基础。

1.1.4 货车基础研究和技术管理取得的新提升

中国铁道科学研究院历时四年完成了载重 70 t、80 t 级新型货车和载重 60 t 级提速改造货车环形线 36 万 km、120 km/h 持续运行可靠性"长跑"试验，为开行 120 km/h 货物列车积累了运行经验，为制定新型提速重载货车检修规程和可靠性试验规范提供了科学依据。国内铁路科研部门开展了铁路货车载荷谱试验研究，揭开了货车疲劳可靠性研究的新篇章。中国国家铁路集团有限公司（以下简称"国铁集团"）完成了铁路货车验收管理信息系统和铁路货车新技术基础数据管理信息系统的开发，提升了铁路货车产品质量控制手段和技术管理水平。其中：铁路货车验收管理信息系统在验收日常工作中全面投入使用，取得了良好效果；铁路货车新技术基础数据管理信息系统进入调试阶段，逐步建立铁路货车技术基础数据库、企业设计生产资质信息库、新技术教学培训信息库，由此推动铁路货车研发企业的产品三维设计和产品数据管理（PDM）的实施，实现铁路货车基础技术信息的共享。

1.1.5 惯性质量问题的逐步解决

为更好地适应铁路运输对车辆装卸、防盗、操作可靠的运输要求，针对运用、检修中反映的惯性质量问题，通过应用新技术、新结构、新工艺、新材料，基本解决了敞车下侧门搭扣、票插、折角塞门手柄、手制动机滑轮、轴承挡键等货车配件防盗问题；在国铁集团营运部门的指导下，货车制造及维修企业对 C_{70} 型敞车在集载能力、装载加固、绳栓等方面进行了改进完善，还解决了既有旧型敞车车门变形、13 号钩尾销折断等问题，满足了国内不同客户的个性化需求。同时，中车相关企业还完成 100 余项科研项目，为今后立项攻关和解决检修运用问题积累了技术资料。

1.1.6　未来技术发展方向

随着和谐铁路建设发展战略的深入实施，铁路货车运用条件发生了巨大变化。首先是货车运行速度、载重的提高，以及列车牵引质量、编组辆数的增加，列车纵向冲动将呈非线性增长；其次是车辆周转天数降低、使用频率提高，特别是取消货车辅修修程及延长货车厂修、段修周期和关键件的质量保证期等修制改革的深化，以及列检布局的调整和交路的延长等措施的实施，都对货车及其零部件的技术性能和使用安全可靠性提出了新要求。

到 2021 年底，全国铁路营业里程达到 14 万 km，主要繁忙干线实现了客货分线。客货分线后我国既有铁路干线将以货物运输为主，十条煤运大通道将进行煤炭重载运输，新建线路将对既有通用线路和专用线路的运输能力进行补充，从而形成客货分线后的既有通用线路、既有货运专用线路、新建铁路线路三种运输条件的线路。为充分利用既有条件，快速提高我国铁路运输能力，缓解制约国民经济发展的瓶颈，应瞄准国际先进技术水平，借鉴国外重载、快捷运输的成功经验，加快重载、快捷货车新产品开发，实现快捷货车技术新突破、重载货车技术新跨越，满足中国和世界铁路货物运输发展要求。

对于客货分线后的既有通用线路，发展轴重 27 t、载重 80 t 级、商业运营速度 100～120 km/h、列车编组 5000～10 000 t 的新型通用货车；研究既有货车在客货分线后的运输模式和技术条件，最大限度提高运输能力。

对于客货分线后的既有专用线路，发展轴重 30 t、载重 95 t 级、商业运营速度 100 km/h、编组 2.5 万 t～3 万 t 的新型重载货车。

对于新建铁路线路，从路网规划、运能需求及今后的技术储备等综合考虑，发展轴重 30～40 t、商业运营速度 100～120 km/h、编组 1 万 t～3 万 t 的新型重载货车。

新型重载、快捷货车研制目标是：瞄准世界先进水平，立足自主创新，突破线路、桥梁等相关技术，集中优势力量攻克重载、快捷货车关键技术；研制轴重 30 t 及以上专用货车、载重 80 t 级通用货车、商业运营速度 160 km/h 快捷货车三大系列产品；建立适应我国铁路特殊运行条件、优于国际先进标准的中国铁路货车标准体系；推进我国铁路货车迈上轴重 30 t 和商业运营速度 160 km/h 新台阶，使我国铁路重载、快捷货车技术全面达到世界先进水平，适应客货分线后铁路货运发展需求，满足国民经济又好又快发展的需要。

1.2　国外重载运输概况

世界铁路的发展趋势就是客运高速和货运重载。20 世纪末，世界范围内的货物列车重载运输技术发展迅速，遍及几乎所有的铁路大国。重载运输技术已被国际公认是铁路货运发展的方向，因为重载运输不仅能提高运量，增加收入，而且能降低维修成本。重载运输取得的效益已由各国的实际运输业绩所证实。表1-1汇总了国外重载发达国家及我国的重载运输的基本情况（2000年以后，国外铁路运输发展较为缓慢，所以未再统计国外重载运输情况）。

表1-1   国外重载发达国家及我国的重载运输概况

国家	主要重载线路代表	主要轴重	牵引质量	线路类型及装备	运量
美国	BNSF、UP、CSX、NS、KCS IC	29.8～35.7 t	12 000～20 000 t	准轨 66 kg 轨内燃	2亿 t/年
加拿大	CP、CN	29.8～35.7 t	12 000～20 000 t	准轨 66 kg 轨内燃	2亿 t/年
澳大利亚	BHP、FMG、QR(昆士兰)	30～40 t，21～25 t	38 000 t，8000 t	准轨 68 kg 轨内燃、窄轨 54 kg 轨电气	超过1亿 t/年，重载占86%
南非	Orex、COALlink	28～30 t，26 t	20 000 t	窄轨 60 kg 轨电气、窄轨 57 kg 轨电气	单线 3500 万 t/年、双线 8000 万 t/年
巴西	CVRD 卡拉其、维多利亚	29.8～32 t	30 000 t，15 000 t	宽轨 68 kg 轨内燃、宽轨 60 kg 轨内燃	双线 8000 万 t/年
瑞典	LKAB	30 t	8500 t	准轨 50 kg 轨电气	单线 3000 万 t/年
中国	大秦线	23 t，25 t	20 000 t	准轨 75 kg 轨电气	双线 3.5 亿 t/年

1.2.1   美国

美国铁路货运在其综合交通体系中发挥着骨干作用，市场份额保持在40%左右，最高可达42.7%，并在大宗货物长途运输方面一直占有巨大优势。美国铁路线路里程以约23万km遥居世界首位。其中Ⅰ级铁路公司的总里程约为19.4万km，约占美国全部路网里程的67%。线路钢轨以64.5～69 kg/m为主，占总里程的60.3%。

美国铁路货车轴重多为29.8～32.43 t，25 t轴重货车已基本淘汰，新造货车轴重多为32.43 t，部分货车轴重甚至达到35.7 t以上。轴重为29.8 t的货车占美国整个重载货车的65%。随着货车轴重的增加，车辆平均载重从1960年的55.4 t增加到2010年的101.7 t。

美国铁路重载约95%是利用单元列车运输的，列车编组一般为135～150辆，牵引质量为1.75万 t～2万 t。煤炭是美国铁路运输最主要的货物品类，2010年煤炭运输占美国铁路总运量的44%，煤炭运输收入占铁路运输总运营收入的24.2%。另外，美国铁路双层集装箱运输也进入重载运输领域。目前，美国铁路双层集装箱运量已占美国集装箱总运量的70%以上，已成为联合运输的重点产品，成本比用一般铁路平车装运公路半挂拖车节约40%以上。

1.2.2   加拿大

加拿大铁路重载运输方式与美国相似，是北美铁路重载运输的统一模式。加拿大铁路营业里程约为 7 万 km，重载运输里程为 4.7 万 km，其中加拿大国铁(CN)和加拿大太平洋铁路(CP)两大公司，营业里程分别为 25 900 km 和 27 840 km。加拿大太平洋铁路(CP)的重载列车由 124 辆货车组成，列车载重 16 000 t。

重载列车的开行，大大降低了加拿大铁路的运输成本，1997 年，CP 的运输成本为 1.6 美分/(t·km)，与美国铁路相当。1997 年，加拿大铁路完成货运量 3.6 亿 t，总收入为 60 亿美元，纯利润高达 8 亿美元。

1.2.3　澳大利亚

澳大利亚的矿产资源非常丰富，煤炭、铁矿石、铝土、黄金的储量都位居世界前列。此外，澳大利亚还是世界上主要的粮食(小麦)输出国之一。这样的资源特点推动了澳大利亚铁路重载运输的发展。2009 年澳大利亚重载运输产值占全澳 GDP 的 1.7%，年运输产值约为 70 亿美元，煤炭运量占其铁路货运总量的 37%，矿石运量占其铁路货运总量的 39%，年货运量达 5.45 亿 t。重载运输货运量占全澳货运总量的 40%，未来计划发展到 50%。

澳大利亚开展的重载运输主要可分为铁矿石运输和煤炭运输。以煤炭运输为主的是昆士兰铁路公司(QR)，以铁矿石运输为主的有必和必拓(BHP Billiton)公司、哈默斯利铁矿铁路属力拓矿业集团下属的皮尔巴拉铁矿公司(Pilbara Iron)和 FMG 公司。

QR 的电气化运煤铁路轨距为 1067 mm，钢轨质量为 60 kg/m，车辆轴重为 22.5 t，最长列车编挂 148 辆货车，总重达 10 500 t。BHP 纽曼山铁路年运量为 1.09 亿 t，列车由 6 台 6000 马力(4410 kW)的机车牵引，大多数列车编挂 208 辆矿石货车，每辆货车装载约 125 t 铁矿石，轴重为 37.5 t，平均牵引质量为 4.5 万 t，曾于 2001 年创造了总重达 99 734 t 的重载列车试验记录。BHP 公司每年出口铁矿石 0.8 亿 t～1 亿 t。Pilbara Iron 拥有 1200 km 铁路，列车编组通常在 230 辆以上，每辆车载重为 100 t 以上，列车总重为 2.95 万 t，长 2400 m。FMG 是澳大利亚第三大铁矿石生产商，发展速度惊人，其重载线路采用 40 t 轴重的矿石敞车，每列编组 240 辆矿石敞车，接近 2.7 km，铁矿石静载重达 32 950 t。

1.2.4　南非

南非积极借鉴美国铁路的经验，引进了重载单元列车技术，独创性地在米轨线路上开行了重载运输。从 20 世纪 70 年代开始，南非修建重载铁路，其后又对线路进行过数次升级和改造。南非现有两条重载铁路：一条是从锡申(Sishen)到萨尔达尼亚(Saldanha)的矿石运输专线(Orex)，全长 861 km，车辆轴重达到了 30 t，开行编组为 200 辆甚至 342 辆的重载列车，牵引总重最高达 35 000 t，编组长度达 4000 m，2011 年全年该线路的运输总量达到 5200 万 t，2015 年达到 6100 万 t；另一条是从北部的煤炭基地姆普马兰加(Mpumalanga)到理查兹湾(Richards bay)的运煤专线(COALlink)，全长 580 km，开行编组为 200 辆的列车，轴重达 26 t，牵引总重达 22 000 t，编组长度为 2200 m，2015 年，COALlink 线路完成的煤炭运量达 8100 万 t。南非重载运输的开行对铁路运输效益影响较大，两条线路总里程不到 1500 km，约占南非铁路里程的 7%，却完成了全国铁路约 45% 的运量。

1.2.5 俄罗斯

苏联解体后的俄罗斯铁路，2005 年的货车保有量为 62.21 万辆。俄罗斯铁路拥有各种用途的棚式漏斗车和无盖漏斗车，运输木材和轻便汽车的平车，保温车及保温车组，运输汽车的双层车，运输家畜、纸张、磷灰石、钢板的车辆，供运输沥青、聚合物、面粉用的贮仓式车及自动卸货车等。专用车已占货车总数的 40%。俄罗斯 2010 年时曾规划加强研制运输汽车直达列车和加快集装箱运输用的专用平车（车组），以及以客运速度运输小批量货物用的快捷专业化运输车辆。

俄罗斯主型货车的轴重 1982 年前为 22 t，1988 年起全面提高到 23.5 t，2000 年部分提高到 25 t。车体主要采用耐候钢制造。

第二章　车 辆 总 体

　　铁路货车产品设计要创新研发理念，实施精益设计（精细化、精确化），通过设计与工艺、设计与运用、分析计算与试验验证相结合，多学科协同，攻克轮轨低动力作用、列车纵向冲动、轻量化与疲劳可靠性等车辆关键技术，突出人性化、商品化，研发系列化重载货车产品，满足客货分线后铁路运输发展需要。

2.1　产品设计主要原则和铁路货车设计基本要求

2.1.1　产品设计主要原则

　　产品设计应遵循的主要原则如下：

　　（1）产品设计应符合国家产业发展政策、铁路主要技术发展政策、铁路装备现代化及铁路运输和国家环保法律法规要求，符合铁路用户的需求。

　　（2）产品设计工作者应深入实际，广泛调查研究，掌握铁路车辆使用、修理、生产、试验等数据，按设计技术任务书的要求精心设计、施工。同时应高度重视车辆部件的防脱、防盗设计，采取一切可能的措施防止车辆零部件脱落、丢失对铁路运输安全造成的潜在危害，提高铁路车辆的使用效率。

　　（3）产品设计要树立"质量第一、用户至上"的思想。产品设计工作者应明确考虑产品的可靠性、可用性、可维护性、安全性，遵循全生命周期成本（LCC）的理念，必要时还应考虑良性故障（易于排除的故障）和安全处置的能力，使设计的产品技术先进、经济合理、性能可靠、外形美观、商品化。

　　（4）产品设计应积极采用新技术、新工艺和新材料，积极引进和消化、吸收国外先进技术，提高产品技术水平。同时加强产品可行性研究和零部件试验研究，开拓新的设计理论和领域，提高产品的运用可靠性。

　　（5）产品设计应重视标准化、通用化、系列化工作，尽量采用标准件和通用件。借用批量生产的产品在改进时要充分考虑产品的继承性和阶段性，既要有所改进提高，又要保持相对稳定。设计零部件应尽可能保证能够互换，以利于检修。

　　（6）产品设计要积极贯彻国际标准和铁路行业标准，积极采用国外先进标准。

（7）采用和发展新技术要贯彻"一切通过试验"的原则。新设计的产品必须经过试验，特别是运用试验或模拟运用试验，才可考虑进一步采用。

（8）产品设计人员应以市场为导向，不断开发适销对路的新产品，做到生产一代、研制一代，形成超前储备，滚动发展。提高产品开发的起点，使设计的产品实现上质量、上档次、上水平的要求，以适应市场瞬息万变的发展趋势。

（9）设计人员应主动深入生产现场，铁路站、段，掌握产品的实际使用情况，充分考虑产品的人性化设计和防差错设计需求，尽可能使产品易于操作，防止误操作，减少故障的发生。

（10）产品设计人员应不断提高技术业务水平，不断更新理论知识，推广运用铁路车辆现代设计的理论和方法。产品设计应突出人的创造性，发挥集体智慧，力争探寻突破性的设计方案，开发创新产品。设计者应具有广博的普通知识和专业化知识，有选择性地吸收国内外先进技术和文化，发挥创造性思维，争取有所创新。

2.1.2 铁路货车设计的基本要求

铁路货车设计应遵循的基本要求如下：
（1）保证运输安全；
（2）方便使用；
（3）具有合理的技术经济指标和性能；
（4）减少维修、保养的费用；
（5）便于制造，结构具有良好的工艺性；
（6）尽量采用标准化、通用化的零部件；
（7）保证材料的来源充足。

2.2 产品设计和开发工作程序

随流程固化而来的是完善的企业标准研发体系，可为积累知识、打造技术核心竞争力提供基础平台。精益研发平台通过在产品研发各环节的知识萃取和积累，逐步帮助企业建立智力资源中心，并通过知识封装工具，将各类应用程序和流程封装起来，方便知识重用，同时也建立了企业自身的标准研发体系。顺畅的流程、完善的研发标准对于提高企业创新能力、缩短研发周期、提高产品质量和降低企业成本都有着巨大作用。

产品设计和开发工作将顾客和其他要求转换为用以采购、制造、试验和检验的技术规范，确保最终产品满足顾客要求，并符合相关环境保护、职业健康安全法规的要求。

产品开发分为计划概念阶段、开发阶段、验证阶段、发布阶段和生命周期阶段这五个阶段。为确保各阶段的成果满足该阶段输入的要求，应适时开展设计开发评审、设计开发验证和设计开发确认。

产品设计完成后，为完善产品质量应进行设计改进。

2.3　现代化的产品研发体系简介

　　现代化的产品研发体系由六个子系统和产品研发质量控制体系组成，六个子系统分别是工程设计系统、工艺设计系统、仿真验证系统、试验验证系统、产品数据管理系统和标准体系系统（见图2-1）。

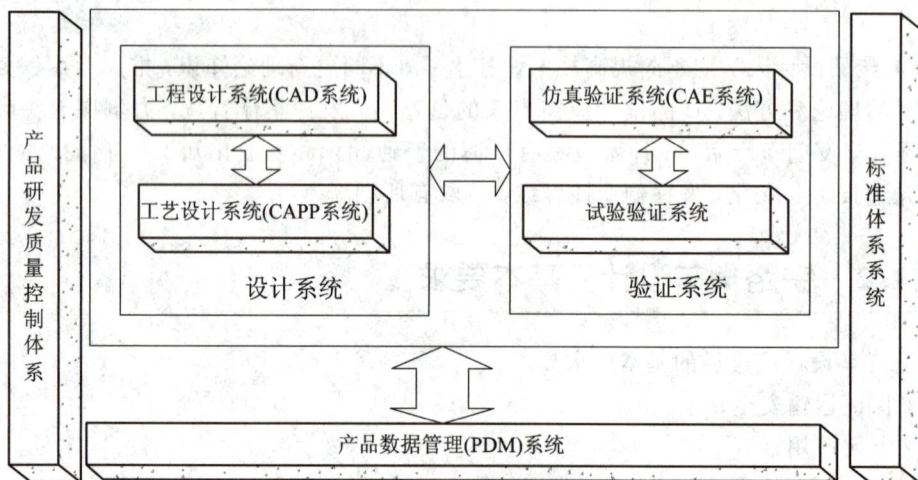

图 2-1　产品研发体系结构

2.3.1　产品研发系统功能

　　产品研发系统的功能结构如图2-2所示。

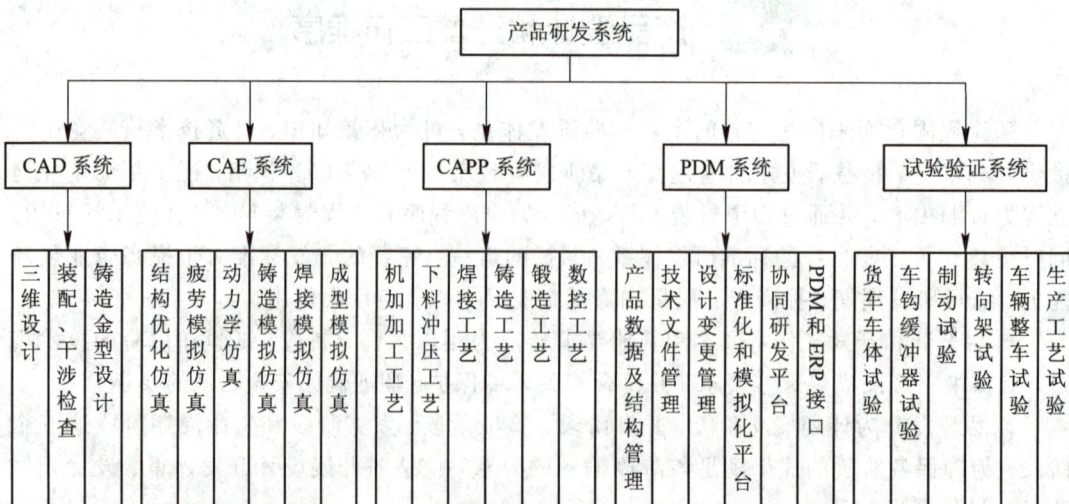

图 2-2　产品研发系统的功能结构

1. CAD 系统功能

（1）三维设计包括车体、转向架、制动、车钩缓冲及附属件的全三维设计和三维工作图的发布。

（2）装配、干涉检查包括整车和部件的装配和干涉检查功能。

（3）铸造金型设计包括铸造金型的三维设计和二维工作图生成功能。

2. CAE 系统功能

（1）结构优化仿真包括强度和刚度的有限元计算分析和结构优化。

（2）疲劳模拟仿真包括对产品的疲劳寿命及可靠性进行分析和优化。

（3）动力学仿真包括对产品的动力学性能进行模拟仿真及参数优化。

（4）铸造模拟仿真包括铸造过程的模拟和工艺方案的优化功能。

（5）焊接模拟仿真包括对焊接参数、焊接工艺、焊接次序、焊缝位置、装夹条件、材料冶金行为等影响因素的模拟分析。

（6）成型模拟仿真包括金属成型过程中的速度场、静水压力场、应力应变、温度场对提高模具设计效率，优化模具结构、工艺参数和工艺流程的模拟分析。

3. CAPP 系统功能

计算机辅助工艺规划（Computer Aided Process Planning，CAPP）指利用计算机进行零件加工工艺过程的规划，把毛坯加工成工程图纸上所要求的零件的过程。它是通过向计算机输入被加工零件的几何信息（形状、尺寸等）和工艺信息（材料、热处理、批量等），由计算机自动输出零件的工艺路线和工序内容等工艺文件的过程，包括机加加工工艺，下料冲压工艺，焊接、铸造和锻造工艺，以及产品的数控加工功能模块。

4. PDM 系统功能

PDM 系统功能如下：

（1）对产品研发数据和产品结构进行有序管理。

（2）对产品研发和工艺设计的技术文件按项目进行有序管理。

（3）实现设计变更的有序控制。

（4）提供标准化和模块化设计支撑平台。

（5）提供产品研发协同设计平台。

（6）实现 PDM 和 ERP 系统的集成，提供 ERP 系统需要的制造物料清单和工艺路线。

5. 试验验证系统功能

（1）货车车体试验含纵向力、垂向载荷、罐体内压力、侧向力、扭转载荷、顶车、漏斗车开闭机构等试验。

（2）车钩缓冲器试验含拉压破坏性、车钩综合性能、缓冲器落锤、缓冲器冲击等试验。

（3）制动试验含阀类、高低温、制动基础件可靠性等试验。

（4）转向架试验含部件疲劳、静强度及刚度、参数测试、轮轴等试验。

（5）车辆整车试验含整车滚振动、冲击、曲线性能、模拟驼峰等试验。

（6）生产工艺试验即根据研发需要配置的工艺试验。

2.3.2 自顶向下的协同设计

铁路机车车辆行业是典型的劳动密集型和技术密集型的行业。由于制造工艺水平及市场等因素，中国铁路机车车辆制造业设计十分具有中国特色，已从二维设计完全过渡到三维设计。由于零部件繁多，一般的二维、三维设计已不能满足设计、管理要求。因此需要使用自顶向下的协同设计。下面简要介绍协同设计中应用较多的 WAVE 技术和 TC2007 平台。

1. WAVE 技术原理

WAVE 是美国 UGS 公司在其核心产品 Unigraphics（简称 UG）上进行的一项软件开发，是一种实现产品装配的各组件间关联建模的技术。回顾 CAD 技术的发展历史，如果说上一次 CAD 业界重大变革是 20 世纪 80 年代的参数化建模，那么 WAVE 就是当前 CAD 技术最新的、具有重要意义的重大突破。WAVE 通过一种革命性的新方法来优化产品设计并可定义、控制和评估产品模板。参数化建模技术是针对零件一级的，而 NX/WAVE 是针对装配级的一种技术，是参数化建模技术与系统工程的有机结合，提供了实际工程产品设计中所需要的自顶向下的设计环境。

WAVE 技术起源于车身设计，采用关联性复制几何体方法来控制总体装配结构（在不同的组件之间关联性复制几何体），从而保证整个装配和零部件的参数关联性，这种技术最适合用于复杂产品的几何界面相关性、产品系列化和变型产品的快速设计。

WAVE 技术是在概念设计和最终产品或模具之间建立一种关联的设计方法，能对复杂产品（如汽车车身）的总装配设计、相关零部件和模具设计进行有效的控制。总体设计可以严格控制分总成和零部件的关键尺寸与形状，而无需考虑细节设计；而分总成和零部件的细节设计对总体设计没有影响，并无权改变总体设计的关键尺寸。因此，当总体设计的关键尺寸修改后，分总成和零部件的设计自动更新，从而避免了零部件重复设计的浪费，使得后续零部件的细节设计得到有效的管理和再利用，大大缩短了产品的开发周期，提高了企业的市场竞争能力。

WAVE 技术是把概念设计与详细设计的变化自始至终地贯穿到整个产品的设计过程中。实际上 WAVE 技术的原理同样也适用于工程分析、模具设计和制造中。可以说，WAVE 技术是对 CAD 领域的一场全新的革命。

2. 在 TC2007 平台下的协同设计

在国内铁路机车车辆行业，特别是铁路货车行业，大多数公司进行开发设计采用的都是 2D 平台，这种设计平台数字化程度低、协同能力弱。即使采用 3D 平台设计，也是靠部件拼装而成的，参数化能力不高，后续操作性差。在以往的车辆设计中，往往由多名设计人员在 2D 平台上完成整车车辆的设计，同时大量的人员对车辆质量进行计算控制，开发时间长、效率低。现在有些公司在产品设计、开发、维护过程中使用了 Siemens 公司的 PDM 平台的 Teamcenter 2007（简称 TC2007）系统，以求在数据库环境下，建立整车 3D 模型，满足一定的参数化更改需要和目前市场对产品的要求。采用 UG NX 基于 PDM 平台的自顶向下的协同设计方法，实现了铁路货车产品的全方位协同设计，大大缩短了产品的开发周期。

2.3.3 协同仿真设计平台

对于机车车辆行业，仿真分析计算已经贯穿其产品研发的全过程，包括产品策划、产品工程化、产品的使用寿命评估、关键零部件的可靠性分析、工艺设计的虚拟仿真等，并建立了相应的仿真分析平台。仿真分析已经成为国外机车车辆行业技术创新的根本保证手段，有效地降低了产品研发成本和技术创新风险，缩短了研发周期，提高了产品研发质量，为企业带来了显著的经济效益。

国内的一些科研院所较早开展了仿真分析，但往往偏重于某一个领域，缺乏系统性，同时与工程方面结合不够紧密，对许多实际运用工况难以进行全面仿真模拟，使得计算分析结果不能为实际情况提供有效的指导。

2000 年以后，国内铁路货车研发制造行业在静强度计算分析方面开展了一些工作，并取得了一定的成效，但在动力学、疲劳等方面的仿真分析计算还要依靠科研院所，不能独立完成，产品的研发周期和质量等方面受到较大影响，难以满足快速发展的市场需求。因此，建立一个对多学科仿真工具、仿真数据、仿真过程及知识等进行高效集成管理的协同仿真平台是企业设计技术平台建设的当务之急。

1. 协同仿真设计平台的功能要求

一般而言，协同仿真平台的功能要求有：按照工程师职能来划分各仿真分析模块，定制适合铁路货车车辆的仿真分析模块；集成各仿真模块用到的工具、分析方法；能够对仿真分析过程中产生的数据文件进行有效管理；能够对仿真分析流程进行监控与管理；在进行多学科仿真分析时能够实现学科之间的数据共享与管理，实现协同仿真；定制开放性的仿真分析模板，实现仿真经验的有效继承。下面具体进行介绍。

1）仿真分析模块

仿真分析模块分为车辆结构静强度仿真分析、车辆疲劳分析、车辆动力学性能分析、铸造过程仿真分析、焊接过程仿真分析、成型过程仿真分析六大模块。

2）仿真工具集成

集成铁路货车各学科仿真用到的各种工具，实现仿真软件的统一管理，同时自动管理仿真分析过程中产生的各种数据文件。

3）数据管理模块

搭建一个仿真工程数据管理中心，用户进行仿真分析产生的文件数据可以提交到数据管理中心进行管理，同时提供 AWE 平台与 PDM 系统的数据接口，将仿真分析产生的仿真报告提交到 PDM 系统进行管理，保证 PDM 系统与 AWE 平台的数据一致。

4）流程管理模块

构建仿真分析流程管理环境，提供仿真流程定义、管理和协同仿真工作等功能。

5) 仿真模板定制开发

基于 AWE 平台，完成典型车体静强度仿真分析模板的定制开发，实现企业实践经验及相关规范的封装。

2. 货车协同仿真设计平台的主要内容

货车协同仿真设计平台建设的主要内容如下：

（1）开发静强度、动力学、疲劳、铸造、焊接、成型仿真分析软件，并推广应用；

（2）构建货车协同仿真平台，结合车辆仿真分析工具，建立方便管理的工程仿真分析环境；

（3）实现对车辆结构静强度、疲劳、动力学、铸造、焊接、成型仿真所需的分析方法、分析工具、仿真流程管理，数据管理与共享，以及多人协同仿真分析配置管理等的定制与集成；

（4）建立仿真分析规范，定制相应的仿真分析流程，形成企业的仿真分析专家知识库；

（5）建立高性能计算中心站，扩大计算规模，提高仿真计算效率和精度。

2.3.4　产品试验验证手段

建立可靠性评价体系，开展关键零部件疲劳评估，如构架、摇枕、侧架、车钩、心盘、轮对等，提升货车整体技术水平。

新产品应强化结构疲劳可靠性理论分析和基础试验研究，通过试验、修订、计算、设计，达到产品的设计、试验和运用结果的一致性。

（1）通过疲劳寿命估算、仿真计算、台架试验等方法，完成关键零部件可靠性和使用寿命研究。

（2）研究提速工况下摇枕、侧架、焊接构架、交叉支撑装置、弹簧托板、摇动座、制动梁、车钩及钩尾框等直接影响安全的关键零部件的动载荷、疲劳试验方法，建立并完善疲劳试验标准，提高产品设计可靠性。

（3）建立可靠性研究的试验验证设施，应进行整车可靠性试验和验证，包括关键零部件的耐磨性、动作准确性、疲劳耐久性；研究制定长大货车等特种车辆动力学性能和强度性能专用试验标准。

（4）对摇枕、侧架、车轴、车钩缓冲装置、交叉支撑装置、弹簧托板等部件进行可靠性研究的同时，也应对斜楔、销套、磨耗板、心盘、制动梁、橡胶件、制动管系、弹簧、基础制动机、阀门等小部件进行可靠性研究，以提高车辆整体可靠性。

2.3.5　标准体系系统建设

在经济全球化和信息技术发展的背景下，技术标准已经成为高技术产业市场竞争的战略工具。由于技术标准化与知识产权制度的非对称安排，技术标准的专利化趋势在给跨国公司带来重大战略利益的同时，也对专利缺乏的发展中国家企业产生了不利影响。强势企业依靠技术优势，将符合自身利益、自身实际情况的产品企业标准上升为行业标准，提高产品的准入门槛，最大限度地保障了自身的利益。因此，企业在进行产品创新的同时，也必须重视在标准领域中的创新，制定合理完善的企业标准，争取逐步推进为行业标准。

我们要瞄准世界先进标准，结合我国铁路实际情况，研究建立中国铁路重载与快捷货车设计、制造、安全检测、运用维护和检修、技术管理标准体系；研究修订货车设计规范及考核标准，完善铁路货车从研发到运用的评价方法，与国际先进标准接轨；加强整车及关键零部件可靠性试验研究，建立货车及相关零部件可靠性试验规范；完成中国铁路载荷谱编制和车辆强度、刚度、冲击试验研究，系统开展整机疲劳性能试验研究，建立我国重载货车疲劳设计、评估评价标准和试验评价体系，逐步形成完整、系统、先进的重载货车标准体系。

随着运行速度的提高、载重吨位的加大、轻量化设计理念的引入以及新型材料的采用，传统的以静强度为主的强度、刚度考核方法已不能完全涵盖实际运用中产生的问题，疲劳及可靠性设计已逐步成为急需解决的问题。

基于疲劳损伤累积理论形成的疲劳分析法在国外已被普遍认可和采用，国内近年来也有较为成功地运用该理论进行前期设计和故障分析的实例。因此，货车的前期设计应对车体钢结构和关键部件进行全面的疲劳评估，应积极开展国内主要线路载荷谱的编制研究工作。

2.3.6　设计工艺协同开发模式

工艺技术是产品研发的必要支撑。在新一代货车的开发中，一般组织设计工艺技术骨干成立研发项目团队，建立协同研发长效管理机制，推进设计工艺协同化研发模式的实施。在产品设计的调研、方案设计、技术设计、工作图设计、工艺设计五个阶段，同步进行工艺分析、工艺试验与工艺评定，在不同的阶段分别输出相关工艺报告，及时向设计反馈。借助信息技术手段，构建设计和工艺数据信息充分共享、工作流程有机结合的一体化产品研发平台，形成数据化、协同化、程式化的产品研发工作模式，充分发挥各自的专业优势，将工艺贯穿于产品研发全过程，确保设计与工艺的协同性和归一性，实现设计与工艺的有机结合，不断提高产品源头质量和企业管理水平。

1. 基于 PDM 和 CAPP 系统的设计工艺协同开发模式

以信息化产品研发平台为载体，全面实施 PDM 系统和 CAPP 系统建设，打破设计与工艺传统边界，重塑流程，建立并逐步完善工艺与设计结合的工作模式，实现设计工艺协同。将成熟的工艺成果应用到产品设计中，从工艺上对产品设计进行支持、优化。将"防差错"理念贯穿到整个设计过程中，提高源头质量和管理水平。建立工艺参与产品全生命周期管理机制，主要专业的工艺师超前介入产品调研、方案形成、试制和改进的各个设计阶段，保证产品设计、工艺和制造的一致性，提升工艺保证能力。

2. 实施设计与工艺协同的优点

设计与工艺并行的最大特点是在产品设计阶段能综合地考虑整个产品开发研制过程中的所有因素,明显缩短开发研制周期。在产品开发阶段,工艺人员了解结构设计意图,需要保证的性能与功能;设计与工艺人员共同研究产品的工艺性,同步解决工艺疑难,同步进行工艺验证,较好地实现了技术资源的有效集成,有效保证了产品开发效率和质量。

并行设计是一种团队工作方式,设计与工艺一起共同形成项目组,强调设计过程中的系统性和平衡性,提高设计与工艺人员的创新能力。工艺的研发为产品的开发提供技术支撑,产品的开发为工艺的研发提供技术平台,两者各尽职责,互为补充,共同发展。此外,应随时对产品图纸进行工艺审查,力求产品性能有保证、制造方便、维修简易、外观完美、使用简便。实施设计与工艺协同开发模式,产品工艺性好、经济性好,生产效率高,劳动强度低,试制周期短。

2.3.7 铁路货车产品精益制造新模式

完善工艺布局,提高多品种柔性生产能力,建设一流的制造技术平台,以推进 ERP 建设为契机,最终实现产品的精益制造,以进一步提高产品内在质量,探索和构建中国铁路货车精益制造新模式。

全面落实精细管理、精益制造。深化开展工艺基础性和可靠性研究,建立设计结构的工艺可靠性评价规范,推进实施工艺工程化设计,推行大轴重货车整车精益制造模式,全面提升货车制造水平,为我国和世界铁路提供精良的重载、快捷货车。

2.4 铁路货车总体设计

2.4.1 货车总体设计的工作内容

货车设计包括货车总体设计和零部件的具体设计,前者确定了车辆的结构形式、规格尺寸、主要技术参数和性能,并规定了后者的设计内容和具体设计要求。因此,货车总体设计是车辆设计的关键性环节。

1. 确定车辆主要结构参数和性能参数

如首先选定敞车的比容或平车的比面积,确定车辆的外廓尺寸和车辆定距等,然后确定其他参数。

2. 选用标准件、借用件和货车通用件

如转向架、制动机、车钩缓冲装置的选用等。

3. 确定主要结构尺寸

绘出车辆总图和断面图，确定各部分的尺寸和位置。

4. 结构干涉分析

考虑特殊零部件的结构形式、主要尺寸，如借助计算机软件三维造型，对转向架和车体、制动部件间在空车和重车情况下的转动范围和运动干涉进行分析。

5. 确定各主要部件的设计要求

（1）转向架。采用现有成熟的转向架，应指明型号，为车体和制动装置等部件设计提供数据；如果需要新设计转向架，应提出转向架设计任务书。

（2）制动装置。根据当时制动技术政策，确定以下内容：车辆空重车制动率；制动阀、制动缸、闸瓦间隙自动调整器、空重车制动率调整装置等配件的型号；手制动机的结构形式；制动装置部件和制动管路的布置和设计要求等。

（3）车钩缓冲装置。确定车钩、缓冲器的型号，并根据货车类型选好上作用或下作用车钩。

（4）车内设备。对棚车、公务用车、汽车运输车等，应选好车内设备的结构形式和安装位置。

（5）给水、采暖、卫生和空调设备。对具有押运间的棚车、公务用车、长大货物车等，应选好上下水、采暖、卫生和空调设备。

（6）液压、电气装置。对铺轨机械、大型的长大货物车等，要根据车辆性能要求选好液压、电气设备。考虑液压系统工作压力、动作性能，电力发电机(或电动机)功率，电气控制台布置，照明设备选用等。

6. 总体协调

协调和解决各部件在设计中出现的矛盾和问题。

7. 分析、计算

对各种方案进行分析、计算。如车体强度、刚度计算，整车动力学、模态分析，快速货车整车空气动力学计算，长大货物车过桥性能计算等。

8. 方案修改可操作性

对各种可能出现的问题要有充分的考虑和可能的补救措施。

9. 接口要求

需要考虑的接口尺寸有：车体与转向架的接口尺寸，如固定轴距、旁承中心距、空车下心盘面距轨面高、上下心盘直径、侧架上平面距轨面高等；制动装置与车体、转向架的接口尺寸。

10. 校核

车辆设计应校核的基本内容包括车辆限界、建筑限界，车辆在曲线上的偏移情况，车辆最大容许制造宽度，车体与转向架间的相对转动角度，两相邻车辆端部间最小间隙，连挂车辆通过最小竖曲线，冲击座开口尺寸，地板面距轨面高度，货车车体下部距轨面最低高度，货车所配转向架弹簧静挠度，车辆重心及车辆质量均衡性等。

此外，货车应注意车辆宽度的缩减量及竖曲线过驼峰校核。

11. 安全要求

车辆的安全性应符合相关国家标准的要求。

12. 设计中要注意的重点

设计中必须注意车辆在重车工况，心盘、闸瓦和车轮磨耗到限的极限状态下，各部分运动部件与车体之间的间隙是否在安全许可范围内。如：枕梁下盖板与侧架上平面的间隙；制动运动件与车体的间隙；在上述工况且处于最小曲线半径下，转向架与车体各部分的间隙。

2.4.2　货车主要技术参数的选定

货车主要技术参数包括：车辆载重、自重、轴数，车体容积，地板面积，车辆构造速度，车辆长度，车辆定距、比容，地板面高度等。确定各项技术参数时既要考虑当前货物运输要求，也要兼顾长远的运用条件。

正确选定货车的主要参数，不仅要考虑国民经济发展水平，铁路技术发展政策，铁路货运量，货运量的构成和运输距离，铁路装备的技术水准（线路和桥梁的结构状态、站台长度、牵引类型、机车形式、装卸作业的机械化程度和机车车辆限界），以及车辆的运营方式和国防需要，还要保证货物运输的安全可靠性和较低的运营费用。

1. 每延米重

货车每延米重是指车辆总重与车辆长度之比。目前我国铁路活载为中华人民共和国铁路活载标准，即中-活载标准，见图 2-3。

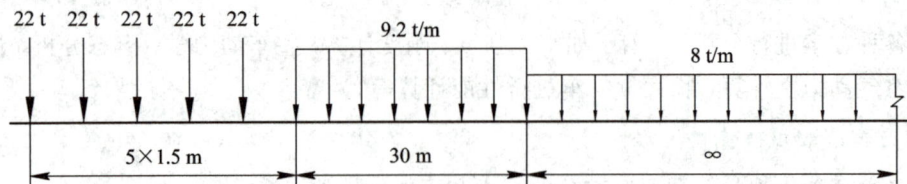

图 2-3　中华人民共和国铁路活载标准

图 2-3 中前面 5 根轴代表机车（轴重 22 t），中间 30 m 长代表煤水车，后面无限长代表货物列车。因此，我国货车每延米重不超过 8 t/m.

上述活载形式为蒸汽机车典型牵引方式，目前我国国家铁路已经淘汰蒸汽机车，采用内燃或电力机车，仅地方铁路还保留部分蒸汽机车。因此，我国铁路正在制订新的活载标准。新的活载标准为动力分散型重载货物列车的典型图式，见图 2-4。

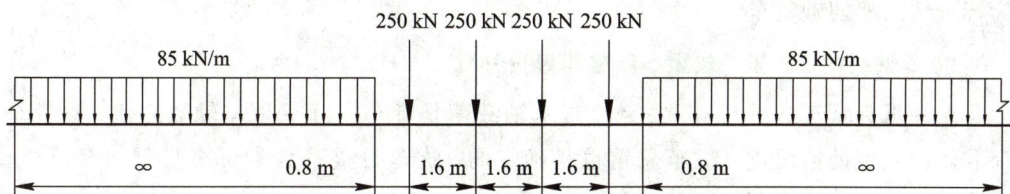

图 2-4　新的活载标准图式(待批准采用)

图 2-4 中，每延米重由过去的 8 t/m 改为 85 kN/m(8.67 t/m)。但由于新的活载标准仅适合于新建桥梁、改造桥梁及线路，因此在相当时期内我国每延米重仍为 8 t/m。

2. 货车轴重和车辆轴数

货车轴重是指按车轴形式及在某个运行速度范围内该轴允许负担的包括轮对自身在内的最大总质量。货车轴重的选择与线路、桥梁及车辆走行部的设计标准有关。中华人民共和国成立初期，我国货车轴重为 12 t 以下；1956—2004 年，货车轴重不超过 21 t。为适应铁路跨越式发展需要，近几年铁路干线进行大规模提速和加固改造，目前铁路干线的钢轨普遍采用 60 kg/m，道床和道岔同步进行加固，与以前普遍的 43～50 kg/m 钢轨相比，目前钢轨的承载能力大幅度提高。从 2005 年开始，铁路货车轴重允许为 23 t，而且为了提高铁路货运能力，今后除少数车型外，将不再批准生产 21 t 轴重通用型货车，而全部研制生产 23 t 轴重通用货车。因此，目前我国通用货车允许轴重为 23 t 并向 25 t 迈进。

另外，大秦运煤专线虽然仍采用中-活载标准，即每延米重为 8 t/m，但在建设之初就已经按照重载线路设计，钢轨为 75 kg/m，道床、道岔和桥梁同步按照货车轴重为 25 t 强化建设。因此，运煤专线货车允许轴重为 25 t 并向 32 t 迈进。

此外，长大货物车允许按 25 t 轴重标准设计，这是因为长大货物车每年运用次数很少，车辆数量也很少，重车运行速度也较低。因此，一般把长大货物车作为一次性通过货车或偶然运用货车来区别对待。但长大货物车对桥梁的载荷效应必须符合《铁路桥涵设计规范》(TB 10002—2017)和《铁路桥梁检定规范》(铁运函〔2004〕120 号)的规定。

注：现在，美国铁路轴重 25 t(E 轴)、载重 70～80 t 级的货车已经淘汰；轴重 29.8 t(F 轴)、载重 90～100 t 级的货车虽在役量最大，但也较少生产；轴重 32.43 t(超 F 轴)、载重 110 t级的货车是目前主型新造车，生产量最大；轴重 35.7 t(G 轴)、载重 120 t 级大吨位双浴盆铝合金运煤车也有少量生产。20 世纪 60 年代初，俄罗斯货车轴重为 22 t；20 世纪 80 年代，俄罗斯开始大量生产 23 t 轴重货车；目前，俄罗斯的新造车均采用 25 t 轴重。澳大利亚准轨洲际路网线路允许最大轴重为 23 t，重载矿石专线线路允许最大轴重为 35～37 t。南非铁路现役的重载货车主要为轴重 26 t 的单浴盆运煤敞车。

车辆轴数取决于车辆的结构。中华人民共和国成立初期，大量存在不带转向架的二轴货车，目前欧洲也有部分二轴货车在使用中。现在世界铁路普遍采用带有转向架的四轴货车，我国一些特种货车采用六轴或以上。另外，C_{5D} 型敞车采用五轴，即在前后两个转向架之间的车体中央处增加一套单轮对走行装置，但这种车数量极少。我国其余通用型货车全部为标准转向架四轴货车。

3. 货车轴载荷、总重、载重、自重和自重系数

货车总重为货车载重与自重之和。货车轴载荷是货车实际总重与轴数之比。在货车轴载荷和轴数固定的情况下，货车总重也是确定的。货车自重系数是货车自重与载重之比，在货车总重固定的情况下，货车自重越小，货车自重系数就越小，货车的载重就越大，货车经济性就越好。

提高货车载重是世界各国货车发展的共同趋势。中华人民共和国成立以来，我国通用货车载重是伴随着货车轴重的增大而提高的。中华人民共和国成立初期，货车载重为 30 t 左右；1953 年至 1957 年间，设计货车载重为 50 t；1957 年至 2004 年间，我国设计制造的通用货车载重均为 50～60 t。2005 年以后，随着我国货车允许轴重达到 23 t，我国新造通用货车的载重普遍达到 70 t，大秦线专用运煤敞车的载重达到 80 t。在厂矿专用线，货车可以采用六轴，其载重已经达到 100 t。

降低货车自重的途径有以下几条：

（1）合理设计货车整体及其零部件结构。如采用冷弯压型中梁或无中梁的整体承载结构；采用焊接、模压薄壁构件；选择合理的截面形式；改进局部节点设计，减少承载件连接点的偏心；减轻车辆走行部分、制动装置和车内设备各构件的质量。

（2）合理选择车辆结构各零部件的材料，使用高强度耐候钢、不锈钢和铝合金材料以及其他新型材料。

（3）减小货车及其零部件的动作用力。如增大转向架弹簧静挠度，优化转向架阻尼参数，减少簧下质量，改善缓冲器性能，减少纵向动作用力等。

（4）优化货车车辆制造工艺，加强结构防蚀的工艺措施。如改善表面质量，对某些零部件表面进行硬化；改善铸造、冲压工艺，提高焊接质量；选用高性能防护油漆，保证金属零部件表面的抗腐蚀防护性能。

（5）应用先进的分析软件，精确分析车体及其零部件的应力状态，选择合理的安全系数，减少不必要的强度储备。

4. 货车比容和比面积

货车主要尺寸设计是否合理，取决于货车容积与货车载重的比值，即比容；对于平车来说，则取决于地板面积与车辆载重之比（比面积）。

合理确定货车比容或比面积系数，可以使通用货车所装载的各类货物的综合载重利用率达到最理想状态。根据多年的分析和装载货物的统计，我国棚车的比容为 $2～2.3\ m^3/t$，敞车的比容为 $1.1～1.15\ m^3/t$（敞车主要以运输煤炭为依据），平车的比面积为 $0.65\ m^2/t$ 左右。

5. 商业运营速度、构造速度

车辆构造速度是指车辆设计时，允许其正常运行的最高速度。由于构造速度的概念不够明确，现在大多以商业运营速度载明。商业运营速度是指在车辆满足安全和结构强度条

件下，还必须满足连续以该速度商业运行时车辆有足够良好的运行性能。商业运营速度主要取决于所采用的货车转向架性能、车体与转向架配合参数、制动要求等。

1998 年以前，我国铁路货车主型转向架为转 8A 型转向架，它是一种传统的铸钢三大件式 2D 轴货车转向架，具有结构简单、检修方便、均载性好等特点，但是该转向架的抗菱刚度值不高，特别是其斜楔式摩擦减振器磨损后，抗菱刚度值降低幅度较大，运行中容易导致车辆发生蛇行运动。转 8A 型转向架设计构造速度为 100 km/h，但实际上当转向架技术状态接近检修限度，特别是车辆为空载状态，运行速度达到 70～80 km/h 时，车辆即可能发生剧烈的蛇行运动，动力学性能恶化，甚至可能造成脱轨事故。转 8A 型转向架实际运行时，一般空车速度为 60～70 km/h，重车速度为 70～80 km/h。

1998 年后，我国相继自行研制和从国外引进了各种满足 120 km/h 商业运营速度的货车转向架，如齐厂研制的转 K1 型中交叉杆三大件铸钢转向架，株洲厂仿欧洲 Y25 型货车转向架研制的焊接构架式转 K3 型转向架，齐车公司引进美国标准车辆转向架公司（SCT）的侧架下交叉支撑技术研制的 21 t 轴重转 K2 型转向架及 25 t 轴重转 K6 型转向架，长江公司引进美国 ABC-NACO 公司的侧架摆动技术研制的三大件铸钢式 21 t 轴重转 K4 型转向架及 25 t 轴重转 K5 型转向架，眉山公司引进南非 Scheffel 转向架技术开发、研制的 25 t 轴重的副构架自导向转向架，即转 K7 型转向架。目前转 K2、转 K3、转 K4、转 K5、转 K6、转 K7 型转向架作为我国主型提速货车转向架均已批量生产，商业运营速度均达到 120 km/h。根据我国铁路主要技术政策规定，今后我国普通货物列车行车速度为 120 km/h，快运货物列车行车速度为160 km/h。

6. 车辆作业空间

车辆作业空间主要考虑列检人员作业、货车装卸作业以及连接调车作业。列检人员的作业主要在车辆下部和端部，作业时常需要弯腰或下蹲检查、更换部分配件，甚至钻过车底，因此设计中要考虑留有一定的作业空间。如 C_{80} 型铝合金运煤敞车的下部浴盆端面与轮缘间留有 600 mm 间隙，供列检人员钻入车底查看转向架运用状态。其他车辆设计可参照执行。

货车装卸作业同时存在着机械和人力作业，如敞车内叉车从侧门进出，需考虑地板面与站台高度的配合；墙角、柱边的残煤靠人力用铁锹卸，需考虑人的动作及工具作业空间。

连接调车作业主要是指在车站、编组站等处的调车人员随运动中的车辆进行摘、挂车钩，操作手制动机控制车辆溜放速度等作业，设计中要考虑设置供人攀附的脚蹬、扶手等。同时钩提杆、手制动手轮、折角塞门等的位置不能任意变化。

2.4.3　车辆限界、建筑限界

设计车辆时，其外形轮廓尺寸应完全纳入设计任务书中所规定的车辆限界之内，这是保证车辆安全运行，避免车辆与线路周围建筑物（或邻在线的车辆）发生相碰的基本要求。

车辆限界是一个与线路中心线垂直的极限横断面轮廓。无论是空车还是重车，无论是具有最大标准公差的新车,还是具有最大标准公差和磨耗限度的旧车,停放在水平直线上,无侧向倾斜和偏移,车辆的任何部分都应容纳在限界轮廓之内,不得超越。

线路周围的建筑物受到建筑限界的限制。建筑基本限界(见图2-5)是一个和线路中心线垂直的极限横断面轮廓,除与机车车辆有相互作用的设备(车辆减速器、路签授受器、接

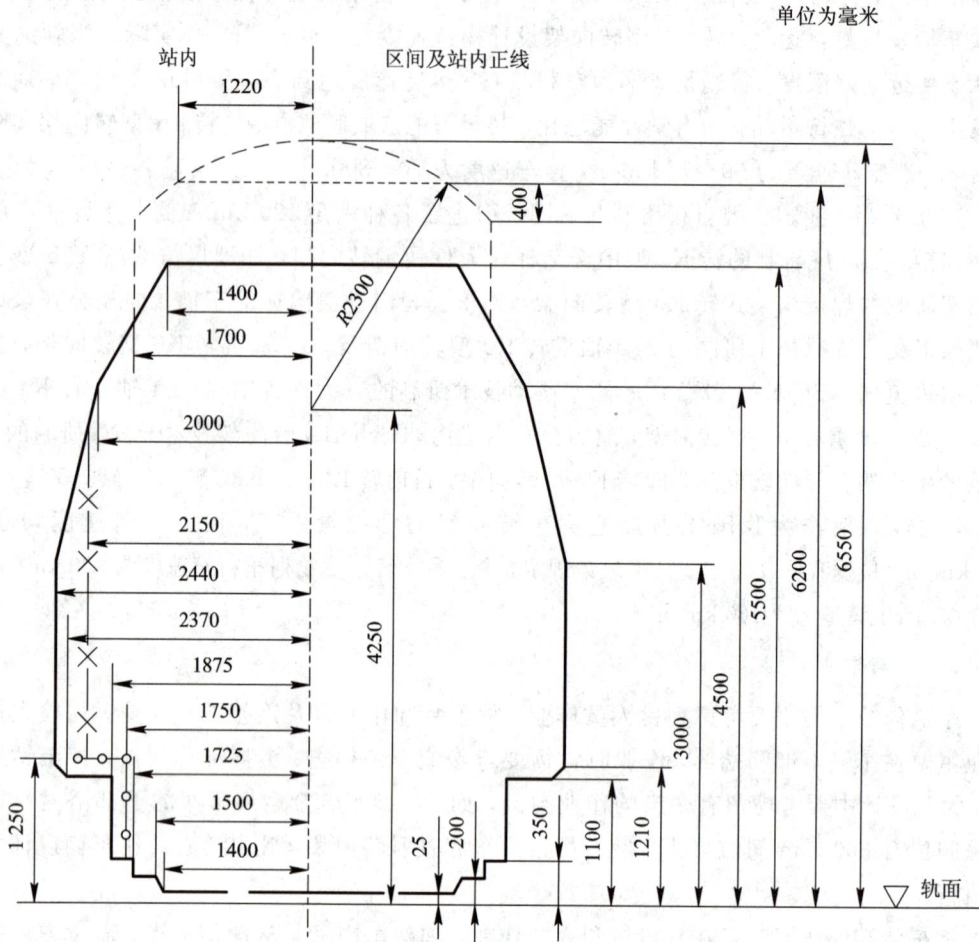

说明:

— ×—×—×—× 信号机、高架候车室结构柱和接触网、跨线桥、天桥、电力照明、雨棚等杆柱的建筑限界(正线不适用)。

—○—○—○—○ 站台建筑限界(正线不适用)。

———————— 各种建(构)筑物的基本限界。

— — — — — — 适用于电力牵引区段的跨线桥、天桥及雨棚等建(构)筑物,最大高度根据接触网结构高度计算确定,最小不应小于6550 mm。

- - - - - - - 电力牵引区段的跨线桥在困难条件下的最小高度。

图2-5 建筑基本限界

触网受电线等)外,其他设备或建筑物均不得侵入此轮廓。

车辆限界和建筑限界之间留有一定的间隙,叫作限界间隙,这是考虑到车辆运行中可能产生的正常偏移、超限货物运输和轨道受载后可能发生的歪斜或爬动而预留的安全空间。

根据国家标准《标准轨距铁路限界第1部分:机车车辆限界》(GB 146.1—2020)规定,标准轨距铁路机车车辆限界基本轮廓以距轨面高 350 mm 处为分界点,分为上、下两部分,即机车车辆上部限界车限-1A(见图 2-6)和下部限界车限-1B(见图 2-7)。

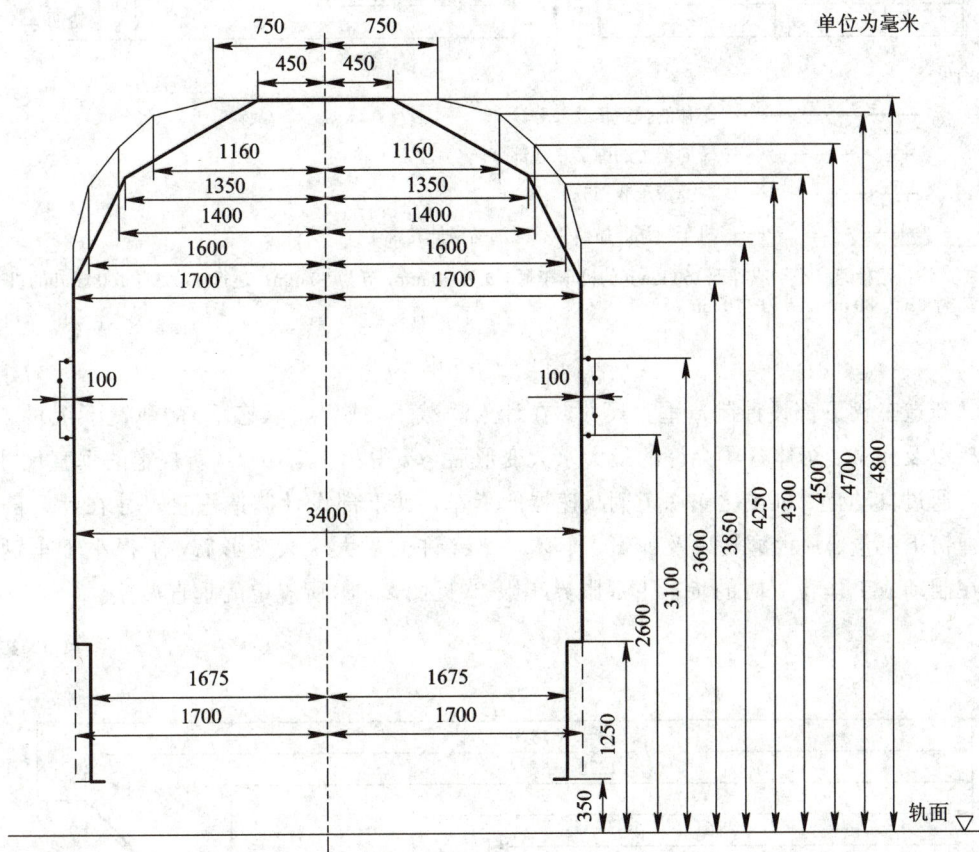

说明:

———————— 机车车辆上部限界基本轮廓。

———————— 电气化铁路机车车辆轮廓。

— — — — — 客运专线动车组轮廓。

—·—·—·— 列车信号装置、后视镜限界轮廓。

图 2-6 车限-1A

新造车辆上部在空载状态下横断面的最大尺寸,可按车限-1A 的最大尺寸设计制造。对配属在专线的特种货车或专用货车,如有需要使用虚线扩宽部分,也需要报国家铁路局批准。

单位为毫米

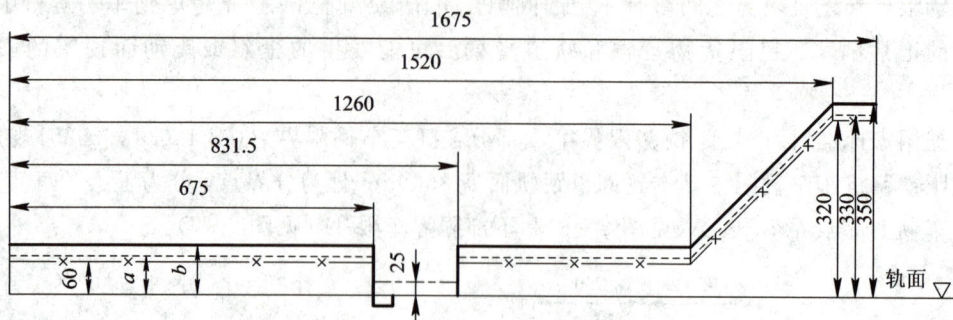

说明:

———————— 车体的弹簧承载部分。

—————— 转向架上的弹簧承载部分。

—×—×—×— 非弹簧承载部分。

—·—·—·—·— 机车闸瓦、撒砂管、喷油嘴最低轮廓。

注:运行速度小于或等于 160 km/h 的机车车辆,a 为 70 mm,b 为 90 mm;运行速度大于 160 km/h 的机车车辆,a 为 80 mm,b 为 110 mm。

图 2-7　车限-1B

新造车辆下部设计制造垂直尺寸,在计入静载下(或整备状态下)的弹簧下沉量、最大磨耗以及弹簧、车体各梁允许的最大永久变形后,不得小于车限-1B 所规定的垂直尺寸。

通过自动化、机械化驼峰车辆减速器的货车,其下部设计制造垂直尺寸在计入静载下的弹簧下沉量、最大磨耗以及弹簧、车体各梁允许的最大永久变形后,不得小于车辆减速器在制动或工作位置时的货车下部限界车限-2(见图 2-8)所规定的垂直尺寸。

单位为毫米

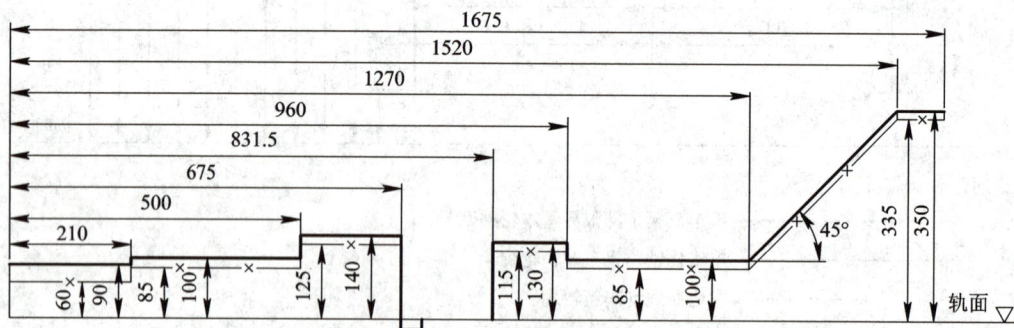

说明:

———————— 弹簧承载部分。

—×—×—×— 非弹簧承载部分。

图 2-8　车限-2

按车辆限界设计车辆时，限界的中心线为通过平直线路两钢轨中点的垂线。车辆的中心线与限界中心线重合，车辆的水平尺寸自其中心线算起，并以限界半宽表示。各垂直尺寸从轨面算起。

在确定车辆下部设计制造垂直尺寸时，不必计入动载荷下弹簧振动下沉量（动挠度）。在确定车辆下部设计制造水平尺寸时，不考虑车辆各部横向间隙和水平方向的磨耗量。设计制造联运车辆，应符合有关国家规定的车辆限界。

根据《铁路技术管理规程（普速铁路部分）》，双层集装箱运输装载上部限界如图 2-9 所示。

单位为毫米

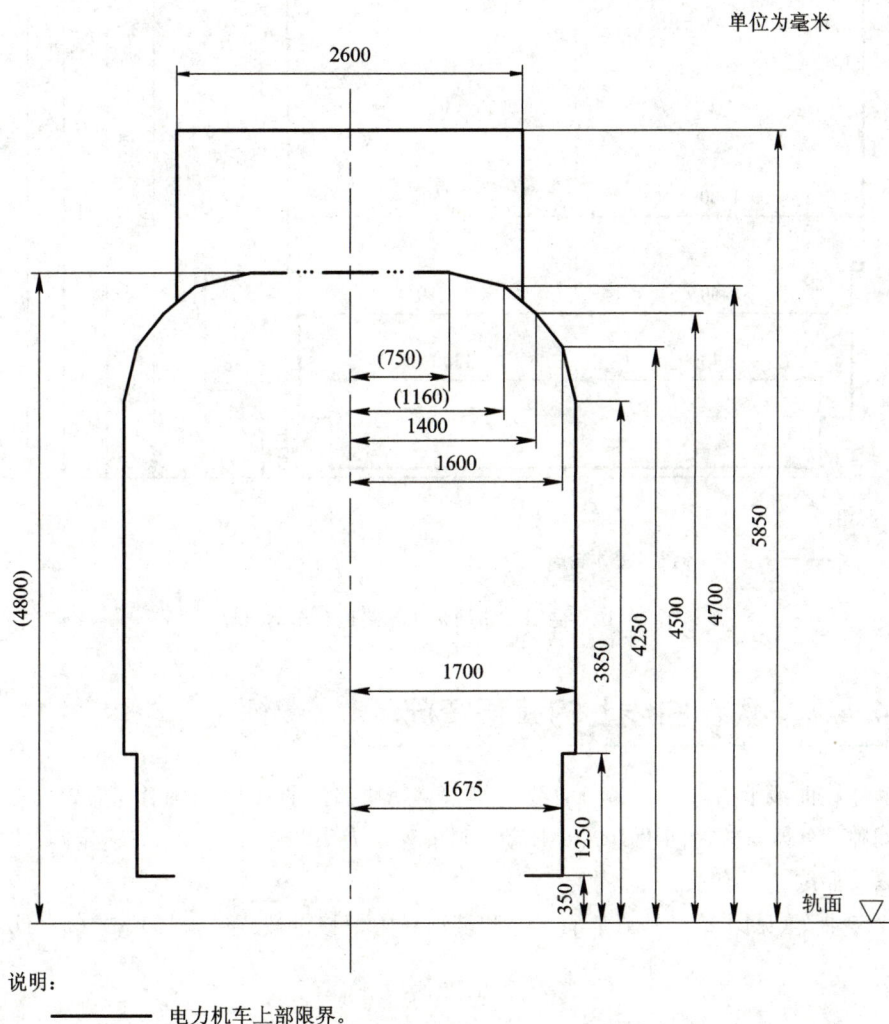

说明：

———— 电力机车上部限界。

图 2-9 双层集装箱运输装载上部限界

我国云南境内的昆明铁路局管内的开远地区铁路采用米轨铁路，并制订了米轨铁路机车车辆限界（见图 2-10），其限界性质与准轨限界相同。

单位为毫米

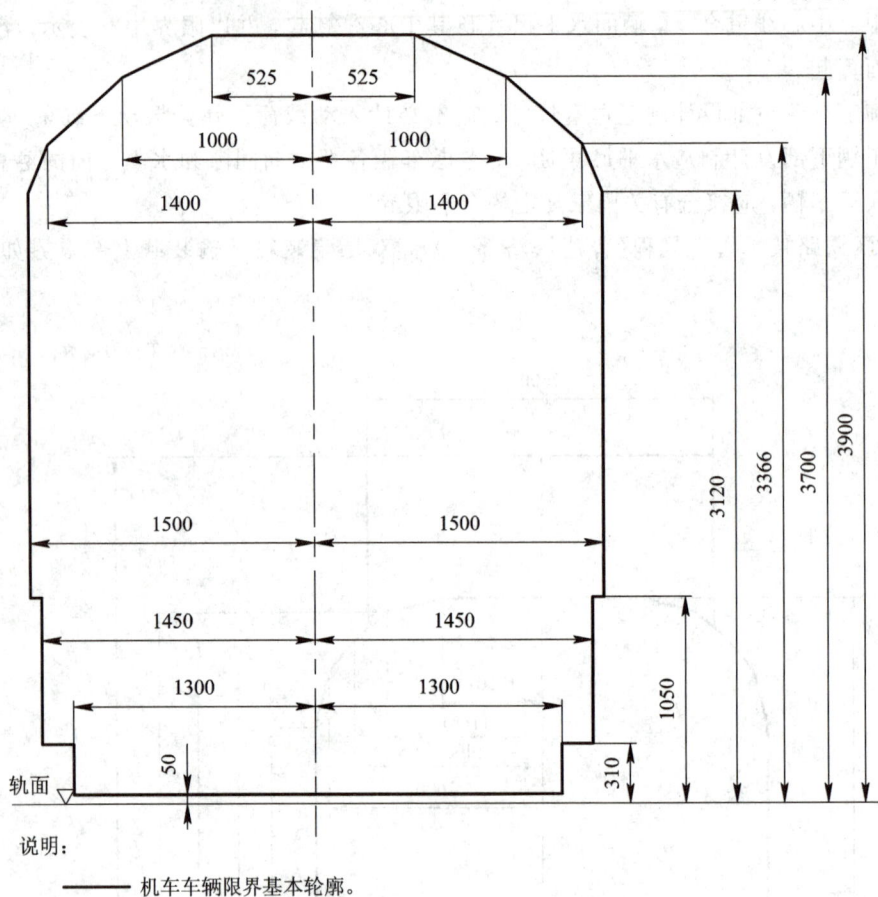

图 2-10　昆明铁路局米轨铁路机车车辆限界

2.4.4　车辆在曲线上的偏移情况

车辆停在曲线上时，其中部向曲线内侧偏移，端部向曲线外侧偏移。假定车轮与钢轨间没有间隙，车体与轮对间没有相对移动，则偏移量大小与车体长度、车辆定距、转向架固定轴距以及曲线半径有关。

对于二轴车（见图 2-11），车辆中部和端部最大偏移量按式（2-1a）、式（2-1b）计算：

$$\omega_{\mathrm{m}} = \frac{l^2}{8R} \tag{2-1a}$$

$$\omega_{\mathrm{e}} = \frac{L^2 - l^2}{8R} \tag{2-1b}$$

式中：ω_{m}—— 车辆中部最大偏移量；

ω_{e}—— 车辆端部最大偏移量；

L—— 车体长度；

l—— 车辆定距;

R—— 线路曲线半径。

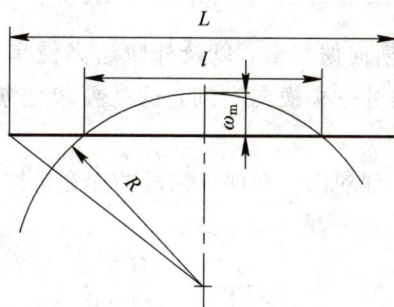

图 2-11 二轴车在曲线上的偏移情况

为了更充分、合理地利用限界,应尽量使车辆中部的偏移量和端部的偏移量相等,即 $\omega_m = \omega_e$,亦即 $\dfrac{l^2}{8R} = \dfrac{L^2 - l^2}{8R}$,整理后得出

$$\frac{L}{l} = \sqrt{2} \approx 1.4$$

上式说明在设计车辆时,车体长度与车辆定距之比为 1.4 左右限界利用最合理。但对一些特定货车或车体长度较长的车辆(如集装箱车、长大货物车),不要求车体有足够宽度,考虑到牵引梁垂向刚度等问题,可以不按此比例设计货车。

上述结论是通过二轴车推算出来的,对于四轴车(见图 2-12)则有所不同。四轴车车辆中部和端部最大偏移量按式(2-2a)、式(2-2b)计算:

$$\omega_m = \frac{l^2 + s^2}{8R} \tag{2-2a}$$

$$\omega_e = \frac{L^2 - l^2 - s^2}{8R} \tag{2-2b}$$

式中: ω_m—— 车辆中部最大偏移量;

ω_e—— 车辆端部最大偏移量;

L—— 车体长度;

l—— 车辆定距;

S—— 转向架固定轴距;

R—— 线路曲线半径。

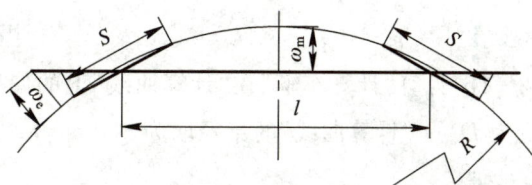

图 2-12 四轴车(有转向架车辆)在曲线上的偏移情况

2.4.5　在曲线上建筑限界的加宽量

由于车辆在曲线上具有横向偏移量，以及外轨超高使车体处于倾斜状态，因此车辆在曲线上比在直线上要多占用一些横向空间，这就要求建筑限界在曲线区段有适当的加宽。

我国铁路建筑限界规定，建筑限界在曲线区段的加宽量按式（2-3a）、式（2-3b）计算：

曲线内侧加宽量：

$$\omega_1 = \frac{40\,500}{R} + \frac{H \times h}{1500} \tag{2-3a}$$

曲线外侧加宽量：

$$\omega_2 = \frac{44\,000}{R} \tag{2-3b}$$

式中：H——计算点自轨面算起的高度（mm）；

　　　h——线路外轨超高（mm）；

　　　R——线路曲线半径（m）。

上述公式是以一辆二轴车为原型车辆，并考虑外轨超高而导出的。所得量称为计算车辆所产生的偏移量，此计算车辆俗称长计算车辆，其车体长度 $L = 26$ m，车辆定距 $l = 18$ m。

现在绝大多数的国家铁路线路，其曲线地段的加宽量符合以上标准。可能仅有个别旧线或支线建筑限界的曲线加宽量较小，它们的加宽量基本与取短计算车辆的车体长度 $L = 13.22$ m，车辆定距 $l = 9.35$ m 的偏移量相符合。因此 GB 146.1—2020 把车体长度为 13.22 m（26 m）、车辆定距为 9.35 m（18 m）、最大宽度为 3.4 m 的车辆定义为计算车辆，作为设计部门计算车辆宽度的依据。计算车辆在曲线半径为 300 m 的计算曲线上，其中部和端部最大偏移量为 36 mm（中部为 135 mm，端部为 147 mm）。

注：括号外的数值适用于全路运行的机车车辆，括号内的数值适用于 1959 年以后新建铁路和进行技术改造的铁路运行的机车车辆。

近年来，我国许多货车已经按照长计算车辆设计车体结构，如长大货物车、棚车等。

2.4.6　车辆最大容许制造宽度的计算方法

1. 计算标准车辆偏移量

按公式（2-1a）及（2-1b）计算"计算车辆"在"计算曲线"上的偏移量 D_m 和 D_e（此时公式中 ω_m 变为 D_m，ω_e 变为 D_e），"计算曲线"的半径取为 300 m。

2. 计算设计车辆偏移量

根据所设计车辆的车体长度、车辆定距和转向架固定轴距，按式（2-2a）及（2-2b）计算出所设计车辆在计算曲线上的静偏移量 ω_m 及 ω_e。

3. 计算设计车辆宽度缩减量

按式(2-4a)、式(2-4b)确定车辆宽度的缩减量:

车体中部缩减量:

$$C_m = \omega_m - D_m \qquad (2-4a)$$

车体端部缩减量:

$$C_e = \omega_e - D_e \qquad (2-4b)$$

如果式(2-4a)中 $\omega_m < D_m$,式(2-4b) 中 $\omega_e < D_e$,那么车辆宽度不进行缩减。

4. 计算最大容许制造宽度

按式(2-5)确定车辆距轨面某一高度处的最大容许制造宽度:

$$2B = 2(B_g - C) \qquad (2-5)$$

式中:$2B$——车辆距轨面某一高度处的最大容许制造宽度;

B_g——机车车辆限界在同一高度处的半宽;

C——C_m、C_e 中较大者(若为负数,令其等于零)。

2.4.7　车体与转向架间的相对转动角度

车辆运行于曲线上时,转向架相对于车体发生了转动,其最大转动角度产生在第一个转向架处于最大倾斜位置(即前轮对内轮轮缘碰内轨,后轮对外轮轮缘碰外轨),第二个转向架与内轨相切(即内侧两个车轮的轮缘均与内轨接触)的时候,见图2-13(a)。

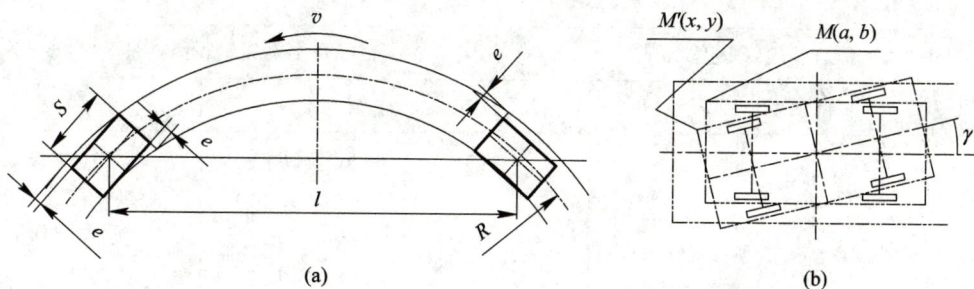

图2-13　车体与转向架间最大转动角度产生的位置

如果不考虑转向架的各种游间(转向架游间一般包括侧架与摇枕挡间、侧架导框与承载鞍之间、承载鞍推力挡间与轴承外圈之间、轴承轴向等),那么最大转动角度为

$$\gamma = \gamma_1 + \gamma_2 + \gamma_3$$

其中:

$$\gamma_1 = \frac{e}{S}, \quad \gamma_2 = \frac{l}{2R}, \quad \gamma_3 = \frac{e}{2l}$$

因此

$$\gamma = \frac{e}{S} + \frac{l}{2R} + \frac{e}{2l} \qquad (2-6)$$

式中:γ—— 最大转动角度;

e—— 车轮与钢轨之间的总游间,包括新车轮的轮缘与钢轨之间的间隙和轮缘及钢

轨侧面的最大磨耗量，可根据表 2-1 确定，参考值：$e_{max} = 1450 + 3 + 6 + 12 \times 2 - 22 \times 2 - 1353 = 86$（mm）；

S——转向架固定轴距；

l——车辆定距；

R——曲线半径，在计算时，取车辆可能缓行通过的最小半径。

当转向架相对于车体发生转角 γ 时，见图 2-13(b)，转向架上任意一点 $M(a,b)$ 的新位置 $M'(x,y)$ 可按式(2-7a)及(2-7b)求得：

$$x = a\cos\gamma - b\sin\gamma \qquad (2-7a)$$
$$y = a\sin\gamma - b\cos\gamma \qquad (2-7b)$$

在安排车下有相对转动的设备时，应注意转向架的新位置，避免发生干涉。如转向架侧架上一点转动角度 γ 后是否与车体的侧梁下部及上旁承体存在干涉现象。

表 2-1　轨距及钢轨的各种规定

轮对两车轮的内侧距离/mm			线路曲线区段轨距加宽/mm		
轮辋宽度	原型	厂段修限度	曲线半径	轨距	轨距公差
$127 \sim 130$	1355^{+2}_{-1}	1355^{+4}_{-1}	$350 > R \geqslant 300$	1440	$\begin{array}{c}+6\\-2\end{array}$
$130 \sim 135$	1355^{+2}_{-1}	1355^{+4}_{-5}	$R < 300$	1450	$\begin{array}{c}+6\\-2\end{array}$
135 以上	1353 ± 2	1353 ± 3			
车轮轮缘厚度/mm				正线及到发线钢轨磨耗量限值/mm	
原型	厂修限度	段修限度	运用限度	钢轨质量	侧面磨耗
32	30	26	22	60 kg 及以上	一级 10，二级 12
				$50 \sim 60$ kg	一级 8，二级 10
				$43 \sim 50$ kg	一级 6，二级 8
				43 kg 以下	二级 6

2.4.8　两相邻车辆端部间最小间隙

不同类型的两车辆连挂在一起通过曲线时，其所处的位置如图 2-14(a)所示，两车辆的端部间隙如图 2-14(b)所示。两相邻车辆端部的最小间隙 Δ 按式(2-8)计算：

$$\Delta = (m_1 + m_2) - \left[\cos(\delta_1 - \alpha_1)\sqrt{\left(\frac{B_1}{2}\right)^2 + K_1^2} + \cos(\delta_2 - \alpha_2)\sqrt{\left(\frac{B_2}{2}\right)^2 + K_2^2}\right]$$

$$(2-8)$$

式中：$\alpha_1 = 180° - (\beta_1 + \beta_2)$，$\alpha_2 = 180° - (\beta_3 + \beta_4)$；$\delta_1 = \arctan\dfrac{B_1}{2K_1}$，$\delta_2 = \arctan\dfrac{B_2}{2K_2}$；$m_1$、$m_2$ 分别为两车车钩转动中心与车钩连挂中心的距离。

β_1 及 β_4 可由下式确定:

$$\beta_1 = \arctan \frac{OA}{L_1'/2}, \quad \beta_4 = \arctan \frac{OB}{L_2'/2}$$

在 $\triangle OO_1O_2$ 中,令 $b_1 = OO_1$, $b_2 = OO_2$,则 $\triangle OO_1O_2$ 周长的一半为

$$Q = \frac{b_1 + b_2 + m_1 + m_2}{2}$$

$\triangle OO_1O_2$ 内接圆的半径为

$$N = \sqrt{\frac{(Q-b_1)(Q-b_2)(b_1+b_2+m_1+m_2)}{2}}$$

从而 β_2 及 β_3 可由下式确定:

$$\beta_2 = 2\arctan \frac{N}{Q-b_1}, \quad \beta_3 = 2\arctan \frac{N}{Q-b_2}$$

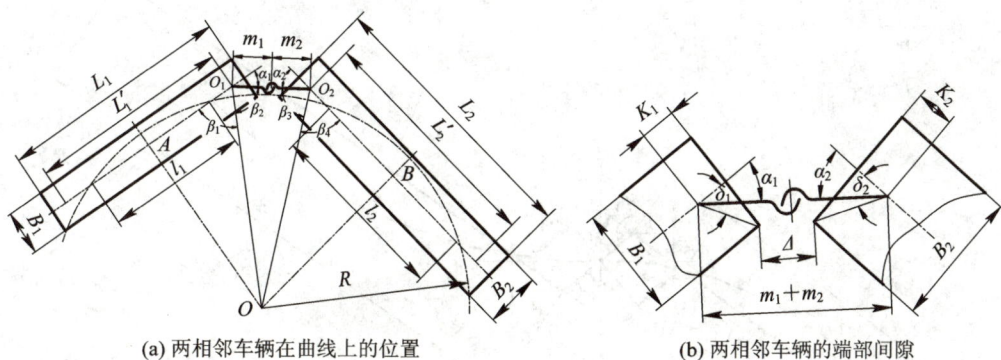

(a) 两相邻车辆在曲线上的位置　　　　(b) 两相邻车辆的端部间隙

图 2-14　两相邻车辆在曲线上的位置及其端部间隙

若两相邻车辆为同型车,则式(2-8)可简化为

$$\Delta = 2\left[m - \cos(\delta - \alpha)\sqrt{\left(\frac{B}{2}\right)^2 + K^2} \right] \tag{2-9}$$

为保证两相邻车辆的端部(包括平车活动端板放平时)不相碰,间隙 Δ 必须大于两相邻缓冲器全压缩量之和加上有关部分的最大磨耗量,并应留有必要的安全裕量。

2.4.9　冲击座开口尺寸

当车辆运行于具有最小曲线半径的 S 形曲线时,车钩中心线相对于车体中心线发生最大偏移。图 2-15 是不同结构和尺寸的两车辆连挂在一起处在 S 形曲线上的位置简图,则车钩中心线偏离车体中心线的角度为

$$\begin{cases} \alpha_1 = \beta_1 + \gamma_1 \\ \alpha_2 = \beta_2 + \gamma_2 \\ \gamma_1 = \gamma_2 \end{cases} \tag{2-10}$$

式中: β_1 和 β_2——车体中心线相对于 Ox 轴的转动角度;

γ_1 和 γ_2——两连接车钩纵向轴线与 Ox 轴之间的角度。

上述角度可由下列公式确定：

$$\beta_1 = \arctan\left(\frac{l_1/2 + n_1 + m_1}{R_1}\right), \quad \beta_2 = \arctan\left(\frac{l_2/2 + n_2 + m_2}{R_2}\right),$$

$$\gamma_1 = \arctan\frac{b_1}{m_1}, \quad \gamma_2 = \arctan\frac{b_2}{m_2}$$

式中：l_1 和 l_2——两连挂车辆定距；

　　　n_1 和 n_2——由心盘至车钩尾部销结中心之间的距离；

　　　m_1 和 m_2——车钩尾销转动中心距连挂中心的距离；

　　　R_1 和 R_2——S形曲线的两个半径；

　　　b_1 和 b_2——钩尾销结中心 A_1 和 A_2 点的横向位移（沿 Oy 方向的位移）。

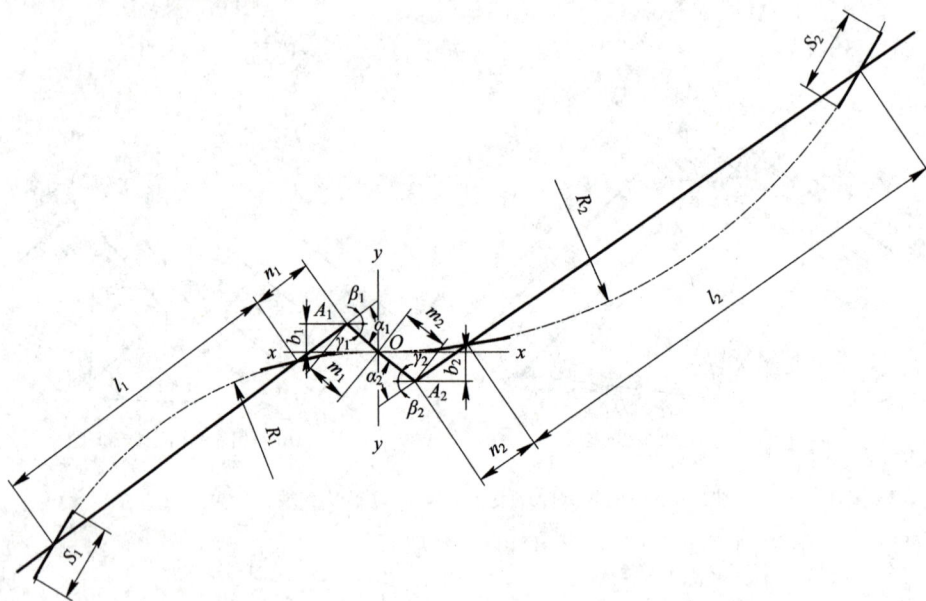

图 2-15　两车辆连挂处在S形曲线上的位置简图

横向位移由下式确定：

$$b_1 = \frac{(l_1 + n_1) - (S_1/2)^2 - m_1^2}{2R_1}$$

$$b_2 = \frac{(l_2 + n_2) - (S_2/2)^2 - m_2^2}{2R_2}$$

式中：S_1 和 S_2——两车辆转向架的轴距。

为了保证车辆自由通过最小半径的曲线，必须使钩门开口宽度（冲击座口宽度）在车钩最大偏移之后有一定的间隙 Δ_1，如图 2-16 所示。

Δ_1 可按式（2-11）计算：

$$\Delta_1 = \frac{B}{2} - H \times \tan\alpha - \frac{b}{2 \times \cos\alpha} \tag{2-11}$$

式中：B——钩口的宽度；

　　　b——钩口处钩身的宽度；

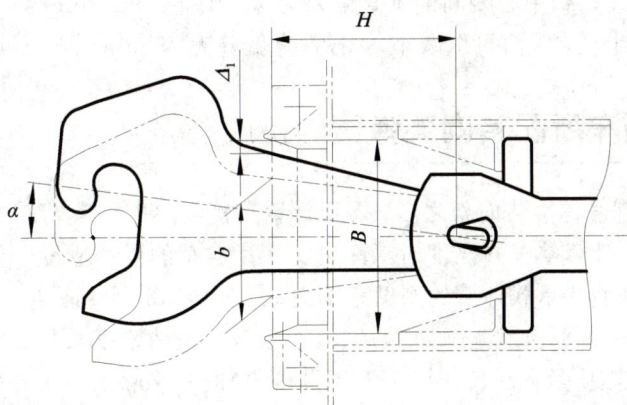

图 2-16 钩身与钩口之间的间隙

α——车钩中心线的转动角度;

H——钩尾销结中心至钩口处的距离。

2.4.10 连挂车辆通过最小竖曲线的校核

车辆通过竖曲线时,最不利的位置是短车在直线上,长车处于竖曲线上。在凸曲线上,应取在曲线上的车辆车钩比在直线上的车辆车钩高 75 mm,见图 2-17(a);在凹曲线上,应取在曲线上的车辆车钩比在直线上的车辆车钩低 75 mm,见图 2-17(b)。

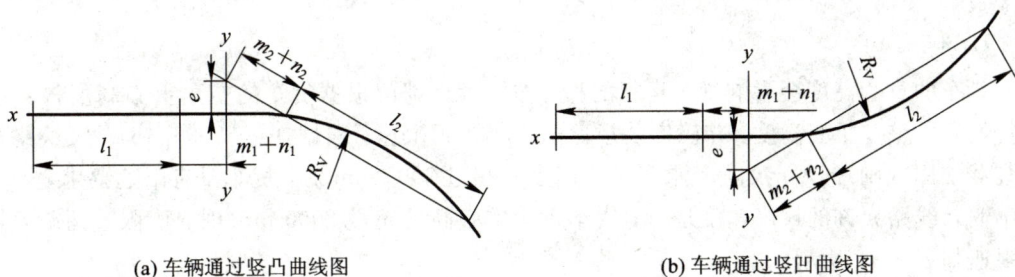

(a) 车辆通过竖凸曲线图   (b) 车辆通过竖凹曲线图

图 2-17 车辆通过竖曲线图

连挂车辆能够通过的最小竖曲线半径按式(2-12)计算:

$$R_V = \frac{(l_1/2 + m_2 + n_2)^2 - (l_2/2)^2 - e^2}{2e} \qquad (2-12)$$

式中:R_V——竖曲线半径(m);

l_1——在直线上的车辆定距(m);

l_2——通过竖曲线的车辆定距(m);

n_2——由心盘至车钩尾部销结中心之间的距离(m);

m_2——车钩尾销转动中心距连挂中心的距离(m);

e——车钩连接线处允许的总垂直偏移量(m)。当采用 13A 号车钩时,若在直线线路上两相连车钩中心线间的垂直偏差为零，则 $e=0.180\ \text{m}$（只要能通过规定要求的曲线半径，该值可以减小），若垂直偏差为 75 mm，则 $e=0.105\ \text{m}$。

2.4.11　货车所配转向架弹簧静挠度

当货车选配某型号标准转向架之后，需要计算车辆空、重车静挠度，以便确定空、重车地板面高度等参数。计算空车静挠度时，首先要计算空车的弹簧刚度，空车弹簧刚度一般由减振内簧、减振外簧和承载外簧的刚度累加而成，如转 K6 型转向架，每个转向架空车时弹簧刚度由 4 个减振内簧、4 个减振外簧和 14 个承载外簧的刚度累加（并联）而成。然后用空车车体质量（由整车质量去除转向架簧下质量得出）的一半除以空车转向架刚度值，得出空车静挠度。

重车静挠度由空车静挠度和载重产生的挠度累加而成。货车施加货物质量后，减振内、外簧和承载外簧继续压缩，当压缩到与承载内簧高度相同时，继续压缩，弹簧刚度变成重车弹簧刚度，此时重车弹簧刚度由所有减振内、外簧和承载内、外簧刚度累加而成。货物载荷产生的挠度由两部分组成，一部分是空车挠度继续压缩到变刚度点时的挠度，此部分挠度仍然用空车弹簧刚度计算；另一部分是变刚度点继续压缩到静止时产生的挠度，此部分挠度用重车弹簧刚度计算。车辆设计中应尽量避免某一运输工况落在变刚度点上，一般可通过调整弹簧刚度实现。各种货车转向架刚度值见转向架设计部分。

2.4.12　车辆重心及车辆质量均衡性

1. 车辆重心

货车的重心高度会影响货车运行的稳定性，货运部门根据货车的空车重心高度核算装载货物后的整车重心高度，并确定装载后的货车是否限速。根据铁运〔2006〕161 号《铁路货物装载加固规则》的规定，货车重车重心高度不超过 2000 mm 时，货车没有限速要求，可以按车辆及线路允许的最高速度运行；货车重车重心高度超过 2000 mm 时，应限速运行，具体限速如表 2-2 所示：

表 2-2　货车重车重心高度与货车限制速度

重车重心高度 H/mm	区间限速/(km/h)	通过侧向道岔限速/(km/h)
2000<H≤2400	50	15
2400<H≤2800	40	15
2800<H≤3000	30	15

根据相关部门要求，今后所有货车必须在性能参数表中列出货车空车重心高度。由于货车的结构是对称的，因此核算货车的重心位置，主要通过核算货车重心距轨面的高度，即确定货车空车重心高度。

确定货车空车重心高度时，先核算出货车各部分的质量和该部分重心距轨面的高度，再将各部分的质量及重心高度汇总，即可得出整车空车重心高度。

空车重心高度计算公式：

$$h_k = \frac{\sum W_i \times h_i}{\sum W_i} \qquad (2-13a)$$

重车重心高度计算公式：

$$h_z = \frac{\sum W_i \times h_i + G \times h_0}{\sum W_i + G} \qquad (2-13b)$$

式中：h_k——空车重心高度（mm）；

$\quad\quad h_z$——重车重心高度（mm）；

$\quad\quad W_i$——各分部分部件质量（kg），包括车体、制动装置、车钩缓冲装置、转向架等部件；

$\quad\quad h_i$——各分部分部件距轨面高度（mm）；

$\quad\quad G$——货物质量（kg）；

$\quad\quad h_0$——货物重心距轨面高度（mm）。

2. 车辆质量均衡性

车辆偏重会引起转向架弹簧受力不均，车体发生倾斜，车辆动力学性能恶化，因此设计车辆时，要注意车辆前后和左右的质量均衡。一般货车车体前后和左右均为对称结构，转向架和车钩组装后相对于车体也为对称结构，因此影响车辆质量均衡的因素主要是空气制动装置和手制动装置。手制动装置一般设置在车辆的一位端部一位侧，质量较小（一般在100 kg 以内），对整车质量均衡影响有限，可以通过合理布置空气制动装置位置予以均衡。在布置空气制动装置时，根据应用标准化、模块化设计原则，一般将控制阀及各种储风缸布置在同一范围内，制动缸及其杠杆系统布置在同一范围内，只要这两部分的质量在车体上布置均衡，整车的质量即可达到均衡状态。对于特殊车型，应通过部件布置使车辆达到均衡状态。

2.4.13 车钩中心线在中梁上的位置

如图 2−18 所示，车钩中心线距轨面高度为 880 mm。计算车钩中心线在中梁上的位置，即计算车钩中心线与中梁下翼面的距离。由车辆结构可知：

车钩中心线距轨面高度（880）＝转向架心盘承载面自由高（h_1）＋心盘磨耗盘厚度（h_2）＋

货车上心盘总高变（h_3）＋心盘垫板厚度（h_4）＋

车钩中心线与中梁下翼面距离（h）−空车弹簧静挠度（h_5）

因此

$$h = 880 - h_1 - h_2 - h_3 - h_4 + h_5 \qquad (2-14)$$

其中，h_1、h_2、h_3、h_4 均为已知条件，h_5 由 2.4.11 节计算得出。

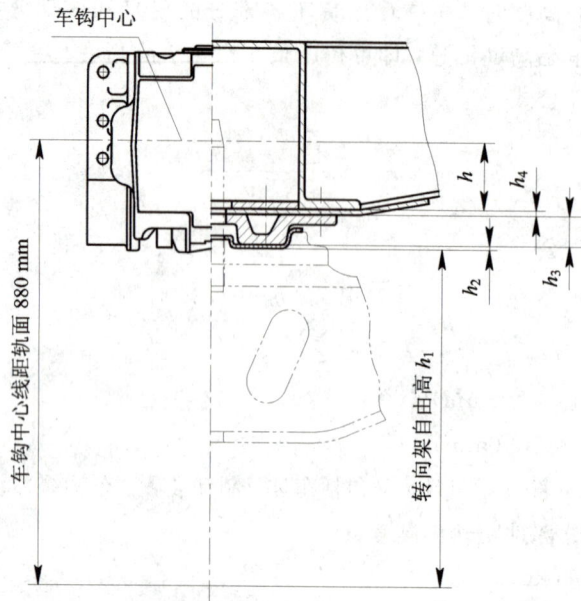

图 2-18　车钩中心线在中梁上的位置

2.4.14　地板面距轨面高度

我国铁路货物站台距轨面高度为 1100 mm。通用型货车，如敞车、棚车、平车等，利用叉车、手推车等在站台与货车地板之间进出装卸货物，因此这些通用型货车的地板面高度应尽量设计得接近 1100 mm。目前平车（木地板）地板面高度约为 1210 mm，敞车地板面高度约为 1080 mm，棚车地板面高度约为 1130 mm。平车地板面高一些，这是因为平车为底架承载结构，其底架断面相对于敞车、棚车的底架断面要高一些，相应地，地板面高度也要适当加大。另外，平车所装载的货物为原木、钢材、汽车、拖拉机以及其他机械设备等，所以为适应滚装货物运输要求，平车地板面高度应尽量与货车站台高度 1100 mm 接近。

2.4.15　货车车体下部距轨面最低高度

车体下部距轨面最低高度按式（2-15）计算：

$$H = h - (h_1 + h_2 + h_3 + h_4 + h_5 + h_6 + h_7 + h_8 + h_9 + h_{10} + h_{11}) \quad (2-15)$$

式中：H——车体距轨面最低高度；

h——新造空车车体最低点距轨面高度（mm）；

h_1——满载时转向架弹簧从空车到重车最大静态压缩量（mm），按所选转向架弹簧参数计算；

h_2——满载时中、侧梁在枕梁间下垂量（mm），辅修限度 $h_2 = 40$ mm，运用限度 $h_2 = 80$ mm，特殊规定车型可按满载时车体垂向刚度计算挠度值确定；

h_3——上心盘平面最大磨耗量（垂向，有心盘磨耗盘时不计），单位为 mm，平面上心盘段修限度 $h_3 = 6$ mm，球面径向段修限度 $h_3 = 2$ mm；

h_4——心盘磨耗盘平面最大磨耗量（垂向），单位为 mm，按破损丢失计 $h_4 = 7$ mm；

h_5——下心盘平面最大磨耗量（垂向，有心盘磨耗盘时不计），单位为 mm，转 8A 型转向架段修限度 $h_5 = 6$ mm，其他型转向架段修限度 $h_5 = 3$ mm；

h_6——侧架承载鞍支承面磨耗量（垂向），单位为 mm，段修限度 $h_6 = 3$ mm；

h_7——承载鞍顶面磨耗量（垂向），单位为 mm，转 K4、转 K5 型转向架段修限度 $h_7 = 3$ mm，其他型转向架段修限度 $h_7 = 5$ mm；

h_8——承载鞍径向磨耗量（mm），段修限度 $h_8 = 0.5$ mm；

h_9——车轮轮辋最大磨耗量（mm），对轮辋原型厚度为 50 mm 的车轮运用限度 $h_9 = 26$ mm，对轮辋原型厚度为 65 mm 的车轮运用限度 $h_9 = 42$ mm；

h_{10}——车辆通过凸形竖曲线时车体计算点处下垂量（mm），可参照式（2-2a）算出，此时式中 R 变为竖曲线半径，线路规范规定，竖曲线半径分为 5000 m 和 10 000 m 两种；

h_{11}——最大旁承间隙消除后车体计算点处下沉量（mm），按本书式（3-2）计算。

按式（2-15）计算出 H 的具体数值后，再根据计算车辆通过的限界类型（图 2-7 车限-1B 或图 2-8 车限-2）确定相应位置的限界高度，H 的数值应不小于相应位置的限界高度。

第三章　车体钢结构设计

3.1　车体钢结构分类

按承载方式不同，车体钢结构可分为底架承载式（又称自由承载式）、侧壁承载式（又称侧壁和底架共同承载式）和整体承载式三大类。

3.1.1　底架承载式车体

底架承载式车体只有底架能够承受垂直载荷和纵向力的作用。具有这类车体的货车有：没有侧墙或具有活动侧墙的平车，具有活动侧墙的棚车等。由于巨大的垂直载荷和纵向力只能由底架单独承受，因此底架的中梁和侧梁的截面尺寸都要设计得足够大。

根据设计结构的不同，底架承载式又分为中梁和侧梁共同承载结构、中梁承载结构和侧梁承载结构三种，具有典型中梁和侧梁共同承载结构的车型有 C_{50} 型敞车，N_{17} 系列、NX_{17} 系列、NX_{70} 系列等平车，X_{6A}、X_{6B} 型集装箱平车和出口巴基斯坦的 N_{61-PAK} 等。具有中梁承载结构的车型有 X_{3K}、X_{4K} 型集装箱平车和出口澳大利亚的 N_{72-AUS}。在通用车型中，具有侧梁承载结构的车型很少；在长大货物车中，长大平车的大底架、落下孔车的落下孔梁为侧梁承载结构，如 D_{25A}、D_{26A} 型的大底架，D_{17A} 型的落下孔底架。

3.1.2　侧壁承载式车体

侧壁承载式车体的侧壁（墙）和底架可以共同承载垂直载荷、纵向力和其他载荷。具有这类车体的货车有：具有桁架式或板梁式侧壁的敞车、漏斗车，双层集装箱平车等。其中 X_{2K}（X_{2H}）型双层集装箱平车的车体为典型的侧壁承载结构。

对于桁架式侧壁承载车体，虽然其侧壁外墙板是木质的，但其侧壁的钢骨架却是一个稳定的桁架结构，可以承受由底架传来的垂直载荷。然而由于侧壁桁架沿车体全长仅在若干点上与底架连接，且桁架较高，因此这种结构承受纵向力的能力很弱（即侧壁桁架约束底架纵向变形的能力不强）。这种结构的代表车型有 M_{11}（木结构）型运煤敞车、C_{62M} 型敞车。

对于板梁式侧壁承载车体，其侧壁为全钢薄壁板梁结构，且沿车体全长与底架固接，因此这种结构完全能够承受由底架传来的垂直载荷和纵向力的作用。板梁式侧壁承载结构是目前主型敞车、漏斗车采用的较为普遍的承载结构。

由于侧壁承载式车体的侧壁与底架共同承载载荷，因此其底架的中梁和侧梁的截面尺寸比底架承载车的要小。因为在垂直面内侧壁的刚度远大于中梁的刚度，所以作用在中梁上的垂直载荷，除一部分直接传至心盘外，另一部分由底架中部的大横梁传至侧壁（载荷向侧壁集中），再由侧壁经枕梁传至心盘，从而改善了中梁的受力状态。

3.1.3　整体承载式车体

整体承载式车体的车顶、侧壁和底架连接成一个整体，共同承受着作用在车体上的一切载荷。具有这类车体的货车主要有棚车、保温车及新型全钢汽车运输车等。这些货车的车顶和侧壁是在钢骨架上敷以薄钢板而成的稳定承载结构，而且它们与底架沿车体全长牢固地连接成一体，形成开口或闭口箱型结构。

整体承载式车体具有很大的强度和刚度，侧壁和车顶能够承受由底架传来的相当大的一部分载荷，所以底架可以比侧壁承载式车体做得还要轻一些，甚至在采取某些措施（例如将底架平地板改成波纹地板）的情况下，可以取消底架中很大一段中梁（枕梁以外的中梁即牵引梁必须保留，以便安装车钩缓冲装置），形成无中梁底架结构，或者将中梁中间截面减小，变成变截面中梁。与侧壁承载式车体相似，作用在中梁上的垂直载荷的一部分，将通过大横梁传向侧壁，然后经枕梁传至心盘。

在结构可能的情况下，货车车体应尽量设计成侧壁承载式或整体承载式，以利于增大车体的强度和刚度，减轻车辆的自重。

3.2　车体钢结构设计的基本原则和主要问题

3.2.1　基本原则

车体设计的总方针是保证使用、方便检修、兼顾制造，在可能的条件下注意美观和舒适。下面详细介绍车体钢结构设计的基本原则。

1. 保证车体具有足够的静强度

1）国铁货车

（1）70 t 级通用铁路货车车体静强度应符合《机车车辆强度设计及试验鉴定规范　车体第 2 部分：货车车体》(TB/T 3550.2—2019)的规定。其中，第一工况纵向拉伸力取值为1780 kN，压缩力取值为 1920 kN；第二工况压缩力取值为 2500 kN。

（2）大秦线 80 t 级运煤专用货车应符合《机车车辆强度设计及试验鉴定规范　车体第 2 部分：货车车体》(TB/T 3550.2—2019)的规定。其中，第一工况纵向拉伸力取值为2250 kN，压缩力取值为 2500 kN；第二工况压缩力取值为 2800 kN。

（3）80 t 级通用铁路货车车体静强度参照《机车车辆强度设计及试验鉴定规范　车体　第 2 部分：货车车体》（TB/T 3550.2—2019）执行。其中，纵向力取值与 70 t 级通用铁路货车取值相同，敞车翻车机工况压车头的最大垂向压力取 140 kN，均布于最小 200 mm 长度上，侧墙立柱根部的内倾总弯矩为 235 kN·m，均布于所有侧柱。

（4）轴重 32.5 t、载重 100 t 级专用货车静强度参照 AAR M—1001《货车设计制造规范》第Ⅳ章（AAR C-Ⅱ分册）执行。其中，牵引载荷拉伸力取值为 2000 kN，压缩力取值为 2220 kN。

（5）对于部分 32.5 t 轴重的双层集装箱车，若牵引 1 万 t 列车编组运行，则第一工况纵向拉伸力为 1780 kN，压缩力为 1920 kN，第二工况纵向压缩力为 2500 kN。

（6）昆明铁路局昆河米轨线路用货车车体静强度应符合《米轨货车强度设计与试验鉴定规范》的规定（征求意见稿，尚未正式发布）。

2）出口货车

出口货车的车体静强度应满足标书（或用户指定标准）的要求。按 AAR 标准设计，车体静强度应符合 AAR M—1001《货车设计制造规范》第Ⅳ章（AAR C-Ⅱ分册）的规定；按 UIC 标准设计，车体静强度应符合 UIC 577《货车的载荷》的规定。

2. 保证车体具有适当的垂向弯曲刚度

国内标准轨距线路上运行的 70 t、80 t 级通用铁路货车车体垂向弯曲刚度应符合《机车车辆强度设计及试验鉴定规范　车体　第 2 部分：货车车体》（TB/T 3550.2—2019）的规定，各型货车车体均应进行模态计算分析，避免在整个运用速度范围内产生共振现象。

昆明铁路局昆河米轨线路用货车垂向弯曲刚度应符合《米轨货车强度设计与试验鉴定规范》的规定。

出口车辆的车体垂向弯曲刚度应满足标书（或用户指定标准）的要求。

3. 保证车体具有足够的冲击强度

国内标准轨距线路上运行的各型车体冲击强度应符合《机车车辆强度设计及试验鉴定规范　车体　第 2 部分：货车车体》（TB/T 3550.2—2019）的规定。80 t 级通用货车和载重 100 t 级专用货车的冲击强度同时按 AAR 标准考核。

出口货车的冲击强度应满足标书（或用户指定标准）的要求。

4. 保证车辆具有合理的使用寿命

确定车辆使用寿命应考虑车辆在整个生命周期内的维护成本。车辆使用寿命过长，由于腐蚀等因素，车辆生命后期需要更换或截换的零部件过多，导致维护成本提高，且整车技术性能不易保证。车辆使用寿命过短，车辆报废时大部分零部件的技术状态较好，造成资源浪费。我国 70 t 级通用铁路货车的使用寿命一般为 25 年。80 t 级通用铁路货车的使用寿命正在研究之中，尚未下发正式文件，预计将确定为 25 年。

出口车辆使用寿命根据标书要求确定。

5. 尽量减轻车体钢结构自重

轻量化是车辆设计追求的目标，降低自重可以增加载重，进而增加车辆的经济效益。车体钢结构自重在车辆自重中所占比例较大，最容易对降低车辆自重做出贡献，故设计时应在保证安全和使用寿命的前提下，尽量减轻其自重。减轻车体钢结构自重可通过优化结构，采用新材料、新工艺的方法实现。根据有限元计算分析结果，可将零部件应力较小的部位的厚度减小，使车体趋于等强度状态；采用冷弯型钢代替热轧型钢，可在梁的截面模数相差不大的情况下降低零部件单位长度的质量；采用不锈钢制造地板、侧墙、端墙等易腐蚀零件可以减小腐蚀裕度，减小材料板厚度，降低零件质量；一些非承载零部件也可研究采用非金属材料的可能性。

6. 采用标准化、系列化和通用化的零部件

为方便制造，利于检修，应尽量采用标准件和通用件，提高零部件系列化和通用化程度，所选用的材料及配件的规格、牌号应力求简化和统一。

通用化的零部件是带有标准化性质但又比标准化级别低的一类零部件，在铁路机车车辆系统中分别有客车、货车及机车通用件，其代号分别为 KT、HT 及 JT。

7. 保证良好的工艺性能

（1）尽量采用组装件和焊接结构（尽量少用铆接），以适应大批量生产、提高劳动生产率和减轻工人劳动强度。各分部件的设计要考虑车体钢结构总组装的工艺性，各分部件要有定位点（如棚车的枕柱托板、敞车的侧墙补强板等），以便控制公差。

（2）在不影响结构强度、使用性能和美观的情况下，尽可能使所设计的结构的几何形状简单、对称，便于制造。

（3）注意焊接形式，提高焊缝质量。避免焊缝局部堆积，厚板对接焊应开坡口；焊接薄板时，在保证焊缝强度和防止夹锈的前提下，尽量采用段焊；不同厚度或不同宽度的钢板对接时，接头处要平缓过渡。

（4）设计压型件时，应掌握材料的延伸性能，避免零部件形成后，厚度降低太大或产生压裂现象。压型时，内圆角半径应不小于钢板厚度。

（5）重要的工艺装备（例如胎模、夹具等）应有继承性，以减少试制费用和周期。

（6）克服产品的惯性质量问题。开始设计车体钢结构前，必须到运用、检修部门进行广泛的调查访问工作，了解现有产品存在的质量问题并在设计中克服。

（7）积极而慎重地采用新技术、新工艺、新材料。立足技术可靠、供应稳定，避免设计返工和试制失败造成人力、物力和时间的浪费。

（8）团结协作，互相配合。钢结构设计应与制动、车钩缓冲、转向架等部件设计协调配合，相互创造条件。

3.2.2　主要问题

1. 结构防腐蚀问题

车体钢结构的锈蚀直接影响货车的维修费用和使用寿命，是车辆报废的主要原因之一。影响货车钢结构的因素较多，除了钢材材质、除锈工艺、防腐涂料的质量外，结构是否合理也是重要因素之一。

钢结构在下列情况下容易产生锈蚀现象：潮湿、不通风、局部积水、易存垃圾、不同材料焊接、焊条选择不当，以及采用搭接而又不满焊的焊缝等。应根据不同的情况采取不同的防腐措施。

车内易积水处应填平、封死，消除可能积存垃圾的死角。C_{64}、C_{70} 系列敞车侧墙与下侧梁间存在的沟槽均采用圆钢加焊缝垫平，如图 3-1(a)所示。采用圆弧板可以消除积存垃圾的"死角"，如图 3-1(b)所示。外露搭接焊缝采用满焊或者采取其他措施消除夹锈的可能性，如棚车顶板与车顶弯梁的焊接。

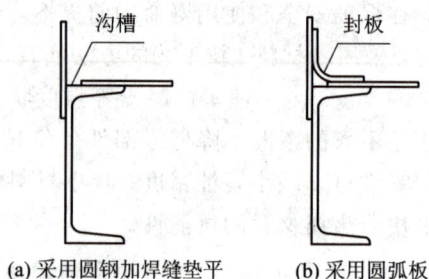

(a) 采用圆钢加焊缝垫平　　(b) 采用圆弧板

图 3-1　防腐蚀措施

2. 压型结构的采用问题

目前，我国的货车车体钢结构广泛采用了压型结构，它包括薄板压型和冷弯型钢梁件。薄板压型结构具有刚度大、表面平整、自重轻、外形美观、制造简单、焊接变形小、有利于木结构及防寒材料安装等优点。采用薄板压型结构和冷弯型钢可减轻车辆自重，如 P_{70} 型棚车和 C_{80C} 型运煤专用敞车的侧墙板都为薄板压型结构，C_{70}、C_{80B} 型敞车的小横梁、侧柱、横带、上侧梁、下侧梁、角柱等均为冷弯型钢。

3. 车体枕梁与转向架侧架(或构架)间的垂向间隙

在进行底架设计时，枕梁与转向架侧架(或构架)间应具有足够的垂直距离，该距离应保证在任何情况下侧架(或构架)与底架之间不出现干涉，尤其在车辆运行时两者不会相碰。为此应核算枕梁与转向架侧架间的垂向间隙，见图 3-2。

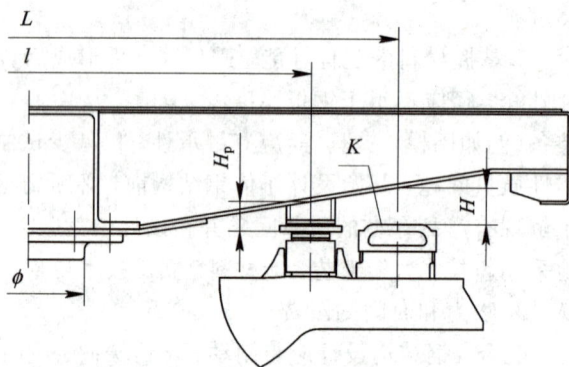

图 3-2　枕梁与转向架侧架间的垂向距离

计算公式如下：

$$H = (f_j - f_k) + f_d + h + f_c + (\Delta_1 + \Delta_2) + \sum \Delta + \Delta_3 \tag{3-1}$$

式中：f_j——转向架弹簧静挠度(mm)；

f_k——空车时转向架的静挠度(mm)；

f_d——转向架的弹簧动挠度(mm)；

h——最大旁承间隙消除后车体一侧在侧架顶面中心处的下沉量(mm)；

f_c——侧向力引起的转向架的弹簧挠度(mm)；

$\Delta_1 + \Delta_2$ —— 上、下心盘的最大磨耗量(mm);

$\sum \Delta$ —— 侧架各部偏差量累计可能引起的侧架顶面相对于弹簧承台面的最大上移量(mm);

Δ_3 —— 考虑车体倾斜时 K 处先接触而留有的间隙,根据情况取 $3 \sim 6$ mm。

其中,h 可按式(3-2)计算:

$$h = \frac{L - \phi}{l - \phi} \times \delta_{\max} \tag{3-2}$$

式中:L —— 同一转向架两侧架中心间距离(mm);

l —— 同一转向架两旁承中心间距离(mm);

ϕ —— 上心盘直径(mm);

$\delta_{\max}$ —— 最大旁承间隙(mm)。

$\sum \Delta$ 可按式(3-3)计算:

$$\sum \Delta = \sqrt{\delta_1^2 + \delta_2^2 + \delta_3^2} \tag{3-3}$$

式中,δ_1、δ_2、δ_3 为转向架侧架影响垂向组装各部有关尺寸的偏差值。在如图3-3所示的侧架垂向尺寸中,δ_1、δ_2、δ_3 分别取 h_1、h_2、h_3 的最大公差值。

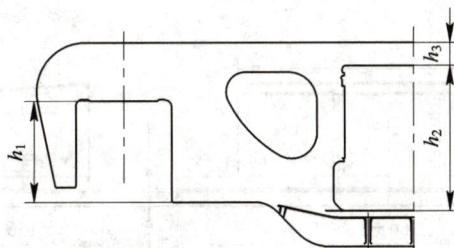

图 3-3　侧架相关垂向尺寸

设计枕梁时,可先由已知的底架上心盘面距轨面高和侧架(或构架)距轨面高,以及枕梁与侧架间的垂向间隙,决定枕梁下盖板的斜度,然后确定上旁承的尺寸。为了使斜度不至于产生过多规格,方便制造,选定间隙后,再根据以往的车型选择已有规格斜度为佳。

根据多年设计运用经验,采用转 8A 型、转 K2 型转向架时,H 值一般取 80 mm 以上;采用转 K5 型、转 K6 型转向架时,H 值一般取 100 mm 以上。

上述计算公式适用于三大件式转向架。如果采用构架式转向架,一般构架均为簧上部件,因此,构架与枕梁的垂向距离改为利用式(3-4)计算:

$$H \geqslant h + (\Delta_1 + \Delta_2) \tag{3-4}$$

4. 车体与转向架干涉校核

车体各部件(簧上部分),包括各制动部件,如果与转向架簧下部件间的空间较小,则应校核最不利情况下是否留有足够的间隙。典型部件如上拉杆与车体各梁件,转向架游动杠杆上部铰接点与枕前、枕后加强板,车体上各种吊座与转向架侧架等之间容易发生干涉现象。

5. 上旁承选择及尺寸确定

当车体(心盘支重)受到横向力作用发生倾斜时,旁承作为支承帮助心盘承受部分载荷，以保持车体平稳。当车辆在扭曲量较大的缓和曲线上运行时，需要足够的旁承间隙来抵消心盘距范围内的线路扭曲。因为车辆承受扭曲造成轮重减载，可能导致脱轨，所以要求有较大的旁承间隙。然而，车辆在横向力作用下，由于重心产生横向位移，可能造成一侧车轮载荷减载到零，发生倾覆。旁承间隙越大，倾摆与侧滚的振幅越大。因此，从抗倾覆的角度出发，希望旁承间隙越小越好。

过去，我国货车上旁承与转 8A 型转向架配套，采用间隙旁承。但当车辆运行速度达到 120 km/h 及以上时，这种间隙旁承很难满足车辆运行动力学性能要求。

目前，对于 120 km/h 提速货车转向架来说，上旁承已全部采用常接触弹性旁承。采用常接触弹性旁承，除了满足上述车辆基本作用外，还能确保车辆在直线高速运行或曲线通过时，为整车提供合适的回转阻力矩。因此，车体上旁承设计是保证整车动力学性能的关键之一。

通过计算确定了枕梁与转向架侧架间垂向距离，也就确定了枕梁的形状和斜度，进而可以确定上旁承尺寸。上旁承的尺寸和形状主要与枕梁空间、转向架下旁承的垂向尺寸有关。

上旁承形式如图 3-4 所示。根据转向架下旁承的垂向定位尺寸、自由高及空车下旁承的压缩量确定上旁承组件垂向总高度 H_p，再减去上旁承调整垫板厚度（设计名义尺寸为 6 mm，实际可在 0～20 mm 调整）及上旁承磨耗板的厚度（设计名义尺寸为 14 mm），可以得到 h_1。再根据枕梁斜度确定 h_2。

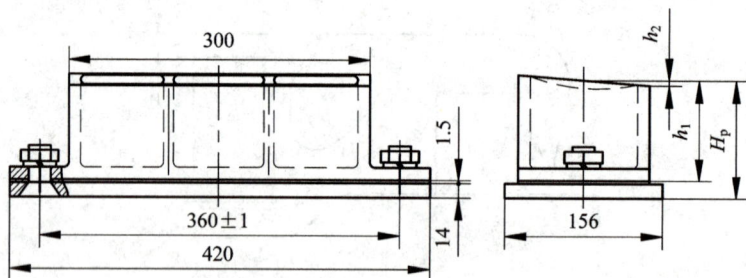

图 3-4　上旁承形式

计算得到的 h_1 和 h_2 值圆整后，最好在已生产过的旁承中选取以减少模具数量。上旁承焊接面为水平面，即没有斜度时，$h_2=0$。

对于有滚子的常接触式旁承，还要确定滚子上滚动面到上旁承磨耗板磨耗面间的垂向间隙（见图 3-5）。该间隙需要保证车辆在缓和曲线上运行时车体不受到扭曲力矩的作用，同时该间隙取最小值时，需要保证车辆运行平稳。

旁承间隙按以下公式选取：

$$K = \frac{i \times A \times B}{4L} \qquad (3-5)$$

式中：K——旁承间隙（mm）；

　　　i——缓和曲线的顺坡率，从线路设计数据中查得，$i_{max}=1.8‰$（老版本规定 $i_{max}=2‰$）；

　　　A——车辆定距（mm）；

　　　B——同一枕梁端左右旁承间距，一般货车取 $B=1520$ mm；

　　　L——轮对车轮滚动圆距离，一般取 $L=1500$ mm。

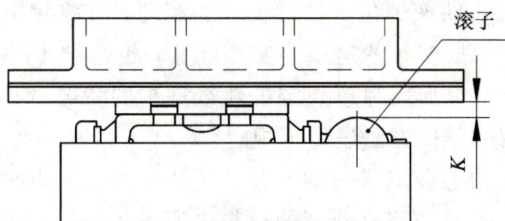

图 3-5　滚子与上旁承间距

6. 底架附属件设计

底架附属件是将制动装置、风控装置、传动装置等悬挂在车体上的基础件。设计时应按照运装货车〔2006〕179 号文件原则规定进行，并注意以下几点：

（1）考虑这些基础件的生根节点位置时，应尽量将这些附属件安装在主要的梁件上，如中梁、侧梁、枕梁、横梁等。小横梁及纵向梁等截面系数较小，生根不牢，应尽量避免在其上面安装附属件。主要的受力部件如制动缸和制动杠杆后支点座等应安装在中梁或侧梁上。同时在可能的条件下，应将制动杠杆后支点座生根在制动缸的后支点安装座上，以便前后制动杠杆支座力通过制动缸传递，达到自身平衡。

（2）考虑各种阀类、风缸类部件的安装位置时，在便于安装、检修的条件下，尽量缩短附属件的悬臂长度，从而减小附属件所受到悬挂质量产生的弯矩。对于速度较高（如大于 120 km/h）的车辆应尽量避免采用悬臂梁结构。

（3）避免与活动部件发生干涉。在设置管座、拉杆座等各种吊座时，应考虑活动部件处于最大移动距离或车辆通过最小曲线半径时，活动部件不与各种吊座发生干涉。

7. 货车扶手及脚蹬设计

货车扶手、脚蹬主要在调车作业时或者上、下车时使用。根据规定，货车侧面靠近一、四位车端处应设置脚蹬和扶手（或扶梯）。单个扶手及脚蹬安装于货车钢结构上时应采用铆接，平车安装扶手（扶手一般铆接在侧梁上翼面上或 H 型钢腹板上）时，扶手上平面应低于地板面，以防止碰撞损坏。扶手采用圆钢制作时，圆钢直径不小于 16 mm，扶梯内侧净宽不小于 350 mm。扶梯各阶间距为 350～450 mm，并且力求均匀。车侧扶手（或扶梯）和脚蹬的安装位置应尽量靠近车体端部，两者对称中心线的距离应不大于 100 mm。脚蹬最下一阶处应有护板，且脚蹬最下一阶距轨面的最小距离以在最大载重及最大磨耗状态下脚蹬体不侵入机车车辆限界为准。脚蹬最下一阶距轨面的距离不应大于 500 mm，脚蹬各阶间距离不应大于 400 mm，内宽不应大于 290 mm。对于牵引梁长度较短的货车，一般脚蹬安装位置与转向架的轴承前盖较近，应核算脚蹬在转向架最大转角下是否与轴承前盖发生干涉。

8. 车体结构的抗疲劳设计

随着我国铁路客运的大范围提速和货车编组长度的加大，目前许多客、货车车辆已经发生疲劳破坏的现象，造成财力、物力的极大损失。如首次进行 120 km/h 商业运营的某型棚车，在运行不到 3 年的时间内，就发现批量枕梁双层上盖板的下层盖板出现裂纹，并延伸到了上层盖板上，初步分析是双层枕梁上盖板造成应力集中，出现了疲劳裂纹；某型罐车运行 2 年后，部分车辆罐体端盖与牵枕梁间连接焊缝出现裂纹等。

关于铁路车辆车体结构的疲劳可靠性的设计和制造，目前我国还没有统一的设计评价标准和试验鉴定规范，但根据多年的运用和实践经验，也总结了一些车体结构的抗疲劳设计方法。美国 AAR 标准 C 分册第Ⅷ章规定了新造货车的疲劳设计，对需进行疲劳分析的货车车型、主要部件及疲劳分析方法进行了规定。

根据美国试验和材料协会(ASTM)的定义，在某点或某些点承受扰动应力，且在足够多的循环扰动作用后形成裂纹或完全断裂的材料中所发生的局部的、永久结构变化的发展过程，称为疲劳。

一般情况下，材料所受的循环载荷的应力幅越小，到发生疲劳破断时所经历的应力循环次数越多。$S-N$ 曲线就是材料所承受的应力水平与该应力下发生疲劳破坏时所经历的应力循环次数的关系曲线。$S-N$ 曲线一般是使用标准试样进行疲劳试验获得的，见图 3-6。对应于寿命 N 的应力称为寿命为 N 循环的疲劳强度，记为 S_N。寿命 N 趋于无穷大时所对应的应力的极限值 S_f，称为材料的疲劳极限。

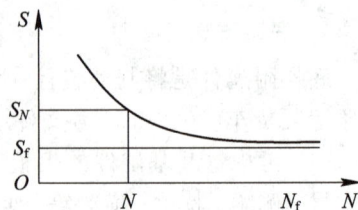

图 3-6 材料 $S-N$ 曲线

为了避免或减少钢结构出现疲劳裂纹和破坏，设计中应重点关注以下几个问题。

1) 应力集中

过去，进行各型货车底架设计时，为方便制造，提高材料利用率，枕梁上下盖板通常设计成长方形结构。这种结构的缺点是容易在上下盖板与中梁交接部位产生应力集中，造成盖板边缘应力过大。整车应力水平不高的情况下或者将上下盖板的宽度设计得足够大可以满足使用要求。随着我国货车运行速度的提高和列车编组长度的加大，这种结构很难满足货车减重和提速重载的要求。目前，侧壁承载的新型敞车、漏斗车，以及整体承载的棚车的枕梁下盖板与中梁交接处已经采用了大半径的圆弧过渡结构，如图 3-7 所示。经计算和试验，采用这种结构可以有效减轻交接部位的应力集中程度，从而提高该处的疲劳强度。

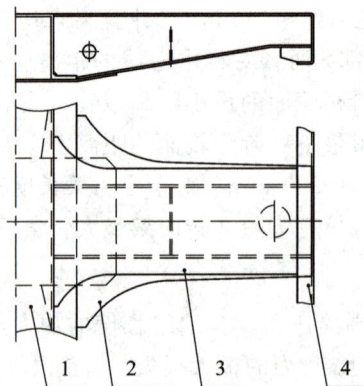

1—中梁；2—枕梁下盖板；3—枕梁上盖板；4—侧梁。

图 3-7 敞车、棚车、漏斗车典型枕梁结构

在进行钢结构设计时，部件本身或与其他部件交接处应避免过大的刚度变化，而采用刚度梯度变化，减少应力集中程度。如两种不同厚度或宽度的钢板对接时，应削斜过渡，如图 3-8 所示。

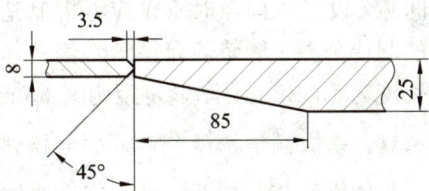

图 3-8　不同厚度钢板对接结构示例

2）焊缝设计

焊缝区域设计应注意以下几点：

（1）高应力区特别是高拉应力区，尽量不布置焊缝，不可避免的焊缝应尽量布置在低应力区或受压应力区；

（2）拉应力区的角焊缝应设计成双角焊缝或单边 V 形焊透焊缝，压应力区的焊缝应设计成单边 V 形焊缝；

（3）关键部位应尽量减少焊缝，上、下盖板对接等焊缝，应采用全焊透焊缝，并要注明焊缝的探伤方法和标准；

（4）关键焊缝应要求打磨，消除焊缝缺陷，且母材边口不得有热应力存在。

选用焊缝形式时应注意以下几点：

（1）优先选用对接焊缝，尽可能少用角焊缝；

（2）采用角焊缝时，最好采用双面焊缝，避免使用单面焊缝；

（3）关键部位角焊缝应要求成型为凹形断面焊缝；

（4）采用带有搭接盖板的搭接接头，尽量不用偏心搭接；

（5）必要时规定焊接顺序，容易产生疲劳的焊缝部位应首先焊接，以有利于焊接残余应力的释放，避免应力集中。

3）焊接残余应力

对于关键部件或关键部位的焊接构件应采取措施消除或减少焊接残余应力。消除或减少焊接残余应力的方法有多种，常见的有以下几种：

（1）整体高温回火，即对整体焊接结构按结构材料不同的回火温度进行高温回火；

（2）局部高温回火，即只对焊缝及其附近的局部进行加热回火，消除应力效果不如整体回火，但可操作性强；

（3）机械拉伸法，即对焊接构件进行加载，使焊接压缩塑性变形区得到拉伸，降低内应力；

（4）温差拉伸法，即在焊缝两侧各用一个适当宽度的加热带，紧随其后进行喷水冷却；

（5）振动法，即采用锤击或喷砂等。

9. 限界问题

铁路机车车辆限界是一个和线路中心线垂直的极限横断面轮廓。我国的铁路机车车辆限界规定：机车车辆无论是空车或是重车，无论是具有最大标准公差的新车或是具有最大标准公差和磨耗限度的旧车，停放在水平直线上，无侧向倾斜和偏移，仅在停车时需要探出的部分应处收回状态，除电力机车升起的受电弓外，其他任何部分都应容纳在机车车辆限界之内。为充分利用限界，以降低车体重心、缩短车体长度、增大车体内部空间，设计车体时应使车体外轮廓尽量接近限界轮廓线。但车体外轮廓与限界轮廓之间在横向须留有一定间隙，设置该间隙时不仅应考虑制造中车体宽度方向所产生的难以避免的误差（底架宽度的制造公差、侧墙的允许倾斜偏差等），还应考虑车辆长度和车辆定距超过计算车辆（车辆长度为 13.22 m，车辆定距为 9.35 m）的车辆在曲线上的车体偏移量。

10. 车体钢结构中"节点"的连接强度问题

车体钢结构是由板、梁等构件通过焊接、铆接或螺栓连接等方式组成的一个承载整体，车体主要承载部件如中梁、枕梁、侧梁等的连接点（俗称"节点"）及其附近区域的强度应高度重视，因为裂纹、破损往往发生在这些部位（尤以中、枕梁的节点为甚）。节点部位的强度与节点的结构（连接方式）及焊接质量有关。

在焊接结构车体中，枕梁腹板与中梁的连接均采用焊接，该处的焊缝不但承受着由侧壁传来的垂向载荷，而且承受着巨大的纵向载荷，因此，枕梁腹板与中梁连接的焊缝是底架上最重要的焊缝之一。1966 年至 1969 年生产的 P_{60} 型棚车出厂不久，就普遍发生枕梁腹板与中梁连接的立焊缝开焊，接着枕梁上盖板发生裂纹和折断事故，这些事故发生的主要原因就是立焊缝质量差（存在焊角高度不够、"咬肉"、弧坑等缺陷，甚至存在有的没有双面焊接而只作单面焊接的情况），从而引起枕梁上盖板载荷过大。自此以后，枕梁腹板与中梁的焊缝均采用双面焊接，焊角高度不小于 8 mm。

目前，通用敞车的侧柱与下侧梁的连接均采用铆接方式，原因有两点：一是敞车运用中侧柱以悬臂梁方式承受着较大的散粒货物动侧压力的作用，导致侧柱根部存在很大的弯曲应力；二是通用敞车的使用条件恶劣（如上翻车机卸货和经常超载等），采用焊接方式难免会存在焊接缺陷，易导致焊缝开裂。

3.3　车辆结构拉铆技术

从便于检查、方便维修以及经济性的角度出发，货车钢结构和转向架中很多零部件，特别是易磨易耗件与其他零部件相连接时需要采用热铆钉、螺栓紧固件或转动圆销。传统的热铆钉容易发生松动、折断而丧失功能；普通螺栓、螺母紧固件在车辆运行过程中经常发生松动、脱落、折断、丢失等现象，造成行车安全故障；转向架基础制动装置等需要转动的零部件采用圆销加开口销的形式也经常发生丢失、折断故障而影响车辆的安全性能。因此，为了保障铁路运输安全，提高铁路车辆钢结构与重要部件的可靠性，车辆结构大量采用拉铆结构。

3.3.1　零件刚性连接防松技术

1. 零件刚性连接技术概况

传统的连接方式一般是螺栓加螺母、开口销形式，这种方式经济性强，组装、维修方便，在一定程度上满足了我国铁路货车发展的要求。随着铁路货车运营速度和轴重的提高，传统的连接方式常出现螺栓松动、折断，开口销折断、丢失，螺母脱落、丢失等故障，危及行车安全。为此，各铁路货车制造厂进行了紧固件防松技术改进，如下心盘采用高等级的螺栓取代普通螺栓，采用 FS 型防松螺母和 BY-A、BY-B 型防松螺母取代普通螺母配合高强度等级心盘螺栓，大大降低了心盘螺栓折断等现象的发生频率；侧架立柱磨耗板采用折头螺栓取代普通螺栓，减少了螺栓松动、折断等现象的发生。这些技术的采用对改善连接部位的工作安全问题起到了一定的作用，但仍然未从根本上避免连接部位松动、脱落等现象的发生。

2. 拉铆钉原理及特点

拉铆钉的外形如图 3-9 所示。铆接零部件时，零件两侧铆接面必须光滑平整并且有一定的安装空间，这是因为拉铆钉必须用专用的铆接枪进行安装。套环（见图 3-10）内径尺寸略大于拉铆钉锁紧头外径尺寸，拉铆钉锁紧头表面为锯齿形的环形槽（非螺纹），套环材质比铆钉材质硬度稍软。铆接时，铆枪卡爪抓住铆钉的尾牙向后运动，铆枪外套向前运动并推动套环向前运动。被铆接件在套环和铆钉的挤压下被夹紧。拉力不断增加，当铆枪外套对套环的压力达到套环的抗拉强度时，套环开始塑性变形，金属被挤压到铆钉的锁紧槽内，铆钉和套环结合为一个整体。当套环杆部完全被挤压到铆钉锁紧槽时，铆钉从分离槽断裂，铆枪外套从套环中退出，完成铆接（见图 3-11）。由于在铆接过程中，铆钉受到拉力的作用，套环受到挤压力的作用，所以轴重铆钉叫作拉挤铆钉，也叫拉铆钉。

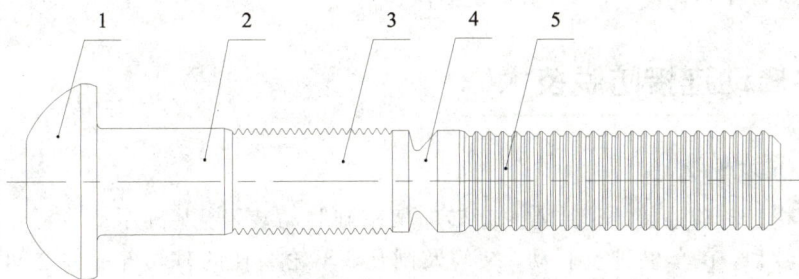

1—头部；2—光杆；3—锁紧槽；4—分离槽；5—尾牙。

图 3-9　拉铆钉的外形　　图 3-10　拉铆钉套环

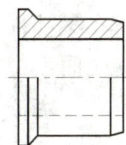

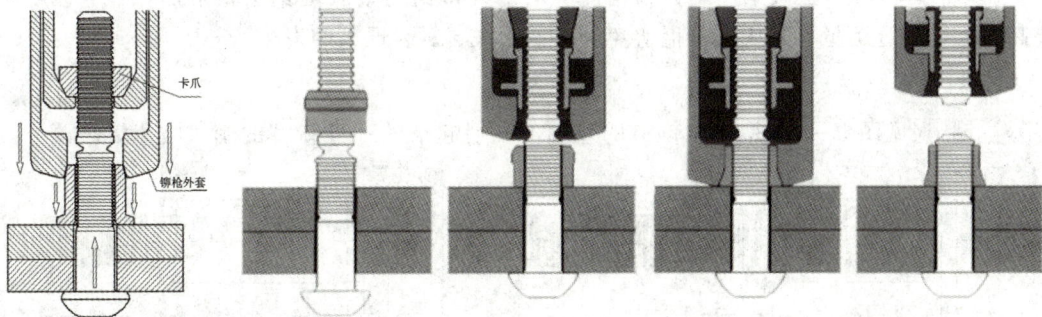

图 3-11　拉铆钉的铆接过程

拉铆钉是一种先进的铆接技术产品，在发达国家的机车车辆产品中得到大量的应用，它同传统螺栓、热铆钉相比具有以下特点：

（1）抗震性好，比螺栓、热铆钉更加牢固、可靠。

由于拉铆钉具有特殊的结构形式和材料特性，因此解决了螺栓、普通铆钉"在交变载荷、冲击工况下发生松动"这项机械连接的历史性难题，能确保机械连接的有效性，真正实现永固连接。

（2）安装简单，使用方便。

安装拉铆钉只需要一把专用铆钉枪，安装效果不取决于操作人员的技术，不需要转矩或多次冲击，噪声低，劳动强度小，作业环境好。同时，采用拉铆钉去掉了螺栓连接时的平垫圈和弹簧垫圈等细小、易丢失的部件，便于维护管理。安装完毕后不需要检测螺栓的扭紧力，只需目测栓柱分离处与套环顶部是否基本平齐即可。

（3）可以实现部件连接后无大气或液体物侵入。

螺栓连接时内、外螺纹间存在间隙，大气或液体物侵入会导致螺纹失效。拉铆钉钉杆与套环通过一圈不贯通的变形咬合在一起，彻底消除了间隙，大大提高了使用寿命。

（4）连接强度高，其强度等级大于 10.9 级。

3. 拉铆钉技术在铁路货车上的应用

铁路货车从 2007 年开始推广应用拉铆钉技术，从应用效果来看，拉铆钉的使用大大减少了使用传统螺栓、螺母连接时产生的螺栓松动、脱落、折断等现象，提高了如上心盘与中梁及心盘摇枕、侧架与立柱磨耗板之间连接的可靠性。

3.3.2　零件转动连接防脱技术

1. 零件转动连接技术现状

货车零部件之间相互转动连接的形式常见于转向架基础制动装置。基础制动装置各部件相互之间大都需要转动，在车辆进行制动、缓解及闸瓦、车轮磨耗的时候各部件之间均需要转动一定的角度。传统的连接方式采用金属圆销加开口销的形式，这种形式结构简单，检修、维护方便。但是，由于开口销和金属圆销的连接是松连接，随着车辆速度、轴重及使用频率的提高，时常出现开口销脱落、断裂、丢失、被盗现象，导致金属圆销脱落或丢失，严重影响行车安全。虽然采用扁开口销能够增加开口销与金属圆销的接触面，一定程度上提高可靠性，但是还不能从根本上避免开口销丢失、断裂现象的发生。

2. 拉铆销防脱技术

拉铆销（见图 3-12）是在拉铆钉的基础上发展起来的一种新型的销接技术，兼顾了拉

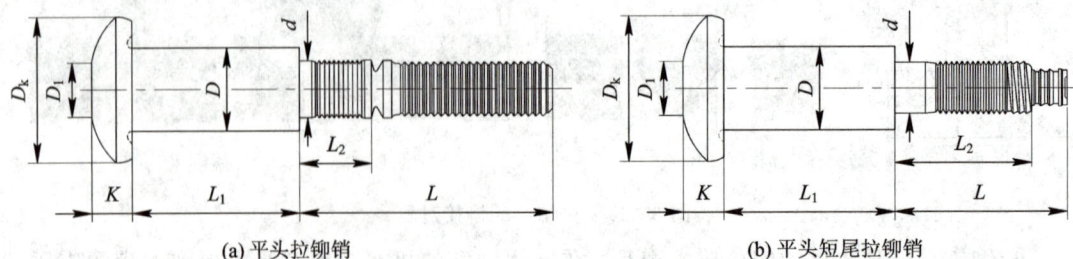

(a) 平头拉铆销　　　　　　　　　　　　　(b) 平头短尾拉铆销

图 3-12　拉铆销钉的不同形式

铆功能结构的优点和销子结构的使用工况，具有防脱、防盗、安装方便等优点，可以有效解决圆销和开口销的折断、丢失、脱落等问题。

从图 3-12 可知，拉铆销钉与拉铆钉的区别在于拉铆销钉光杆部与锁紧头的直径相差较大，这使得光杆和锁紧头之间形成一个凸台。铆接时，套环前端顶在凸台上，使得套环紧固面与零件表面不接触，也即拉铆销钉可以在零件中转动，零件与销钉在销钉轴线方向具有一定的间隙。拉铆销钉的安装方式和原理与拉铆钉的基本相同，如图 3-13 所示。

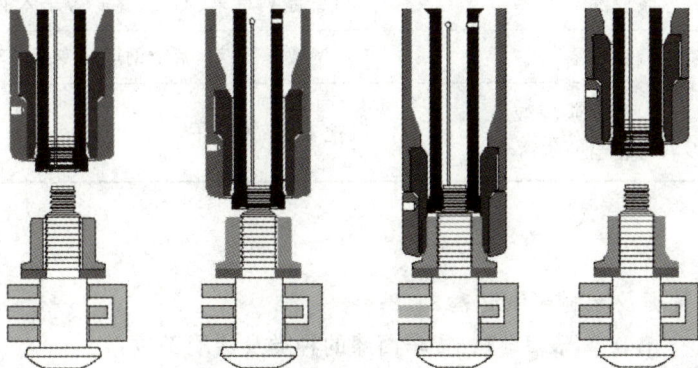

图 3-13 拉铆销钉的铆接过程

铁路货车基础制动装置中各转动件之间均可以采用拉铆销钉进行连接。采用拉铆销钉可以大大减少由开口销脱落、断裂、丢失等造成的故障，保证车辆运行的安全、可靠。

3.4 涂装及标记

3.4.1 涂装

1. 表面处理

喷涂底漆之前，车体钢结构所有金属型钢、板材均需进行抛丸除锈预处理，处理后钢材表面清洁度达到 GB/T 8923.1—2011 中 Sa2 1/2 级及以上标准，表面粗糙度 Ra 值为 $30\sim80~\mu m$。厚度小于 3 mm 的轻型型钢和板材允许手工除锈或磷化处理，表面清洁度达到 GB/T 8923.1—2011 中 St2 级及以上标准。

2. 预涂底漆

预涂底漆应根据底漆（防锈漆）选用。预涂底漆的厚度根据预涂底漆的种类确定，一般情况下其干膜厚度为 $10\sim20~\mu m$。

3. 防锈底漆

货车防锈底漆的种类及涂刷部位见表 3-1。

表 3－1　货车防锈底漆的种类及涂刷部位

序号	漆　种	涂刷部位
1	水溶性(溶剂型)厚浆醇酸漆	车体钢结构，罐车罐体外表面，转向架焊接构架等
2	水溶性(溶剂型)厚浆醇酸漆、磁化铁防锈漆及与之相当的防锈漆	钢质零件结合面及制动装置外侧面，锻压配件的金属露出面，集尘器盒的内面
3	环氧云铁厚浆底漆	70 t 级系列货车、C_{80B}、X_{6K} 等车体钢结构
4	环氧沥青玻璃鳞片漆	C_{70} 型敞车、C_{80C} 型全钢运煤专用敞车内表面
5	水溶性(溶剂型)厚浆醇酸漆、磁化铁防锈漆及与之相当的防锈漆	其他未规定的部位

4. 面漆

货车面漆的种类及涂刷部位见表 3－2。

表 3－2　货车面漆的种类及涂刷部位

序号	漆　种	涂刷部位
1	飞机灰色水溶性(溶剂型)厚浆醇酸漆	SQ_5 型汽车运输车上、下层地板
2	浅黄色水溶性(溶剂型)厚浆醇酸漆	旋锁锁头、门挡及扶手座背面；转 K3 型转向架构架；N_{15} 型平车侧、端墙外侧露出面；检衡车外墙表面
3	米黄色水溶性(溶剂型)厚浆醇酸漆	SQ_5 型汽车运输车内表面
4	深黄色油漆	C_{63}、C_{63A}、C_{76} 系列，C_{80} 系列等大秦线运煤专用敞车转动车钩端的侧墙端部和端墙；DL_1 型大吨位预制梁运输专用车移动转向盘和支撑装置
5	白色调和漆	X_{6K} 锁头；X_{2K} 锁闭装置、止挡装置、手制动轮
6	中酞蓝水溶性(溶剂型)厚浆醇酸漆	X_{6A}、X_{6B}、X_{6C}、X_{1K}、C_{64A} 底架金属的外露面；检衡车外顶表面；DL_1 型大吨位预制梁运输专用车固定转向盘和支撑装置
7	橘红色水溶性(溶剂型)厚浆醇酸漆	X_{2K} 外表面
8	醇酸清漆	转向架各铸钢件(冷冰车除外)、车钩、钩尾框、缓冲器箱体、轴身及滚动轴承防尘板座的露出面；车轮的腹板内、外侧面；承载鞍与轴承非接触面、前盖、后挡的外露面
9	沥青清漆	车钩缓冲装置用的圆弹簧

续表

序号	漆　　种	涂　刷　部　位
10	黑色水溶性(溶剂型)厚浆醇酸漆	其他未规定漆种、颜色但应涂刷油漆的车辆部位
11	环氧沥青玻璃鳞片漆	C_{70} 型敞车、C_{80C} 型全钢运煤专用敞车内表面
12	铁红色水溶性(溶剂型)厚浆醇酸漆	C_{63}、C_{63A}、C_{64}、P_{64}、P_{64A}、SQ_1、SQ_2、SQ_3、SQ_4、X_{6K} 等型车体外表面
13	漂浮型银粉漆	G_{Q70} 型轻油罐车、醇类罐车、苯类罐车
14	底面漆合一的溶剂型(或水溶型)黑色厚浆型醇酸漆	G_{N70} 型黏油罐车
15	原色调和漆、环氧沥青玻璃鳞片漆	其他部分

5. 涂装一般要求

涂装的一般要求如下：

(1) 粮食漏斗车、饮用液体罐车等车体内表面应涂经过环保认证的无毒涂料。

(2) 罐车的防锈底漆干膜厚度不小于 $50\,\mu m$，其余车型不小于 $60\,\mu m$；罐车的底漆和面漆总厚度不小于 $80\,\mu m$，其余车型不小于 $120\,\mu m$。

(3) 对于厚浆型底、面合一涂料，罐车的干膜厚度不小于 $80\,\mu m$，其余车型不小于 $120\,\mu m$。

(4) 腐蚀严重部位(通用敞车内表面)的干膜厚度不小于 $200\,\mu m$。

3.4.2 标记

1. 标记一般要求

(1) 车辆的产权、制造、运用和检修等标记均应按 TB/T 1.1—1995 的规定。

(2) 车辆 1、4 位的标记应一致，2、3 位的标记应一致。

(3) 车辆标记的尺寸与位置应按 TB/T 1.1—1995 的规定涂打。

(4) 车辆重要零部件要求刻印、铸字或涂打的各种制造、检修、检验等标记应按其技术要求或有关规程执行。

(5) 车辆标记除另有规定外，一律使用油漆涂打。标记处颜色和标记颜色应符合相关规定。

(6) 配属和检修等标记中所属各厂、段的简称应按铁路行业的有关规定。

2. 货车标记有关规定

货车标记由共同标记和特殊标记组成，对共同标记、特殊标记、字体及尺寸的具体要求应参照 TB/T 1.1—1995、TB/T 1.2—1995 和相关行业规定。

3.5 主要车型钢结构的设计

3.5.1 敞 车

1. 我国敞车发展概况

敞车是一种具有端、侧墙，无车顶的货车，主要运送煤炭、矿石、木材、钢材、粮食等大宗货物，也可运送建筑材料、集装箱和机械设备等。在所装载的货物上加盖篷布后，可代替棚车承运怕受雨淋货物。敞车的通用性强，在货车保有量中数量最大，约占全部货车总数的60%。

中华人民共和国成立初期，我国生产了载重30 t的C_1型敞车，载重40 t的C_6型敞车，载重50 t的C_{50}型敞车。1965—1971年间我国设计生产了1万辆C_{65}型载重65 t低合金钢材料敞车，该车载重大、自重轻，但运用后会出现热轴燃轴、端墙外涨、枕梁裂纹、侧柱连铁及上侧板腐蚀严重等问题。1972—1979年间我国设计生产了1.1万辆C_{62}型载重60 t低合金钢材料敞车，该车在C_{65}型敞车的基础上，缩短了车体长度，减少了容积，适当加强了端墙结构，但运用后仍会出现端墙外涨、焊结构侧柱根部裂纹、侧柱连铁及上侧板腐蚀严重等问题。1973—1978年间，为缓解钢材供应紧张的局面，我国设计生产了0.4万辆C_{62M}型载重60 t钢架木墙敞车。1978—1986年间我国设计生产了几万辆C_{62A}型载重60 t全钢敞车，该车在C_{62M}型敞车的基础上，将端侧板由木板改为钢板，其余主要零部件与C_{62M}型敞车互换使用。该车首次采用310乙字型钢制造中梁，提高了底架可靠性，增强了端墙的强度、刚度。该车采用普碳钢制造，运用后基本满足了运输发展要求，但存在着中立门锁闭不可靠，在第一个厂修就出现了上侧梁、上端梁、车内连铁等部位破损严重以及下侧梁、下侧门腐蚀等问题。1985—1990年间我国设计生产了几万辆C_{62B}型载重60 t全钢敞车，该车在C_{62A}型敞车的基础上，将车体材料由普通碳素钢改为耐大气腐蚀钢，与C_{62A}型敞车相比，尽管该车腐蚀情况有所缓解，但由于结构未变，破损情况和中立门锁闭可靠性没有得到改善。

1987—2005年间我国设计生产了几十万辆C_{64}型载重61 t全钢敞车。该车在C_{62B}型敞车的基础上，将上侧梁、上端缘由槽钢改为空心冷弯型钢，侧柱连铁改为封闭结构，中立门增加中部支点，上部锁闭改为偏心锁紧机构，端墙采用3根帽型冷弯型钢作为横带，角柱为槽钢钢板组焊结构。该车车体结构形式有明显改进，基本解决了我国敞车长期以来存在的端墙外涨，上侧梁、连铁破损，上侧板、下侧门腐蚀严重等惯性质量问题，是我国目前载重60 t级运用中技术状态较好的主型敞车。

1981年，大秦运煤专线投入运营。1981—1988年，我国研制生产了C_{61}型运煤专用敞车，该车是我国首次研制的重型列车敞车，每延米重由一般敞车的6.2 t/m提高到7 t/m，是大秦线初期煤炭运输的主型车辆。该车采用转8A型转向架，由于大秦线车辆年运里程大大高于一般线路车辆，如果转向架减震器磨耗板磨耗到限而没有及时检修，该车的动力学性能就会显著下降，加之该车车辆定距过短（7.2 m），车体整体刚度过大，因此在大秦线个别上行地段上（下坡，有些区段带有曲线）发生了几起脱轨事故。为保证大秦线的正常进行，该批车（共 6000 辆左右）全部离开大秦线，作为普通货车使用。

1987—1996 年，我国又研制生产了 21 t 轴重的 C₆₃ 型敞车。与 C₆₁ 型敞车相比，该车加大车辆定距到 7.67 m，侧墙刚度有所弱化，除枕柱为双侧柱外，其余部位为单侧柱。此外，该车采用了性能更好的控制型转向架，并且在国内首次采用了 16 型转动车钩和 17 型固定车钩，能与秦皇岛煤码头的翻车机及其附属设备相匹配，实现不摘钩连续翻卸作业，减少了卸煤时间，提高了运输效率。在 C₆₃ 型敞车的基础上，侧墙增加 4 个小侧门，底架角部增加 4 个牵引钩，下侧梁上增加 12 个绳栓，即可改型为 C₆₃ₐ 型敞车。C₆₃、C₆₃ₐ 型敞车共计生产了 6000 辆。在 2002 年前，C₆₃、C₆₃ₐ 型敞车是大秦线的主型车，基本经受住了大秦线的恶劣运用条件的考验。

为进一步提高大秦线的运输能力，1998 年我国开发生产了 200 辆单浴盆式 C₇₆ 型系列敞车，该批车采用 25 t 轴重转向架，每延米重达到了 8.33 t/m。该批车按转向架的不同形式分为 C₇₆ₐ、C₇₆ᵦ、C₇₆c 三种车型，其中 100 辆 C₇₆ₐ 采用 25 t 轴重低动力式中交叉转向架（株洲方案），80 辆 C₇₆ᵦ 采用 25 t 轴重低动力式下交叉转向架（转 K6 型前身），20 辆 C₇₆c 采用 25 t 轴重低动力式中交叉转向架（25 t 轴重转 K1）。2002 年该批车投入使用，2003 年针对该批车在运用中出现的转向架摩擦副异常磨耗、浴盆端部检查作业空间小等问题对这批车进行改造。2003 年底，统图后研制生产了 200 辆双浴盆式的 C₇₆ 型敞车。现在大秦线共有 400 辆 C₇₆ 型系列敞车（包含 C₇₆、C₇₆ₐ、C₇₆ᵦ、C₇₆c）在运用中。

为了满足大秦线开行 2 万吨重载列车运输的要求，尽快完成大秦线铁路年运量达亿吨的扩能目标，2002—2005 年，我国开发生产了大秦线用轴重 25 t 载重 80 t 的 C₈₀ 型铝合金运煤专用敞车、C₈₀c 型全钢运煤专用敞车、C₈₀cₐ 型不锈钢运煤专用敞车、C₈₀ₐ 型全钢运煤专用敞车及 C₈₀ᵦ 型不锈钢运煤专用敞车，该系列车型自重系数为 0.25，是我国运用车型中自重系数最小的敞车。此外，该系列车型是我国货车用材方面的一个突破，铝合金和不锈钢材料均是我国首次在敞车上采用，这标志着我国已经掌握了货车采用铝合金板、型材及不锈钢板材的制造技术。

2002 年，焦炭运输具有了一定的批量，因此我国研制了容积较大的 C₆₄ₐ 型焦炭运输敞车。

随着我国铁路货车轴重由 21 t 向 23～25 t 发展，2005 年我国推出了 C₇₀ 型敞车。该车是在充分总结现有敞车运用情况的基础上，为适应我国货运重载开发的新型敞车，该车载重 70 t，轴重 23 t，比容 1.1 m³/t，车体材料采用屈服强度为 450 MPa 的高强度耐候钢，角柱、端墙横带、下侧梁、连铁等均采用新型冷弯型钢技术，减轻了自重。中立门采用改进锁闭的机构，提高了锁闭可靠性。同时每延米重由 C₆₄ 型敞车的 6.25 t/m 提高到 6.71 t/m，在同样的 1050 m 站线长度内较 C₆₄ 型敞车提高煤炭运输能力 10%。该车底架长度为 13 m，可以解决中俄贸易中进口原木长度超过 12.5 m 而在换装场被锯头的不正常情况。同时还提高了底架中部的集载能力，在 2 m 范围内载重 38 t，满足了 38 t 钢卷运输要求。为进一步提高车体钢结构抗大气腐蚀能力，2006 年我国研制了车体采用不锈钢制造的 C₇₀ᵦ 型不锈钢通用敞车。为满足焦炭运输需要，2009 年我国又研制了 C₇₀c 型焦炭运输敞车。

此外，我国还生产了载重 60 t 的 C₁₆、Cᶠ 型矿石专用敞车，三支点结构的载重 75 t 的五轴 C₅ᴅ 型敞车，三支点结构的载重 100 t 的六轴 C₁₀₀ 型工矿专用敞车。

目前，我国已研制完成载重 80 t 通用敞车及运煤专线用轴重 30 t 的专用敞车。

2. 通用敞车的设计要点

1）通用敞车主要技术参数确定

通用敞车的主要技术参数包括载重、自重、容积、轴重、每延米重及车体的长、宽、高等线性尺寸。通常，载重由设计任务书规定或根据设计调查结果得出。轴重、每延米重根据国家铁路技术发展政策和线路条件已经确定。自重一般根据以往敞车自重初步估算，待图样完成后最后求得。因此，确定通用敞车的主要技术参数主要是通过不同方案比选确定容积和车体的长、宽、高等尺寸。

（1）容积。

合理的敞车容积对于运输经济性和安全性有很大作用。容积过小时，载重利用率（实际载重与标记载重的比值）不足；容积过大时，自重和超载可能性增大。敞车所运输货物多种多样，各种货物容重（即单位容积的质量，t/m^3）差异很大。即使同一种货物，产地不同，容重也有差异。根据我国铁路货物运输情况，敞车主要用来运输大宗散粒货物，而其中又以运输煤炭为主。因此，通用敞车的设计，一般都以运输煤炭为主，并兼顾其他货物的装载。我国煤的容重为 $0.6\sim1.0\ t/m^3$，普通煤的容重为 $0.9\ t/m^3$，故 70 t 煤所需的容积为 $77.8\ m^3$，80 t 煤所需的容积为 $88.9\ m^3$。敞车的比容系数为 1.11，为了适当照顾容重较轻的货物的装运，一般取比容系数为 1.15 左右。当然这样的敞车在装运钢材时，容积显得过大，而装运木材、焦炭或其他较轻的货物时，容积还显得不足。但需要容积过大或过小的货物运量较小，因此选择上述比容系数是合理的。

（2）车体的长、宽、高。

当敞车的容积确定后，首先选定内宽，再确定内长和内高，而且需要经过几次调整后才能最终确定。

选择车体内宽，首先要充分考虑限界的宽度来确定车体外宽。车体外宽只能小于限界宽度，宽度的减少量应考虑车体制造时允许的最大误差以及运用中侧柱在散粒货物侧压力作用下的正常外涨量、车体倾斜造成的偏移量。对于车体较长的敞车，还应考虑由于大于计算车辆车体长度所需要的宽度缩减量。外部宽度确定后，减去侧柱的压型高度的 2 倍和侧板厚度就得出车体内宽数值。目前通用敞车侧柱的压型高度为 140 mm 左右，侧板厚度为 $5\sim6\ mm$。

敞车车体内长一般根据所装运的木材或钢材的长度确定，同时应考虑装运 2 个 20 英尺国际标准集装箱（长度约为 $2\times6.1\ m$）的要求。一般木材的长度为 3 m、4 m、6 m，从俄罗斯进口的木材最大长度达到 $12.5\sim13\ m$，这是由于苏联的普通敞车车体内长或平车车体长度为 13 m 左右，而且进口俄罗斯原木数量较大。过去我国载重 60 t 级的敞车一般车体内长为 12.5 m 左右，现在为适应新的货物运输要求，我国敞车车体内长一般为 $13\sim13.1\ m$，如 C_{70} 型敞车车体内长为 13 m。

车体内宽、内长选定后，根据容积即可确定车体内高。确定内高时要考虑叉车进出中间侧开门方便，确保内高不能过低。一般我国通用敞车内高为 $1.9\sim2.1\ m$。对于上翻车机的车辆应考虑适应翻车机压头的高度。

上述主要尺寸初步确定后必须核算整车自重。如果自重加载重超过总重，就必须减轻车体自重，此时车体的容积、长度、宽度和高度需要反复重新核算，最终确定一组较为理想的参数。

敞车的地板面高度应与货物站台的高度基本接近，以方便叉车或人员进出。货物站台的高度为 1100 mm。敞车中梁采用 310 mm 乙字型钢制成，加上空车转向架心盘高度、车体上心盘高度及地板厚度等，得到敞车地板面高度为 1080～1090 mm。在大型货场，敞车基本上采用吊车装卸，对敞车地板高度不作要求，但在中小型货场，敞车主要依靠叉车或人力装卸，因此要求敞车地板面高度与货物站台高度接近，达到进出装卸省力的目的。

2）敞车主要结构的设计

（1）敞车底架的设计。

中华人民共和国成立初期，我国设计制造的 C_1、C_{13}、C_{50} 等型敞车均采用底架承载结构，底架的中梁等需要很大的截面。目前新型敞车均设计成侧壁承载结构。敞车底架是车体的基础，侧壁上所承受的力主要通过底架来传递。敞车底架参与侧壁的承载，特别是车体受到的纵向力，大部分由底架承担。因此，合理布置底架的结构和尺寸至关重要。

① 牵引梁长度和车辆定距。

为使车辆通过曲线时，车体的端部和中央离开线路中心线的偏移量相等，车辆定距 l 与车体长度 L 之比应为 $1/\sqrt{2}$。但对一般敞车，由于车体长度较短，通过曲线时，车体中央偏移量远小于限界所规定的计算车辆的偏移量，因此车辆定距 l 与车体长度 L 之比可不按上述比例考虑。牵引梁长度的选择主要考虑以下因素：一是安装车钩缓冲装置所需要的安装长度，对于具有独立的前、后从板座的敞车，牵引梁长度不小于 1800 mm，对于一体式心盘和后从板座的敞车，牵引梁长度不小于 1500 mm；二是转向架车轮通过曲线时与端梁下盖板间的安全间隙，牵引梁长度一般不小于 1500 mm。同时要考虑在运用中不发生过大的牵引梁上挠、下垂和旁弯等，要求牵引梁不能过长。过去 C_{13} 型敞车车体长 13 m，牵引梁长 2.5 m，运用中出现很严重的牵引梁上挠、下垂和牵引梁腹板凹凸等，因此牵引梁长度以不超过 2.2 m 为宜。综合以上情况，敞车牵引梁长度为 1500～2200 mm，理想尺寸为 1800～2100 mm。

牵引梁长度确定后，用车体长度减去牵引梁长度的 2 倍即为车辆定距。一般车辆定距不宜过短。C_{61} 型敞车车辆定距为 7 m，运用中动力学性能不够理想，经多次动力学试验和计算分析，得出该车动力学性能不够理想主要与该车车辆定距过短、车体刚度过大等因素有关。以后 C_{63} 型敞车车辆定距加大到 7.67 m，适当降低车体刚度，车辆动力学性能基本稳定。通用敞车车辆定距以不小于 8 m 为宜。

② 底架各横向梁、纵向梁的布置。

当敞车车体的内长、内宽和车辆定距确定后，端梁、侧梁和枕梁的位置即可确定。中梁中心线必然处于底架纵向中心线。侧梁采用 180～240 mm 的热轧或冷弯槽钢制成。侧梁槽钢朝向内侧，平面朝向外侧，便于侧柱铆装作业及安装绳栓、牵引钩、侧门搭扣等。有些工矿敞车底架不设置侧梁，底架横梁与侧墙的对应侧柱直接焊接成一体结构（如 C_{80A}、C_{80B} 型敞车）。

底架横向梁（大横梁）的位置应与侧墙上的侧柱位置相对应，通过侧梁连接成框型结构，增强侧柱下部节点的固接强度，减少侧柱外涨，消除在散粒货物侧压力下下侧梁所承受的扭转力矩。

底架现在均铺设 6~8 mm 的钢地板。在端梁、枕梁、横梁相互之间还应设置若干根小横梁，以保证地板具有足够的支承力，减少地板自由面积。小横梁一般采用 100~120 mm 的热轧或冷弯槽钢制成。

因新型敞车均采用侧壁承载方式，故底架的中梁断面选择的不是很大的型钢。过去中梁采用两根 300 mm 槽钢加上下盖板制成，现在中梁一般由两根 310 mm 乙字型钢组焊而成，也可采用整根冷弯帽型钢制成。中梁两腹板距离为标准尺寸 350 mm。在中梁内部加焊隔板，各隔板与各枕梁、横梁腹板位置相对应。为安装制动主风管，在中梁腹板上要开长圆孔，长圆孔的位置应选择在中梁纵向应力较小的部位，上、下应位于型钢中性轴附近。

(2) 敞车端墙(壁)的设计。

敞车端墙在运用中除了承受散粒货物的侧压力外，还要承受货物的纵向冲击(主要发生在列车制动、调速和调车作业工况)，其值大小与加速度的大小、货物性质及车辆本身的结构等因素有关。在设计端墙(壁)时，不仅要按《机车车辆强度设计及试验鉴定规范　车体　第 2 部分：货车车体》(TB/T 3550.2—2019)(以下简称《强度规范》)中 6.2.7 款计算散粒货物侧压力，还要符合《强度规范》中附录 B 的要求。

散装粒状货物的侧压力作用于垂直侧(端)墙上。当进行第一工况强度考核时，仅考虑侧墙压力，其单位面积上的压力按式(3-6)计算：

$$\begin{cases} p_{d1} = 0.5vH\sqrt{(1-k_v)^2 + A_0^2} \times \sqrt{1+A_0^2} \times 9810 \\ A_0 = k_h - (1-k_v) \cdot \tan\theta \end{cases} \qquad (3-6)$$

式中：p_{d1}——侧墙单位面积上的压力(Pa)；

　　　　v——散粒货物容重(t/m³)；

　　　　H——散粒货物实际装载高度(m)，可根据标记载重、货物容重，以及车体内长、内宽等确定；

　　　　k_v——端墙上在重载车体重心高度处的垂向加速度与重力加速度的比值，一般可取 0.7；

　　　　k_h——端墙上在重载车体重心高度处的纵向加速度与重力加速度的比值，一般可取 0.4；

　　　　θ——散粒货物的自然坡角(°)。

设计通用敞车时，按装运水洗煤取值，即令 $v=1.1$ t/m³，$\theta=25°$。

当进行第二工况强度考核时，侧墙单位面积上的压力按式(3-7)计算：

$$p_{d1} = 0.5vH[1+(\tan\theta)^2] \times 9810 \qquad (3-7)$$

式中，p_{d1}、v、θ、H 的含义同式(3-6)。

端墙单位面积上的压力按式(3-8)计算：

$$\begin{cases} p_{d2} = 0.5vH\sqrt{1+A_3+(A_1+A_2 \cdot H)^2} \times \sqrt{1+(A_1+A_2 \cdot H)^2} \times 9810 \\ A_1 = a - k_v \cdot \dfrac{h}{L} + k_v \cdot X \cdot \dfrac{\tan\theta}{L} \\ A_2 = \dfrac{k_v}{L} \\ A_3 = A_2 \cdot X \cdot (A_2 \cdot X - 2) \\ a = k_h - \tan\theta \end{cases} \qquad (3-8)$$

式中：p_{d2}——端墙单位面积上的压力(Pa)；

$\quad\quad v$、θ、H——同式(3-6)；

$\quad\quad k_v$——同式(3-6)，一般可取1；

$\quad\quad k_h$——同式(3-6)，一般可取3；

$\quad\quad h$——散粒货物表面至重载车体重心间的距离(m)；

$\quad\quad L$——车体内长的一半(m)；

$\quad\quad X$——重载车体重心至计算侧压力处的水平距离(m)，均匀装载时 $X=L$。

端墙与侧墙、底架间主要通过角柱、端梁焊接成整体结构，见图3-14。

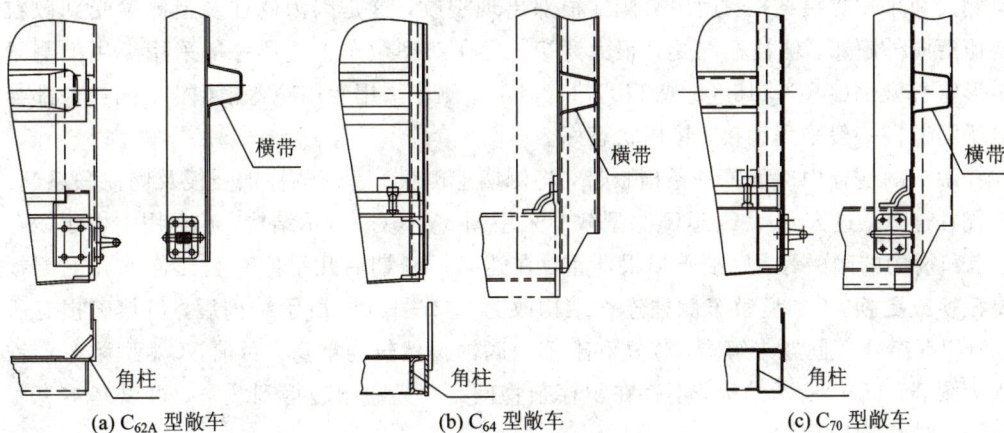

(a) C_{62A} 型敞车　　　　(b) C_{64} 型敞车　　　　(c) C_{70} 型敞车

图3-14　端墙与侧墙、底架间的连接

图3-15(a)为 C_{62A} 型敞车端墙局部结构，端墙横带采用 $240\times80\times9$ 槽钢制作，角柱采用 $160\times160\times8$ 角钢内部加焊钢板组成三角形结构。经过1~2个厂修期运用，出现了端墙外涨、角柱弯曲等问题，说明端墙横带、角柱断面系数不足。图3-15(b)为 C_{64} 型敞车端墙局部结构，端墙横带采用 $140\times140\times6$ 冷弯型钢制作，角柱采用 $140\times58\times6$ 槽钢加焊钢板组成长方形封闭结构，与 C_{62A} 型敞车相比有很大改进，运用后基本没有发生端墙外涨、角柱弯曲等问题。图3-15(c)为 C_{70} 型敞车端墙局部结构，C_{70} 型敞车是在 C_{64} 型敞车的基础上进行减轻质量处理后得到的，两者端墙局部结构相近。

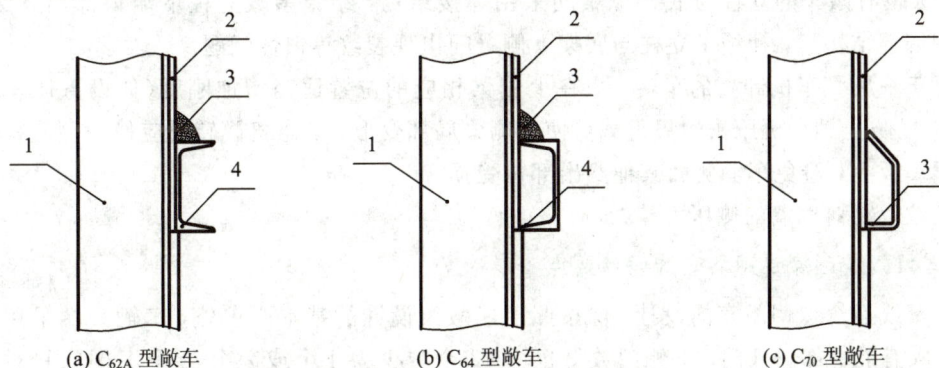

(a) C_{62A} 型敞车　　　　(b) C_{64} 型敞车　　　　(c) C_{70} 型敞车

1—侧柱；2—上侧板；3—积存垃圾；4—侧柱连铁。

图3-15　各种类型敞车端墙局部结构

端墙上端缘一般采用与侧墙上侧梁相同的断面结构，以便两者交接时，上端缘端部弯成弧形与上侧梁对接焊成整体结构。

（3）敞车侧墙（壁）的设计。

目前敞车的侧壁均设计成板梁式侧壁承载结构。通用敞车运输的大宗货物是煤炭，在大型厂矿企业、港口等大多采用翻车机卸货。进行机械化作业时，上侧梁和内部的侧柱连铁常受到碰撞。因此，侧墙的上侧梁、侧柱及侧柱根部与下侧梁的连接，以及侧柱连铁的结构形式等，都要根据计算和实际运用情况的要求具有足够的强度和刚度。过去 C_{62} 型、C_{65} 型及 C_{62A} 型敞车上侧梁为 140 槽钢，开口朝下，运用中破损严重，截换率高；侧柱根部与底架侧梁间采用焊接结构，运用后侧柱根部出现裂纹，这是因为侧柱及上侧梁受到散粒货物挤压后向外膨胀，侧柱根部受到很大弯矩。现在新型敞车上侧梁一般采用专用上侧梁冷弯矩形空心型钢（140×116×5 或 140×116×6）；侧柱采用专用冷弯帽型钢；侧柱根部与底架侧梁间连接一般采用铆接，运用状态好。

在敞车的侧柱中部设置一条横腰带，将侧墙上侧板、下部侧柱加强板及侧柱联系起来，称为侧柱连铁。过去 C_{62}、C_{65}、C_{62A} 型敞车采用图 3-15(a) 所示结构，在运用中由于积存垃圾、水和货物的砸碰等，腐蚀破损很严重，在达到厂修期后几乎所有侧柱连铁和上侧板都需要截换或更换。C_{64} 型敞车侧柱连铁结构改为图 3-15(b) 所示结构后，虽然破损有所改善，但积存杂物等问题未解决，连铁和上侧板腐蚀仍然较为严重。目前，C_{70} 型敞车连铁已经改为图 3-15(c) 所示结构，不存在积存杂物问题，货物砸碰得到缓解，可以基本克服该处腐蚀和破损问题。

敞车在装运袋装货物时需要叉车或手推车，装运大牲畜时需要自身进出，因此车体侧墙中部需要一对侧开门。门口宽度、高度应方便叉车、小推车作业及牲畜进出。侧开门门孔基本为标准尺寸：高×宽为 1620 mm×1900 mm。

为方便工人装卸作业，侧墙下部应留有上翻式下侧门的门孔。一般每侧侧墙有 6 扇下侧门。侧门门孔基本为标准尺寸：宽×高为 1250 mm×950 mm。

侧壁上各立柱（或侧柱）与底架间的连接一般采用铆接结构，主要是因为侧壁受到散粒货物侧压力作用后，侧墙上的立柱上端有向车体外侧膨胀的趋势，立柱根部受到很大的弯矩。过去也有敞车的立柱与底架侧梁间采用焊接结构，结果多数立柱下端根部出现裂纹。而采用铆接结构后，杜绝了立柱与底架下侧梁间出现裂纹等惯性问题。

对于采用翻车机卸货的车辆，应在上侧梁相应的位置适当增加刚度（如设置压车梁或垫板），以防止翻车机压头的集重载荷使上侧梁局部变形；翻车机翻转时应使一侧侧柱均匀靠在靠车板上，避免车辆侧面其他凸出部位受损。

散粒货物对侧墙的侧压力按式（3-6）计算。

3. 大秦线运煤专用敞车的设计要点

大秦线运煤专用敞车的设计，除按照上述敞车设计的基本要求外，车辆一端采用转动车钩，取消了中部侧开门，下侧门数量也由 12 个减少为 4 个或 2 个（2 个下侧门斜对称布置），车体材料也采用防腐蚀性能更好的铝合金或不锈钢。

从运用经验看，大秦线运煤专用敞车的开发设计还应考虑以下几点：

（1）车辆使用频繁，年走行里程远远大于普通敞车，同时满足2万吨编组要求，车辆结构与普通货车相比应具有更大的强度和刚度储备，车辆用材应具有更高的耐大气和煤共同腐蚀能力，车体内部尽量采用圆滑过渡结构，减少积煤和冻煤的可能因素。

（2）能与秦皇岛煤码头的翻车机及其附属设备相匹配，即车辆长度为12 m或三联车长度为36 m，车辆定距为8.2 m，车辆空车最大高度不超过3800 mm，适应翻车机压车梁的要求；车辆端部或车钩上部600 mm以内应符合AAR S-253-82的限界标准，符合翻车机拨车臂作业空间；侧柱的布置应避开翻车机振车器振车头的位置，转向架设计应考虑适应翻车机夹轮器位置要求等。

（3）适应装车地点的装车条件要求，在满足侧墙刚度条件下，尽量降低车内撑杆的高度，提高撑杆强度储备，如将C_{80}型敞车铝制撑杆和撑杆座处结构改为钢制结构，以避免因装载机意外碰到撑杆而损坏的问题。

（4）敞车比容应选择为1.08～1.1 m^3/t，适应大同地区的煤炭容重要求。

（5）浴盆式运煤敞车在设计时需考虑列检人员检修转向架的空间。

4. 70 t级敞车、80 t级敞车新结构

1）C_{70}型敞车（见图3-16）

（1）采用屈服极限为450 MPa的高强度钢和新型中梁，载重大、自重轻；底架结构进一步优化，提高了纵向承载能力，能够适应万吨重载列车的运输需要。

（2）车体内长13 m，满足较长货物的运输要求；集载能力提高，满足装载38 t钢卷的要求，集载能力较C_{64}型敞车提高70%。

（3）采用新型侧开门结构，提高了车门的可靠性，解决了C_{64}型敞车侧开门损坏的惯性质量问题。

（4）采用17型E级钢高强度车钩和MT-2型大容量缓冲器，提高了车钩缓冲装置的使用可靠性，可解决车钩分离、钩舌磨耗过快等惯性质量问题。

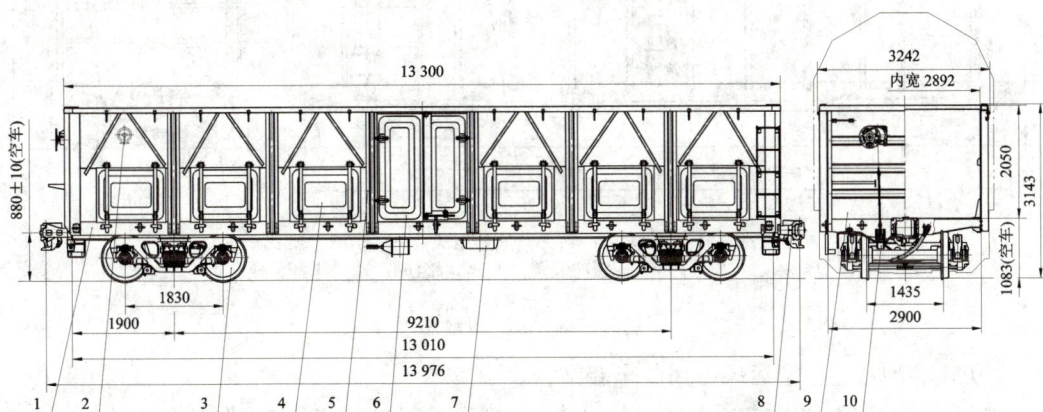

1—底架；2—标记；3—转向架；4—下侧门；5—侧墙；6—侧开门；
7—风制动装置；8—车钩缓冲装置；9—端墙；10—手制动装置。

图3-16　C_{70}型敞车

（5）采用摇枕、侧架结构优化的转 K7 型、转 K6 型或转 K5 型转向架，确保车辆运营速度达到 120 km/h，满足提速要求；改善了车辆运行品质，降低了轮轨间作用力，减轻了轮轨磨耗。

（6）侧柱采用新型双曲面冷弯型钢，提高了强度和刚度，更适应翻车机作业。

2）C_{80} 系列运煤专用敞车

为满足大秦线开行 2 万吨重载列车运输的要求，尽快完成大秦线铁路年运量达亿吨的扩能目标，2002—2005 年，我国开发生产了大秦线用轴重 25 t 载重 80 t 的 C_{80C} 型全钢运煤专用敞车（见图 3-17）、C_{80CA} 型不锈钢运煤专用敞车、C_{80A} 型运煤专用敞车及 C_{80B} 型不锈钢运煤专用敞车（见图 3-18）。

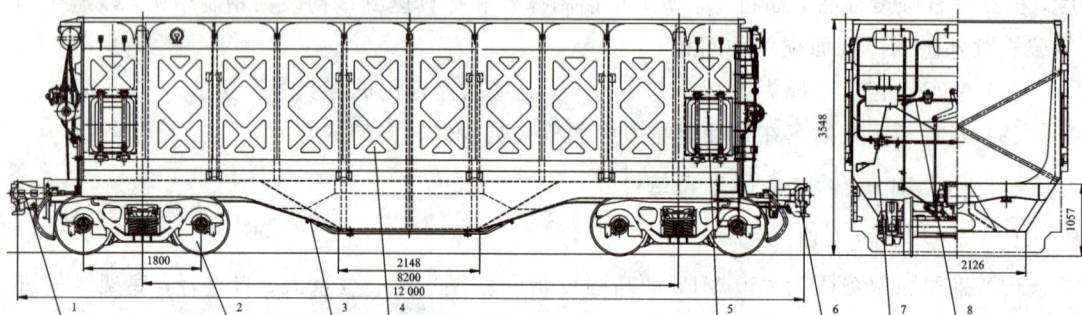

1—16号车钩缓冲装置；2—转K7型转向架；3—底架组成；4—侧墙组成；
5—下侧门组成；6—17号车钩缓冲装置；7—端墙组成；8—制动装置。

图 3-17　C_{80C} 型敞车

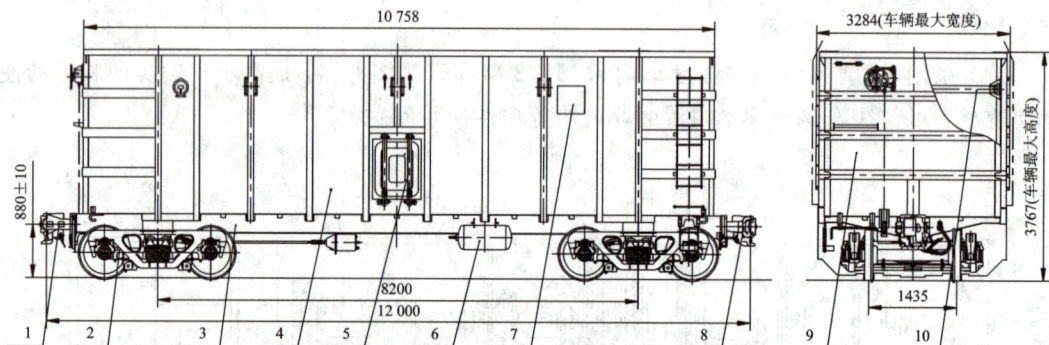

1—16 号车钩缓冲装置；2—转 K6 型转向架；3—底架组成；4—侧墙组成；5—下侧门组成；
6—制动装置；7—标记；8—17 号车钩缓冲装置；9—端墙组成；10—撑杆组成。

图 3-18　C_{80B} 型敞车

（1）C_{80C} 型/C_{80CA} 型运煤专用敞车新结构。

① 采用转 K7 型转向架，提高了曲线通过性能，轮缘磨耗小，轮轨作用低动力，减小了横向加速度，轮缘磨耗减少了 1/3～1/2。

② 该车为整体承载式全钢焊接结构，主要承载结构采用了屈服强度为 450 MPa 的高强度耐大气腐蚀钢，且多采用冷弯型钢，既有效地降低了自重，又保留了全钢结构车制造

和维修成本低、经久耐用、易于维修等优势。

③ 采用无中梁单浴盆结构和侧柱内置，有效地增大了容积，降低了重心。该车空车重心约为 955 mm，重车重心约为 1823 mm。重车重心比现有的 C_{76} 型运煤专用敞车的 1930 mm 低 107 mm，改善了车辆运行品质。

④ C_{80CA} 型不锈钢运煤专用敞车具有和 C_{80C} 型全钢运煤专用敞车完全一样的结构，只是将车体上与煤直接接触的部分改为不锈钢。

（2）C_{80B} 型不锈钢运煤专用敞车新结构。

C_{80B} 型不锈钢运煤敞车是为开行 2 万 t 重载煤炭运输专列而开发研制的专用车辆，能与秦皇岛三、四期煤码头的拨车机、列车定位机和三车翻车机相匹配，实现不摘钩连续翻卸作业，并能适应环形装车、直进直出装车和解体装车作业，还能满足解冻库的要求。具体如下：

① 自重轻、载重大，可适应 2 万 t 重载列车编组要求。

② 采用侧壁承载、平底地板结构，结构简单、可靠，维护检修方便。

③ 与煤接触的侧、端墙及地板等主要板材件和梁件采用不锈钢材料，具有良好的耐腐蚀性能，可有效延长车辆使用寿命。

④ 车辆间采用 RFC 牵引杆，减少车辆连挂的间隙，较大地降低了车钩力。

3.5.2 棚车

1. 我国棚车发展概况

棚车是用来运输怕日晒、雨淋、雪浸的货物。这些货物包括各种粮谷、食品、日用工业制成品及贵重仪器设备等。一部分棚车还可以运输人员和马匹。

我国棚车种类很多，旧有的棚车大部分是载重 30 t 的钢木混合结构的小型车，如 P_1、P_3 型棚车，这种棚车远不能满足我国铁路运输发展的需要，现已全部淘汰。从 1953 年起，我国开始研制载重 50 t、容积为 101 m^3、车体为全钢铆焊结构的 P_{50} 型棚车。1957 年以后，我国先后设计制造了载重 60 t、容积为 120 m^3 的 P_{13}、P_{60}、P_{61} 型棚车。1980 年开始，我国设计制造了 P_{62}、$P_{62(N)}$ 型棚车。20 世纪 90 年代，我国又研制了 P_{64} 型棚车。2005 年，我国设计制造了 P_{70} 型新型棚车。

2. 通用棚车的设计要点

1）通用棚车主要技术参数确定

通用棚车的主要技术参数包括载重、自重、容积、轴重、每延米重及车体的长、宽、高等线性尺寸。通常，载重由设计任务书规定或根据设计调查结果得出。轴重、每延米重根据国家铁路技术发展政策和线路条件已经确定。自重一般根据以往棚车自重初步估算，待图样完成后最后求得。因此，确定通用棚车的主要技术参数主要是通过不同方案比选确定容积和车体的长、宽、高等尺寸。

（1）容积。

合理的棚车容积对于运输经济性和安全性有很大作用。容积过小时，载重利用率（实际载重与标记载重的比值）不足；容积过大时，自重和超载可能性增大。根据对近些年棚车运用现状、未来棚车适运货物构成情况的分析和研究，通用棚车的比容一般取为 2.0～2.6。

（2）车体的长、宽、高。

当棚车的容积确定后，首先选定内宽，再确定内长和内高，而且需要经过几次调整后才能最终确定。

选择车体内宽，首先要充分考虑限界的宽度来确定车体外宽。车体外宽只能小于限界宽度，宽度的减少量应考虑车体制造时允许的最大误差以及车体倾斜造成的偏移量。对于车体较长的棚车，还应考虑由于大于计算车辆车体长度所需的宽度缩减量。外部宽度确定后，减去 2 倍的推拉式车门外侧到侧梁的距离就得出车体内宽数值。

车体的内高一般根据车辆限界确定，同时还要考虑叉车进出中间侧开门时方便，即车体的内高不能过低。车体内宽、内高选定后，根据容积即可确定车体内长。

上述主要尺寸初步确定后必须核算整车自重。如果自重加载重超过总重，就必须减轻车体自重，此时车体的容积、长度、宽度和高度需要反复重新核算，最终确定一组较为理想的参数。

棚车的地板面高度应与货物站台的高度基本接近，以方便叉车或人员进出。货物站台的高度为 1100 mm。棚车中梁采用 310 mm 乙字型钢制成，加上空车转向架心盘高度、车体上心盘高度及底架木结构厚度等，得到棚车地板面高度为 1150～1160 mm。

2）通用棚车主要结构的设计

由于棚车具有车顶，因此棚车车体可以设计成整体承载的薄壁筒形结构，相应地减小底架有关梁件的截面，充分发挥侧墙（壁）和车顶的承载作用，以减轻车体自重。不过，一般棚车如采用木地板就不再铺设钢地板了，这样车体钢结构就成为开口薄壁筒形结构，加上侧壁又开有较大的门孔和为数众多的窗孔，以致削弱了侧墙（壁）和车顶的承载能力。因此，为安全计，棚车车体在设计时一般均按侧壁承载而不按整体承载结构考虑。

通用棚车的底架、侧墙（壁）、端墙（壁）等部件设计中所考虑的一般原则，基本上与通用敞车的相同，类似之处可参考前述。这里仅对通用棚车结构设计中的特殊性问题作简要介绍。

（1）通用棚车底架的设计。

棚车底架设计中，心盘距的确定、横向梁的布置和地板面高度选定时所考虑的原则与敞车的相同。

中梁一般由两根 310 mm 乙字型钢组焊而成，也可采用整根冷弯帽型钢制成。对于下侧梁，由于侧墙（壁）开有较大的门孔，为提高刚度，一般采用型钢组焊成的鱼腹形结构。小横梁和纵向梁主要作为木地板的支承梁件，其截面尺寸和梁间距离应满足运用叉车进行装卸作业的要求。底架铺设竹材层压板地板，同时加装防火装置；门口处为利于叉车作业而装有扁豆形花纹钢板；预留便器安装座及火炉安装孔。

（2）通用棚车侧墙（壁）的设计。

作为承载构件的棚车侧墙目前均采用全钢板梁式结构。在设计时应注意侧立柱之间的间距不应过大，一般为900 mm左右，其断面尺寸应按"对棚车侧柱的强度要求"计算确定。侧墙板尽可能采用压型结构，以提高侧墙板的稳定性，增大其承载能力。

门窗的位置、数量和大小是棚车设计中应予以注意的重要问题。门孔的尺寸要根据装卸作业的方式确定。我国棚车一般都在侧墙中央开一个门，但也有车型曾在每侧侧墙靠近枕梁处设置了两个门。经过实际运用证明，多了一个车门虽然给装卸作业带来了方便，但是却给使用中的管理增加了麻烦。另外，由于车门附近不能装货，所以车内的容积不能充分利用。而且门孔开在剪切应力较大的枕梁附近，为了保证侧墙具有足够的强度和刚度，须在门孔切口处给予加强，这样既费材料又使工艺复杂化。所以，每侧开两个门的结构并不可取，还是在侧墙中央设一个门为好。现 P_{70} 型棚车门孔的宽度为 3012 mm。

窗孔是供装卸作业、输送人员时通风和采光用的，全车应均匀布置。车窗应设计成在车内、车外都能关闭，而开窗必须在车内操作，以确保运输过程中货物的安全。

通用棚车在钢质墙板的内侧必须设置竹材板内墙板，这一方面是为了避免货物与钢结构直接接触，造成货物磨损和钢材腐蚀；另一方面又可提高车体隔热性能，这对输送人员和装运某些货物是必须的。另外，在内墙板的内表面应尽量避免凸出的零件，以免碰伤人或损坏货物。

（3）通用棚车端墙（壁）的设计。

棚车端墙常用的结构有横带式、端柱式等。无论采用哪种方式，其截面尺寸均应按"对端墙的强度要求"计算确定。端墙内部与侧墙一样也设有竹材板内墙板。端板上预留电源线通过孔及照明设施安装座。

（4）通用棚车车顶的设计。

棚车车顶起着联系端、侧墙，使车体形成一个薄壁筒形承载结构的作用，故车顶也应具有一定的强度和刚度。此外，车顶的结构设计应考虑防雨、隔热和防腐问题。为减轻烈日经车顶对车内的辐射热，车顶内侧应铺设内顶板，一般采用PVC板。

为改善车内装货环境、避免聚集车顶上部的潮湿空气对车顶板的腐蚀，车顶外部一般安装4个通风器，以加强车内空气流通。

（5）通用棚车车门的设计。

车门应能固定在最大开度和关闭位置，并能适应机械作业。单开式拉门锁闭侧的门框与门柱搭接量应大于或等于20 mm，车门上框与门楣的搭接量应大于或等于25 mm。

通用棚车采用的都是推拉式车门，这种车门具有自重轻、操作简便的特点。但现有车门存在一些问题。由于车门的刚度较小，如果受到车辆冲击、车内货物的挤压，或开关操作不当，车门与车门导轨容易变形，从而影响车门的性能。

3. P_{70} 型棚车新结构（见图 3 - 19）

（1）采用新型高强度冷弯型钢、板材，优化了断面结构。

（2）对推拉式车门结构进行了改进，提高了车门的防盗性能。

（3）重新对枕梁结构、门孔连接点等大应力部位进行设计，提高了结构可靠性。

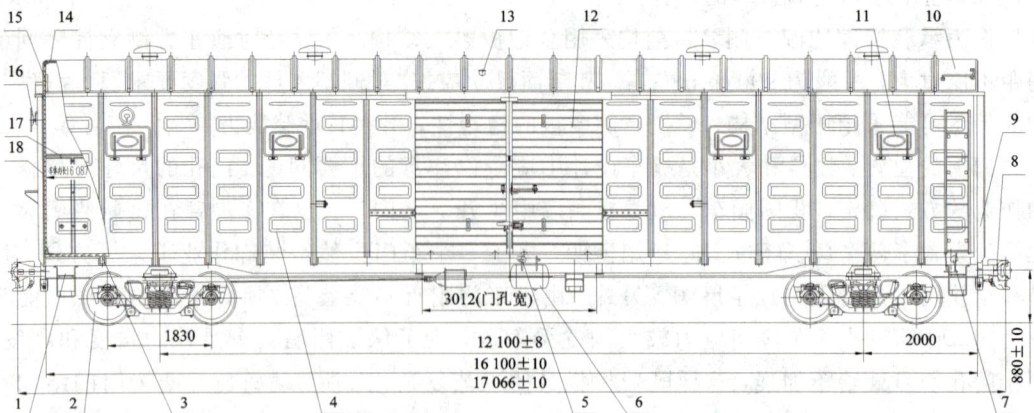

1—底架组成；2—转 K6 型转向架；3—底架木结构；4—侧墙组成；5—底架附属件；6—风制动装置；
7—便器组成；8—车钩缓冲装置；9—端墙组成；10—车顶组成；11—车窗组成；12—车门组成；
13—烟囱座组成；14—车顶木结构；15—电气安装；16—手制动装置；17—侧墙木结构；18—端墙木结构。

图 3 - 19 P_{70} 型棚车

3.5.3 平车(两用平车)

1. 我国平车发展概况

平车主要用来装运钢材、木材、桥梁、汽车和拖拉机等体积、质量比较大的货物，还可以装运各种机械设备和军用装备。有些平车还安装有活动的端板和侧板，可以装运矿石、煤炭、沙土和石渣等散粒货物，以及粮食、水泥等袋装货物。在底架上设置集装箱锁闭装置后，平车还可以运输集装箱。

普通平车约有 3 万辆，约占我国货车总数量的 5%。中华人民共和国成立初期，我国研制了 N_1 型载重 30 t 平车、N_4 型载重 40 t 平车和 N_5 型载重 50 t 平车。从 1956 年起，我国陆续研制了载重 60 t 的 N_{12}、N_{60} 和 N_{16} 型平车。从 1967 年开始，我国研制生产了 N_{16} 型主型平车，生产数量近万辆。该车底架长度为 13 m，底架上铺设了 70 mm 木地板，在车两端设置有全钢活动端板，放倒后可作为渡板，供运输轮式货物通过用。该车的缺点是集中载重能力小，不能运输大型混凝土梁；没有活动侧板，不能运输砂石等散粒货物。

从 1970 年开始，我国研制了 N_{17} 型系列平车，该车底架长度仍为 13 m。与 N_{16} 型平车相比，N_{17} 型平车加强了集载能力，满足了军运特载和铁路大型混凝土梁运输要求。该车设有活动侧门，可以运输散粒货物。1992 年，随着我国敞车和棚车数量的增加，散粒货物大多采用敞车或装袋后采用棚车运输，所以取消了 N_{17} 型平车侧门，仅保留了端门，改型为 N_{17A} 型平车，平车也因此丧失了部分运输货物品种，如沙石、矿石，以及袋装货物中的水泥、粮食等。同时，为了提高装载加固可靠性，原木也不再采用平车运输，而改用敞车运输，或者在平车上安装木材集装箱后装运，平车运输货物品种有所减少。1998 年开始，我国研制了兼有普通平车和集装箱车功能的两用平车(也称为共用平车)，如 NX_{17A}、NX_{17BK}

型等，这类平车除了能够满足一般平车的运输需要，还可以运输铁路标准 10 t 集装箱，国际标准 20 英尺、40 英尺或更大规格集装箱。我国今后不再生产类似 N_{17} 型的普通平车，而全部生产两用平车。

2004 年，我国研制了轴重 23 t、载重 70 t 的 NX_{70} 型两用平车。该车底架长 15.4 m，中梁采用 530 mm H 型钢，侧梁采用 600 mm H 型钢，主要材料采用 Q450NQR1 高强度耐候钢，底架上设置了集装箱锁闭装置。采用 17 型车钩及 MT－2 型大容量缓冲器，提高了载重和集载能力，能够满足多种集装箱运输要求，以及开行万吨列车的要求。该车是我国今后几年生产的主型平车。

2. 平车主要技术参数确定

平车的主要技术参数包括载重、自重、地板面积、地板面距轨面高度、轴重及每延米重等。载重在设计任务书中已经规定好，设计时主要确定地板面积和地板面距轨面高度。待车体结构和转向架确定后，算出车辆自重，校核轴重和每延米重。

1) 地板面积

平车的地板面积取决于底架的长度和宽度。在充分考虑特种货物及军运特载（如坦克等）、充分利用机车车辆限界的情况下，尽可能加大底架宽度。目前底架地板处的限界宽度为 3200 mm，再考虑绳栓、柱插、侧门的空间，一般底架宽度不超过 3 m。如果设计的平车定距和底架长度超过 GB 146.1—2020 规定的计算车辆的长度，则底架宽度还要按要求进行缩减。

由于平车主要用于装运长、大、重的货物，例如木材、钢材等，因此平车底架的长度必须适应细长货物运输。木材规格一般为 4 m 和 6 m，装载 2 垛 6 m 长原木或 3 垛 4 m 长原木的底架长度为 12 m，加上机械化装载木材的合理间距，底架长度为 13 m 较合适。对于装载集装箱的平车，还应考虑承载 1 个 40 英尺或 2 个 20 英尺集装箱，以及非标超长集装箱（如 45 英尺、48 英尺、50 英尺、51 英尺、53 英尺等）所需要的底架长度。目前我国通用平车底架长度为 12.5～13 m。为了满足装载 6 个铁标 10 t 及 1 个 48 英尺集装箱的要求，NX_{17B} 型系列两用平车底架长度确定为 15.4 m，该车也可以满足 1 个 50 英尺汽车专用集装箱运输要求。

在载重一定的条件下，如果底架长度取值较大，为保证底架刚度，则底架中的主要梁件（中梁、侧梁、横梁等）的截面也要相应增大，由此带来车辆自重增大。因此，在综合考虑轴重、货物种类的情况下，应尽量缩短底架长度。

2) 地板面距轨面高度

平车地板面距轨面高度的确定，不仅要像敞车一样考虑叉车、手推车能够直接驶入车内装卸货物，而且要考虑平车常用来装运机动车辆，而机动车辆往往要从端部站台沿列车纵向自动行驶到平车上，因此平车地板面距轨面高度要尽量与货运站台高度相一致，一般选择为 1.1～1.2 m。当地板面距轨面较低时，如采用的是活动端墙的结构，应考虑端墙放平时与车钩顶部是否会相碰的问题。此外，应注意活动侧墙板翻下后，不应超出机车车辆的下部限界。

3. 平车底架结构特点和设计中应注意的问题

1）中梁和侧梁

平车是底架承载结构，即全部载荷（包括垂直载荷和纵向力等）均由底架各梁承受，其中，中梁和侧梁是主要承载梁件。因此，平车的中梁和侧梁的截面要比侧壁承载和整体承载的敞车、棚车大得多。此外，考虑装运"集载"及"特载"货物的要求，平车的中、侧梁不仅截面积要大，而且两者的截面积要相近或相同，即中梁的截面积等于两根侧梁截面积之和。中、侧梁沿纵向均制成鱼腹形（见图 3-20），例如 N_{17} 型系列平车的中、侧梁采用 56b 号工字钢（或高度为 512 mm 的 H 型钢）制成，并切成鱼腹形。中梁呈鱼腹形可避免因采用大型钢材而使地板面距轨面过高，侧梁做成鱼腹形可便于转向架的列车检修作业。同时在保证底架强度的前提下，做成鱼腹形可以减轻自重。

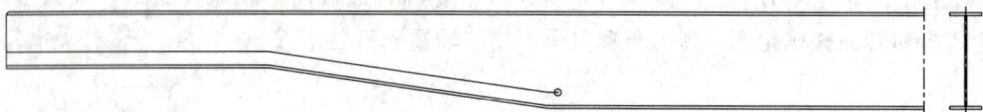

图 3-20　平车中、侧梁鱼腹形结构

中、侧梁截面的选定是平车底架设计中的主要工作，可以参考运用中同类型平车初步选定截面尺寸，然后采用有限元计算方法进行强度校核，不断进行结构优化，最终选定理想的底架型钢和断面结构。同时，计算出中央断面不同的集载能力数值，如果小于任务书要求的集载能力数值，还应该加大中、侧梁和各横向梁的截面系数，直到符合任务书的要求为止。

2）端、横梁及枕梁

由于坦克等重载滚装货物可以在平车上沿纵向自行移动，因此平车的端、横梁要比一般敞车、棚车的大一些。另外，由于平车底架是自由承载式，作用在中梁上的垂直载荷并不需要经过横梁传至侧梁，然后由枕梁传至心盘，而是直接由中梁传递到心盘，即垂直载荷不向侧梁集中。因此，平车枕梁的受力较侧壁承载及整体承载的车辆枕梁的受力要小（见图 3-21）。

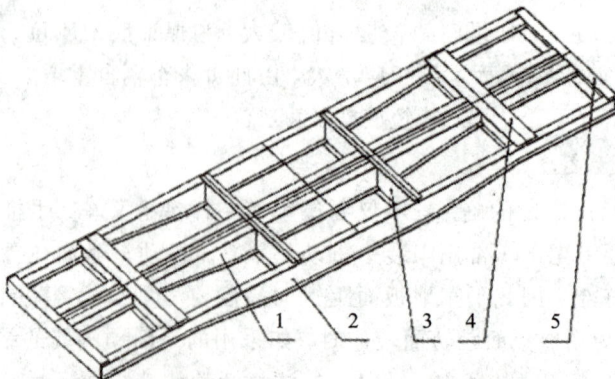

1—中梁；2—侧梁；3—横梁；4—枕梁；5—端梁。

图 3-21　平车底架结构图

3）地板

我国平车的地板基本上采用木质的。考虑坦克行驶及集中载重的要求，平车木地板的厚度比一般敞车、棚车的要厚些，通常为 70 mm。在使用中，木地板的腐蚀、磨损和折断都较严重，故修换率大。平车装载货物后，需要对货物进行加固，即在地板上钉铁钉或钉扒锔钉，而采用全钢地板，无法解决货物加固问题。我国木材资源不足，铁路主要技术政策中要求在车辆上节约使用木材，积极采用代用材料。目前已在部分平车上采用 45 mm 厚竹木复合层积材代替木材作为地板。美国一家公司在 1963 年将可钉钉钢地板应用在平车上，可以解决钢地板的货物加固问题，但并没有大面积推广使用。

4）平车上的货物加固件

平车装载货物后，需要对货物进行加固，加固方法除了用铁钉或扒钉将三角木（挡住货物）钉在平车木地板上，还可以在货物上部用铁线或钢丝绳将货物捆绑住，铁线或钢丝绳两端固定在车体端部或两侧。因此，平车的端梁及侧梁上需要设置加固捆绑用的绳栓或柱插（见图 3-22）。

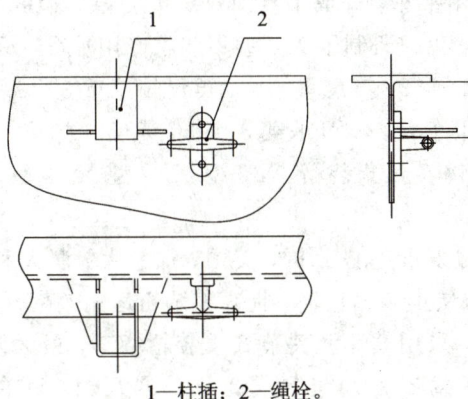

1—柱插；2—绳栓。

图 3-22 绳栓和柱插

平车或敞车的侧梁或端梁上均设置绳栓，早期敞车或平车在装运怕湿货物（如袋装水泥、粮食等）时，需要在货物上苫盖篷布，篷布的边缘需要用绳子捆绑在绳栓上。后来绳栓也兼用作铁线或钢丝绳加固货物时的拴结点。最近几年，随着我国货车溜放速度的提高，货物惯性力加大，如果平车仍然采用现有的绳栓，则难以保证货物加固的可靠性。目前 C_{70} 型敞车已经设计采用了加强型绳栓，NX_{70} 两用平车等车型也采用该绳栓。

平车的侧梁上设置有柱插。当装运原木、竹材、钢管等细长货物时，在柱插孔插上侧木柱，将木柱上端用绳索或铁线捆住，可在平车两侧将货物加固。采用木柱在平车左、右侧挡住货物，这种加固可靠性不高，曾经发生过木侧柱折断、货物移出车外、造成多人伤亡的事故。因此，铁道部于 2001 规定，全路各装车站一律停止使用平车装运木材，柱插也失去了它的基本功能。此后，中铁集装箱运输有限公司制造了大量的木材集装箱，在平车柱插孔内插入定位挡，可将集装箱固定在平车上，从而可以装运木材。尽管平车柱插本身不再插木柱，但大量的木材集装箱需要使用柱插，因此平车的柱插一时难以取消。目前，平车柱插除了用于加固木材集装箱，还用于捆绑加固用的绳索。用于捆绑绳索时，柱插的结构还应进行改良,因为柱插孔周边较锋利,容易将绳索卡断,所以捆绑绳索后还要在绳索与柱插边缘加护垫。今后还应综合分析柱插的功能后改进柱插结构。

3.5.4　集装箱专用平车

1. 集装箱专用平车发展概况

集装箱专用平车约有 1 万辆,约占我国货车总数量的 1.5%。1986 年,我国开发生产了 X_{6A} 型集装箱平车,主要用途为运输国内铁路 5 t、10 t 箱及国际 20 英尺、40 英尺集装箱。1995 年,我国研制了 X_{3TBU} 型集装箱平车(2004 年通过换装 K2 型转向架改造为 X_{3K} 型集装箱车),该车可承载 3 个 20 英尺,或 1 个 40 英尺和 1 个 20 英尺,或 1 个 40 英尺、45 英尺、48 英尺集装箱。1999 年,我国研制了 X_{1K} 型集装箱平车,该车可承载国内铁路 10 t 箱,以及国际 20 英尺、40 英尺或 45 英尺集装箱。该车最高运行速度达到 120 km/h,是我国最早开行的速度为 120 km/h 的快运集装箱专列。2003 年,我国研制了速度可达 120 km/h 的 X_{2K}、X_{2H} 型双层集装箱专用平车,开辟了我国双层集装箱运输的先河,较大幅度地提高了集装箱运输能力。2005 年,我国研制了 X_{6K} 型集装箱专用平车,该车可承载 2 个 20 英尺或 1 个 40 英尺集装箱,满足 2 个 20 英尺重箱(20 英尺箱总重 30.48 t)运输要求。同时,我国研制了 X_{4K} 型集装箱专用平车,该车可承载 3 个 20 英尺,或 1 个 40 英尺和 1 个 20 英尺,或 1 个 40 英尺、45 英尺、48 英尺集装箱。X_{1K} 型、X_{2K} 型、X_{3K} 型、X_{4K} 型、X_{6K} 型集装箱专用平车速度均达到 120 km/h。

从国外铁路集装箱运输发展趋势分析,美国、加拿大、澳大利亚等限界尺寸较大的国家,积极改造线路,推行双层集装箱运输,提高集装箱运输效率。美国、加拿大等国充分利用 35.7 t 的最大允许轴重,采用 5 单元关节式集装箱货车,最大限度降低车辆自重,提高载重,每个承载单元可以承载 2 个 40 英尺或 2 个 48 英尺箱,每单元载重最大达到 56.5 t。欧洲各国地形紧凑,限界尺寸较小,开展双层集装箱运输难度大,主要发展快捷集装箱运输,一般车辆速度为 120 km/h,快速运输列车速度达到 140~160 km/h。

从集装箱发展趋势分析,国内铁路 5 t 箱已经淘汰,铁路 10 t 箱也不再新造,并决定逐步淘汰。国际 40 英尺及以上集装箱的总重均为 30.48 t,而且一直没有变化。国际 20 英尺箱总重由 20 世纪 70 年代的 20.32 t 发展到 20 世纪 80 年代的 24 t,又发展到 20 世纪 90 年代的 30.48 t。今后国内集装箱平车不再考虑国内 5 t 箱和 10 t 箱的承载工况,而必须适应 20 英尺集装箱的总重变化情况。从国际、国内集装箱运输统计分析,在运输中,集装箱装载到最大总重的比例很小,绝大多数没有达到标记的最大总重。由于集装箱在运输中是按箱收费,而不是按载重计费,因此努力缩短集装箱平车的车辆长度,在 850 m 或 1050 m 的有效站台长度上尽量编组更多的车辆,增加运输箱数,适当兼顾集装箱运输载重,是集装箱平车今后发展的重要课题。

2. 集装箱平车主要技术参数确定

集装箱平车的主要技术参数包括载重,自重,底架长度、宽度,集装箱承载面距轨面高度,轴重及每延米重等。

1）载重

载重是根据车辆所承载的集装箱数量及箱型确定的，有时也根据允许轴重及车辆自重确定。由于 20 英尺集装箱总重 30.48 t，40 英尺及 40 英尺以上集装箱总重也是 30.48 t，因此完全按照集装箱规格及数量确定车辆载重时，承载 2 个 20 英尺或 1 个 40 英尺集装箱，车辆载重为 61 t（X_{4K} 型集装箱专用车）；承载 3 个 20 英尺或 1 个 40 英尺集装箱，车辆载重应达到 91.5 t。在车辆轴重难以满足按承载集装箱最大总重确定载重的情况下，应根据轴重即车辆总重，并尽量降低自重来确定载重。目前我国及其他国家普遍采用此种方法确定载重。一些高密度、低附加值的货物基本采用敞车、罐车或棚车运输，而不采用集装箱运输。在一般情况下，集装箱主要装运百货、纺织品、食品、药品等中、低密度，高附加值的货物，因此集装箱绝大多数情况下没有达到标记总重。如我国 X_{3K} 型集装箱车轴重 21 t，可承载 3 个 20 英尺集装箱，载重 61 t；X_{4K} 型集装箱车轴重 23 t，可承载 3 个 20 英尺集装箱，载重 72 t。美国 5 单元关节式车辆，每个承载单元可承载 2 个 40 英尺（或 48 英尺、53 英尺）集装箱，最大可能总重为 61 t，但各种车型载重确定为 35.4～56.5 t。

在我国现阶段经济快速发展时期，现有的 20 英尺集装箱也会装运诸如矿石、煤炭等高密度，低附加值的货物，使集装箱达到满载重状态，此时需要采用如 X_{6K} 型集装箱车等按集装箱最大可能载重设计的专用集装箱平车。

2）底架长度、宽度

底架宽度主要取决于集装箱宽度、集装箱锁闭装置位置、底架形式及是否设置集装箱挡座。各种长度的集装箱宽度均为 2438 mm。如果底架形式为鱼骨刺结构，可以取消侧梁，此时底架宽度取与集装箱宽度相近即可，一般为 2450～2500 mm。如果采用传统的具有中梁、侧梁或取消中梁仅有侧梁的底架结构，则侧梁宽度应大于集装箱宽度，在底架四角和底架中部两侧需要设置集装箱锁闭装置。为保护锁闭装置，一般锁闭装置设置在侧梁内侧，此时底架宽度为 2600～2900 mm。

底架长度的选择主要取决于集装箱的规格和数量，承载 2 个 20 英尺（6.1 m）或 1 个 40 英尺（12.2 m）集装箱时，底架长度为 12.3～12.5 m；承载 3 个 20 英尺集装箱时，底架长度为 18.3～18.5 m；承载 4 个 20 英尺集装箱时，底架长度为 24.4～24.6 m。采用双层集装箱结构时，底架长度取决于承载凹底长度、2 个转向架长度以及转向架与凹底端部预留的检修空间和两者的摆动空间，一般为 18.5～19 m。

3）集装箱承载面距轨面高度

由于集装箱装卸时采用门式起重机垂直起落，因此集装箱装卸作业不用考虑与货物站台高度匹配。同时为了降低重车重心高度，集装箱承载面距轨面高度越低越好。对于单层集装箱车，集装箱承载面距轨面高度主要取决于转向架心盘面高度和底架牵引梁的高度，一般为 1100～1200 mm。对于双层集装箱车，由于集装箱承载面位于 2 个转向架之间的凹底式承载框架内，因此集装箱承载面距轨面高度取决于底架下部与轨道的垂向安全距离及承载面处底架钢结构的厚度。现在，我国 X_{2K}（或 X_{2H}）型集装箱车底架下部空车预留 190 mm 安全距离，底架钢结构在承载面处的厚度为 100 mm，这样双层集装箱车的承载面距轨面高度为 290 mm（美国双层集装箱车承载面距轨面高度为 290～305 mm）。

3. 集装箱载荷特点

集装箱的载重和空箱质量（皮重）全部由集装箱四角的角件来承担，放在地面上时，由下部四角来承担；起吊时，由上部四角的角件承担，见图 3-23。集装箱放在平车上后，平车上与集装箱底部四角相对应的支承点就是受力点，因此集装箱平车的受力均为集中载荷。承载 1 个 40 英尺集装箱时，平车上有 4 个受力点；承载 2 个 20 英尺集装箱时，平车上有 8 个受力点。

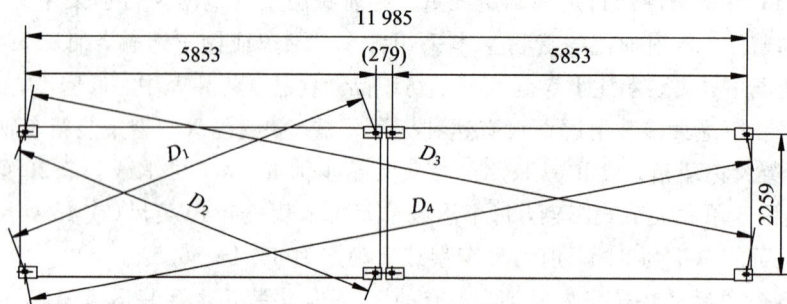

图 3-23　集装箱车 20 英尺、40 英尺箱受力点分布图

4. 集装箱专用平车主要结构形式和特点

集装箱车底架承受的垂向载荷为点作用的集中载荷，集装箱载荷作用点位于平车底架的侧梁附近。各个国家对车辆纵向力考核的标准不同。目前单层集装箱平车的结构大体分为 3 种，即中侧梁同时承载式、中梁承载式（鱼骨刺形状）和侧梁承载式，这 3 种结构的特点有所不同。

我国车辆强度考核标准中的纵向力数值小于 AAR 标准规定的数值，大于 UIC 标准规定的数值，因此，我国集装箱平车一般采取大中梁、小侧梁的底架结构（见图 3-24）。典型的承载 2 个 20 英尺或 1 个 40 英尺集装箱的 X_{6K} 型集装箱车，中梁采用 600 mm 的 H 型钢，侧梁采用高度为 320 mm 的冷弯槽钢。

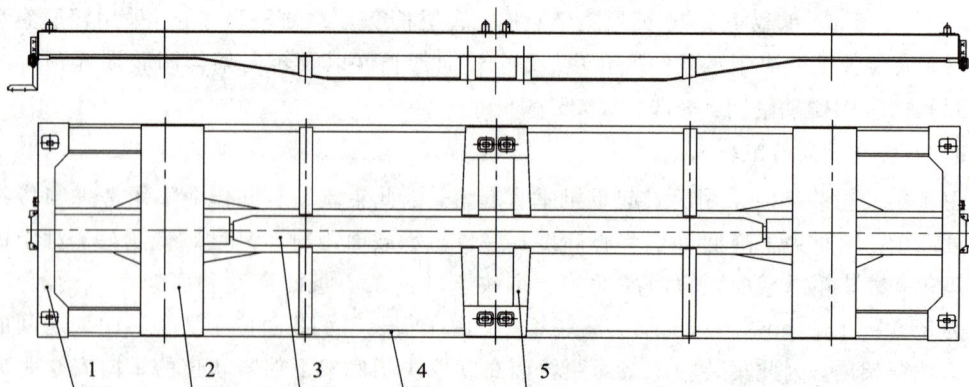

1—端梁；2—枕梁；3—中梁；4—侧梁；5—横梁。

图 3-24　大中梁、小侧梁的底架结构

对于大中梁、小侧梁的底架结构，绝大多数的垂向载荷和纵向载荷由中梁承担，侧梁除承担少量的垂向载荷和纵向载荷外，在调车或受到冲击时，将传递部分集装箱锁头的纵向惯性力。中梁断面要求较大，一般采用大型型钢（560 mm 工字钢或 512 mm、600 mm H 型钢）制成。侧梁相对断面要小，一般采用 300 mm 左右的热轧槽钢或冷弯槽钢制成。端梁两端承担很大的集装箱垂向载荷，该载荷一部分通过端梁传递到中梁牵引梁端再到心盘，另一部分通过侧梁传递到枕梁再到心盘，因此端梁断面应尽可能加大，同时侧梁位于端梁、枕梁间靠近集装箱锁部位应设置纵向辅助梁，以充分传递集装箱的垂向载荷、纵向惯性力等。枕梁传递的垂向和纵向载荷有限，枕梁断面可以适当小一些。中央横梁起到传递绝大部分垂向载荷和纵向惯性力的作用，因此中央横梁断面要尽量加大到和中、侧梁相同的高度。两个辅助横梁主要起协调刚度的作用，断面设计可以适当小一些。

美国、澳大利亚等国家纵向力考核标准大，因此设计集装箱车时，多数采用中梁承载式（鱼骨刺形状），即底架中仅有各种横向梁和一根强大的中梁，没有侧梁，见图 3-25。

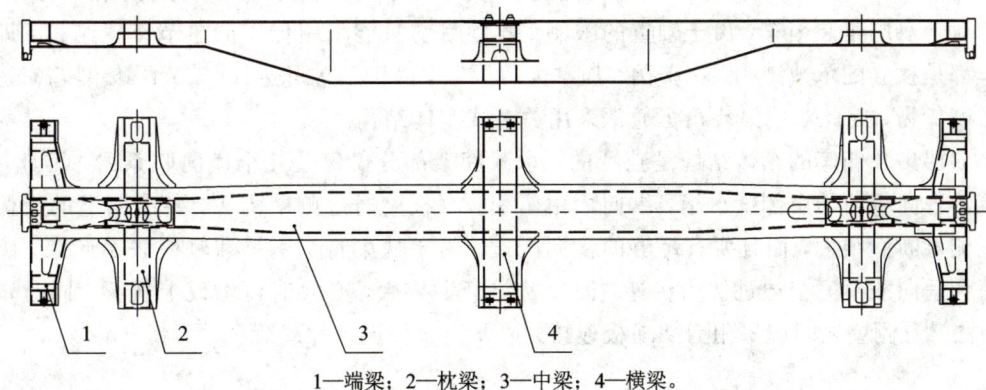

1—端梁；2—枕梁；3—中梁；4—横梁。

图 3-25 中梁承载式（鱼骨刺形状）的底架结构

对于中梁承载式的底架结构，全部垂向载荷、纵向载荷由端梁、横梁直接传递到中梁，同时集装箱锁上的纵向惯性力也由端梁、横梁直接传递到中梁，中梁还受到扭转载荷的作用，因此中梁的垂向断面和横向断面都要求足够大，一般采用钢板组焊为箱形断面结构。端梁和横梁的断面也要求有足够刚度，并且要求与中梁接触部分的高度和中梁的高度相同。由于横梁、端梁传递纵向惯性力，因此设计横梁时，还要考虑减少与中梁连接部位的应力集中问题，与中梁交接时应圆滑过渡。枕梁仅仅承担旁承载荷和车体扭转载荷，因此枕梁断面可以适当减小。

欧洲国家大部分集装箱专用平车底架结构与我国的相似，也是大中梁、小侧梁的底架结构。由于铁路车辆强度考核标准中的纵向力数值较低，且缓冲饼位于端梁两端附近，因此有些集装箱专用平车底架采用侧梁承载结构，见图 3-26。

对于侧梁承载式的底架结构，全部垂向载荷、纵向载荷由端梁、枕梁传递到两侧的侧梁上，因此侧梁的垂向断面和横向断面都要求足够大，一般采用钢板组焊或大型型钢制成。枕梁、端梁的断面也要求有足够刚度和强度。中央横梁用于增大侧梁刚度，并传递垂向载荷，其断面适当即可。

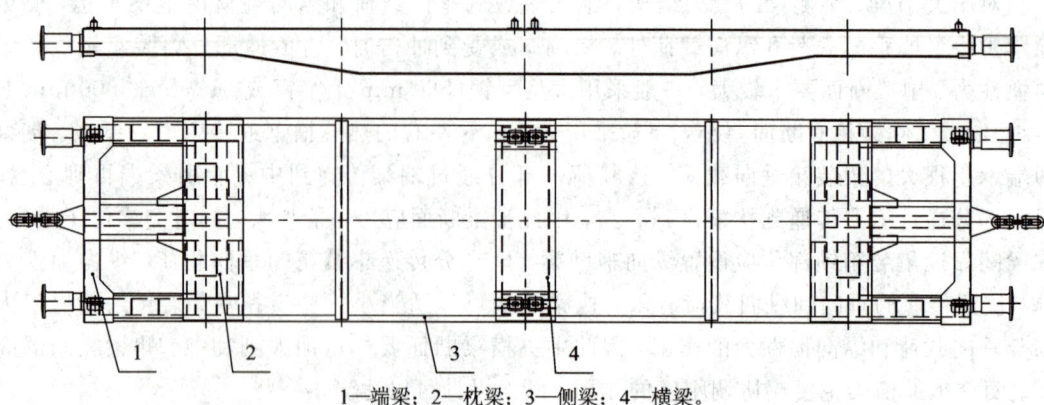

1—端梁；2—枕梁；3—侧梁；4—横梁。

图 3-26 侧梁承载式（中部无中梁）的底架结构

设计双层集装箱车时，为了最大限度降低承载面高度，装载集装箱的部分制成落下孔形式。

对于双层集装箱车，由于轴重的限制，我国目前只能采用传统的单节车辆结构，即每辆车都是独立的承载结构。在美国、加拿大等国家，由于轴重可达到 35.7 t，集装箱车运输低密度货物，因此双层集装箱车通常采用关节式车体结构。

双层集装箱车的车体结构是独特的，承载底架部分仅仅是几个横向联系梁。因此，集装箱的垂向载荷均由侧壁承担，纵向力由牵引梁、枕梁通过侧壁传递。要求侧壁的上侧梁和下侧梁断面很大，而且要有足够的横向刚度。由于枕梁将牵引梁和侧壁联系起来，纵向载荷和垂向载荷完全通过枕梁传递，因此枕梁断面要大，必要时可增设上枕梁。同时牵引梁、枕梁及侧壁之间应采用剪切地板连接，以便充分传递各种载荷。

3.5.5 漏斗车

1. 我国漏斗车发展概况

我国铁路货运中，散装货物的运量占总运量的 77% 左右，而其中绝大部分为煤炭和矿石等。为了加速车辆周转，对于货流量大且装卸地点较固定的散装货物，采用漏斗车或自翻车可提高装卸效率，获得较好的经济效益。

1）石碴漏斗车

石碴漏斗车是一种专用铁路货车，供新旧线路铺设石碴或工矿企业装运类似散粒货物用，轨道内外均可卸碴。该车自 1972 年定型以来，经过了多次修改，不断完善，形成了 K_{13}、K_{13N}、K_{13NA}、KZ_{70} 等系列产品。

2）煤炭漏斗车

煤炭漏斗车供装运煤炭、矿石等散装货物用，可满足固定编组、循环使用、定点装卸、大量转运的电站、港口、选煤、钢铁等企业要求。该车适用于地面设有受料坑传输装置的两侧同时卸煤、容量足够的卸煤沟或高栈台，可自动、快速卸车，在无风源的情况下也可以手动卸车。

该车自1965年研制以来，经过了多次改进，形成了 K_{18}、K_{18D}、K_{18DA}、KM_{70} 等系列产品。

3）粮食漏斗车

粮食漏斗车供标准轨距线路上运输诸如玉米、小麦、大豆等散粒粮食货物用，可满足大型粮库、港口等自动化装卸要求。该车自1969年研制以来，形成了 K_{17}、L_{18}、L_{70} 等系列产品。

2. 漏斗车的装卸性能

漏斗车主要运输煤炭、矿石等散装货物，按结构分为无盖和有盖两大类。我国漏斗车主要有煤炭、石碴、石灰石、矿石、水泥和粮食等系列，其构造特点如下：将车体做成上部大、底部小的漏斗状，货物从顶部或舱口装入，靠其自重能自动沿着漏斗斜面，由漏斗底部或侧部的几个卸货口卸出。漏斗内壁制成光滑无凸起的表面，斜面倾角和漏斗容积根据所运货物的品种确定。底门有集中或单独的开闭机构，借助压缩空气或手动机构可进行开闭。卸货口的位置、数量随受料坑等接收装置而有所不同。

漏斗车可以自行自动、快速卸货，在卸货时无需采用翻车机这种大型卸货机械，除可单辆卸货外，还能够通过加装整列卸、分组卸、边走边卸装置，实现整列卸、分组卸和边走边卸功能，从而提高装卸作业机械化与自动化程度以及卸货效率，降低运输成本。

1）煤炭漏斗车

（1）卸货方式及控制机构。

为适应我国燃煤发电厂的地面设施要求，目前我国的煤炭漏斗车均采用纵向侧开卸货方式，这种卸货方式具有卸车快、余煤少、不埋道等优点。

煤炭漏斗车的装卸方式为上装下卸，装车地点的地面配套设施与敞车相同，装车设备主要有漏仓、装载机（铲车）、传送带三种。卸车地点需要设置与卸货车辆长度匹配的受料坑装置或高栈台。采用风控装置卸货时，地面需具有为车辆风控装置供风的风源。采用横向侧开卸货方式时，在轨道两侧固定位置需设置控制底门定点开关的机构。

目前国内运营的 K_{18AK}、KM_{70} 等煤炭漏斗车均采用纵向侧开卸货方式，其底门开闭装置可以通过风动和手动系统独立控制。风动操纵台和手动传动机构均设在车体一位端的底架上，可同时控制两侧四个底门的开闭。手动传动机构采用减速箱机构。风动与手动传动机构可通过离合器进行转换。

采用单车卸货方式时，风源可取自列车主管，经截断塞门、给风调整阀充入储风缸内，作为风动开闭底门时的动力源，方便现场无风压设备条件下风动卸货。风控管路装置由操纵阀、给风调整阀、储风缸、风表、阀门及风管等组成。

采用分组卸货方式时，可以逐车卸货，也可以几辆或成列同时卸货，还可以手动卸货。该卸货方式需采用带控制管的风控管路装置，制动主管与控制管是完全分开的，开启底门的动力风源来自地面设施。风源经截断塞门、集尘器、止回阀等充入储风缸内，可以实现整列卸、分组卸、单辆卸。风控管路装置由变位阀（操纵阀）、作用阀、止回阀、截断塞门、滤尘器、三通塞门、储风缸、控制管等组成。采用分组卸货方式，需人工操纵一辆车的变位阀（有开门、关门、保压三个位置），以达到同时开关多辆车底门的目的。分组卸货方式必须在卸车前预先给各车上的储风缸充风，在列车编组较长的情况下，车辆卸货准备时间较长。这种控制方式可以根据地面设施情况安装边走边卸系统，使底门在卸货地点实现自动开关。

（2）锁闭装置。

为确保底门可靠锁闭，保证列车安全运行，煤炭漏斗车底门开闭机构均设置锁闭装置。装用顶锁机构的煤炭漏斗车在两级传动的上、下轴之间，设计了一个过死点才可以开启的连杆，将下部传动轴锁在指定的转动位置，加上锁体的锁闭，形成了 2 级锁闭状态。早期不装用顶锁机构的煤炭漏斗车，其传动装置设有大刀式过死点的 1 级锁闭和偏心锁铁 2 级锁闭装置来保证底门锁闭。

（3）底开门机构的结构形式。

早期设计的 K_{18} 型煤车控制底门开闭的机械传动装置采用单级传动、风手动两用的结构形式，在运用中主要采用风控风动自卸，有分组卸功能。手传动采用蜗轮蜗杆结构，手轮设在车的两侧，分别控制两端底门的开闭。因手轮超出机车车辆限界，运输时需将其卸下，固定于中梁上。

K_{18F} 型煤炭漏斗车全车有两套传动装置，分别控制车辆每端 2 个底门的开闭。手传动采用伞齿轮转向和蜗轮蜗杆结构，手轮设在车辆底架两端上面、端漏斗板下面的位置，分别控制两端底门的开闭。传动轴端设有离合器，手动时离合器闭合，风动时离合器开启。手传动时，先将 2 级锁闭的偏心锁铁用链钩挂起，再转动手轮，通过手轮轴及轴端的一对伞齿轮，使蜗杆带动蜗轮旋转，由蜗轮通过离合器带动底门传动轴转动，通过双联杠杆、大刀带动底门开闭。手动机构传动效率低，操作不方便，费力费时，因此在运用中主要采用风控风动自卸。

为解决 K_{18} 型煤车在使用过程中所暴露出来的重车时开门压力偏高，传动件刚度小以及阻力大等弱点，1980 年，我国设计了顶锁机构。顶锁式开闭机构采用 2 级传动，增设了上部传动装置，可同时开关两侧 4 个底门，具有 2 级锁闭装置，可保证车辆在运行时底门锁闭的可靠性。该机构在开门时锁体不压缩底门即可转出，使开启底门所需的作用力较小。风动或手动开关底门时，启闭装置传动平稳、轻便、灵活，改善了底门的开闭性能。装用顶锁机构的 K_{18D} 型煤车的风路控制系统与 K_{18F} 型煤车的基本相同，主要采用风控自卸，可以实现整列卸、分组卸、单辆卸。手传动采用开放式蜗杆蜗轮机构，一个手轮可同时开关两侧 4 个底门。顶锁式底门开闭机构装卸效率高，并能减轻劳动强度、改善卸车作业条件，因此 1980 年以后生产的煤炭漏斗车一般均采用顶锁机构。

K_{18DG} 型煤炭漏斗车的车体、底开门机构和风路控制系统与 K_{18D} 型煤炭漏斗车的基本相同，采用风控自卸时可以实现整列卸、分组卸、单辆卸。手动传动机构采用由蜗轮蜗杆集成的密闭减速箱装置，改善了润滑环境，使得手动开关底门比较轻便、灵活。

K_{18DA}、K_{18AT}、K_{18AK} 和 KM_{70} 型煤炭漏斗车底门开闭装置采用 2 级传动、顶锁机构，风动、手动两用。风、手动控制机构相互独立，互不干扰，它们之间的转换由一个手柄带动拨叉拨动牙嵌离合器来完成。风动操纵台和手动传动机构均设在车体一位端的底架上，风控管路装置设计为一套，风源来自列车主管，方便了现场无风压设备条件下风动卸货。操纵阀采用旋转式，可同时控制两侧 4 个底门的开闭。手动传动机构将蜗轮蜗杆（其传动比为

34)和一级减速齿轮副(其传动比为2)集成在一个密闭的减速箱内,提高了传动比和加工精度,改善了润滑环境,使得手动开关底门轻便、灵活。

2)石碴漏斗车

石碴漏斗车是一种专用铁路货车,专供铁路维修和新线铺设石碴使用,也称运碴车,使用时借助货物质量和风、手动装置开启底门,有节制地、均匀地将石碴散布卸出。其主要特点如下:除满足上装下卸要求外,在轨道内、外侧均可卸碴,且两侧卸碴既可单独操纵,亦可集中操纵;采用以风动为主、手动为辅的机械传动开门机构。

石碴漏斗车的卸碴系统分为上部传动装置及下部传动装置两部分,风、手动操纵能各自单独完成。风动操纵通过3个操纵阀分别控制3套双向风缸的推拉作用,经装在底架上的平面四连杆机构实现漏斗区域的4个外侧门和2个斜对角布置的内侧门的开闭。在无风源时也可使用手动操作系统卸货。手动操作时,减速箱的输出轴通过离合器直接作用于两侧的侧上部传动轴,分别控制两侧底门,注意中门不能用手动开启。

K_{13NA}型石碴漏斗车增设了除尘装置,在卸碴过程中,除尘系统水箱的水在压力空气的作用下沿车体两侧呈雾状喷出,可以抑制卸碴粉尘。

为使石碴漏斗车的卸碴位置适中,卸碴后基本上不需要人工扒碴,漏斗隔板与轨面的最小垂直距离(空车时)应在160 mm左右;侧流碴板与轨面的最小垂直距离(空车时)应在300 mm左右,同时活动流碴板应能够进行调整。由于轨道中央卸碴量较小,为避免堆碴,中部底门斜对角设置2扇,开度为190 mm以上。

根据工务部门的使用要求,设置2套手动装置,分别操纵左、右侧底门。风动管路系统采用集中控制管路,使两侧底门既可同时操纵,亦可单独操纵。

3.5.6　罐车

1. 我国罐车发展概况

罐车是一种车体呈罐形的车辆,用来装运各种液体、液化气体及粉末状货物等。这些货物包括汽油、原油、各种黏油、植物油、液氨、酒精、各种酸碱类液体、水泥、氧化铅粉、黄磷等。

罐车在铁路运输中占有很重要的地位,约占我国货车总数的18%。中华人民共和国成立初期,我国只能生产载重25 t、有效容积仅为30.5 m³的油罐车。1953年开始,我国设计制造了载重50 t、有效容积为51 m³的全焊接结构罐车。目前我国生产的直径和容积最大的罐车是中部直径为3100 mm,有效容积为110 m³的GQ型液化气体罐车,其罐体呈鱼腹形。

罐车的标记载重过去是指装水时的质量,所以50 t的载重意味着罐体容积为50 m³。现在的标记载重是用实际所装运介质的比重计算的。由于各种液体的密度不同,罐体的实际载重就需根据所运介质的物理性质确定。因此,罐车的装载能力用体积来度量更为合适。罐内液体的质量不是用地磅量得,而是测量罐体内所盛液体水平面的高度,然后根据罐体容积表查得。每种规格的罐体均有其容积折算表。

罐车按结构特点可分为有底架罐车、无底架罐车,上卸式罐车、下卸式罐车;按用途可分为轻油类罐车、黏油类罐车、酸碱类罐车、液化气体类罐车及粉状货物罐车等。

罐车的车型虽然很多，但均为整体承载结构，大部分罐车的车体都由罐体和底架两大部件组成。罐体是卧式整体筒形结构，具有较大的强度和刚度，不但能承受所装物体的质量，而且可承担作用在罐体上的纵向力。所以，罐车的底架结构比其他种货车的底架结构简单，甚至有的罐车取消了底架，称为无底架罐车。目前，我国大量采用 GQ_{70}、GN_{70} 等70 t级罐车。

2. 罐车的设计要点

1）罐车主要技术参数确定

罐车的主要技术参数包括载重、自重、轴重、容积、有效容积、每延米重及罐体的长度、封头直径、底架长度等尺寸。通常，载重由设计任务书规定或根据设计调查结果得出。轴重、每延米重根据国家铁路技术发展政策和线路条件已经确定。因此，确定罐车的主要技术参数主要是通过不同方案比选确定容积和罐体的长度、封头直径、底架长度等尺寸。

（1）容积。

在已知载重和所装运介质的情况下，根据载重和介质密度计算出有效容积。在罐车的设计中，还应留出一定的空容积，避免介质受热膨胀时外溢。空容积的大小应根据介质的物理特性和相关标准确定。在确定了有效容积和空容积后即可得到罐体的容积。如果需要设计内加热装置，那么还应该在之前得出的容积基础上再加上内加热装置所占的容积。

（2）罐体的长度、封头直径。

当罐车的容积确定后，首先选定封头直径，再确定罐体中部直径，然后计算出罐体长度。

封头直径的选择，不仅要充分考虑限界的宽度和高度，还应该预留出车顶走台、底架地板面高度、侧梯等部件所占的位置。封头直径一般根据《压力容器封头》（GB/T 25198—2020）的规定选取，同时考虑封头制造厂家的工艺能力（包括封头厚度、材质、模具等）。对于车体较长的罐车，还应考虑由于大于计算车辆车体长度所需要的宽度缩减量。

封头直径选定后，为了提高车辆的卸净率，一般把罐体设计为直角斜锥筒体，即罐体顶部母线为水平直线，底部母线在罐体中间部位比两端低一定的高度。由此可以得出罐体中部直径。封头直径和罐体中部直径选定后，根据容积可确定罐体长度。

主要尺寸确定后，必须核算整车自重。如果自重加载重超过总重，就必须减轻车体自重，此时罐体的封头直径、中部直径、长度需要再作适当的调整。

（3）底架长度。

底架长度的确定，应根据罐体长度和端部走台的宽度。

2）罐车主要结构的设计

（1）底架的设计。

罐车底架分为有中梁和无中梁两种形式，按照罐体结构需要进行设计。

（2）罐体与底架连接方式的设计。

当罐车底架设计为无中梁时，罐体与底架之间一般采用焊接结构。焊接位置一般设计在枕梁处（见图3-27）。

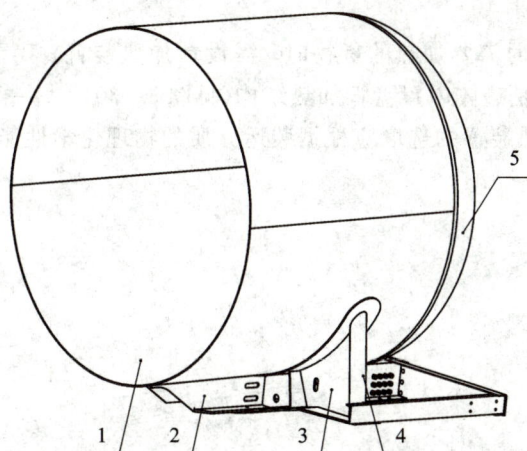

1—罐体；2—牵引梁；3—枕梁腹板；4—侧管支柱；5—封头。

图 3-27 无中梁底架牵枕与罐体焊接的典型结构

当罐车底架设计为有中梁时，罐体与底架在枕梁处采用鞍座压板结构（见图 3-28），罐体中心与中梁的连接采用上、下鞍结构（见图 3-29），并用高强度紧固件连接。

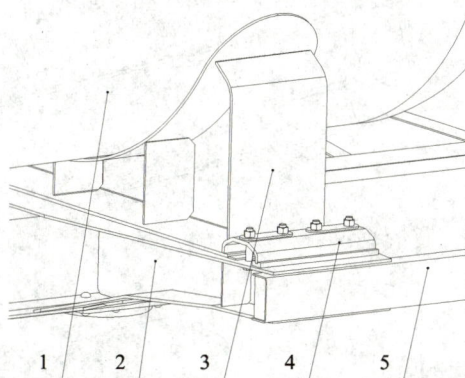

1—罐体；2—枕梁；3—鞍座组成；4—压板；5—侧梁。

图 3-28 鞍座压板结构

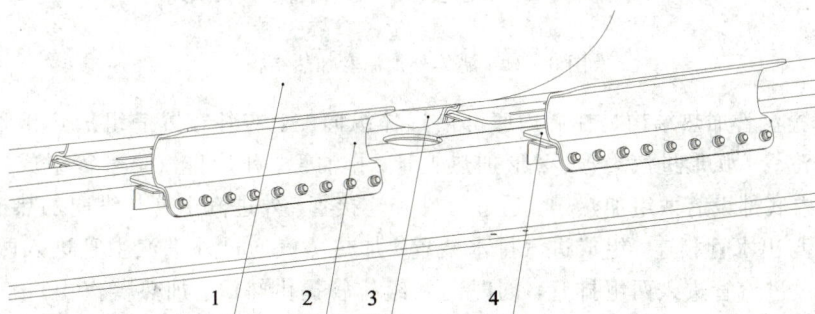

1—罐体；2—上鞍；3—聚脲窝；4—下鞍。

图 3-29 上、下鞍连接结构

（3）加热装置的设计。

当罐车装运在装卸时需要加热的货物时，需设计加热装置。我国现有罐车的加热装置大致有两种结构，一种是罐体内置盘管加热结构（见图 3-30），另一种是罐体外加温套加热结构（见图 3-31）。加热装置的选取应根据装运介质的物理化学性能和用户的要求。

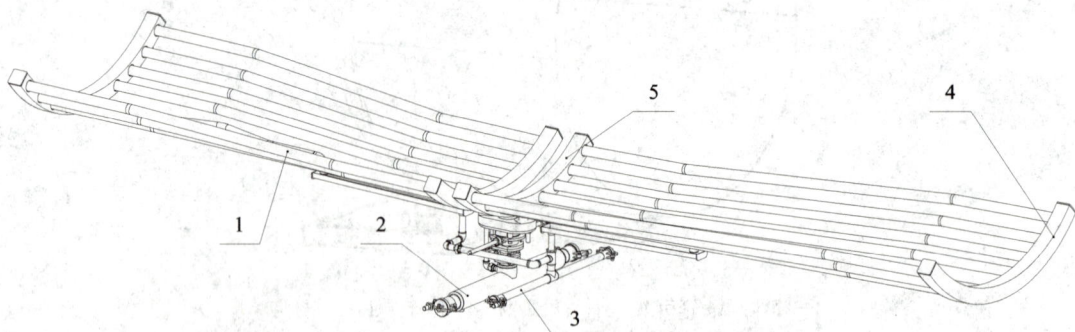

1—进汽管；2—弧形进汽集管；3—Z 形加热支管；4—排油管；5—弧形排汽集管。

图 3-30　罐体内置盘管加热结构

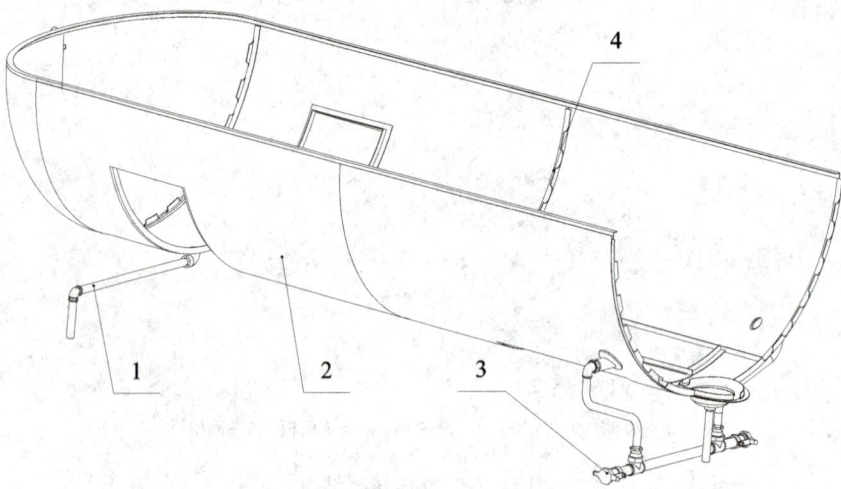

1—排水管；2—加温套；3—进气管；4—支铁。

图 3-31　罐体外加温套加热结构

罐体内置盘管加热结构是在罐内底部沿罐体纵向左、右各布置一组加热排管。每组加热排管由进汽管、弧形进汽集管、Z 形加热支管、排油管、弧形排汽集管等组成，为全焊接结构。在罐内底部设有两组加热槽。通过管件和连接管，外进汽主管与纵向加热槽相连，加温排油阀座与出水管相连，组成进汽排水装置。加热蒸汽通过外进汽主管进入两组纵向加热槽，再通过进汽管进入两组排管，同时向两组排管提供热源。加热蒸汽由进汽集管通过加热支管到排汽集管，再由排汽集管到加温排油阀座，最后利用从排油阀座排出的蒸汽的余热对排油管进行加热。

罐体外加温套加热结构是由用角钢制成的一根沿罐体中心线环绕罐体一周的纵向支铁

和几根环向支铁组成一个支架，焊接在罐体下半部。在支架上覆盖 4～5 mm 的钢板，组成暖气加温层，加温层两侧与设在底架下面的暖气主管相连接，蒸汽由此进入加温套，冷却后的蒸汽及冷凝水由中部和两端下部排水口排出车外。当通入蒸汽时，为了排出加温套的冷空气，可在加温套两端的上部设排气口。

3.6　车门设计

3.6.1　概　述

　　货车车门是货车钢结构的重要部件。根据车型的不同作用，车门大体上分为敞车用车门、平车用车门以及汽车运输车用车门三种类型。为了适应人工装卸或叉车装卸，敞车在侧壁上设置车门，一般敞车同时设有侧开门和下侧门。侧开门设置在车体侧壁的中央两侧，为一对对开门；下侧门设置在车体侧壁的两侧下部，一般每个侧壁上按左、右分布设置 6 个下侧门。

　　平车类端门指车辆端部具有开关位置的活动结构，主要有两种：一种是传统意义的作用于封闭车辆端部的端门，如双层车端门；另一种是在货物装卸过程中，用于连接相邻车辆，起渡板作用的端门，如平车端门。

　　装有端门的车辆有 N_{17} 系列，$NX_{17(B)}$ 系列，$NX_{70(H)}$ 系列，SQ 系列双层和三层运输汽车专用车等。

3.6.2　货车车门设计

1. 平车端、侧门结构

1）端门结构

　　平车端门一般由门板、上横梁、下横梁、立柱、端门折页、端门折页挡铁和圆销等组成（见图 3-32），门板和立柱分别由 6 mm 和 4 mm 厚的钢板压成槽形。

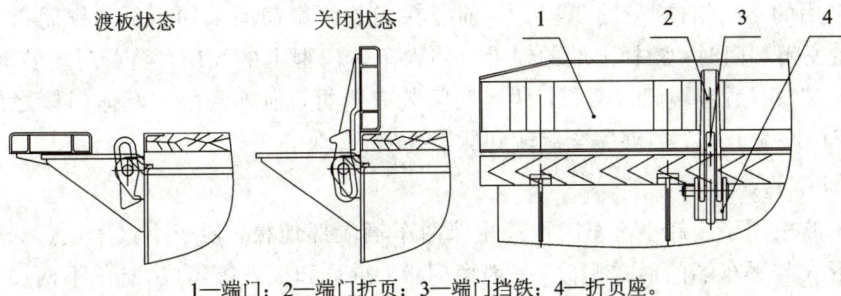

1—端门；2—端门折页；3—端门挡铁；4—折页座。

图 3-32　平车端门结构

端门板长度一般与车辆底架宽度相等，高度为 220～250 mm。为避免在曲线上相邻车辆端门同时处于打开位置，曲线内侧端门角部发生干涉，端门两端上部应设有倒斜角，具体倒斜角尺寸应进行曲线位置计算并留有一定安全裕量。

端门的打开位置是端门平放在端梁上的端门支架上，端门支架的横向定位受端梁上的手制动机、钩提杆座、踏板皮架等位置的影响，端门上的立柱中心与端门支架中心对应。端门的开关位置及端门开关过程中应避免与车钩、手制动机等部件之间发生干涉。

2）侧门结构

平车侧门一般由门板、上横梁、下横梁、立柱、侧门折页、侧门折页挡铁、侧门折页座等组成，门板和立柱分别由 6 mm 和 4 mm 厚的钢板压成槽形。

侧门采用锁铁式锁闭机构，锁铁为楔形，锁铁中部开有椭圆形孔。当侧门关闭后，锁铁下部插在折页座内并卡紧楔形端挡住折页，使侧板处于垂直位置紧密关闭。当侧板放下时，锁铁绕轴旋转 180° 使侧板处于下放位置，锁铁楔形端卡住折页，防止侧板产生晃动。

2. 双层车端门、渡板一般结构

双层车两端分别设有端门和上、下层渡板。

1）端门形式

双层运输小汽车专用车主要有 SQ_1、SQ_2、SQ_3、SQ_4、SQ_{3K} 和 SQ_5 等车型，车体主要结构一般为由上、下底架，侧墙，车顶组成的圆筒形结构，端门为封闭端部之用。

端门的形式演变主要通过材料的升级换代、随车体由半封闭结构过渡到全封闭结构等。同时端门的开闭机构也是其沿革的重要标志。

SQ_1、SQ_2 型双层车端门为网状门，由平板与槽形板焊接而成，门扇中部为镀锌钢丝拔花网，规格为 $\phi2 \times 15 \times 15$。$SQ_3$、$SQ_4$ 及 SQ_{3K} 型车端门采用 t2.5 压型钢板组焊，门板上冲有百叶窗和长圆孔。SQ_5 型车采用矩形管 $J50 \times 40 \times 2.5$ 和方管 $F40 \times 2.5$ 作骨架，采用 t2 钢板作门板，在端门上部开有百叶窗。

SQ_1、SQ_2、SQ_{3K} 型车端门为三折，分上、下两截，关门后，上、下端渡板立于上、下端门的外侧。SQ_3、SQ_4 型车端门亦为三折，但每折为整体式，端门关闭后，下层渡板立于整体端门的外侧。

按端门的开闭机构原理划分，端门结构可分为两种，一种是 SQ_1、SQ_2、SQ_3、SQ_4 和 SQ_{3K} 等车型均采用的与 1AAA 或 1CCC 型等国际集装箱相同的端门结构，另一种是 SQ_5 型双层车采用的端门结构（见图 3-33）。前者在相邻两扇门间采用折页与锁闭机构为一体的锁杆，在关闭端门时，锁杆上端的锁舌会伸入车体门框上的锁座，随着门扇转动 90°，锁杆会被啮合锁紧。后者端门为两折，两扇门间装有折页，但外侧门与车体门框之间采用转臂，可使车门在全开时，能够完全旋转到侧墙外侧。

2）渡板结构

双层车渡板用于装卸小汽车时连接相邻两车辆端部地板，便于小汽车驶过。双层车端渡板基本形式与平车端门形式相似，一般由门板、折页和锁铁等组成，上、下两层地板的两端均设置端渡板。

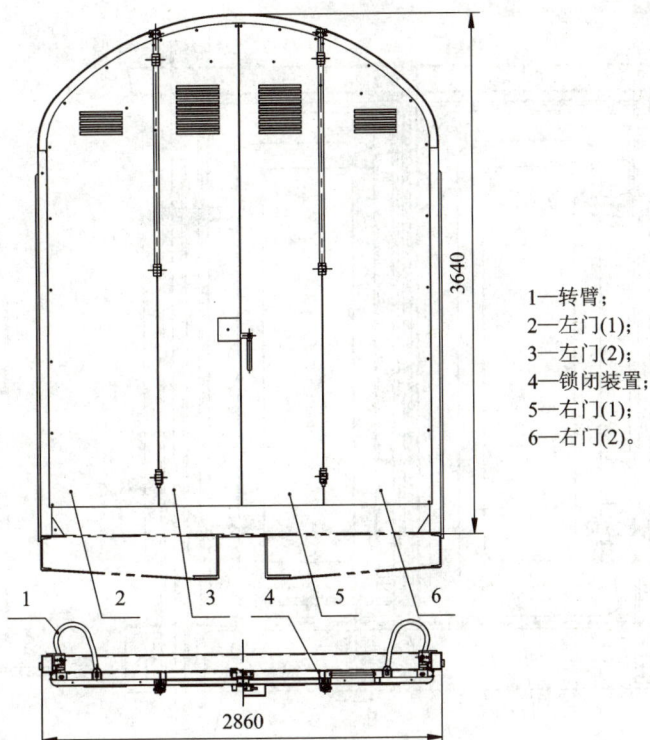

1—转臂；
2—左门(1)；
3—左门(2)；
4—锁闭装置；
5—右门(1)；
6—右门(2)。

图 3-33 SQ$_5$ 型双层车端门结构

3. 通用敞车车门结构

1）侧开门

敞车侧开门主要由左门板、右门板、侧门折页、上门锁及下门锁等组成。门孔宽度均为 1620 mm。至于门孔高度，C$_{65}$ 型敞车为 1800 mm，C$_{62}$ 型敞车为 1910 mm，C$_{62A}$、C$_{64}$、C$_{70}$ 型敞车均为 1900 mm。

C$_{62}$、C$_{65}$、C$_{62A}$ 型敞车的上门锁相同，主要由开闭杆、杠杆及上锁销等组成，门关闭后，利用杠杆操作开闭杆上升，使上锁销插入车体上侧梁锁孔内，将门上部锁住。C$_{62}$、C$_{65}$、C$_{62A}$、C$_{64}$ 型敞车的下门锁相同，主要由手柄及上锁销等组成，门关闭后，操作手柄带动下锁销上升，使下锁销插入下锁销座中，将门下部锁住。由于上、下门锁均不能将门板压紧，经过几年运用后，出现锁闭机构失效、门板外涨等问题。C$_{64}$ 型敞车上门锁采用了带有偏心压紧机构的新锁闭机构，使门板变形 40 mm 后仍可压紧车门，同时在门框上增加门锁垫铁，增加了门板刚度，改善了门板上翻车机卸货时门板受力状况，运用后车门门锁故障大幅度减少。

C$_{70}$ 型敞车的侧开门的门板和车门折页与其他敞车的基本相同，而上、下门锁装置有了很大的改进（见图 3-34）。

上门锁由锁杆、上锁销、手柄、锁杆护铁、支承弹簧等组成。上锁销插入上锁销座后通过偏心压紧机构将门板压紧锁住。支承弹簧使上锁销插入锁座很省力。锁杆护铁将锁杆全

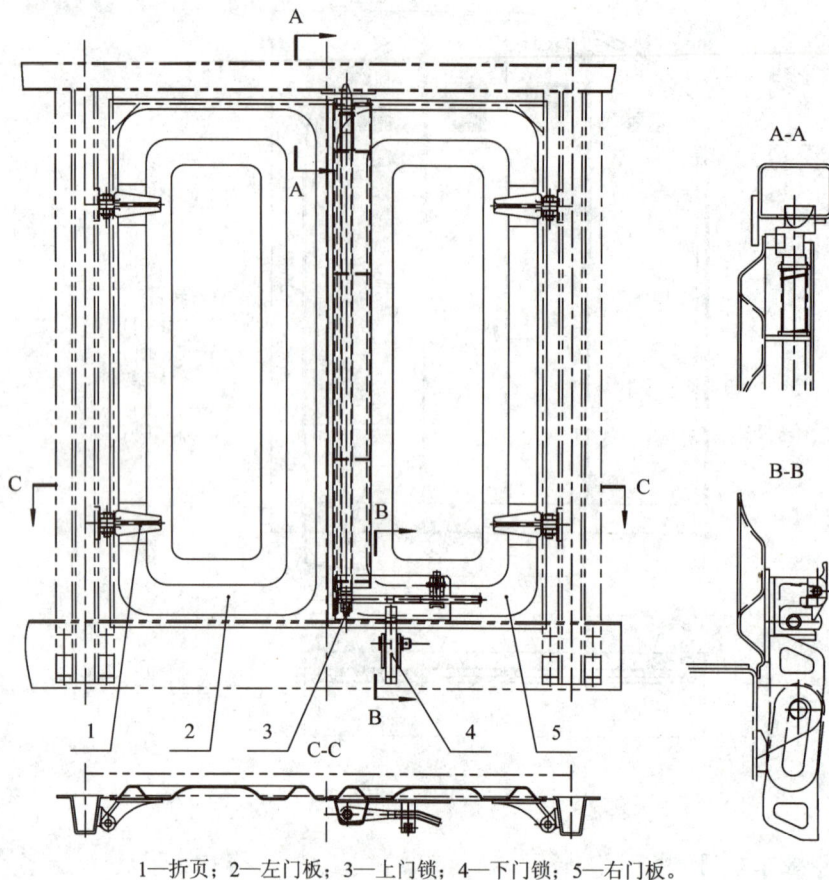

1—折页；2—左门板；3—上门锁；4—下门锁；5—右门板。

图 3-34 C_{70} 型敞车侧开门结构

部封闭，避免锁杆碰撞损坏，增加门板刚度，减少门板变形。下门锁为带有偏心锁铁的门锁装置，由锁铁座和锁铁组成。

为防止门锁自动打开，上门锁手把设有手把支座，它可以阻止上门锁杆的转动和上下移动。下门锁锁铁靠自重落到最低位，上门锁手把可挡住下门锁锁铁向上窜动，在翻车机卸货时也可防止下门锁锁铁脱出，保证锁闭机构作用可靠。打开侧开门时，必须先打开上门锁。拨开上门锁手把支座，左旋上门锁杆 90°，然后向下拉即可打开上门锁。打开下门锁时，先将下门锁锁铁提起，然后向下翻转 90°，下门锁锁铁提起困难时可锤击下门锁锁铁底部或用杠杆撬动。关闭侧开门时，应先关左侧门，再关右侧门。开门步骤与关门步骤顺序相反。

2) 下侧门

敞车下侧门主要由侧门板、侧门折页、折页座、侧门吊环和侧门搭扣组成（见图 3-35）。侧门孔高度为 950 mm 左右，宽度为 1250 mm。关门后，用搭扣锁住车门。开启时先打开侧门搭扣，车门向上翻转 160° 左右，将吊环挂在上侧梁的吊钩上，方便散粒货物或小件货物卸货。

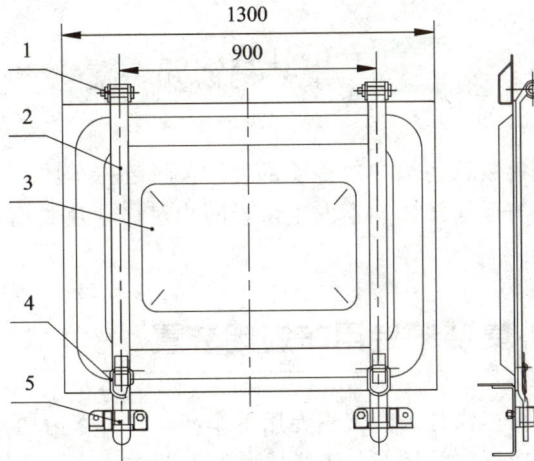

1—折页座；2—折页；3—门板；4—门吊环；5—侧门搭扣。

图 3-35 敞车下侧门结构

4. 通用棚车车门结构

通用棚车车体每侧安装一组推拉式对开车门，主要由左门组成、右门组成、滑轮组装、门锁安装等组成（见图 3-36）。车门板采用 1.5 mm 厚的冷弯波纹板。

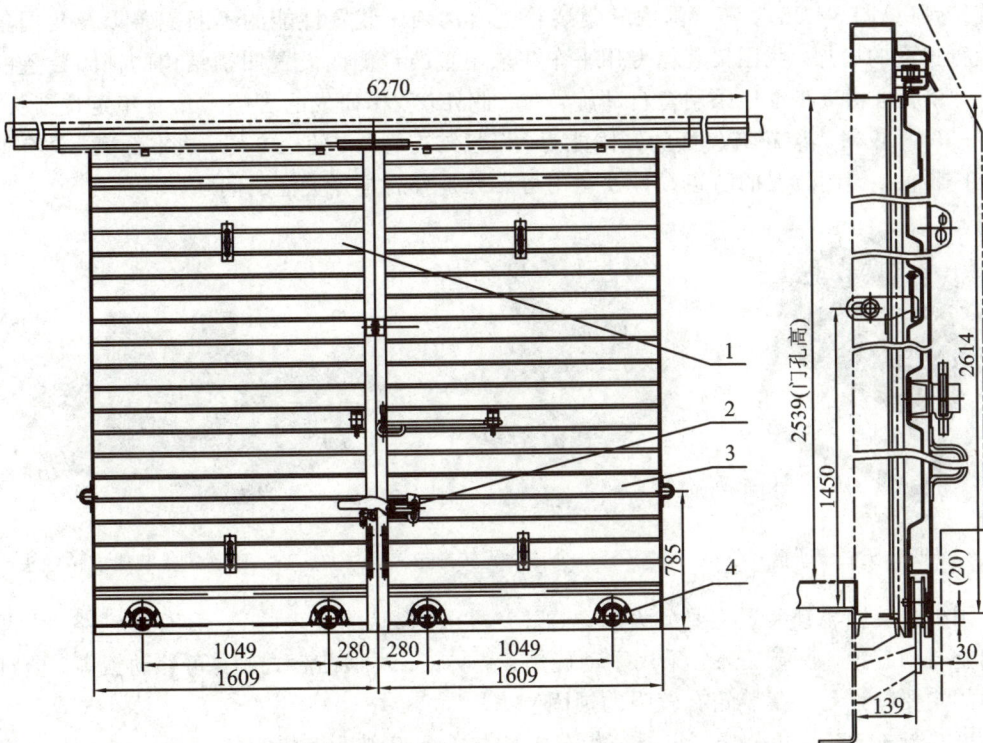

1—左门组成；2—门锁安装；3—右门组成；4—滑轮组装。

图 3-36 通用棚车车门结构

3.7   集装箱锁闭装置

集装箱锁闭装置是集装箱运输中的重要部件,它固定在车体上与集装箱角件配合,保障集装箱在运输过程中与运输载体间不发生位置的相对移动及脱离,即对装载在平车上的集装箱进行加固和定位。

3.7.1   国内外集装箱专用车锁闭装置

我国铁路运输集装箱车辆分为集装箱专用平车和同时可作为通用平车使用的具有普通平车功能及集装箱平车功能的共用车。随着技术的不断进步,集装箱锁闭装置不断地更新换代。最早用于 X_{6A}、X_{6B}、X_{6C} 等速度低于 100 km/h 车辆上的锁闭装置的锁头为直凸台式,X_{1K} 型集装箱专用平车锁闭装置锁头采用直凸台侧面带有凹槽的结构。锁头采用直凸台并在凸台侧面设置凹槽的结构见图 3-37,此种锁闭装置通过与角件座孔上圆弧面的配合起到防止集装箱倾覆的功能,这种锁闭装置现在普遍运用在我国现有的集装箱车辆上。在我国最新研制的 160 km/h 快速集装箱专用平车上,采用了国内研制及国外引进的全自动旋转锁(见图 3-38)。随着国内外集装箱全自动锁闭装置性能的不断完善以及我国集装箱运行速度的增加,我国集装箱专用平车在采用直凸台侧面设置凹槽结构的锁闭装置的基础上,今后也将逐步推广采用全自动旋转锁。此外,我国研发的鹰嘴式集装箱定位锁头(见图 3-39)不仅对集装箱有良好的锁固能力,而且结构简单、使用方便、成本低廉,具有很好的推广价值。锁闭装置的防盗设计及运用可靠性是今后重点关注的问题。

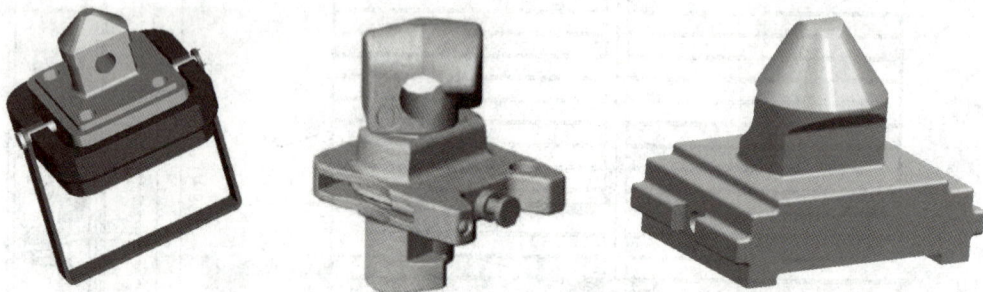

图 3-37 凸台侧面带凹槽式旋锁   图 3-38 全自动旋转锁   图 3-39 鹰嘴式集装箱定位锁头

国外集装箱箱锁装置主要分为两类。以美国、加拿大为代表的 AAR 标准铁路,大部分采用全自动旋锁,也有一部分采用手动旋锁、翻转锁、类似凸台式锁、可移动锁等。全自动旋锁的主要特点是对集装箱有较强的锁固能力。

UIC 标准 571-4 中规定,集装箱货车应具有适合于利用集装箱的下角件固定大型集装箱和保证空载大型集装箱在受侧风影响时的稳定性的翻转式或伸缩式紧固装置,并建议这些装置头部的形状按照图 3-40 设计。UIC 标准明确规定此种锁头适用于 120 km/h 集装箱车辆。

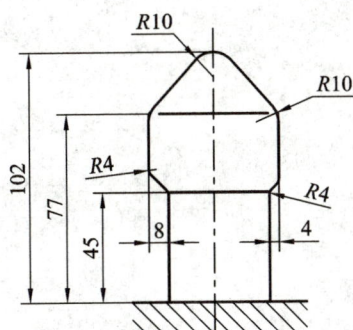

图 3－40　UIC 标准 571-4 锁头断面示意图

3.7.2　锁闭装置的分类

　　集装箱专用车辆端头的锁闭装置一般采用固定式，而位于车辆中央部位的锁闭装置需要避让不同规格的集装箱的装载而采用活动式。对于共用车，因车辆作为通用平车使用时，车辆地板要求不得有凸起物，并且地板需完整，故所有固定集装箱的锁头均采用翻转式。按锁闭装置凸台部分对集装箱的锁固方式、活动锁闭装置避让方式及向上限位元方式的不同，集装箱锁闭装置可分为以下几种，见表 3－3。

表 3－3　集装箱锁闭装置的分类

序号	锁固方式	避让方式	向上限位元方式	向上锁固能力
1	凸台式锁头	翻转式	穿销	差
2	凸台侧面带凹槽式锁头	翻转式	两点定位	较好
3	UIC 标准规定锁头	翻转式	两点定位	较好
4	鹰嘴式集装箱定位锁头	翻转式	三点定位	良好
5	手动旋转锁头	翻转式	锁座对锁头限位	良好
6	全自动锁头	移开式	锁座对锁头限位	较好

3.8　漏斗车卸货机构

1. 国内漏斗车卸货机构

1）L_{70} 型粮食漏斗车卸货机构

L_{70} 型粮食漏斗车卸货机构如图 3－41 所示。

2）KZ_{70} 型石碴漏斗车卸货机构

KZ_{70} 型石碴漏斗车卸货机构分为上部传动装置和下部传动装置。上部传动装置由减速器、离合器、传动轴、轴承、旋压式双向风缸、曲拐、连接拉杆等组成，如图 3－42 所示。

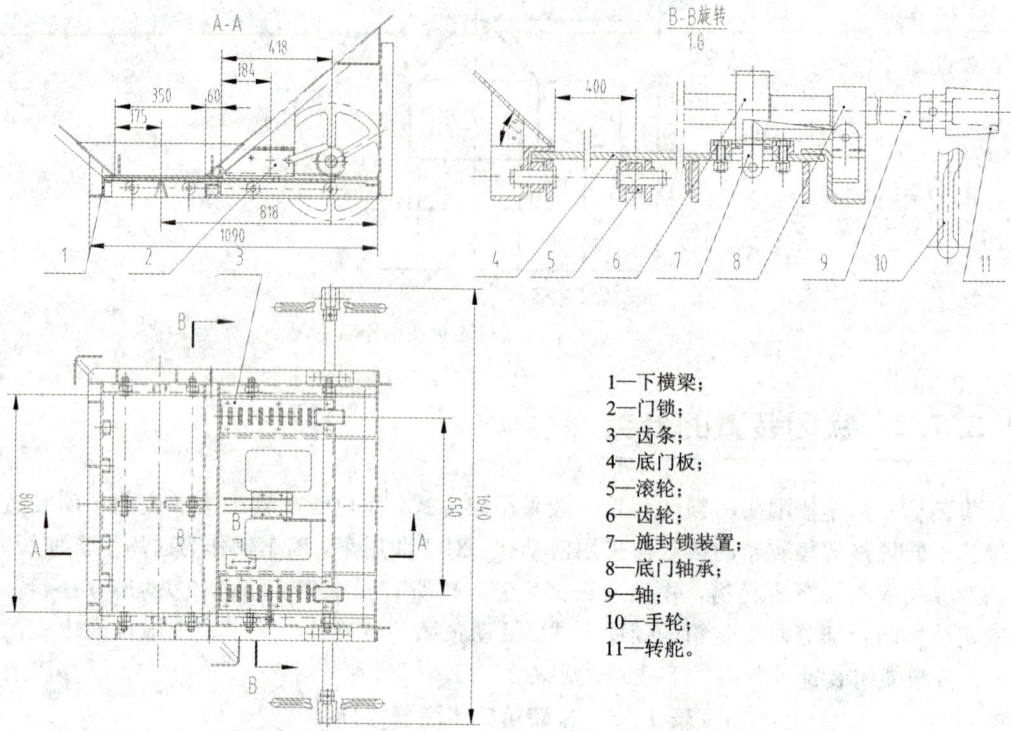

图 3-41　L_{70} 型粮食漏斗车卸货机构

1—下横梁；
2—门锁；
3—齿条；
4—底门板；
5—滚轮；
6—齿轮；
7—施封锁装置；
8—底门轴承；
9—轴；
10—手轮；
11—转舵。

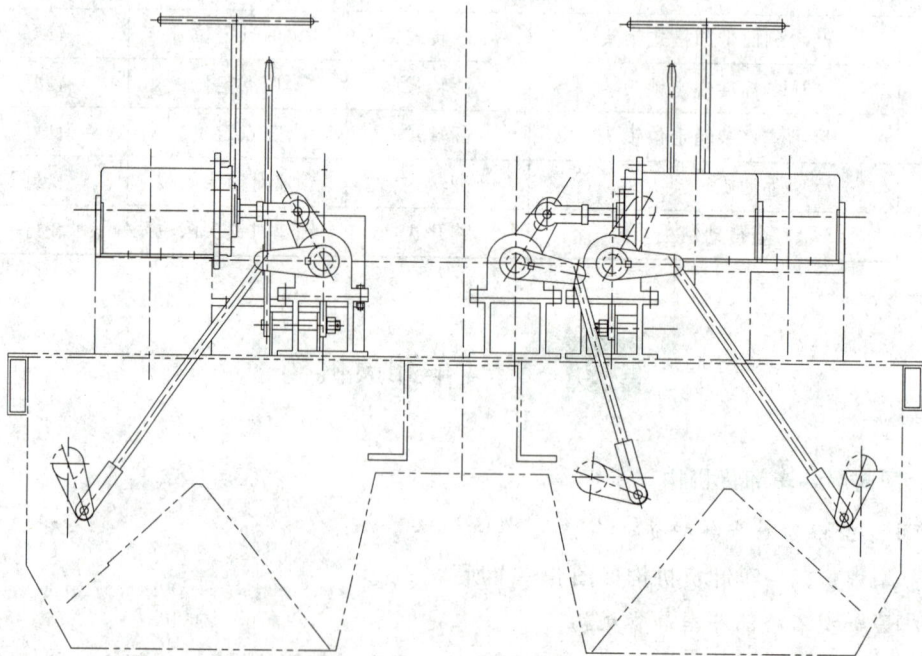

图 3-42　上部传动装置

下部传动装置由底门、轴承、传动轴、联轴器、连接拉杆、曲拐等组成，如图 3-43 所示。

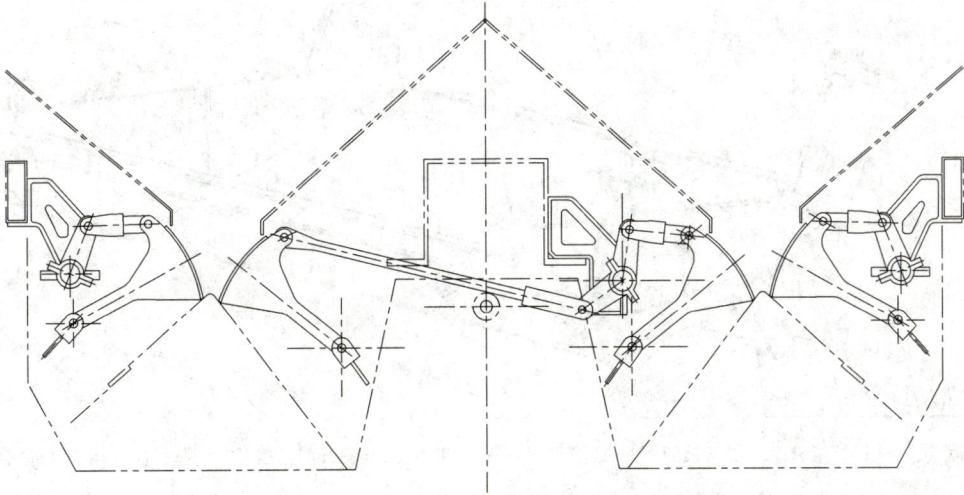

图 3-43 下部传动装置

3）KM$_{70}$型煤炭漏斗车卸货机构

KM$_{70}$型煤炭漏斗车卸货机构如图 3-44 所示。

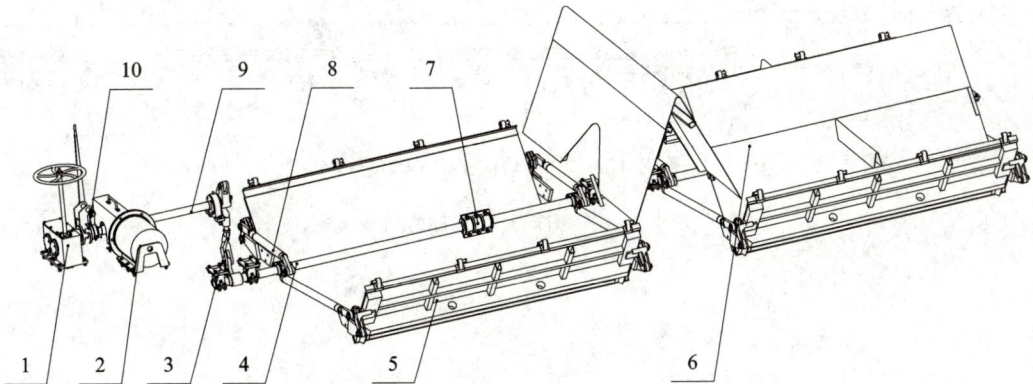

1—减速器；2—双向风缸；3—连杆组成；4—下部传动轴；5—底门；
6—漏斗；7—联轴节；8—大刀式杠杆机构；9—上部传动轴；10—离合器。

图 3-44 KM$_{70}$型煤炭漏斗车卸货机构

2. 国外漏斗车卸货机构

国外漏斗车纵向开门式卸货机构如图 3-45 所示。

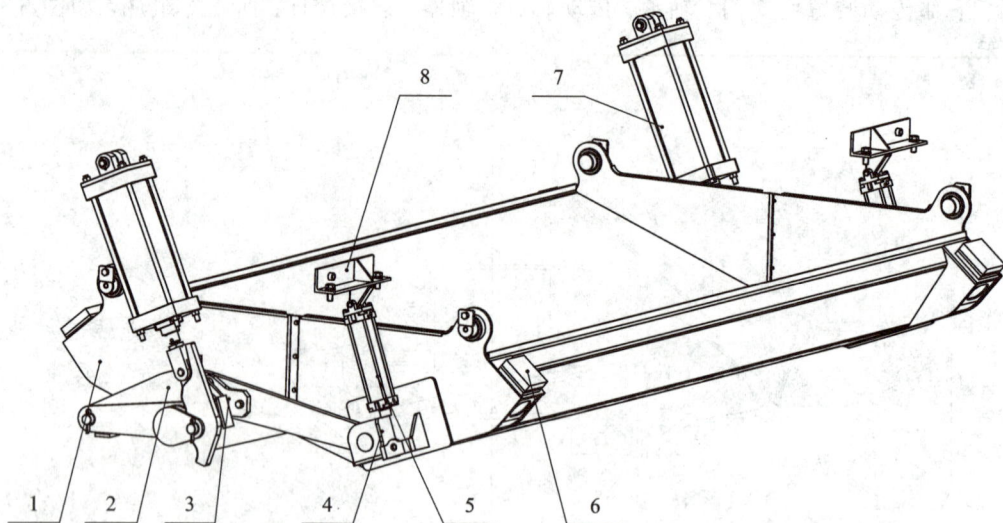

1—底门；2—杠杆组成；3—2 级锁闭；4—U 形支架；5—辅助气缸；6—开门止挡；7—驱动气缸；8—气缸吊座。

图 3 - 45　纵向开门式卸货机构

国外漏斗车横向开门式卸货机构如图 3 - 46 所示。

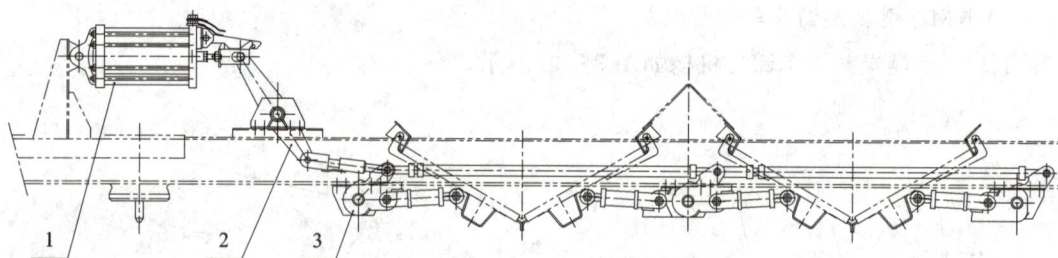

1—双向气缸；2—传动杠杆；3—传动轴。

图 3 - 46　横向开门式卸货机构

第四章 转向架设计

4.1 绪 论

转向架的主要作用有：支承车体，承受和传递从车体至车轮之间或从轮轨至车体之间的各种载荷及作用力，并使轴重均匀分配；保证车辆安全运行，能灵活地沿直线线路运行及顺利地通过曲线；缓和车辆和线路之间的相互作用，减少振动和冲击，提高车辆运行平稳性和安全性。

货车转向架一般由轮对轴箱装置、弹簧悬挂装置、构架或侧架与摇枕、基础制动装置、转向架支承车体的装置等组成。

对货车转向架的一般要求是：结构简单合理，工作安全可靠，运行性能良好，制造成本低廉，维护检修方便等。

货车转向架可以按轴数、轴型、弹簧悬挂方式、弹簧结构及材料、垂向载荷的传递方式以及制造工艺方法进行分类，见表4-1。

表4-1 货车转向架分类

按轴数分类				按轴型分类					
2轴	3轴	4轴	5轴	B轴	C轴	D轴	E轴	F轴	G轴
按弹簧悬挂方式分类			按弹簧结构及材料分类						
一系弹簧悬挂		二系弹簧悬挂	圆簧		板簧	橡胶弹簧		液压弹簧	其他
中央悬挂	轴箱悬挂								
按垂向载荷的传递方式分类			按制造工艺方法分类						
心盘承载	旁承承载	心盘与旁承共同承载	铸造				焊接		

我国铁路货车转向架走过了从仿制到自主设计，从引进、消化、吸收到再创新的发展历程，经过几代铁路工作者的艰苦努力和开拓创新，攻克了交叉支撑、摆动式、副构架等提高转向架抗菱、抗剪的核心技术，突破了低动力技术、心盘及旁承连接技术、轮轴技术、集成制动和零部件可靠性技术、非金属材料应用技术等转向架关键技术，先后研制开发了交

又支撑系列转向架、摆动式转向架、副构架式径向转向架、160 km/h 快速货车转向架等重载、提速货车转向架新产品，推广应用紧凑型轴承、二次磨耗车轮、B＋级钢材质摇枕及侧架、轴箱弹性垫、组合式斜楔、两级刚度弹簧、双作用弹性旁承、尼龙心盘磨耗盘、整体锻造制动梁等新型零部件，带动了重载、提速货车整机产品的开发，满足了铁路货车发展的需要。

4.2　国内外货车转向架

4.2.1　国外典型货车转向架

重载、快捷是当今世界铁路货车的技术发展方向。北美、澳大利亚、南非、巴西、俄罗斯等国家的货车转向架均以三大件式为主，采用中央悬挂，主要向提高轴重和增加载重方向发展。以法国、德国为代表的西欧国家的货车转向架则以构架式为主，采用轴箱悬挂，在提高运行速度方面占优势。各国货车转向架的发展都是不断改进现有的主型转向架，以适应增加轴重、提高速度的要求。国外主型三大件式转向架见表 4－2，国外主型构架式转向架见表 4－3。

表 4－2　国外主型三大件式转向架

转向架外形	型号	形式和特点	类别	制造国家或公司
	Barber S-2-D	传统变摩擦楔块式、分体式斜楔	稳定型	美国标准车辆转向架公司(SCT)
	Barber S-2-E			
	侧架交叉支撑式	增加交叉支撑装置	交叉支撑式	
	ASF 运动控制型	运动控制自适应悬挂、长行程接触式旁承、径向垫	控制型	美国 Amsted 铁路集团
	SSRC(Super-Service Ride Control)	常摩擦楔块式	控制型	

转向架外形	型号	形式和特点	类别	制造国家或公司
	Unitruck Ⅱ型 Axle Motion 轴动式	构架为铸焊结构,采用第一系轴箱弹簧和斜块式摩擦减振器	迫导向	美国国家铸钢公司(ABC-NBCO)
	Swing Motion	增加侧架摆动机构	摆式	
	18-100	传统变摩擦楔块式	稳定型	俄罗斯
	18-579			
	Scheffel 径向式	增加轮对径向装置	自导向	南非
	Dresser Dr-1 型			美国 Dresser 公司
	SJ 型	转向架侧梁之间由横向梁连接、二系悬挂钟形橡胶堆支撑		瑞典 ABB TRACTION 公司

表 4-3 国外主型构架式转向架

转向架外形	型号	形式和特点	制造国家或公司
	Y25	采用焊接一体式刚性构架、两级刚度弹簧、利诺尔减振器、弹性旁承、双侧闸瓦制动装置	法国、德国等欧盟国家
	Y27	在 Y25 的基础上，将基础制动改为紧凑式夹钳单元制动，取消构架两端梁	
	Y37	在 Y25 的基础上，在二系加装摇动台结构，采用夹钳制动单元，轴装式铝合金制动盘	
	TF25	整体焊接构架，侧梁为单腹板结构，转臂式轴箱定位，轴箱顶簧悬挂，一系液压减振器，全旁承承载	英国 Axiom Rail 公司
	OPTIT-RACK	H 型构架，双腹板结构，球面心盘与弹性旁承承载，单侧利诺尔减振器，单侧吊挂式闸瓦制动	德国 Eisenbahn-laufwerke Halle 公司
	Leila	内置式构架，一系悬挂橡胶弹簧轴箱定位，轴箱通过交叉杆连接，具有径向功能。采用单元式轮盘制动	德国和瑞士联合开发
	DRRS	H 型构架，轴重 18 t，球面心盘、弹性旁承和单侧顶柱式摩擦减振器。轴箱弹簧装置采用双层橡胶环形弹簧。运营速度为 160 km/h 时采用单元盘形制动，并装有机械式或电子防滑器。运营速度为 120 km/h 时采用双侧踏面制动	德国 Talbot 公司
	FIAT	H 型整体焊接构架，侧梁为双腹板结构，全旁承承载，盘形单元制动，装有机械式或电子防滑器。最大商业运行速度为 140 km/h,轴重为 22.5 t	意大利 FIAT 公司

4.2.2 我国主型货车转向架

1. 21 t 轴重货车转向架

我国 21 t 轴重货车转向架主要包括转 8 系列、转 K2 型、转 K3 型和转 K4 型转向架。转 8 系列转向架又包括转 8A 型转向架(见图 4-1)、转 8G(转 8AG)型转向架(见图 4-2)、转 8B(转 8AB)型转向架(见图 4-3)。转 8A 型转向架曾是我国 21t 轴重铁路货车的主型转向架,现已被转 K2 型转向架替代。

图 4-1 转 8A 型转向架　　图 4-2 转 8G 型转向架　　图 4-3 转 8B 型转向架

转 K2 型转向架(见图 4-4)采用交叉支撑技术及两级刚度弹簧、耐磨心盘磨耗盘、双作用弹性旁承、组合式制动梁、耐磨衬套等零部件,满足我国铁路货车 120 km/h 提速需要。转 K2 型转向架主要用于我国 21 t 轴重敞车、棚车、平车、罐车、漏斗车、集装箱车等,是我国 21t 轴重货车的主型转向架。采用转 K2 型转向架的货车装车数量超过 40 万,约占 21 t 轴重货车装车数量的 97.7%。

转 K3 型转向架(见图 4-5)是在 Y25 型构架式转向架的基础上研制的。该型转向架采用整体焊接构架、轴箱一系悬挂、常接触弹性旁承、球面心盘等,并装用单侧吊挂式踏面制动,主要用于 X_{1K} 型快运集装箱平车。

转 K4 型转向架(见图 4-6)是在摆动式转向架的基础上研制开发的。该型转向架在传统的三大件式转向架的基础上增加了弹簧托板,提高了转向架的抗菱刚度和车辆的横向运行品质,主要用于 C_{64H}、NX_{17BH} 等新造车型。

图 4-4 转 K2 型转向架　　图 4-5 转 K3 型转向架　　图 4-6 转 K4 型转向架

转 K2 型、转 K3 型、转 K4 型转向架的主要技术参数见表 4-4。

表 4-4　转 K2 型、转 K3 型、转 K4 型转向架的主要技术参数

转向架型号	转 K2 型	转 K3 型	转 K4 型
轨距/mm	1435		
轴重/t	21		
自重/t	≤4.2	4.2	≤4.2
最高运行速度/(km/h)	120		
车轮直径/mm	840		
轮型	HDS(HDSA)型辗钢轮 或 HDZC 型铸钢轮	HDS 型辗钢轮	HDSA 型辗钢轮 或 HDZB 型铸钢轮
固定轴距/mm	1750	1800	1750
轴颈中心距/mm	1956		
旁承中心距/mm	1520		
下心盘直径/mm	355	SR190	355
基础制动装置制动倍率	4	6.48	6
通过最小曲线半径/m	100		
限界	符合 GB 146.1—2020 中车限-2 要求		

2. 25 t 轴重货车转向架

转 K5 型转向架(见图 4-7)是在摆动式转向架的基础上研制开发的,其结构与转 K4 型转向架基本相同,主要由摇枕、侧架、弹簧托板、摇动座、摇动座支承、承载弹簧、减振装置、轮对、轴承、基础制动装置及常接触式弹性旁承等组成。与转 K4 型转向架相比,转 K5 型转向架具有如下特点:车轴采用 E 轴,轴距增大至 1800 mm,弹簧托板由平板改为凹形结构,摇枕一端增加 2 组承载弹簧,下心盘直径为 375 mm,摇枕和侧架的断面加大。转 K5 型转向架主要用于 C_{70H}、P_{70H}、C_{80H}、C_{80BH} 等车型。采用转 K5 型转向架的货车装车数量约占我国 23 t 轴重通用货车和 25 t 轴重专用货车装车数量的 6.2%。

转 K6 型转向架(见图 4-8)为铸钢三大件式下交叉支撑转向架,主要由轮对、侧架、橡胶垫、摇枕、基础制动装置、交叉支撑装置、滚动轴承装置、双作用弹性旁承、斜楔等组成,其中交叉支撑装置与转 K2 型转向架的相同。转 K6 型转向架采用伸缩式挡键,一系采用轴箱弹性剪切垫,实现了低动力和准径向作用,保证货车高速运行性能稳定的同时使货车具有良好的曲线通过性能。自 2006 年开始,转 K6 型转向架大批量用于 70 t 级和 80 t 级铁路货车,成为我国 23 t、25 t 轴重货车的主型转向架,装车数量约为 92.4%。

转 K7 型转向架(见图 4-9)是在 Scheffel 径向转向架技术原理的基础上研制的铸钢三大件式货车转向架,主要由轮对、侧架、摇枕、橡胶堆、基础制动装置、滚动轴承装置、弹性旁承、轮对径向装置和中央悬挂装置等组成。其中,一系悬挂采用橡胶堆,相对于轮轴中心线呈斜对称分布;轮对径向装置由两个 U 形副构架通过两个连接杆交叉销接组成,实现

了与侧架的弹性连接并降低了轮对的摇头约束，提高了转向架曲线通过性能。转 K7 型转向架主要用于 C$_{80BF}$ 型敞车。

图 4-7　转 K5 型转向架　　　图 4-8　转 K6 型转向架　　　图 4-9　转 K7 型转向架

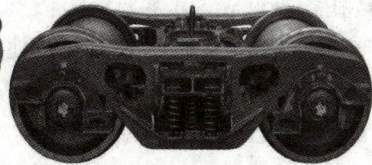

转 K5 型、转 K6 型、转 K7 型转向架的主要技术参数见表 4-5。

表 4-5　转 K5 型、转 K6 型、转 K7 型转向架的主要技术参数

转向架型号	转 K5 型	转 K6 型	转 K7 型
轨距/mm		1435	
轴重/t		25	
自重/t	≤4.7	4.68	约 4.7
最高运行速度/(km/h)		120	
车轮直径/mm		840	
轮型		HESA 型辗钢轮或 HEZD 型铸钢轮	
固定轴距/mm	1800	1830	1800
轴颈中心距/mm		1981	
旁承中心距/mm		1520	
下心盘直径/mm		375	
基础制动装置制动倍率	4		6
通过最小曲线半径/m		145	
限界		符合 GB 146.1—2020 中车限-2 要求	

3. 27 t 轴重货车转向架

DZ1 型转向架(见图 4-10)为铸钢三大件式交叉支撑转向架，主要由轮对、滚动轴承组成、侧架、摇枕、制动装置、弹簧减振装置、弹性旁承组成、轴箱橡胶垫、交叉支撑装置等组成。其主要结构特点如下：横跨梁托座和支撑座与侧架铸造一体，侧架不设轴距标志，不铲豆，无条件互换；一系采用 TJC-1 型轴箱橡胶垫和 JF-1 型承载鞍；采用 CJC 系列双作用弹性旁承；采用组合式斜楔和两级刚度弹簧；采用直径为 375 mm 的下心盘，下心盘内装用导电型心盘磨耗盘；采用 HFS 型辗钢整体车轮或 HFZ 型铸钢车轮；采用 RF2 型车轴；采用 353132A 型或 353132B 型滚动轴承装置；采用杠杆制动装置或 BAB-1 型(或 DAB-1 型)集成制动装置；采用 GM915D 型高摩合成闸瓦和组合式制动梁；采用伸缩式挡键。DZ1 型

转向架主要用于 C_{80E}、P_{80} 和 GQ_{80} 等 27 t 轴重通用货车。

DZ2 型摆动式转向架(见图 4 - 11)为铸钢三大件式货车转向架,主要由轮对、滚动轴承组成、侧架、摇枕、制动装置、弹簧减振装置、弹性旁承组成、轴箱悬挂装置、摇动座、弹簧托板等组成。其主要结构特点如下:横跨梁托座与侧架铸造一体;采用 TBS-1 型轴箱橡胶弹簧、TBZ-1 型轴箱纵向弹性垫和 SF-1 型承载鞍;采用 CZC-1 型长行程弹性旁承;采用 YDZ-1 型摇动座和 THB-1 型弹簧托板;采用组合式斜楔和两级刚度弹簧;采用直径为 375 mm 的下心盘,下心盘内装用导电型心盘磨耗盘;采用 HFS 型辗钢整体车轮或 HFZ 型铸钢车轮;采用 RF2 型车轴;采用 353132A 型或 353132B 型滚动轴承装置;采用杠杆制动装置或 BAB-1 型(或 DAB-1 型)集成制动装置;采用 GM915D 型高摩合成闸瓦和组合式制动梁;采用伸缩式挡键。DZ2 型转向架主要用于 C_{80EH} 型敞车。

DZ3 型副构架转向架(见图 4 - 12)为铸钢三大件式货车转向架,主要由轮对、滚动轴承组成、摇枕、侧架、弹性旁承组成、制动装置、弹簧减振装置、轮对径向装置、橡胶堆等组成。其主要结构特点如下:采用 TFG-A 型橡胶堆;采用 CBC-1 型或 CJC 系列弹性旁承;采用轮对径向装置,两个 FG-A 型 U 形副构架通过两个连接杆交叉销接组成;导框部位装用伸缩式挡键,位于轮轴中心线两侧;采用直径为 375mm 的下心盘,下心盘内装用导电型心盘磨耗盘;采用 HFS 型辗钢整体车轮或 HFZ 型铸钢车轮;采用 RF2 型车轴;采用 353132A 型或 353132B 型滚动轴承装置;采用杠杆制动装置;采用 GM915D 型高摩合成闸瓦和组合式制动梁;采用伸缩式挡键。DZ3 型转向架主要用于 C_{80EF} 型敞车。

图 4 - 10　DZ1 型转向架　　　　图 4 - 11　DZ2 型转向架　　　　图 4 - 12　DZ3 型转向架

DZ1 型、DZ2 型、DZ3 型、DZ4 型、DZ5 型转向架的主要技术参数见表 4 - 6。

表 4 - 6　DZ1 型、DZ2 型、DZ3 型、DZ4 型、DZ5 型转向架的主要技术参数

转向架型号	DZ1 型	DZ2 型	DZ3 型	DZ4 型	DZ5 型
轨距/mm	1435				
轴重/t	27			30	
自重/t	5.15	5.2	5.44	≤5.4	≤5.4
最高运行速度/(km/h)	100				
车轮直径/mm	915				
轮型	HFS 型辗钢轮或 HFZ 型铸钢轮				
固定轴距/mm	1860				

续表

转向架型号	DZ1 型	DZ2 型	DZ3 型	DZ4 型	DZ5 型
轴颈中心距/mm	2006.6				
旁承中心距/mm	1520				
下心盘直径/mm	375			419	
基础制动装置制动倍率	4		6	4.0(传统杠杆制动)或 5.3(BAB-1型集成制动)	4.0(传统杠杆制动)或 10(DAB-1型集成制动)
通过最小曲线半径/m	145				
限界	符合 GB 146.1—2020 中车限-2 要求				

4. 30 t 轴重货车转向架

DZ4 型转向架(见图 4-13)的主要结构与 DZ1 型转向架的基本相同,具体如下:横跨梁托座和支撑座与侧架铸造一体,侧架不设轴距标志,不铲豆,无条件互换;一系采用 TJC-1 型轴箱橡胶垫和 JF-1 型承载鞍;采用 CJC 系列双作用弹性旁承;采用 ZX-1 型组合式斜楔和两级刚度弹簧;采用直径为 419 mm 的下心盘,下心盘内装用 MP419X50 型导电式心盘磨耗盘;采用 HFS 型辗钢整体车轮或 HFZ 型铸钢车轮;采用 RF2 型车轴;采用 353132A 型或 353132B 型滚动轴承装置;采用杠杆制动装置或 BAB-1 型(或 DAB-1 型)集成制动装置;采用 GM915D 型高摩合成闸瓦和组合式制动梁;采用伸缩式挡键。DZ4 型转向架主要用于 C_{96}、KM_{98} 等 30t 轴重专用货车。

图 4-13 DZ4 型转向架

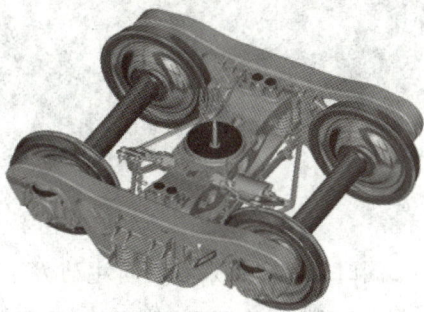

图 4-14 DZ5 型转向架

DZ5 型转向架(见图 4-14)的主要结构与 DZ2 型转向架的基本相同,具体如下:横跨梁托座与侧架铸造一体;采用 TBS-1 型轴箱橡胶弹簧、TBZ-1 型轴箱纵向弹性垫和 SF-1 型承载鞍;采用 CZC-1 型长行程弹性旁承;采用 YDZ-1 型摇动座和 THB-1 型弹簧托板;采用组合式斜楔和两级刚度弹簧;采用直径为 419mm 的下心盘,下心盘内装用 MP419X50 型导电式心盘磨耗盘;采用 HFS 型辗钢整体车轮或 HFZ 型铸钢车轮;采用 RF2 型车轴;

采用 353132A 型或 353132B 型滚动轴承装置；采用杠杆制动装置或 BAB-1 型（或 DAB-1 型）集成制动装置；采用 GM915D 型高摩合成闸瓦和组合式制动梁；采用伸缩式挡键。DZ5 型转向架主要用于 C_{96H}、KM_{98AH} 等 30t 轴重专用货车。

5. 其他类型转向架

为适应我国快捷货物运输发展需要，自 2003 年开始我国先后研制了 16.5 t、18 t 和 21 t 轴重系列 160～220 km/h 快捷转向架。早期采用轴箱定位方式（见图 4-15(a)），研制的快捷转向架基本采用转臂定位结构（见图 4-15(b)），一系、二系安装具有可变阻尼的垂向和横向液压减振器，提高了车辆高速运行的稳定性和安全性，为进一步发展快捷货物运输积累了宝贵经验。

(a) 轴箱定位　　　　　　　　　　　　　(b) 转臂定位

图 4-15　快捷货车转向架

此外，为满足长大、特种、专用货车及个性化运输需求，我国还研制了三轴、四轴、五轴焊接构架式转向架（见图 4-16）；为满足"一带一路"发展战略实施和互联互通技术发展需要，我国正在开展不同轨距间过轨运输转向架及变轨距转向架研制。

图 4-16　多轴构架式转向架

同时，近十年来我国自主研发了出口货车转向架系列产品以实现技术输出，轨距从 1000 mm 到 1676 mm，轴重从 14 t 到 45 t，标志着我国铁路货车转向架综合技术达到了世界领先水平。

4.3　转向架设计的要求

转向架设计既要考虑继承性，又要考虑先进性；既要提高技术性能，又要注意经济效益；既要学习与吸收国外先进技术，又要结合国内实际情况。

4.3.1 转向架设计的一般原则

转向架设计应在统筹兼顾、讲求效益的基础上,尽量使其结构便于保养与维修,并尽量降低维修和保养费用;尽量使其结构的制造工艺性良好,使用的材料来源充足,性能满足设计要求,并有适当的技术储备;保证各部件相互间结合可靠,确保运行安全;尽量采用标准件及通用件,或借用其他转向架中成熟的零部件。

4.3.2 转向架使用条件及功能分析

通用转向架与专业转向架在总体设计中是不完全一样的。专业转向架只适用于一种车或很少几种车,使用条件比较单纯,各种工况比较明确,可按具体车辆的使用条件来设计。通用转向架则不同,它适用的车种比较多,为保证这种通用性,通常要考虑以下问题。

1) 作用于转向架上的载荷

为保证转向架有足够的强度与刚度,要确定最大可能的计算载荷。对于垂直静载荷,应根据转向架选定的轴型、轴数按轴重乘轴数减去转向架全部或部分自重作为作用在心盘(或旁承)上的载荷,或作用在转向架某个零部件上的载荷。

2) 转向架与车辆其他部件的接口

转向架与车辆其他部件的接口主要有两个:一个是传递车体上的载荷至轨面的接口,这个接口最常见的形式是心盘与旁承;另一个是连接空气制动装置及手制动装置的接口。我国货车转向架通常采用平面心盘,不仅要选用常见的心盘与旁承形式,还要使转向架上的下心盘和下旁承之间的相对位置符合已经使用的车体结构,如两旁承的横向间距、旁承面与心盘面的高度差等都有一定的尺寸要求。

转向架的基础制动装置与车体上的制动装置一般可通过一个销接点来连接,只要接头部位的位置、形式及销子的尺寸与原来一致即可。

3) 转向架零部件的安全可靠性

在车辆零部件在运用中突然失效所导致的重大行车事故中,由转向架零部件失效而导致的事故所占比例最大。列检及修理时重点抓"三裂、二切、一脱落"的预防工作,"三裂"指的是底架中梁、侧架、摇枕因裂纹引起的断裂;"二切"均指切轴,包括冷切与热切;"一脱落"指的是转向架基础制动装置中一些零部件(如制动梁等)的脱落。以上六项中的五项都属于转向架,所以转向架设计必须要把安全可靠性放在一个重要的位置上,尽量减少或克服以往转向架在结构上的不安全因素。在设计中一般要使转向架满足以下条件:

(1) 安全性高。重要的零部件及受力件必须要有较大的安全系数及明确的使用寿命。

(2) 磨耗少。通过改变结构和材质,使容易磨耗的部位成为无磨耗的活动关节(如橡胶关节)或耐磨耗、少磨耗的结构。对转向架来说磨耗会使零件截面尺寸缩小,间隙扩大,原有性能不能维持,且随某些零件窜动加剧,动作用力增大,零部件折断或脱落的可能性增大。

(3) 性能优良。改善转向架的动力学性能,如加大摇枕弹簧静挠度可能使车辆抗侧滚倾覆稳定性降低。采用旁承支重这种结构，虽然可利用它的回转阻力矩抑制蛇形运动，但该力矩会对转向架通过曲线产生不利影响，加大轮缘的导向力，使脱轨稳定性降低。

（4）维修方便。转向架的结构要便于检查，便于更换易损零件。

4.3.3　转向架设计的具体要求

1. 具有一定裕量的运行安全性

转向架在列车运行速度范围内应具有适当裕量的抗脱轨、抗倾覆、抗簧上倾覆安全性和抗蛇形运动稳定性。对危及行车安全的零部件采取安全保护措施。

2. 具有符合速度要求的运行平稳性

在转向架设计中，应注意避免垂直、横向和纵向振动在经常运行的速度范围内发生共振，其平稳性指标应符合要求。

3. 零部件具有足够的强度和合适的刚度

为了保证转向架主要零部件在运用期间正常工作，在力求减轻自重的前提下，零部件要符合《强度规范》的强度要求并有合适的刚度。

4. 具有承载和传递牵引力的能力

转向架主要零部件应能保证车体的载荷尽可能均匀地通过各个轮对传给钢轨，并尽可能无间隙、无冲击地传递牵引力。另外，对运行中来自线路的垂向、横向和纵向的干扰位移和冲击，在向车体传递时能起缓和、减振和抑制作用。

5. 轮轨磨耗量要少，并具有通过曲线的导向能力

设计转向架结构和轮踏面外形应注意尽量减少轮轨间的接触应力和侧向力，以减少轮踏面和轮缘的磨耗，使其对线路的破坏作用最小。转向架固定轴距应尽可能小，以便转向架能灵活地通过规定的最小半径的曲线。

6. 具有尽可能小的簧下质量

转向架结构中未被弹簧缓和的簧下质量，在车辆通过线路的凸起或凹陷部分时，将产生很大的轮轨冲击力。因此，转向架应具有尽可能小的簧下质量。

7. 能在规定的制动距离内安全停车

考虑列车最高运行速度、信号装备情况、司机视力范围的限度、线路状态等，所设计的转向架的基础制动装置与制动机配合起来应具有足够的制动能力，保证列车能在规定距离内安全停车。

8. 具有减少噪声、吸收高频振动的能力

转向架零部件之间和具有相对位移的地方，要尽可能采用无间隙结构或用橡胶元件充填，以减少噪声的发生和传递。橡胶元件还能吸收高频振动，起减振作用。

9. 具有尽可能小的摩擦阻力

要尽量减小转向架结构（主要是轴承及轮轨接触部分）的摩擦阻力，以节约牵引力，达

到多拉快跑的目的。

10. 尽可能做到环保、低能耗

要尽量减少转向架运行过程中对周围环境的破坏，尽量减少车辆的单位能耗。

4.3.4 转向架设计的步骤

转向架设计是一个系统过程，是一个从初期的市场调研到最终的产品定型的严谨的设计过程。转向架设计的主要步骤如下。

1. 调查研究

调查既有转向架在制造、检修、运用中所存在的问题和市场需求，确定研究和改进方向。调研内容包括国内外情况，开发的必要性、可行性、经济性。了解制造、检修、运用的情况，确定影响产品质量、性能的原因。参考国内外的新技术、新结构、新工艺、新材料，找出解决的办法。

2. 方案设计

根据调研情况拟定设计任务书，提出总的结构设想方案，初步确定主要的技术参数及主要的轮廓尺寸。对新设计或改进设计的部分还需提出具体的结构方案，并论证实现的可能性和必要性。

3. 技术设计

进行主要零部件的结构选型与设计，强度计算和动力学性能的校核，确定并绘制全套图纸。

4. 工艺设计

根据工艺装备及生产制造能力确定各主要零部件的尺寸公差和加工要求，制定工艺流程和工艺文件，修改并完成全套生产图纸。

5. 样机试制及形式检验

试制样机后，进行各项检查与试验验证。

4.4 转向架总体设计

转向架总体设计要根据设计任务书或者与用户协商的转向架技术要求规定，对转向架的使用条件、使用环境、使用工况进行分析，在综合考虑继承性和先进性的基础上，提出切实可行的转向架结构方案，明确转向架各组成部件的结构、方式，确定转向架的主要性能参数和基本尺寸，为下一步转向架零部件设计及理论计算提供方向和依据。

4.4.1 转向架总体设计的外部条件

转向架总体设计的外部条件包括转向架使用的线路状况、气候状况、装载货物状况以及转向架的使用维护、维修状况等，根据这些外部条件选择合适的转向架性能参数与结构。

1. 线路状况

线路是铁路列车运行的基础。列车在线路上行驶时，机车车辆与线路相互影响。只有合理确定两者的结构性能，才能取得较好的运行效果。

1）轨距

我国及世界各国采用轨距的情况分别见表4-7、表4-8。

表4-7 我国采用轨距的情况

分 类	轨距/mm	备 注
标准轨距	1435	变化率不应大于2‰
个别铁路	1000	昆河线及个别地方铁路采用（称为米轨）
森林铁路	762	约有数千公里（称为窄轨）
煤矿铁路	600	云南省个别地区及某些煤矿铁路采用
台湾铁路	1067、762	—

表4-8 世界各国采用轨距的情况

国别	印度	苏联	日本	澳大利亚	巴西	阿根廷	美国	非洲国家
轨距/mm	1676、1000、762、600	1524、1520	1435、1067	1600、1435、1067	1600、1000	1676、1435、1000	1435	1067、1000
备注	—	1977年改为1524 mm	新干线采用1435 mm					

我国轮轨间隙见表4-9。

表4-9 我国轮轨间隙

车轮名称	轮轨间隙值/mm		
	最大	正常	最小
机车轮	45	16	11
车辆钢轮	47	14	9

曲线上的轨距随着机车车辆固定轴距的加大和线路曲线半径的减小而加宽。我国规定的曲线轨距加宽标准是以固定轴距为4 m的车辆能以静力自由内接触通过为条件计算的，并以各类机车静力强制内接能顺利通过加以验算。曲线轨距加宽规定（未改建线路）见表4-10。曲线上最小轨距为1433 mm，最大轨距（不脱轨）为1456 mm。

表4-10 曲线轨距加宽规定（未改建线路）

曲线半径/m	≥651	451～650	351～450	≤350
轨距/mm	1435	1440	1445	1450
加宽值/mm	0	5	10	15

对于新建、改建线路，其曲线轨距加宽规定见表 4-11。

表 4-11　新建、改建线路的曲线轨距加宽规定

曲线半径/m	≥351	301～350	≤300
加宽值/mm	0	5	15

2）轨道类型

轨道作为一个整体结构，要共同承受机车车辆所施加的垂直力、水平力、纵向力，并经受气候变化的影响。所以，轨道各组成部分应具有足够的强度和稳定性，以保证列车高速、平稳、安全和不间断地运行。

对于年通过量不同和行车速度不同的线路，要配备不同类型的轨道（见表 4-12）。

表 4-12　正线轨道类型

条件	项目		单位	重型	次重型	轻型
运营条件	年通过总量		Mt	>30	18～30	<8
	最高行车速度		km/h	≥120	120	70
轨道条件	钢轨		kg/m	60	50	30
	轨枕	钢筋混凝土轨枕	根/km	1760	1760	1520～1600
		木枕	根/km	1840	1760～1840	1600
	道床厚度	土质路基面层/垫层	cm	30/20	25/20	15～20/20
		砂石路基	cm	35	30	25

3）线路平面

线路平面包括直线区段、圆曲线区段以及联结两者的缓和曲线，在站场中多股道之间用道岔联结它们。直线沿平面向前延伸时分为有缝线路和无缝线路两种。我国钢轨的标准长度有 25 m 和 12.5 m 两种。由于列车的离心力，线路在曲线区段受力最大，它是线路的薄弱环节。

我国线路曲线一般采用以下各种半径（单位为 m）：4000、3000、2500、2000、1800、1500、1200、1000、800、700、600、550、500、450、400 和 350。线路的最小曲线半径应根据铁路等级，结合行车速度和地形条件比较选择确定，但不得小于表 4-13 的规定。

表 4-13　最小曲线半径

铁路等级	最小曲线半径/m	
	一般地段	困难地段
Ⅰ级	1000	400
Ⅱ级	800	400
Ⅲ级	600	350

最小曲线半径的速度限制见表 4－14。

表 4－14　货物列车运行在最小曲线半径为 R 的线路上的速度限制

R/m	180	200	250	300	350	400	500	600	700	800	1000	1200
速度/(km/h)	53.7	56.6	63.2	69.3	74.8	80	89.4	98	105.8	113.1	126.5	134.6

为了抵消机车车辆由直线进入曲线时所产生的离心惯性力，减少外股钢轨的磨耗，需要将曲线外轨抬高，产生一个向心力，使机车车辆能安全地、平稳地通过曲线。不同半径的曲线的外轨超高量见表 4－15。

表 4－15　不同半径的曲线的外轨超高量 h

曲线半径 R/m	平均速度 v/(km/h)																		
	30	35	40	45	50	55	60	65	70	75	80	85	90	95	100	105	110	115	120
200	65	70	95	120															
250	40	60	75	95	120														
300	35	50	65	80	100	120													
350	30	40	55	70	85	100	120												
400	25	35	45	60	75	90	105	125											
450	25	30	40	55	65	80	95	110											
500	20	30	40	50	60	70	85	100	115										
550	20	25	35	45	55	65	75	90	105	120									
600	20	25	30	40	50	60	70	85	95	110	125								
700	15	20	25	35	40	50	60	70	80	95	110	120							
800	15	20	25	30	35	45	55	60	70	85	95	105	120						
1000	10	15	20	25	30	35	40	50	60	65	75	85	95	105	120				
1200	10	10	15	20	25	30	35	40	50	55	65	70	80	90	100	110	120		
1500	5	10	10	15	20	25	30	35	40	45	50	55	65	70	80	85	95	105	115
1800	5	10	10	15	15	20	25	30	30	35	40	45	55	60	65	70	80	85	95
2000	5	5	10	10	15	20	20	25	30	35	40	40	50	55	60	65	70	80	85
2500	5	5	10	10	10	15	15	20	25	25	30	35	40	45	45	50	55	60	70
3000	5	5	5	10	10	15	15	20	20	25	30	30	35	40	45	50	55		
4000	5	5	5	5	5	10	10	10	15	15	20	20	25	25	30	30	35	40	40

注：超高量 $h = \dfrac{11.8v^2}{R}$，h 按 5 mm 整数倍选取。

目前规定的最大超高量，单线不得超过 125 mm，双线不得超过 150 mm。同时还明确了曲线上未被平衡的超高量和未被平衡的离心加速度不得超过表 4-16 的规定。

表 4-16 我国曲线线路容许未被平衡的超高量和加速度

线路条件		最大未被平衡超高量 h_0/mm	最大未被平衡加速度 a/(m/s²)
新设计线路		75	0.5
坡度≤6‰的单线或任何坡度的复线	一般情况	60～75	0.4～0.5
	特殊情况	90	0.6
山区单线线路		90	0.6

由于直线和圆曲线的线路构造不完全相同，因此为保证行车的安全与平顺，在直线和圆曲线之间设置一段缓和曲线。缓和曲线的长度不能太短，应保证在缓和曲线上外轨超高的顺坡不大于 2‰，并且缓和曲线的长度不小于 20 m。

在铁路站场，机车车辆从一条线路转往另一条线路，需要利用道岔。标准道岔号数用辙叉角 α 余切值取整表示，辙叉角 α 越小，导曲线半径越大，容许侧向过岔速度也越高。道岔的基本参数见表 4-17。

表 4-17 道岔的基本参数

道岔号数 N	辙叉角 α	尖轨及辙叉的形式			
		直线尖轨及直线辙叉		曲线尖轨及直线辙叉	
		导曲线半径/m	侧向过岔速度/(km/h)	导曲线半径/m	侧向过岔速度/(km/h)
8	7.125°	145	33～35	160	34～37
9	6.34°	180	36～39	200	38～41
11	5.1944°	280	45～49	300	47～50
12	4.7635°	330	49～53	360	51～55
18	3.17°			800	76～82

列车通过道岔可分为直向过岔和侧向过岔两种形式，其直向、侧向逆向过岔速度限制分别见表 4-18 和表 4-19。

表 4-18 列车直向逆向过岔速度限制

道岔类型/kg	45～50（锰钢辙岔）	45～50（拼装辙岔）	43	40～43	33～38	30～32
限速/(km/h)	90	80	70	70	60～65	50～55

表 4-19 列车侧向逆向过岔速度限制

道岔号数	8	9	10	11	12	15	18
限速/(km/h)	25	30	35	40	45	55	80

4）线路纵断面

根据地形的变化，线路纵断面有上坡、下坡及平道。线路的坡度不宜取得过大，两相邻坡段的坡度值之差也不应过大，一个区段内的坡段数不宜过多。

限制坡度是铁路的主要技术标准之一，应根据铁路等级、地形、牵引动力条件和运输要求进行选择确定。各级铁路的最大限制坡度一般不超过表4-20所列的数值。

表4-20　最大限制坡度

铁路等级	一般地段	困难地段
Ⅰ级	6‰	12‰
Ⅱ级	12‰	15‰
Ⅲ级	15‰	20‰

变坡点与坡段长度是衡量铁路纵断面的另一技术指标。坡段的长短对工程和运营有很大的影响，坡段越长，则变坡点数目越少，运行平稳性越好。坡段长度不宜小于表4-21的规定。

表4-21　坡段长度　　单位：m

到发线有效长度	1050	850	750	650	550
坡段长度	500	400	350	300	250

改建既有线路和增建第二线，在困难条件下，可采用200 m的坡段长度。

5）轨道不平顺

轨道不平顺可分为水平、高低、方向三个方面的不平顺，它是引起机车车辆振动、脱轨、蛇行运动，加剧由线路冲击动力作用产生的轮轨磨耗、破损的主要原因。按照有关规定，轨道不平顺要求见表4-22。有缝线路的轨缝尺寸要求见表4-23。

表4-22　轨道不平顺要求

项目	正线及到发线	站线及专用线
水平	≤4 mm	≤6 mm
高低	≤4 mm	≤6 mm
方向	≤4 mm	≤6 mm

表4-23　有缝线路的轨缝尺寸要求

钢轨长度/m	最大轨缝/mm	
	夏季	冬季
12.5	8	16
25	12	17

2. 气候状况

车辆运行地区的气候状况对转向架结构设计、零部件材料的选取有重要的参考作用。

了解车辆运行地区的气候状况后,设计出来的转向架才更具有适应性和针对性。气候状况一般包括该地区的气温(最高及最低气温、年平均气温)、相对湿度、年平均降雨量、年平均日照天数、年平均雨雪天数、恶劣气象天数、风速、沙尘情况、冰雹情况、霜冻情况等。

3. 装载货物状况

转向架用于何种车辆,车辆主要运送何种货物,货物的特点是什么(是否有特别需要关注的特点),车辆及转向架在将来的使用频率,装载货物的方式(比如是否用机械化进行装载)。所有的这些信息,在进行转向架总体设计时都要予以关注,以便合理确定转向架的技术参数和结构形式。

4. 转向架的使用维护、维修状况

了解转向架使用维护体制,掌握转向架的维护、维修期限,制订安全、合理、经济的转向架使用寿命期和质量保证期。明确参数确定、结构设计时需要注意的问题,以免设计出来的转向架产品与维护机械发生干涉而影响转向架的维修。

4.4.2 转向架主要性能参数的确定

进行转向架总体设计时,当外部条件设计输入后,就要确定转向架的主要性能参数。转向架的主要性能参数包括转向架轴重、自重、载重、运行速度、通过最小曲线半径等。转向架的主要性能参数确定后,才能为进一步进行转向架结构设计和基本尺寸确定提供依据。

1. 轴重

轴重是铁路车辆的一项基本技术指标,是指按车轴形式及在某个运行速度范围内该轴允许负担的包括轮对在内的最大总质量。轴重与线路强度、桥梁载重等级和选用的钢轨质量有关。轴重(吨数)=1/K·钢轨质量(每延米千克数),K 取 2.0~2.2,视钢轨质量、年通过运量、车轮直径、机车车辆运行速度而定。许用轴重与钢轨质量的关系见表 4-24。

表 4-24 许用轴重与钢轨质量的关系

项 目		许用轴重/t	备 注
桥梁载重等级	中-22	21~22	
	中-26	25~26	
$K=2.2$ 时的钢轨质量/(kg/m)	43	19.5	$K=2.2$ 是针对年通过量较大,钢轨质量尚不稳定,车轮直径较小,行车速度较高的情况而言的。在目前运量不断增长、行车速度不断提高的情况下,为避免钢轨早期磨损,对大批量的车辆轴重宜取 $K=2.2$
	50	22.7	
	55	25	
	60	27.3	
$K=2.0$ 时的钢轨质量/(kg/m)	43	21.5	
	50	25.0	
	60	30.0	

我国各型车轴的轴重见表 4-25。

表 4-25　我国各型车轴的轴重

轴型	B	C	D	E	F	G
轴重/t	12	16	21	25	30	35

2. 自重和载重

自重指转向架本身的全部质量，是转向架的一个重要技术指标。载重指转向架允许的正常最大装载质量（包括车体质量在内的货物质量），一般转向架有心盘装置时用最大心盘静载荷表示。载重的算法有从上而下和从下而上两种，从上而下的算法就是将车辆的最大装载货物质量加上车体自身质量再除以每车转向架的个数得到转向架的载重；从下而上的算法则是用车辆轴数乘轴重减去转向架自重乘每车转向架个数的差，再除以转向架个数得到转向架的载重。

为提高转向架的经济性，在设计时，在保证转向架性能、安全的前提下，应该尽量减小转向架的自重，提高单位轴重下的载重。

3. 运行速度

在保证运行安全及结构强度的前提下，转向架必须按一定的运行速度运行，并且保证转向架及车辆连续以该速度运行时车辆具有良好的运行性能。从提高运行性能的角度而言，在设计转向架时，应尽量提高转向架的运行速度。

4. 通过最小曲线半径

通过最小曲线半径指配用某种形式转向架的车辆在站场或厂、段内调车时所能安全通过的最小曲线半径。当车辆在此区段上行驶时，不得出现脱轨、倾覆等危及行车安全的事故。要把初步确定出来的技术参数进行运行性能的分析对比计算，避免底架与车下其他悬挂物相碰。我国铁路站场的最小曲线半径为 145 m。

4.4.3　转向架基本结构、形式组成的确定

转向架基本结构、形式组成的确定一般包括：确定转向架的承载方式；按照转向架的组成部件，确定各部件的形式、结构，对弹簧进行计算，对车轴、轴承进行选型；确定转向架构架或侧架、摇枕的结构形式，明确转向架的悬挂形式，选取合理的减震方式，选择合适的基础制动方式并明确基础制动装置的结构；明确转向架与车体底架、制动装置的接口形式等。

1. 弹簧

选定弹簧类型，确定弹簧的静挠度值，计算弹簧参数，选择合理的空重车挠度差。考虑结构上是否安排得下，确保空重车静挠度差值加上车轮的磨耗量及弹簧本身的磨耗（或蠕变）后不得超过车辆运行允许的车钩最低高度值（空车为 835 mm，重车为 815 mm）。

2. 轮对

选定车轴的形式及材料，尽可能采用标准的车轴形状和材质。选定车轮踏面形式，确定车轮轮径，选取合适的车轮外形形状，并尽量采用标准车轮和标准车轮材质。按照转向架的功能特点确定轮对的形式尺寸。

3. 承载方式

转向架的承载方式分为心盘承载、旁承承载和心盘与旁承共同承载三种。应明确转向架的承载方式，选取合适的心盘模式，合理选择旁承的形式，并确定转向架的回转阻力矩，设定旁承的工作挠度及转向架旁承中心距。确保转向架的支承车体的装置既能安全可靠地支承车体，承载并传递各作用力，又能使车体与转向架绕不变的旋转中心相对转动，保证车辆顺利通过曲线。

4. 悬挂系统

明确转向架是采用轴箱悬挂装置，还是采用摇枕中央悬挂装置，或者同时采用两种悬挂装置。明确转向架的轴箱定位方式，确定减震装置的形式，设定减震装置的阻尼参数或转向架的相对摩擦系数。

5. 构架或侧架、摇枕

构架或侧架、摇枕是安装转向架其他零部件的基础，每种转向架均须设计专门的构架或侧架、摇枕。因此，应该明确转向架是采用构架形式还是采用三大件侧架、摇枕结构，明确构架或侧架、摇枕的工艺制作形式是采用焊接还是铸造。

6. 基础制动装置

根据转向架的最高运行速度和紧急制动距离进行转向架制动计算，确定转向架的基础制动形式，比如是采取分散制动还是单元制动，闸瓦制动还是盘型制动。闸瓦制动是单侧制动还是双侧制动，单元制动形式是侧置式还是背推式，制动梁的悬挂形式是吊挂式还是滑块式。此外，还要进行闸瓦材质形式的选取，基础制动各部件的布置，制动倍率的选取。

4.4.4 转向架基本尺寸的确定

1. 固定轴距

二轴转向架两根车轴中心线之间的距离称为固定轴距。它是转向架长度的基本线性尺寸，其大小影响着转向架自重的确定、车辆的运行性能及轮轨的相互作用力。固定轴距定得小一些，不仅可以减轻转向架的自重、减小侧向力、降低构架点头振动的振幅、减轻轮缘与钢轨的内侧磨耗，还可以使车辆较灵活地通过曲线，更好地适应扭曲线路。但是固定轴距定得太小，会使得中央悬挂装置不好布置，更换内侧闸瓦比较困难，检修很不方便，而且会减小转向架蛇行运动的波长，对线路（尤其是桥梁）每延米受力情况不利。因此，确定固定轴距大小的原则首先是应尽量小，以减轻自重；然后考虑中央悬挂装置的宽度、轮径的大小以及检修方便等因素。至于通过曲线、振动性能、改善抗蛇行运动稳定性等问题可通过其他途径解决。

固定轴距最小值受线路、桥梁每延米载荷的限制。如果线路每延米允许载荷按 65 kN 计算，则各种轴型的最小固定轴距如表 4-26 所示。我国主要货车转向架的固定轴距见表 4-27。

表 4-26　按线路每延米载荷 65 kN 计算的最小固定轴距

轴　型	轮载荷/kN	最小固定轴距/mm
B	55.5	850
C	75	1150
D	105	1620
E	125	1920

表 4-27　我国主要货车转向架的固定轴距

转向架型号	转 8A	转 8AG	转 8G	转 K1	转 K2	转 K3	转 K4	转 K5	转 K6	转 K7
自重/t	4.0	4.15	4.2	4.25	4.25	4.2	4.2	4.7	4.8	4.8
轴重/t	21	21	21	21	21	21	21	25	25	25
轮径/mm	840	840	840	840	840	840	840	840	840	840
固定轴距/mm	1750	1750	1750	1750	1750	1800	1750	1800	1830	1800

由表 4-27 可以看出，所有货车转向架固定轴距都满足按线路每延米载荷所要求的数值。一般来说，固定轴距越大，自重越大；轮径小，固定轴距可相应地小一些。货车转向架固定轴距为 1580~1850 mm，一般 D 轴可取 1750 mm 左右。

2. 下部限界

新造和改造的 1435 mm 标准轨距的各种机车车辆应符合《标准轨距铁路限界 第1部分：机车车辆限界》(GB 146.1—2020)，使车辆在静态停放或动态运行中不与桥梁、隧道及沿线房屋、设备相碰，保证行车安全。通过自动化、机械化驼峰车辆减速器的货车，其下部设计制造尺寸在计入静载下的弹簧下沉量以及最大磨耗后，不得小于车辆减速器在制动或工作位置的货车下部限界车限-2，这样货车转向架横向突出部分（如外侧悬挂）和垂下的零部件都应该纳入所规定的下部限界内。

3. 下心盘面距轨面高度

货车转向架下心盘面距轨面高度为自由状态下的高度，这是由于货车自重小、载重大、弹簧静挠度小。下心盘面距轨面高度与车体自重、牵引梁的结构、车钩缓冲器、枕梁下盖板厚度、上心盘厚度以及弹簧静挠度有关。但不论下心盘面距轨面的高度是多少，都应保证落车后(自重下)车钩距轨面高度为 880 mm，同时要尽可能缩小车钩中心与牵引梁形心的偏心距，以改善底架受力情况。

4. 侧架上平面距轨面的高度

随着列车运行速度的提高，需要加大弹簧静挠度，这势必要增大弹簧的自由高。如果侧架下平面距轨面高为 170 mm 且保持不变，则尽可能提高侧架上平面距轨面的高度可以增加安装弹簧侧架方孔的高度。

5. 转向架侧架顶面至枕梁下盖板的垂直距离

车辆在运行中，当车体倾斜、一侧旁承压死时，在各种工况下，侧架顶面与枕梁下盖板不能相碰。另外，在留有一定裕量后，应尽量减小垂直距离，以利于加大货车侧架弹簧方孔的高度，提高弹簧静挠度(客车同理，可增加弹簧静挠度及加长吊杆的长度)。下面以转 8A型转向架为例，计算转向架侧架顶面至枕梁下盖板的垂直距离。

1) 基本参数

(1) 转 8A 型转向架弹簧静挠度：空车下为 7 mm，载重下为 35.8 mm；

(2) 下心盘上平面与轨面的距离：690 mm；

(3) 旁承间隙：同一转向架旁承间隙之和为 10~16 mm，每侧不得小于 4 mm，最大为12 mm；

(4) 侧架部分上移公差累积量：8.6 mm；

(5) 一侧旁承压死，在侧架顶面处枕梁下移量(见图 4-17)：15.5 mm。

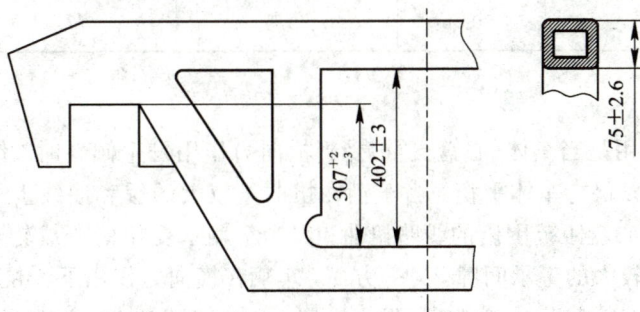

图 4-17　侧架部分示意图

2) 几种工况下侧架顶面至枕梁下盖板间最小垂直距离的计算结果

几种工况下侧架顶面至枕梁下盖板间最小垂直距离见表 4-28，表中动荷系数为各工况实际测得的数据。

由于第 I 工况实际出现的概率极小，若按此考虑可能造成车辆设计的经济性不高、结构复杂、工艺性不好，因此第 I 工况仅作参考，而其余三种工况是经常发生的，故转向架侧架顶面至枕梁下盖板的垂直距离应控制在不小于 78 mm。

表 4-28　侧架顶面至枕梁下盖板间最小垂直距离　单位：mm

工　况	Ⅰ	Ⅱ	Ⅲ	Ⅳ
	一侧弹簧压死	曲线半径 $R=250$ m，速度 $v=65$ km/h	曲线半径 $R=600$ m，速度 $v=80$ km/h	直线速度 $v=100$ km/h
上心盘磨耗量	3	3	3	3
下心盘磨耗量	3	3	3	3
侧架公差	8.6	8.6	8.6	8.6
旁承压死后侧架下移量	15.5	15.5	15.5	
载重下弹簧静挠度	35.8	35.8	35.8	35.8
自重下弹簧静挠度	−7	−7	−7	−7
动荷系数		0.28	0.34	0.4
动挠度	28.6	10	12.2	14.3
横向力引起弹簧挠度（按10%计算）		3.6	3.6	3.6
风力 550 Pa 引起弹簧挠度				1.1
保留间隙	3	3	3	3
最小垂直距离	90.5	75.5	77.7	65.4

6. 旁承间隙、旁承中心距

旁承间隙的作用是当车体（心盘支重）受到横向力作用发生倾斜时，作为支承帮助心盘承受一部分载荷，以保持车体平衡。当车辆在扭曲量较大的缓和曲线上行驶时，需要足够的旁承间隙来抵消心盘距范围内的线路扭曲。因为车辆承受扭曲造成轮重减载，可能导致脱轨，所以要求有较大的旁承间隙。另一方面，车辆在横向力作用下，由于重心产生横向位移，可能造成一侧车轮载荷减载到零，发生倾覆。旁承间隙越大，侧摆与侧滚的振幅越大。因此从抗倾覆的安全性角度出发，旁承间隙较小为好。我国铁路货车转向架在进行提速改造前均采用刚性间隙旁承。

旁承间隙量是转向架的一个重要技术指标。旁承间隙的存在可以使车轮对扭曲线路具有较好的适应性。从受力观点来讲，希望能抵消在车辆长度范围内（对于客车而言，除了考虑车体长度外，还应考虑转向架构架长度）扭曲线路的全部扭曲量。以货车为例，线路扭曲量 δ 为

$$\delta = \text{线路扭曲顺坡率 } i \times \text{车辆定距 } L \tag{4-1}$$

每个旁承间隙可近似地取值为 $\delta/4$。部分货车车型的最小旁承间隙量见表 4-29。

表 4－29　部分货车车型的最小旁承间隙量　　　　单位：mm

车　型	定　距	线路扭曲量		最小旁承间隙	
		$i=2‰$	$i=3‰$	$i=2‰$	$i=3‰$
P_{50}	9900	19.8	29.7	4.95	7.4
P_{60},P_{13}	11 500	23	34.5	5.75	8.6
C_{50}	9800	19.6	29.4	4.9	7.35
C_{62},C_{62M}	8700	17.4	26.1	4.35	6.5
N_{16}	9300	18.6	27.9	4.65	7
N_{17}	9000	18	27	4.5	6.75

在车辆设计中，我国货车旁承间隙的名义尺寸为 6^{+4}_{-2} mm；厂、段修规定同一个转向架旁承间隙之和为 10～16 mm，每侧不少于 4 mm。按《铁路技术管理规程》规定，关于同一转向架旁承间隙之和，客车为 2～6 mm，货车为 2～20 mm。AAR 标准对旁承间隙的调整限度规定为：轴颈（直径×长度）≥165.1 mm×304.8 mm；四轴车转向架的中心距为 8534.4～13 716 mm；重车重心距轨面 2133 mm 以上者，最大旁承间隙为 6.4 mm，最小为 4.8 mm，其他车辆最大旁承间隙为 9.3 mm，最小为 6.4 mm；两对角线旁承间隙之和应相等（允许误差不超过 3.2 mm）。

旁承中心距的选择应从两方面考虑：一方面是抗脱轨安全性角度，当旁承间隙确定后，旁承距越小越好；另一方面是抗倾覆安全性角度，旁承距越小，侧滚振动振幅越大，对运行不利，因而希望加大旁承距。我国主型货车转向架的旁承距大部分为 1520 mm，趋于标准。为了便于通用和互换，各型车体上旁承距均按 1520 mm 设计。

7. 下旁承面与下心盘面的高度差

目前我国各主型货车转向架下旁承面与下心盘面的高度差值见表 4－30。

表 4－30　我国各主型货车转向架下旁承面与下心盘面的高度差　单位：mm

转向架型号	转 8A	转 8AG	转 8G	转 K2	转 K4	转 K5	转 K6	转 K7
下旁承类型	间隙旁承	常接触弹性旁承						
自由高度	60	92	92	93	71	83	92	93
工作高度		83	83	83	62	74	83	83

采用间隙旁承的转向架下旁承面与下心盘面的高度差大都在 60 mm 左右，而采用常接触弹性旁承的转向架下旁承面与下心盘面的高度差（自由高度）大都在 92～93 mm 左右，工作高度在 83 mm 左右。

4.5　转向架承载方式设计

转向架承载方式分为心盘承载、旁承承载和心盘与旁承共同承载三种。

4.5.1　心盘承载

货车转向架最传统的承载方式为心盘承载。车体载荷通过前后转向架摇枕中央下心盘传递给摇枕左右两边的枕簧。

1. 结构特点

心盘承载的结构特点如下：

(1) 结构简单，制造检修方便，造价较低；

(2) 通过曲线较容易，侧向力较小；

(3) 对扭曲线路的适应能力较强；

(4) 摇枕结构较笨重；

(5) 直线运行时，由于车体与转向架之间摩擦力矩很小，因而不足以抑制转向架的蛇行运动向车体传递。

2. 心盘载荷与单位面积压力

心盘单位面积压力不宜过大，以免产生接触面上的过度磨耗或挤压变形。AAR 推荐的心盘单位面积压力不大于 7.0 MPa，可作为设计时确定心盘直径的参考。表 4 - 31 列举了我国货车的心盘直径、载荷与单位面积压力。由表 4 - 31 可以看出，D 轴转向架心盘的单位面积压力为 7.3 MPa，超过 AAR 推荐的标准。

为了使心盘接触面单位面积压力不大于 7.0 MPa，可采用大心盘结构（国外货车把心盘直径加大至 600 mm，甚至达 1000 mm），这样可以加大心盘回转的摩擦力矩，从而有效地抑制转向架的蛇行运动。

表 4 - 31　我国货车的心盘直径、载荷与单位面积压力

轴　型	下心盘直径/mm	上心盘直径/mm	接触面积/cm²	心盘载荷/kN	单位面积压力/MPa
B	237	232	285	200	7.0
C	305	300	520	272	5.25
D	305	300	520	380	7.3
E	356	350	760	455	6.0
	375	370	867	455	5.25

这里以 C、D 轴型为例，说明接触面积 A 的计算。设外径为 300 mm，心盘中央突脐孔径为 89 mm，周边倒棱为 R10 mm，则接触面积为

$$A = \frac{\pi}{4} \left[(300 - 2 \times 10)^2 - (89 + 2 \times 10)^2 \right] = 520 \ (\text{cm}^2)$$

3. 旁承单位面积压力

转向架为心盘承载的车辆，为了限制车体的侧滚位移，设计了旁承装置。在各种运行状态下，旁承受载时单位面积压力不宜过大，以避免产生接触面上的磨损。UIC 建议旁承

单位面积压力取 $2.04\sim2.55$ MPa。

4. 设计选择旁承结构的注意事项

（1）上下旁承一般采用平面旁承。以前货车的上旁承为平面旁承，下旁承为滚子式旁承，目的是使车辆通过曲线时，转向架与车体的相对转动阻力较小。但运行一段时间后，由于上下旁承之间的接触接近线接触，单位面积压力较大，并且货车心盘距较短，转向架与车体相对转角较小，上下旁承横向位移也较小，所以上旁承出现局部挤压、凹坑。因此，目前已将下旁承改为平面旁承。

（2）旁承摩擦阻力不宜过大，以便车辆能够顺利通过曲线。否则，车体与转向架相对转动受阻，致使外侧轮缘的侧向力过大，可能造成轮缘啃轨或爬轨。

（3）车辆通过具有最小半径的曲线时，转向架与车体之间产生最大相对位移，此时上下旁承不得脱开。

4.5.2　旁承承载

为改善车辆随速度提高而引起的横向振动恶化的情况，可采用旁承承载结构。图 4-18 是我国的一种转向架旁承承载结构示意图，该设计将车体质量直接坐落在四个弹簧上，弹簧通过摇枕和下旁承坐落在构架上。图 4-19 是我国某型转向架旁承支重的类似结构示意图。

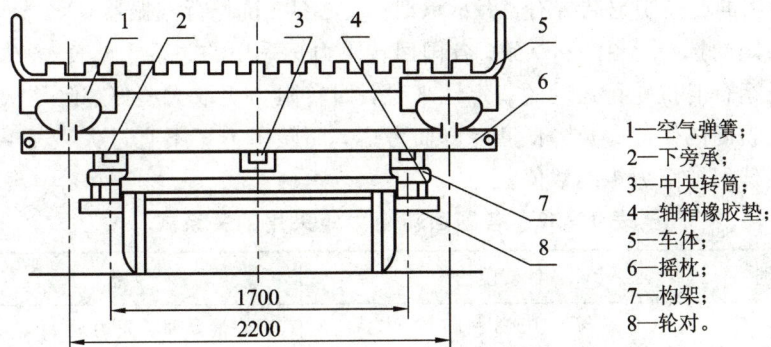

1—空气弹簧；
2—下旁承；
3—中央转筒；
4—轴箱橡胶垫；
5—车体；
6—摇枕；
7—构架；
8—轮对。

图 4-18　我国的一种转向架旁承承载结构示意图

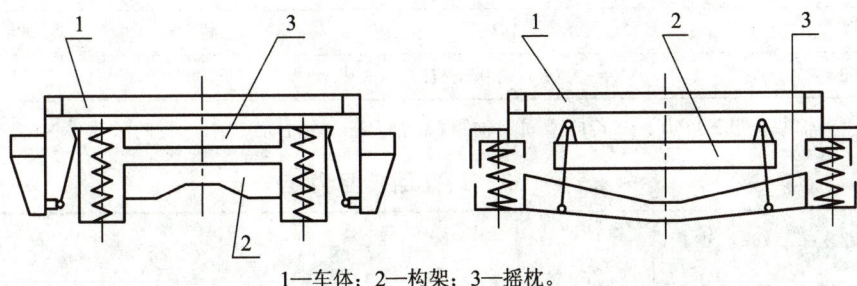

1—车体；2—构架；3—摇枕。

图 4-19　我国某型转向架旁承支重的类似结构示意图

1. 结构特点

旁承承载的结构特点如下：

（1）利用旁承取代心盘承受来自车体全部质量的支重形式有助于减轻摇枕的质量。

（2）旁承面间摩擦所形成的摩擦力矩与合适的轴箱定位刚度配合，能有效地抑制转向架蛇行运动向车体的传递，提高车辆蛇行运动失稳的临界速度，从而改善车辆直线运行时抗蛇行运动的稳定性。

（3）结构较复杂，摩擦副要求较高。

（4）旁承摩擦力矩随载荷的增加而增大。

（5）旁承摩擦力矩对抗脱轨安全性有一定影响，会导致旁承上的正压力增大，进而使侧向力增大。

2. 摩擦副材料

旁承承载对摩擦副材料的要求较高，所选用的材料应具有耐磨性，摩擦副间的摩擦系数要稳定，并且有自润滑性能。

3. 旁承摩擦力矩

阻止转向架回转的力矩叫作回转阻力矩，它能抑制转向架高速运动时的蛇形运动。对于旁承承载的转向架而言，转向架回转阻力矩通常称作旁承摩擦力矩。

高速转向架一般都设有回转阻尼装置，这是抑制高速转向架蛇行运动的一个极其有效的措施。可采用的回转阻尼装置有：旁承承载；大心盘；抗蛇行减振器。

回转阻力矩的选择，各国不一致。各国回转阻力矩采用的关系式见表 4-32。一般从提高转向架直线运行时抗蛇行运动的稳定性来说，回转阻力矩取大些好。但是从减少转向架通过曲线时轮轨间的侧向力及降低磨耗方面考虑，回转阻力矩不宜过大。表 4-33 列出了几种转向架最佳回转阻力矩的数值。

表 4-32　各国回转阻力矩采用的关系式

国　别	回转阻力矩	备　注
英国	$M=(0.03\sim0.05)AL$	容许最高回转阻力矩 $M\leqslant0.1AL$
意大利、荷兰	$M=(0.06\sim0.07)AL$	意大利取 25 kN·m 作为极限值
苏联	$M=(0.1\sim0.2)AL$	
法国	$M=0.1PL$	
日本	$M=(0.03\sim0.05)AL$	

注：A——轴载荷(kN)；L——转向架固定轴距(m)；P——每台转向架承受的载荷(kN)。

表 4-33　最佳回转阻力矩

国别	转向架型号	最佳回转阻力矩 $M/(kN·m)$	备　注
法国	Y20	18	试验值
	Y28	18~25	试验值

国别	转向架型号	最佳回转阻力矩 $M/(kN \cdot m)$	备 注
日本	DT20	6	现车试验值
德国	Minden-Deutz	$\leqslant 0.6l_1Q$	德国建议（从抗脱轨安全性考虑）：$M \leqslant 0.6l_1Q$。其中，l_1——固定轴距之半；Q——平均轮载荷
中国	KZ2	$11 \sim 17$	自重下为 11 kN·m，载重下为 17 kN·m
中国	L78	14	自重下的 M 值

转向架抗蛇行运动平稳性不仅与其几何参数和质量特性有关，还与其运行速度有关。最佳回转阻力矩 M 可近似由下式确定：

$$M = \frac{1}{4}m\omega v\left(1 + \rho\frac{\omega^2}{v^2}\right)\gamma_0 \qquad (4-2)$$

对于轮对刚性定位的多轴转向架，其最佳回转阻力矩为

$$M = \frac{1}{4K}mv^2\sqrt{\frac{\lambda}{br_0}}\left(1 + \frac{\rho^2}{K^2} \times \frac{\lambda}{br_0}\right) \times \gamma_0 \qquad (4-3)$$

式中：m——转向架（包含轮对）的自重(t)；

$\quad\quad v$——运行速度(km/h)；

$\quad\quad \omega$——蛇行运动的圆频率(s^{-1})；

$\quad\quad \lambda$——车轮踏面的有效斜度；

$\quad\quad b$——轮对滚动圆距离之半(m)；

$\quad\quad r_0$——车轮滚动圆半径(m)；

$\quad\quad \rho$——转向架（包含轮对）绕垂直轴的回转半径(m)；

$\quad\quad \gamma_0$——转向架横向振幅(m)；

$\quad\quad K$——系数。

系数 K 的计算公式如下：

$$K = \sqrt{1 + \frac{1}{n}\sum_{i=1}^{n}\left(\frac{a_i}{b}\right)^2} \qquad (4-4)$$

式中：n——转向架中的轮对数；

$\quad\quad a_i$——第 i 个轮对到转向架中心的纵向距离(m)。

对于刚性定位轮对的二轴转向架，取

$$K = \sqrt{1 + \left(\frac{l_1}{b}\right)^2} \qquad (4-5)$$

式中，l_1 为转向架固定轴距的一半。

对于自由轮对转向架，取 $K=1$。

对于弹性定位轮对的转向架，由于轮对在转向架构架中的回转角或回转速度比转向架构架相对车体的回转运动小得多，所以对高速转向架抗蛇行运动的稳定性起主要作用的是旁承支重的摩擦回转阻力矩。我们可以从转向架蛇行运动的特征方程式解出频率特性，然后由式(4-2)求出需要的回转阻力矩。

对于定位刚度较小的转向架，可近似按自由轮对处理；对于定位刚度(尤其是纵向定位刚度)较大的转向架，可近似按刚性定位轮对处理。

4.5.3 心盘与旁承共同承载

货车运行速度的提高，要求增大转向架与车体之间的回转阻力矩。但必须考虑在提高转向架直线运行抗蛇行运动的稳定性时兼顾曲线运行的抗脱轨安全性，即采用一定比例的心盘与旁承共同承载形式。

我国现行的货车已全部采用心盘与旁承共同承载形式，旁承为双作用常接触弹性旁承。采用双作用常接触弹性旁承可有效抑制转向架与车体的摇头蛇行运动，同时约束车体侧滚振动，提高货车在较高速度运行时的稳定性。常接触弹性旁承上下之间无间隙且有接触弹性，增加了车体在转向架上的侧滚稳定性。同时，为了防止货车曲线运行时车体发生过大倾角，采用刚性滚子来限制弹性旁承的压缩量。一旦上旁承压靠滚子，不仅车体倾角受到限制，而且由于滚子的滚动而不致增大回转阻力矩，影响曲线通过性能。

1. 双作用常接触弹性旁承原理

双作用常接触弹性旁承由橡胶钢簧复合弹性体和刚性滚子并列组成。装用这种旁承后，车体落车时，给常接触旁承弹性体一定的预压缩量，在上下旁承之间产生一定的预压力，当转向架相对于车体回转或有回转趋势时，在上旁承金属面与下旁承由合成材料制成的磨耗板之间产生摩擦阻力，左右旁承之间形成了回转阻力矩。

对车体与转向架间采用间隙旁承的车辆来说，回转阻力矩主要由上、下心盘间的摩擦阻力产生。由于空车状态心盘载荷较小，因此空车时的回转阻力矩较小，而重车回转阻力矩较大。当车辆采用常接触旁承后，回转阻力矩 M 将由旁承摩擦力矩 M_1 和心盘摩擦力矩 M_2 组成，即

$$M = M_1 + M_2 \tag{4-6}$$

旁承摩擦力所产生的阻力矩主要增加了空车状态的回转阻力矩。因车体施加在旁承上的正压力并不随空、重车状态而变化，故式(4-6)中的 M_1 基本上是一个常量。这样，采用常接触弹性旁承，可使车辆在空车和重车状态都能获得较为理想的回转阻力矩。

2. JC 系列弹性旁承主要结构及参数

JC、JC-2、JC-3 型三种弹性旁承均由弹性旁承体、旁承磨耗板、旁承座、滚子、滚子轴及调整垫板等主要零部件组成。JC-1 型弹性旁承主要由弹性旁承体、旁承磨耗板、支承磨耗板、旁承座等主要零部件组成，与 JC、JC-2、JC-3 型弹性旁承不能互换使用。JC 系列弹性旁承主要结构见图 4-20，其主要参数及适用转向架范围分别见表 4-34 和表 4-35。

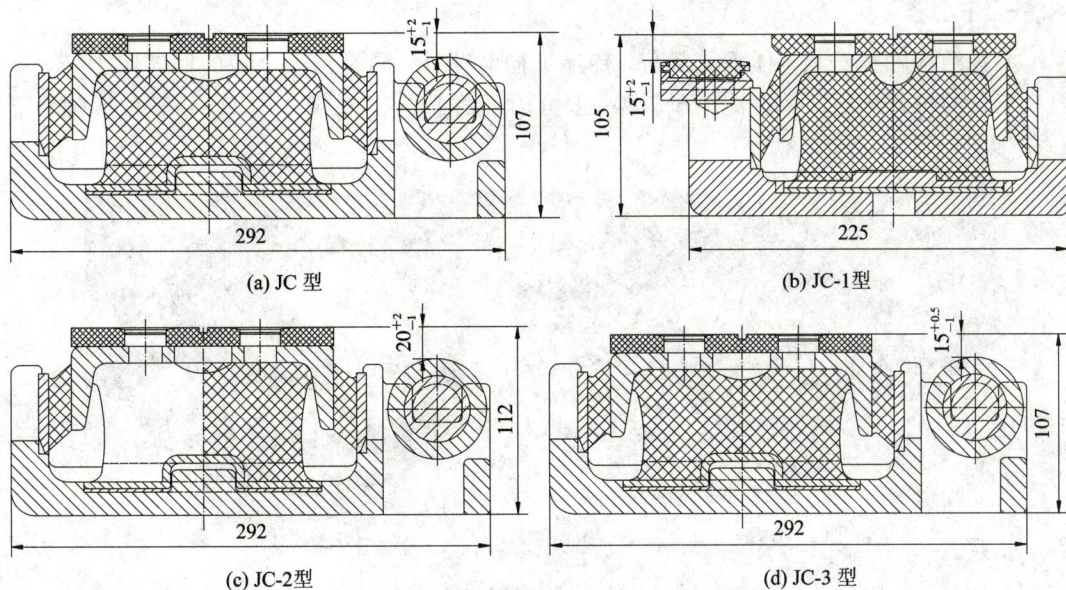

(a) JC 型 (b) JC-1型 (c) JC-2型 (d) JC-3 型

图 4-20 JC 系列弹性旁承主要结构

表 4-34 JC 系列弹性旁承主要参数

弹性旁承型号	旁承座长度 /mm	名义自由高 /mm	适用旁承间隙 /mm	旁承体刚度 /(MN/m)	旁承总行程 /mm
JC 型	292	107	≥4	2.2 ± 0.2	15^{+2}_{-1}
JC-1 型	225	105	≥4	2.2 ± 0.2	15^{+2}_{-1}
JC-2 型	292	112	≥6	2.4 ± 0.2	20^{+2}_{-1}
JC-3 型	292	107	≥4	$1.7^{+0.2}_{-0.1}$	$15^{+0.5}_{-1}$

表 4-35 JC 系列弹性旁承适用转向架范围

弹性旁承型号	适用转向架	适用铁路货车
JC 型	转 K2、转 K6、转 K7 型转向架等	主要通用货车
JC-2 型	转 K2、转 K6 型转向架等	定距较长车辆
JC-3 型	转 K2、转 K6 型转向架等	自重较轻车辆
JC-1 型	转 8B(8AB)型转向架	完善改造货车
CJC 系列	DZ_1、DZ_2、DZ_3 型转向架	27 t、30 t 轴重货车

3. 下心盘

心盘结构除了支承车体垂向载荷,传递纵向载荷外,同时提供合适的回转阻力矩,以提高车辆的抗蛇形运动稳定性。下心盘一般分为平面下心盘(见图 4 - 21(a))和球形(面)下心盘(见图 4 - 21(b))。

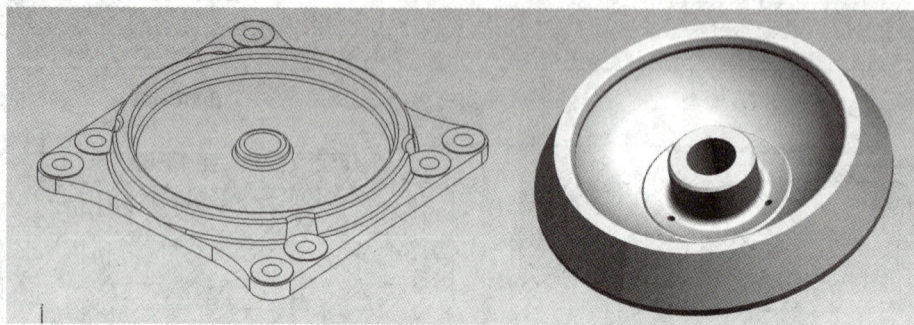

(a) 平面下心盘   (b) 球形(面)下心盘

图 4 - 21　下心盘的常见形式

我国铁路货车转向架一般都采用平面下心盘,这主要是因为平面下心盘的结构简单,制造检修方便,制造成本低,互换性强。平面下心盘又分为心盘与摇枕一体式下心盘和分体式下心盘。分体式下心盘用防松螺栓或者拉铆钉固定在摇枕上,在下心盘和摇枕之间加适当厚度的垫板,以调整车钩高度。为了减小车体上心盘与转向架下心盘之间的磨耗,一般会在下心盘接触面上放置一个由高分子复合材料制作的心盘磨耗盘。

我国早期的转 8A 型转向架和国外一些国家的货车转向架采用下心盘与摇枕一体式结构。这种结构减少了摇枕与下心盘结合的加工面,省去了心盘螺栓,避免了由于心盘螺栓松动带来的故障,制造和检修比较方便,但调整车钩高度较为困难。

心盘直径的选择是心盘设计的重要内容。心盘直径大小与转向架的轴重有关,可根据转向架心盘回转阻力矩大小来确定。心盘直径越大,对改善转向架的运行稳定性的效果越明显,转向架回转阻力矩越大,但心盘磨耗将越快,转向架曲线通过能力越弱。因此,应综合兼顾转向架的稳定性和曲线通过能力来选择下心盘直径。

表 4 - 36 是我国目前的主型货车转向架的下心盘情况。从表中可以看出,25 t 轴重重载货车转向架下心盘直径超出了原铁道部规定的 355 mm 而采用 375 mm,就是综合考虑转向架的稳定性和曲线通过能力而选取的合适数据。

表 4 - 36　我国主型货车转向架的下心盘情况

转向架型号	转 8A	转 8AG	转 8G	转 K1	转 K2	转 K3	转 K4	转 K5	转 K6	转 K7
下心盘形式	平面	平面	平面	平面	平面	球面	平面	平面	平面	平面
轴重/t	21	21	21	21	21	21	21	25	25	25
车轮直径/mm	840	840	840	840	840	840	840	840	840	840
下心盘直径/mm	305	305	305	355	355	SR190	355	375	375	375

球形(面)心盘受力时不易产生局部的应力集中，具有较好的抗疲劳和抗磨耗能力，能释放车辆侧滚和点头运动，提高车辆的曲线通过能力，改善车辆对线路的扭曲，改善车辆的运行稳定性和平稳性。我国的长大特种货车转向架常采用球面心盘，欧洲国家货车转向架也常采用球面心盘，如 Y25 型转向架。球面心盘结构复杂，制造与安装精度要求高，对焊接摇枕的结构要求严格。

4.6　轮对轴箱装置设计与轴承的选型

轮对沿着钢轨滚动，除传递车辆质量外，还传递轮轨之间的各种作用力，包括牵引力和制动力。轴箱和轴承装置是联系构架(侧架)和轮对的活动关节，可使轮对的滚动转化为车体沿钢轨的平移。

4.6.1　轮对

轮对是由一根车轴和两个相同的车轮组成的，在轮轴接合部位采用过盈配合，使两者牢固地结合在一起。为保证安全，绝对不允许有任何松动现象发生。

轮对承担车辆全部质量，且在轨道上高速运行，同时还承受着从车体、钢轨两方面传递来的其他各种静、动作用力，受力复杂。因此，对车辆轮对的要求是：应有足够的强度，以保证在容许的最高速度和最大载荷下安全运行；应在强度足够和保证一定使用寿命的前提下，质量最小，并具有一定弹性，以减小轮轨之间的相互作用力；应具备阻力小和耐磨性好的优点，以减少牵引动力并提高使用寿命；应能适应车辆直线运行，同时又能顺利通过曲线，还应具备必要的抵抗脱轨的安全性。

轮对既是转向架中重要的部件之一，又是影响车辆运行安全性的关键部件之一，故在新造、厂修及运用中，对轮对都有严密的技术要求和严格的管理制度。

4.6.2　车轴

1. 车轴各部位名称及作用

铁路车辆用的车轴绝大多数是圆截面实心轴。由于车轴各部位受力状态不同及装配的需要不同，其直径也不一样。滚动轴承车轴(见图 4-22)各部位名称和作用如下：

(1)轴颈：用以安装滑动轴承的轴瓦或滚动轴承，负担着车辆质量，并传递各方向的静、动载荷。

(2)轮座：车轴与车轮配合的部位。为了保证轮轴之间有足够的压紧力，轮座直径比车轮孔径要大 0.10~0.13 mm。同时为了便于轮轴压装，减少应力集中，轮座外侧(靠防尘板座侧)直径向外逐渐减小，成为锥体，其小端直径比大端直径要小 1 mm，锥体长为 12~16 mm。轮座是车轴受力最大部位。

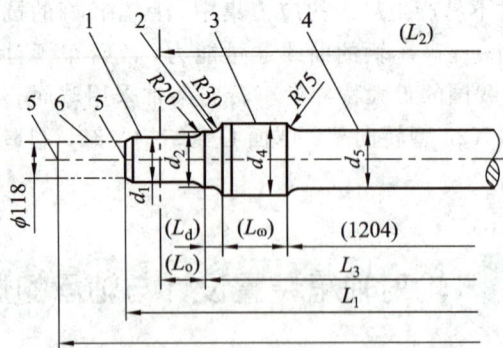

1—轴颈;2—防尘板座;3—轮座;4—轴身;

5—螺丝孔;6—发电机轴加长部分板。

图 4-22 滚动轴承车轴

(3) 防尘板座:车轴与防尘板配合部位。其直径比轴颈的直径大,比轮座的直径小,介于两者之间。它是轴颈和轮座的中间过渡部分,用以减少应力集中。

(4) 轴身:车轴中央部分。该部位受力较小。

应该指出的是,为减少应力集中,各相邻截面直径变化时,其交接处必须缓和过渡。为了提高车轴的疲劳强度,对轴颈、防尘板座和轮座要进行滚压强化和精加工。

车轴轴型已经标准化和系列化,以适应不同车种和不同车辆自重和载重的要求,以及客、货运输不同用途的需要。

根据铁路标准 TB/T 1010—2016,标准型滚动轴承车轴有 RB_2、RD_2、RE_2、RE_{2A}、RC_3、RD_3、RC_4、RD_4、RD_{3A}、RD_{3B} 型。其中 RB_2、RD_2、RE_2、RE_{2A}、RE_{2B} 型用于货车,RD_3、RD_4 型既可用于货车,也可用于客车,其余用于客车。RC_4、RD_4 型车轴为发电机传动车轴,在车轴一端有发电机皮带轮安装轴。各型车轴的主要参数见表 4-37,各型车轴基本尺寸如图 4-23 所示,车轴各部分主要尺寸及质量见表 4-38。

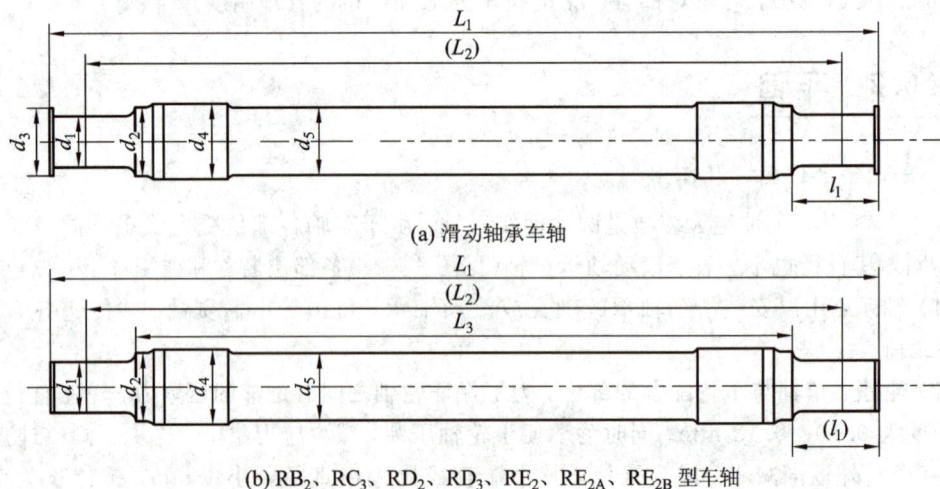

(a) 滑动轴承车轴

(b) RB_2、RC_3、RD_2、RD_3、RE_2、RE_{2A}、RE_{2B} 型车轴

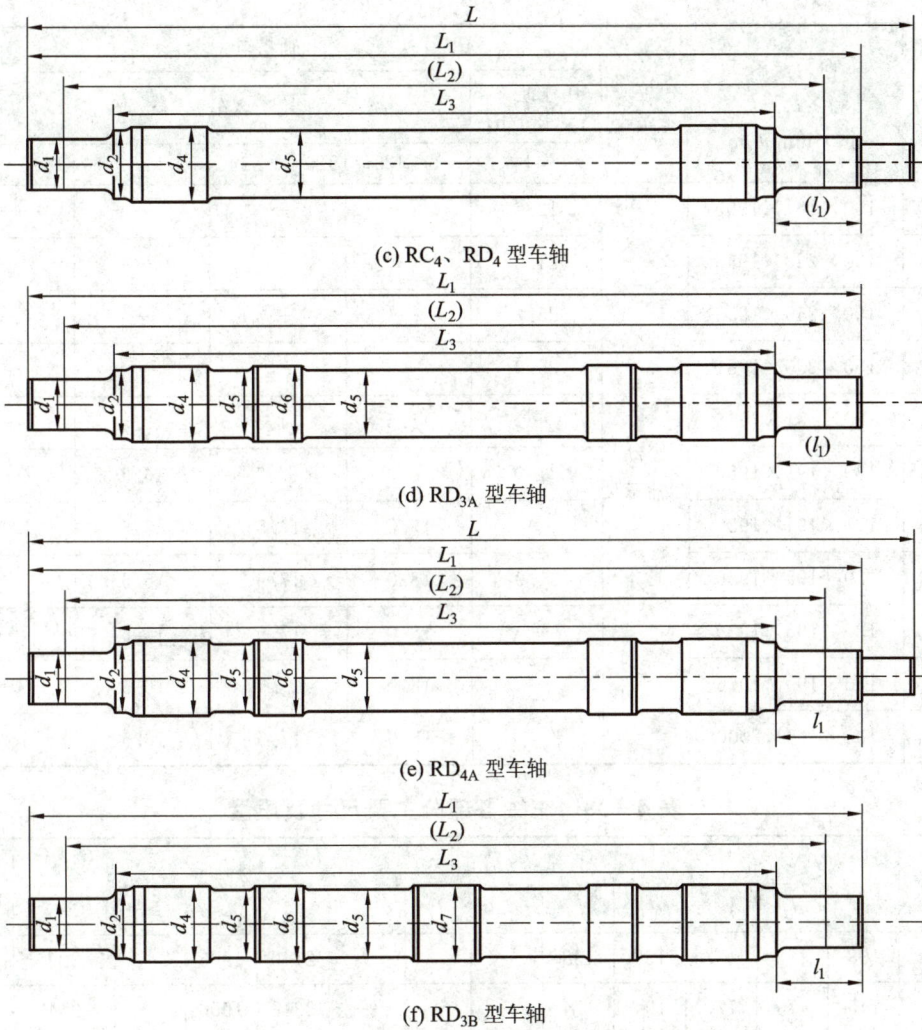

(c) RC$_4$、RD$_4$ 型车轴

(d) RD$_{3A}$ 型车轴

(e) RD$_{4A}$ 型车轴

(f) RD$_{3B}$ 型车轴

图 4-23 各型车轴基本尺寸

表 4-37 各型车轴的主要参数

轴型	车轴主要尺寸 $d_1 \times l_1 \times l_2$ （mm×mm×mm）	适应轴承类型	轴重/t				
			用于货车 v/(km/h)	用于客车 v/(km/h)			
			$v \leqslant 120$	$v \leqslant 120$	$120 < v \leqslant 140$	$140 < v \leqslant 160$	$160 < v \leqslant 200$
B	105×230×1905	滑动轴承	12.0	—	—	—	—
D	145×254×1956		21.0	—	—	—	—
E	155×279×1981		25.0	—	—	—	—
F	165×305×2007		30.0	—	—	—	—
G	178×305×2007		35.0				

续表

轴型	车轴主要尺寸 $d_1 \times l_1 \times l_2$ (mm×mm×mm)	适应轴承类型	轴重/t					
			用于货车 v/(km/h)	用于客车 v/(km/h)				
			$v \leqslant 120$	$v \leqslant 120$	$120 < v \leqslant 140$	$140 < v \leqslant 160$	$160 < v \leqslant 200$	
RB_2	100×187×1905	滚动轴承	12.0	—	—	—	—	
RD_2	130×220×1956		21.0	—	—	—	—	
RE_2	150×240×1956		25.0	—	—	—	—	
RE_{2A}	150×230×1981		25.0	—	—	—	—	
RC_3	120×191×1956		—	15.5	14.5	13.5	—	
RD_3	130×195×1956		21.0	18.0	17.5	16.5	—	
RC_4	120×191×1930		—	15.5	14.5	13.5	—	
RD_4	130×195×1956		21.0	18.0	17.5	16.5	—	
RD_{3A}	130×195×1956		—	18.0	17.5	16.5	—	
RD_{4A}	130×195×1956		—	18.0	17.5	16.5	—	
RD_{3B}	130×195×2000		—	18.0	17.5	16.5	15.5	

表 4-38　车轴各部分主要尺寸及质量

轴型	尺寸/mm												质量/kg
	d_1	d_2	d_3	d_4	d_5	d_6	d_7	L	L_1	(L_2)	L_3	l_1	
B	108	133	133	155	138	—	—	—	2140	1905	—	203	243
D	145	170	170	194	174	—	—	—	2248	1956	—	254	406
E	155	185	185	206	184	—	—	—	2304	1981	—	279	470
F	165	197	197	222	198	—	—	—	2356	2007	—	305	487
G	178	210	210	241	215	—	—	—	2356	2007	—	305	571
RB_2	100	127	—	155	138	—	—	—	2062	1905	1688	(187)	232
RD_2	130	165	—	194	174	—	—	—	2146	1956	1706	(220)	380
RE_2	150	180	—	206	184	—	—	—	2166	1956	1686	(240)	440
RE_{2A}	150	180	—	210	184	—	—	—	2191	1981	1731	(230)	451
RE_{2B}	150	180	—	210	184	—	—	—	2181	1981	1761	(210)	451
RC_3	120	145	—	178	158	—	—	—	2110	1930	1728	(191)	315
RD_3	130	165	—	194	174	—	—	—	2146	1956	1756	(195)	383

续表

轴型	尺寸/mm												质量/kg
	d_1	d_2	d_3	d_4	d_5	d_6	d_7	L	L_1	(L_2)	L_3	l_1	
RC_4	120	145	—	178	158	—	—	2270	2110	1930	1728	(191)	332
RD_4	130	165	—	194	174	—	—	2286	2146	1956	1756	(195)	398
RD_{3A}	130	165	—	194	174	198	—		2146	1956	1756	(195)	403
RD_{4A}	130	165	—	194	174	198	—	2286	2146	1956	1756	(195)	415
RD_{3B}	130	165	—	194	174	198	200		2190	2000	1800	(195)	420

2. 国内常用货车车轴尺寸系列

国内常用货车车轴形状见图 4-24，其基本尺寸见表 4-39。

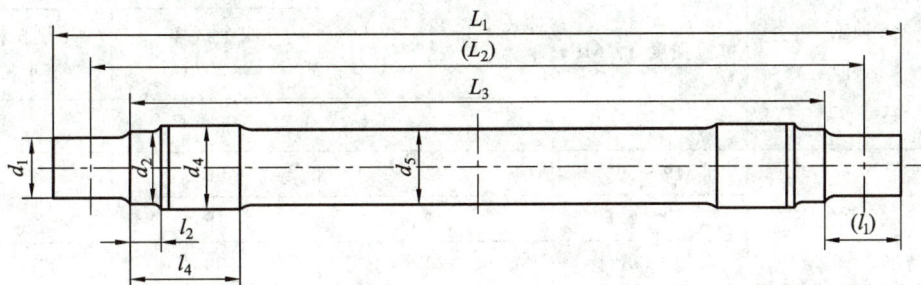

图 4-24 国内常用货车车轴形状

表 4-39 国内常用货车车轴基本尺寸

车轴型号	尺寸/mm										计算质量/kg
	d_1	d_2	d_4	d_5	L_1	(L_2)	L_3	(l_1)	l_2	l_4	
RE_2	$160^{+0.068}_{+0.043}$	$190^{+0.151}_{+0.122}$	230^{+1}_{-2}	200^{+2}_{0}	2214^{+1}_{-1}	2006.6	1766.6 ± 1	218.7	95	274.3	528.7
RE_{2B}	$150^{+0.068}_{+0.043}$	$180^{+0.085}_{+0.058}$	210^{+1}_{-2}	184^{+2}_{0}	2181^{+1}_{0}	1981	1761 ± 1	210	83	266.5	451
RE_{2A}	$150^{+0.068}_{+0.043}$	$180^{+0.085}_{+0.058}$	210^{+1}_{-2}	184^{+2}_{0}	2191^{+1}_{0}	1981	1731 ± 1	230	48	229	451
RD_2	$130^{+0.052}_{+0.025}$	$165^{+0.085}_{+0.058}$	194^{+1}_{-2}	174^{+2}_{0}	2146^{+1}_{0}	1956	1706 ± 1	220	53	239	380
RB_2	$100^{+0.045}_{+0.023}$	$127^{+0.085}_{+0.058}$	155^{+1}_{-2}	138^{+2}_{0}	2062^{+1}_{0}	1905	1688 ± 1	187	44	230	232

3. 车轴材质及要求

车轴采用优质碳素钢(如平炉钢或电炉钢钢锭或专用的车轴钢坯)加热锻压成型,经过热处理(正火或正火后再回火)和机械加工制成。

车轴钢的化学成分应符合表 4-40 的规定。

表 4-40　车轴钢的化学成分　　　单位：%

车轴钢钢种	$w(C)$	$w(Mn)$	$w(Si)$	$w(P)$	$w(S)$	$w(Cr)$	$w(Ni)$	$w(Cu)$
				不大于				
40 钢	0.37~0.45	0.50~0.80	0.15~0.35	0.040	0.045	0.30	0.30	0.25
50 钢	0.47~0.55	0.60~0.90	0.15~0.35	0.035	0.035	0.30	0.30	0.25

车轴热处理后,其机械性能应符合表 4-41 的规定。在金相检查时,其晶粒度应为 5~8 级。

表 4-41　车轴钢机械性能

车轴钢钢种	抗拉强度 σ_b/MPa	伸长率 $\delta_5(l=5d)$/%	冲击韧性/(N·m/cm^2)	
			四个试样平均值	个别试样最小值
			不小于	
40 钢	549~569	22	59	39
	570~598	21	49	34
	>598	20	39	29

车轴钢钢种	车轴最大直径/mm	σ_b (N/mm^2)	σ_s (N/mm^2)	$\delta_4(\delta_5)$/%	断面收缩率 ψ/%	冲击韧性/(N·m/cm^2)	
						四个试样平均值	个别试样最小值
50 钢	≤200	≥605	≥344	≥22(20)	≥37	≥39	≥29
	200~300	≥593	≥330	≥21(19)	≥35	≥34	≥29

4.6.3　车轮

1. 车轮各部分名称及作用

目前我国铁路车辆上使用的车轮绝大多数是整体钢轮,它包括踏面、轮缘、轮辋、辐板和轮毂等部分,如图 4-25 所示。

车轮踏面需要有一定的斜度,原因如下:

(1)便于通过曲线。车辆在曲线上运行,由于离心力的作用,轮对偏向外轨,于是在外轨上滚动的车轮与钢轨接触的部分直径较大,而沿内轨滚动的车轮与钢轨接触部分直径较小,这样滚动中的轮对中大直径的车轮沿外轨行走的路程长,小直径的车轮沿内轨行走的路程短,这正好和曲线区间线路外轨长、内轨短的情况适应,可以使轮对较顺利地通过曲线,减少车轮在钢轨上的滑行。

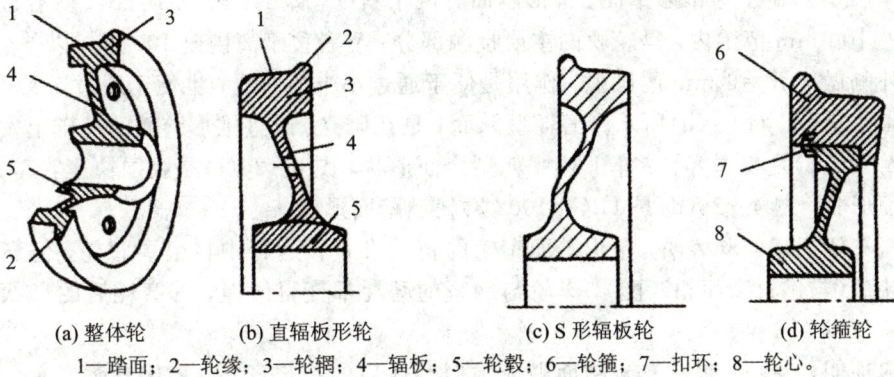

(a) 整体轮　　(b) 直辐板形轮　　(c) S 形辐板轮　　(d) 轮箍轮

1—踏面；2—轮缘；3—轮辋；4—辐板；5—轮毂；6—轮箍；7—扣环；8—轮心。

图 4-25 车轮

（2）可自动调中。在直线线路上运行时，如果车辆中心线与轨道中心线不一致，则轮对在滚动过程中能自动纠正偏离位置。

（3）踏面磨耗沿宽度方向比较均匀。

从上述分析可知，车轮踏面必须有斜度。而斜度的存在，也是轮对乃至整个车辆发生自激蛇行运动的原因。常见车轮轮缘踏面外形如图 4-26 所示。

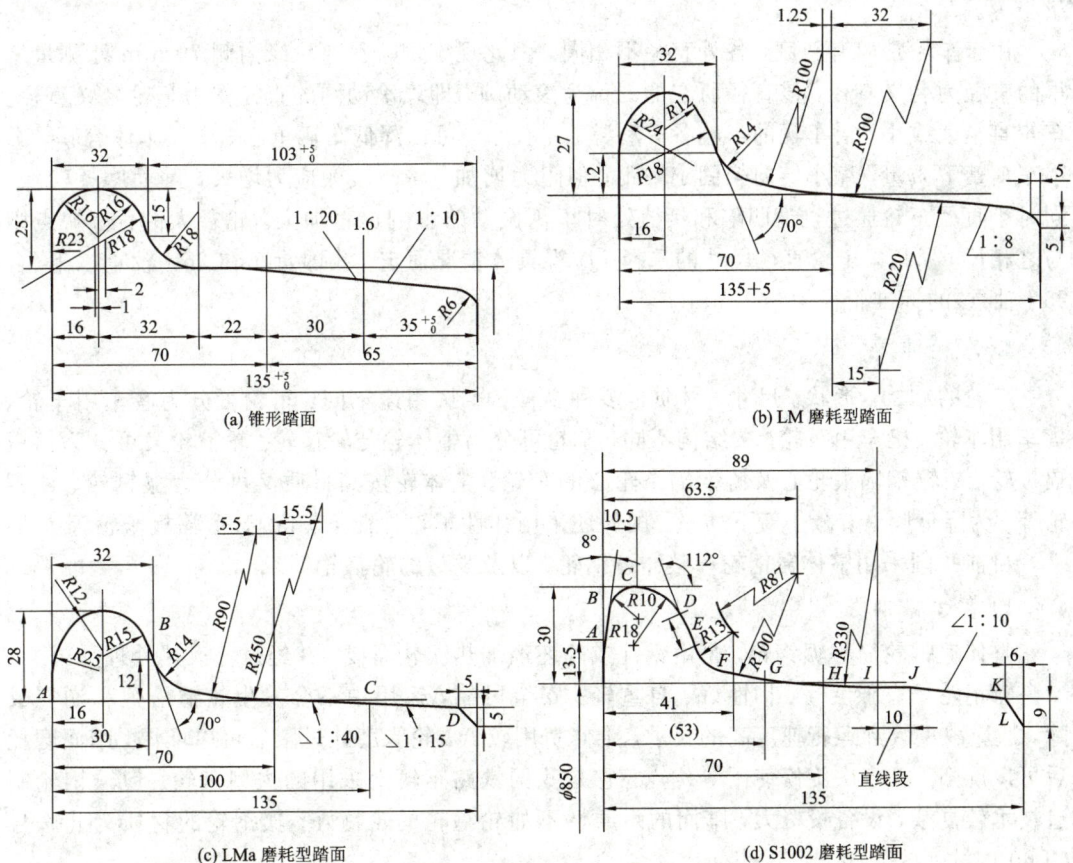

(a) 锥形踏面　　　　　　　　　　　(b) LM 磨耗型踏面

(c) LMa 磨耗型踏面　　　　　　　　(d) S1002 磨耗型踏面

图 4-26 车轮轮缘踏面外形

图 4-26(a)所示为锥形踏面。锥形踏面有两个斜度，即 1:20 和 1:10。前者位于轮缘内侧 48～100 mm 范围内，是轮轨的主要接触部分；后者位于离内侧 100 mm 以外部分。踏面的最外侧做成 R=6 mm 的圆弧，作用是便于通过小半径曲线，也便于通过辙叉。

图 4-26(b)、(c)、(d)所示为磨耗型踏面，是在研究、改进锥形踏面的基础上发展起来的。图 4-26(b)是我国客、货车 LM 磨耗型踏面形状，图 4-26(c)是我国快速客车 LMa 磨耗型踏面形状，图 4-26(d)是 UIC S1002 磨耗型踏面形状。

各国车辆运用经验表明，锥形踏面车轮的初始形状在运行中将很快磨耗，但当磨耗成一定形状后(与钢轨断面相匹配)，车轮与钢轨的磨耗都变得缓慢，其磨耗后的形状将相对稳定。

实践证明，一开始就把车轮踏面做成类似磨耗后的稳定形状，即磨耗型踏面，可明显减少轮与轨的磨耗、减少车轮磨耗过限后修复成原形时旋切掉的材料、延长踏面的使用寿命，同时减少换轮、旋轮的检修工作量。磨耗型踏面可减小轮轨接触应力，既能保证车辆直线运行的横向稳定，又有利于曲线通过。

各国采用的车轮踏面形状多种多样，概括起来说应具备下列条件：具有良好的抗蛇行运动稳定性；具有良好的防止脱轨的安全性；轮轨之间的磨耗少，发生磨耗后，外形变化小；易于通过曲线；轮轨之间接触应力小；旋修车轮时，无益的消耗少，切削去掉部分的质量小等。

由于车轮踏面有斜度，各处直径不相同，因此规定钢轨在离轮缘内侧 70 mm 处测量所得的直径为名义直径，该直径所在的圆称为滚动圆，即以滚动圆的直径作为车轮名义直径。车轮直径大或小，对车辆的影响各有利弊。轮径小，可以降低车辆重心，增大车体容积，减小车辆簧下质量，缩小转向架固定轴距；但阻力增加，轮轨接触应力增大，踏面磨耗较快，同时小直径车轮通过轨道凹陷和接缝处对车辆振动的影响也将加大。轮径大的优、缺点则与之相反。所以，车轮直径尺寸的选择，应视具体情况而定。我国货车在 25 t 轴重以下(含 25 t 轴重)的标准轮径为 840 mm。

2. 车轮种类

车轮的结构、形状、尺寸、材质是多种多样的。按用途不同，车轮可分为客车用车轮、货车用车轮、机车用车轮。按结构不同，车轮可分为整体轮与轮箍轮。轮箍轮又可分为铸钢辐板轮心、辗钢辐板轮心及铸钢辐条轮心的车轮。整体轮按其材质又分为辗钢轮、铸钢轮等。为降低噪音，减小簧下质量，国外还采用弹性车轮、消音车轮、S 形辐板车轮等。

目前我国采用整体辗钢轮和整体铸钢轮，以及少量的轮箍轮等。

1) 整体辗钢轮

整体辗钢轮简称辗钢轮，是由钢锭或轮坯经加热辗轧而成，并经过淬火热处理。

辗钢轮具有强度高、韧性好、自重轻、安全可靠，运用中不会发生轮箍松弛和崩裂故障，适应载重大和运行速度高的要求，维修费用较低，轮缘磨耗过限后可以堆焊，踏面磨耗后可以旋削，能多次旋修使用等优点。它是我国铁路车辆上采用的主型车轮。但辗钢轮制造技术较复杂，设备投资大，踏面的耐磨性不如轮箍轮的轮箍好。辗钢轮的材质为Ⅱ牌号 CL60 钢材。

为适应高速、重载运输发展的需要，近年来又开发、研制了 S 形辐板整体辗钢轮。它的主要结构特点有：辐板为不同圆弧连接成的 S 形状；采用 LM 型踏面；取消了辐板孔；适当减薄了轮毂孔壁厚度（为 40 mm）。各 S 形辐板系列车轮的适用范围及代号参见表 4-42。

表 4-42　各 S 形辐板系列车轮的适用范围及代号

轮型		客车轮			货车轮				
		轮径：ϕ915 mm			轮径：ϕ840 mm			轮径：ϕ915 mm	
适用范围	速度/(km/h)	≤120	≤160	≤200	≤120	≤120	≤120	≤120	≤120
	轴重/t	18	16.5	15.5	12	21	25	27	30
	轴型	D	D	D	B	D	E	F	F
轮型代号		KDS	KDS	KKD	HBS	HDS	HES	HFS	HFS
材质		CL60	CL65	CL70	CL60	CL60	CL60	CL65	CL70

　　S 形辐板大多采用 CL60 车轮钢，要求严格控制其纯净度，以提高车轮内在质量。采用先进的间歇淬火或三面淬火新工艺，提高轮辋断面的硬度分布均匀性。这种车轮采用全加工、全喷丸、全探伤，有效消除了由尺寸公差超差所造成的踏面不圆、车轮偏心等问题，明显有别于国标车轮。同时严控车轮残余静平衡值，使制造精度比现有国标车轮普遍提高。

　　对客车 S 形辐板轮进行有限元计算和实物静强度对比实验，结果表明：在相同载荷下直辐板形车轮可提高结构强度约 30%；热处理后的车轮残余应力分布合理，其改善程度达到国际先进水平。动应力测试表明，由于该 S 形辐板轮具有较好的径向弹性，可显著改善轮轨动作用力，其最大峰值可减少约 50%。1998 年我国正式批量生产 S 形辐板整体辗钢轮。

　　辗钢轮制成后，在每个车轮的轮辋外侧面上打上制造年月、压延号、厂标、轮型和熔炼炉号等制造标记。

　　2）铸钢轮

　　在 20 世纪 50 年代，为了适应铁路运输的需要，曾经大量生产过冷铸生铁轮、批量生产过旧型铸钢轮。

　　旧型铸钢轮为一体式，它比冷铸生铁轮强度高，韧性好，当时主要安装在客车上，也为铁路运输做出了一定贡献。但由于它铸造时容易产生砂眼、气孔、缩孔等缺陷，成品率不高，并且踏面硬度低、易磨耗，容易出现轮辋辗宽等缺陷，所以很快停止生产。

　　新型铸钢轮生产工艺采用电弧炉炼钢、石墨铸型、雨淋式浇口浇铸工艺。

　　采用电弧炉熔炼钢水，所得钢水纯度较高。采用石墨铸型，铸件表面光洁，尺寸精度高，同时石墨导热性能优良，铸件凝固速度快，晶粒细化，可提高材质机械性能和车轮的内在质量。采用雨淋式浇口浇铸工艺，冒口与浇口设在同一位置，浇铸时钢水由轮辋、辐板至轮毂顺序凝固，补缩用的钢水自冒口沿补缩通道不断补充，达到最佳补缩效果。铸成后的车轮要进行缓冷处理，使铸件各部位均匀冷却，以消除内应力。随后进行热轮抛丸，以清理表面余砂及氧化铁皮，再进行加热、淬火及回火的热处理工艺，对辐板进行抛丸强化处理，提高车轮的使用寿命。上述先进的生产工艺，使新型铸钢轮具有尺寸精度高、安全性好、制造成本低等优点。

新型铸钢轮与整体辗钢轮的明显区别如下:

(1) 铸钢车轮是由钢水在生产线上直接铸造成型的。与生产辗钢车轮相比,省去了铸锭、截断再加热、压型、冲孔、轧制等诸多工序,因而生产工序少、劳动力消耗少、生产能耗低。

(2) 采用石墨型浇铸工艺,避免了辗钢轮中由下料偏差引起的尺寸和质量偏差,使新型铸钢轮尺寸精度高、几何形状好、内部组织均匀、质量分布均匀、轮轨之间动力作用相对小。

(3) 新型铸钢车轮辐板为深盆形结构(又称流线形结构),其耐疲劳、抗热裂的性能均优于辗钢车轮。

3) 轮箍轮

轮箍轮又称带箍轮或有箍轮(见图 4-25(d)),由轮箍、轮心和扣环组成。从车轮的工作性质角度而言,这种结构形式比较合理。轮箍是用平炉优质钢辗压制成的,强度高、耐磨性好;而轮心是用含碳量较低的 Q235 钢铸造的,韧性好、耐冲击。但是由于轮箍和轮心是组合式的,在运行中容易产生轮箍松弛和崩裂,严重威胁行车安全,且轮箍、轮心的机械加工量大,烧嵌工作量多,修理费用高,自重大等,因此目前车辆上已很少使用轮箍轮。

4) 高速轻型车轮

减少高速运行时轮轨之间动作用力的重要措施之一是减轻簧下质量。因车轮质量约占轮对质量的 1/2,所以实现车轮的轻量化成为必然。虽然可以选择减小轮径来实现车轮轻量化,但轮径的减小,会加大轮轨接触应力,增加轮轨磨耗,并且在运行里程相同的条件下,还会加速轮轴、轴承的疲劳损伤。所以,一般采用的方法是维持轮径不变而减小车轮质量,为此需要实现车轮有限元的优化设计。

纵观国外高速车辆轻型车轮结构,其主要特点是:采用薄轮辋(厚约为 50 mm)、薄辐板(一般最小在 9~15 mm)、薄轮毂壁厚(约 30 mm);采用适用于高速运行的踏面外形;采用设计合理的辐板外形,如双曲形、双波纹形、大圆弧形等,并均为圆弧连接。另外,设计高速车辆时,要对车轮的加工精度及质量均衡性提出更高要求。如 UIC 标准中规定的车轮允许的静不平衡值与运行速度 v 之间的关系为:80 km/h$<v \leqslant$120 km/h 时,车轮允许的静不平衡值为 1.25 N·m;120 km/h$<v \leqslant$200 km/h 时,车轮允许的静不平衡值为 0.75 N·m;$v>$200 km/h 时,车轮允许的静不平衡值为 0.50 N·m。

5) 弹性车轮

在轮心(轮毂)与轮箍之间安置弹性元件——橡胶垫,可使车轮在空间三维方向上的弹性(与整体轮相比)比较柔软。具有这样结构的车轮称为弹性车轮。采用弹性车轮可以明显减小车辆簧下部分质量,减小轮轨之间作用力,缓和冲击,提高列车运行平稳性,改善车轮与车轴的运用条件,减少轮轨磨耗,减小噪声。弹性车轮的缺点是结构复杂,制造检修较难,并使车辆运行阻力略有增加。

当前我国铁路货车转向架轮对主要采用铸钢车轮和辗钢车轮,车轮滚动圆名义直径为 ϕ840 mm,少部分新研制的大轴重货车转向架和 160 km/h 速度级快速货车转向架车轮直径为 ϕ915 mm,轮辋宽度为 135 mm,车轮踏面采用 LM 磨耗型踏面。

3. 既有车轮技术参数

轮对设计时优先选用既有车轮，既有车轮技术参数详见表 4-43。

轮对必须通过静平衡试验，最大剩余不平衡值根据运行速度等级确定：速度为 120 km/h 以下的，最大剩余不平衡值不大于 1.25 N·m；速度为 120 km/h 以上的，最大剩余不平衡值为 0.75 N·m。

表 4-43 既有车轮技术参数

铸 钢 车 轮							
车轮型号	HDZ	HDZA	HDZB	HDZC	HEZB	HDZD	HEZD
图号	JV33-3A	JV33-4A	JV33-5A	JV33-8A	JV33-7A	JV33-10A	JV33-11A
质量/kg	396	371	330	310	322	—	—
速度/(km/h)	$\leqslant 120$						
静态轴重/t	$\leqslant 21$				$\leqslant 25$	$\leqslant 21$	$\leqslant 25$
热负荷	—	30.9 kW 持续输入 20 min		21.5 kW 持续输入 20 min			
依据标准	TB/T 1013—2011、AAR M—208						
轮缘踏面形状	TB/T 449—2016 标准规定的形状						
辐板形状	大圆弧						
滚动圆直径/mm	$\phi 840_0^{+10}$			$\phi 840_0^{+6}$			
轮辋厚度/mm	—	$\leqslant 65$		最小 50			
轮辋宽度/mm	135_{+2}^{+5}						
轮辋外侧内径/mm	$\phi 710_{-10}^{0}$		$\phi 740_{-8}^{0}$		$\phi 740_{-6}^{0}$		$\phi 740_{-4}^{0}$
轮辋内侧内径/mm	$\phi 710_{-10}^{0}$		$\phi 740_{-8}^{0}$		$\phi 740_{-6}^{0}$		$\phi 740_{-4}^{0}$
辐板厚度/mm	最小 25		最小 23	最小 20	最小 21	最小 21	最小 22
轮毂外径/mm	$\phi 289_0^{+10}$	$\phi 260_{-2}^{+6}$	$\phi 260_{-2}^{+6}$	$\phi 260_{-2}^{+6}$	$\phi 278_0^{+10}$	$\phi 263\pm4$	$\phi 282\pm4$
轮毂内径/mm	$\phi 186_{-4}^{0}$				$\phi 198_{-4}^{0}$	$\phi 186_{-4}^{0}$	$\phi 198_{-4}^{0}$
轮毂长度/mm	178 ± 3						
内侧毂辋距/mm	68_{+2}^{0}						
材料	ZL-B						
车轮轮毂最小壁厚/mm	—	—	—	30	34	—	—

续表

辗 钢 车 轮				
车轮型号	国家标准辗钢轮	HDS	HDSA	HES	HESA
图号	—	SYSZ41-00-00-000	SYSZ67-00-00-000	SYSZ68-00-00-000	SYSZ69-00-00-000
质量/kg	351	348	306	347	314
运行速度/(km/h)	≤120				
静态轴重/t	≤21	≤21	≤21	≤25	≤25
热负荷	—	—	21.5 kW 持续输入 720 s	25.725 kW 持续输入 1200 s	25.725 kW 持续输入 1200 s
依据标准	GB/T 8601—2021	TB/T 2817—2018、AAR S-660-83			
轮缘踏面形状	TB/T 449—2016 标准规定的形状				
辐板形状	—	S形辐板			
滚动圆直径/mm	$\phi 840^{+10}_{-5}$	$\phi 840^{+10}_{0}$	$\phi 840^{+6}_{0}$		
轮辋厚度/mm	65		最小 50	最小 65	最小 50
轮辋宽度/mm	135^{+5}_{0}	135^{+5}_{+2}			
轮辋外侧内径/mm	$\phi 740^{0}_{-10}$	$\phi 740^{0}_{-10}$	$\phi 740^{0}_{-4}$	$\phi 710^{0}_{-4}$	$\phi 740^{0}_{-4}$
轮辋内侧内径/mm	$\phi 710^{0}_{-10}$	$\phi 710^{0}_{-10}$	$\phi 740^{0}_{-4}$	$\phi 710^{0}_{-4}$	$\phi 740^{0}_{-4}$
辐板厚度/mm	—	19^{+5}_{0}	19^{+3}_{0}	20^{+3}_{0}	
轮毂外径/mm	$\phi 273^{+6}_{-2}$	$\phi 274^{+5}_{0}$	$\phi 264^{+4}_{0}$	$\phi 286^{+4}_{0}$	
轮毂内径/mm	$\phi 170 \pm 2$	$\phi 186^{0}_{-4}$	$\phi 186^{0}_{-2}$	$\phi 198^{0}_{-2}$	
轮毂长度/mm	178 ± 5	178 ± 3			
内侧毂辋距/mm	68^{+2}_{0}				
材料	CL60				

4.6.4　轴箱定位装置

约束轮对与构架(侧架)之间相对运动的机构,称为轴箱定位装置。由于轴箱相对于轮对在左右前后方向的间隙很小,因此约束轮对相对运动的轮对定位通常也称为轴箱定位。

对轴箱定位装置的基本要求是:在纵向和横向具有适宜的弹性定位刚度值(该值是此装置的主要参数),结构形式应能保证良好地实现弹性定位作用,性能稳定,结构简单可靠,无磨耗或少磨耗,制造、组装和检修方便,质量轻,成本低。

适宜的轴箱弹性定位,不仅可以避免车辆在运行速度范围内发生蛇行运动失稳,还能保证车辆在曲线上运行时具有良好的导向性能，从而减小轮对与钢轨之间的冲击和侧压力，降低车轮轮缘与钢轨的磨耗，确保车辆运行的安全性和平稳性。

轴箱定位装置有多种结构形式，常见的有下列几种。

1. 固定定位

固定定位是将轴箱与转向架侧架铸成一体，或将轴箱与侧架用螺栓及其他紧固件连接成为一个整体，使得轴箱与侧架之间不能产生任何相对运动，如图 4-27(a)所示。

2. 导框式定位

导框式定位的轴箱上有导槽，构架(侧架)上有导框，构架(侧架)的导框插入轴箱的导槽内，如图 4-27(b)所示。这种结构容许轴箱与构架(侧架)之间在铅垂方向有较大的相对位移，但在前后、左右方向仅能在容许的间隙范围内有相对小的位移。

3. 干摩擦导柱式定位

安装在构架上的导柱及坐落在轴箱弹簧托盘上的支持环均装配有磨耗套，导柱插入支持环，发生上下运动时，两磨耗套之间是干摩擦，因此这种结构形式称为干摩擦导柱式定位，如图 4-27(c)所示。它的作用原理是由轴箱橡胶产生不同方向的剪切变形，实现弹性定位作用。

4. 油导筒式定位

把安装在构架上的轴箱导柱和坐落在轴箱弹簧托盘上的导筒分别做成活塞和油缸形式，导柱插入导筒，就得到油导筒式定位，如图 4-27(d)所示。导柱在导筒内上下移动时，油液可以进出导柱的内腔，产生减振作用。它的作用原理是：当构架与轴箱之间产生水平方向的相对运动时，利用导柱与导筒传递纵向力和横向力，再通过轴箱橡胶垫传递给轴箱体，使橡胶垫产生不同方向的剪切变形，实现弹性定位作用。

5. 拉板式定位

拉板式定位采用特殊弹簧钢制成的薄形定位拉板，一端与轴箱连接，另一端通过橡胶节点与构架连接，如图 4-27(e)所示。利用拉板在纵向和横向的不同刚度来约束与轴箱的相对运动，以实现弹性定位。拉板上下弯曲变形刚度小，对轴箱与构架上下方向的相对位移约束很小。

6. 拉杆式定位

拉杆式定位的拉杆两端分别与构架和轴箱销接，容许轴箱与构架在上下方向有较大的相对位移。拉杆中的橡胶垫、套分别限制轴箱与构架之间的横向与纵向的相对位移，实现弹性定位。

7. 转臂式定位

转臂式定位又称弹性铰定位，如图 4-27(f)所示。定位转臂一端与圆筒形的轴箱体固接，另一端以橡胶弹性节点与焊在构架上的安装座相连接。橡胶弹性节点容许轴箱相对构架有较大的上下方向位移，但它里边的橡胶件使轴箱纵向与横向位移的定位刚度有所不同，可以适应纵、横两个方向的不同弹性定位刚度的要求。

8. 橡胶弹性定位

橡胶弹性定位的构架与轴箱之间设有橡胶弹簧，如图 4 - 27(g)所示。这种橡胶弹簧上下方向的刚度比较小，轴箱相对构架在上下方向有比较大的位移；而它的纵、横方向具有适宜的刚度，可以实现良好的弹性定位。

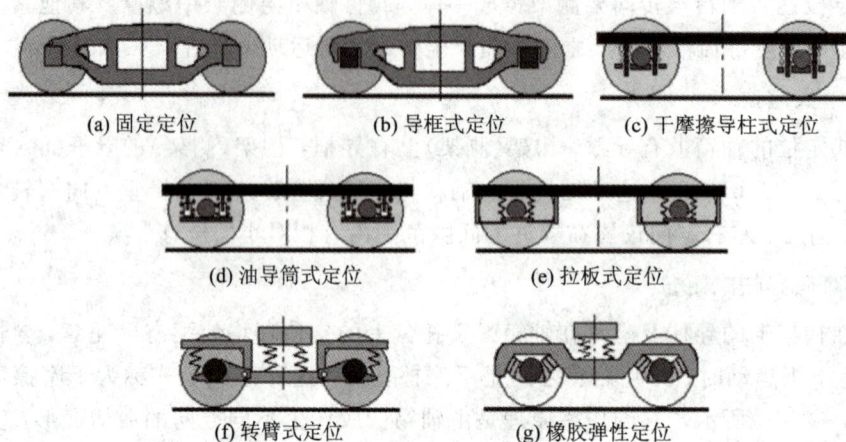

(a) 固定定位   (b) 导框式定位   (c) 干摩擦导柱式定位

(d) 油导筒式定位   (e) 拉板式定位

(f) 转臂式定位   (g) 橡胶弹性定位

图 4 - 27 常见轴箱定位装置结构形式

我国货车转向架多是三大件式转向架，所以基本都采用导框式定位，只有转 K3 型转向架采用楔块式轴箱定位，少量焊接转向架采用利诺尔轴箱定位，近年研制的 160 km/h 快速货车转向架采用橡胶弹性定位。

4.6.5 滚动轴承装置

由于我国货车转向架目前采用的轴承均为滚动轴承，因此以下提到的轴承均指滚动轴承。

1. 滚动轴承的作用

采用滚动轴承是铁路车辆技术现代化的重要措施之一。采用滚动轴承，显著地降低了车辆起动阻力和运行阻力，提高了牵引列车的质量和运行速度。经验表明：与采用滑动轴承相比，采用滚动轴承的列车起动阻力降低约 85%。当列车运行速度分别为 30 km/h、60 km/h、70 km/h 时，运行阻力分别降低 18%、12%、8%。此外，采用滚动轴承可以改善车辆转向架的工作条件，减少燃轴等惯性事故，减轻日常养护工作，延长检修周期，缩短检修时间，加速车辆的周转，节省油脂，降低运营成本。所以，新造客、货车都采用滚动轴承。

2. 滚动轴承的基本类型

由于铁路货车容许轴重比较大，因此采用承载能力比较大的滚子滚动轴承。按滚子的形状不同，滚动轴承可分为圆柱滚动轴承、圆锥滚动轴承和球面滚动轴承。轴承由外圈、内圈、滚子和保持架组成。内、外圈和滚子是用高碳铬钢制成的，保持架是用锻钢或塑钢制成的。

滚子与内、外圈之间有一定的径向和轴向间隙，可以保证滚子自由滚动、载荷分布合理并传递轴向与径向力。保持架使滚子与滚子之间保持一定距离，防止相互挤压而被卡住。

1）圆柱滚动轴承

圆柱滚动轴承主要用于客车转向架和部分出口货车转向架。该轴承的特点：轴承的滚子与内、外圈的滚道成线接触，承载后接触面积较大，因而承受径向载荷的能力较大。轴承外圈两侧都有挡边，内圈只有一侧有挡边，这种结构称为半封闭式。轴承内、外圈挡边可以传递轴向力。当轴向力作用时，滚子以其部分端面与挡边接触，相互之间产生摩擦滑动。如果制造、装配不良，滚子稍微歪斜，就会挤掉润滑油，使端面处不易形成油膜，滚子端部很快会产生磨耗、剥离和缺角等故障，所以对圆柱滚动轴承的制造、装配技术要求很严格。另一方面也说明该型轴承承受轴向力的性能差。为了减少滚子端部的应力集中，在滚子母线两端做长度为 5~6 mm 的弧坡。这种轴承的优点：结构简单、制造容易、成本低、检修方便、运用比较安全可靠。

2）圆锥滚动轴承

图 4 - 28 所示为 197726T 型圆锥滚动轴承，它由轴承、油封组成、前盖、防松片、通气栓等组成，主要用于我国 21 t 轴重 D 轴货车转向架上。

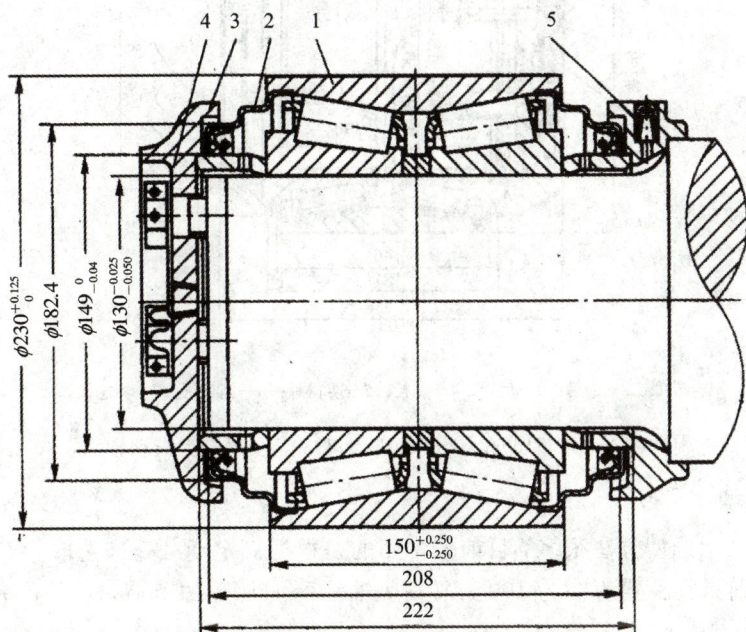

1—轴承；2—油封组成；3—前盖；4—防松片；5—通气栓。

图 4 - 28　197726T 型圆锥滚动轴承

为了满足铁路货车提速、重载的需要，提高轴承的运用可靠性，我国于 2005 年开发了 353130A、353130B、353130C 型紧凑型滚动轴承，如图 4 - 29 所示。紧凑型轴承的主要特点是减少了轴承的零件，缩短了轴向宽度。353130A、353130B、353130C 型紧凑型轴承适用于缩短了轴颈长度的 RE_{2B} 型车轴。

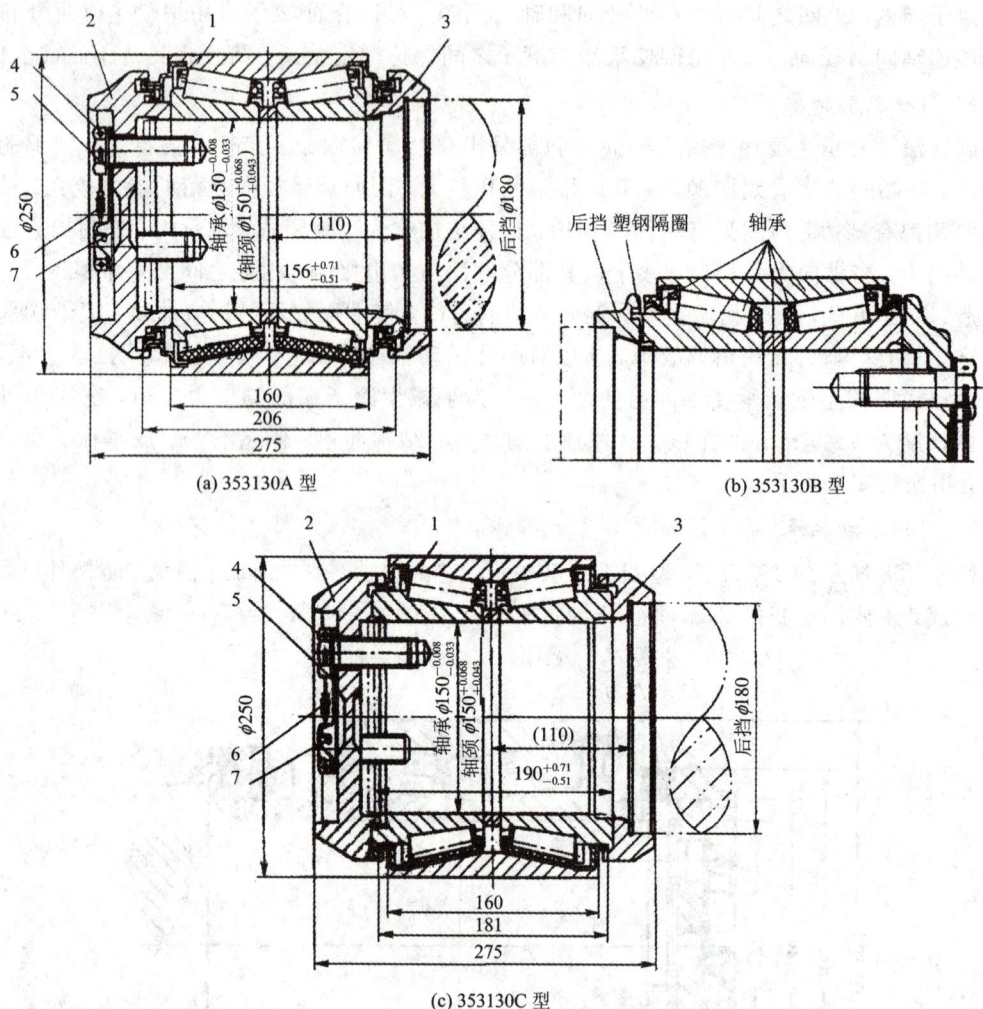

(a) 353130A 型

(b) 353130B 型

(c) 353130C 型

1—外圈；2—前盖；3—后挡；4—螺栓；5—防松片；6—施封锁；7—标志板。

图 4-29　353130A、353130B、353130C 型紧凑型滚动轴承

3. 轴承选型

车辆滚动轴承选型方法很多，目前较常用的是根据额定动载荷来选取。

额定动载荷是指额定寿命为 100 万转时，轴承所能承受的负荷，它是代表轴承负荷能力的主要指标。

所谓额定寿命，是指一批同型号、同尺寸的轴承，在相同条件下转动时，其中 90% 的轴承在疲劳剥离前能够达到或超过的总转数，或在一定转速下的工作小时数。换句话说，能达到此寿命的可靠性（概率）为 90%。一个滚动轴承的使用寿命长短，也是考核的主要指标。

轴承的型号和尺寸不同，其额定动载荷也不相同。各种轴承的额定动载荷可在《滚动轴承产品样本》中查到。

新设计或改装轴承部件时，需要选择适用的轴承。选用轴承的程序如下。

1）确定轴承的工作条件

确定轴承的工作条件需从以下几方面入手：

（1）轴承所承受负荷的大小和方向（径向、轴向或与轴向同时作用）；

（2）负荷性质（稳定负荷、交变负荷或冲击负荷）；

（3）轴承转速；

（4）轴承工作环境（温度、湿度、酸度等）；

（5）安装部件结构上的特殊要求（调心性能、轴向位移、可调整游隙，以及对轴承的尺寸和旋转精度的要求等）；

（6）轴承的寿命要求。

2）确定轴承的精度等级

根据轴承的工作条件选择轴承类型并确定轴承精度等级。

轴承的精度等级包括基本尺寸精度等级和旋转精度等级。轴承的基本尺寸包括内径、外径、套圈宽度等。轴承的旋转包括内圈端面侧摆，内圈和外圈的径向摆动，内圈和外圈的滚道侧摆等。

轴承的精度等级不同，对轴承零部件的表面粗糙度和工艺过程的要求也不同。精度高的轴承寿命较长，极限转速也可提高，但制造成本也较高。

3）选用轴承

根据轴承的负荷、转速和要求的寿命，计算所需轴承额定动负荷，并按此值在轴承产品样本中选取适用的轴承（计算值≤"样本"中的值）。需要注意的是，这里计算取值的轴承负荷，当轴承同时承受径向和轴向负荷时，必须换算为当量动负荷。

铁路车辆滚动轴承在运用中承受着较大的且变化的静、动载荷的联合作用。因此，要求轴承耐振、耐冲击、寿命长，而且要有较小的尺寸与质量，确保行车安全。此外，在设计中，应考虑轴承寿命厂、段修的期限，以便在检修车辆的同时检修轴承。

4. 高速车辆对滚动轴承的要求

旅客列车及快速货车的高速运行对包括轴承在内的车辆部件提出了更高要求。轴承的使用条件已很严酷，而轴承的工作环境（振动力、位移、速度和温度）对轴承的性能有很大影响。因此，全面限定轴承的工作环境对于高速车辆轴承的设计、研究和试验是很重要的。

对于高速车辆使用的轴承，应着重解决的问题是：如何尽力降低轴承运转温度，实现小型轻量化。

1）轴承的选型、精度等级、材质及热处理

目前世界高速铁路车辆所采用的轮对轴承主要是圆柱滚子轴承和圆锥滚子轴承两种结构。有实验表明，在时速为250 km的条件下，圆锥滚子轴承温度比圆柱滚子轴承温度低15～20℃，从而提高了安全性，延长了润滑脂寿命。因此，时速超过240 km的高速车辆，一般采用圆锥滚子轴承。

高速轴承，例如SKF和FAG公司滚动轴承的尺寸、形状和运动精度符合ISO国际标准，一般分为普通级，P6级、P5级、P4级（这三个精度等级分别对应ISO的6级、5级、4级），SP级和UP级。

我国生产的轴承精度分为 G、E、D、C 四个等级。我国铁路一般采用的是 G 级，与 SKF 和 FAG 公司轴承的普通级相当。考虑准高速运行条件，精度等级要比普通级高。所以，我国几种准高速客车转向架引进 SKF 公司轴承的精度等级为 P6 级，相当于我国的 E 级。

轴承的寿命在很大程度上取决于轴承材料的质量（化学成分、均匀的金相组织、纯洁度）。为保证高速列车安全与轴承质量，采用真空脱气或真空冶炼的优质轴承钢（轴承钢寿命可提高约 3 倍）。SKF 和 FAG 公司轴承采用的特殊钢有真空弧再熔钢（VAR）和电解熔渣精炼钢（ESR）等，材质为渗碳钢。我国货车轴承为渗碳钢 20CrNiMoA，其化学成分与日本 SNCM420 渗碳钢相同，与美国 SAE4320 渗碳钢相当。

车辆轴承，例如 SKF 和 FAG 公司的轴承，都必须经过适当的热处理，将其硬度控制在 HRC58～65。关于硬度与寿命的关系，国内试验的结果表明，轴承硬度在 HRC62 左右时寿命最长。硬度过高时，轴承韧性差，容易脆裂；硬度偏低时，耐磨性降低，轴承寿命缩短。同一轴承零件硬度均匀性（即各点测值之差）低于 HRC2。

2）轴承润滑脂

实际经验及研究结果已证明，若轴承滚动体与滚道的滚动表面之间能被润滑油薄膜有效分隔，并且滚动表面未因沾染异物而损坏，则轴承寿命可以非常长久。由此充分说明润滑条件对轴承寿命及性能的影响是非常重要的。

轴承润滑脂的基本功能是隔离轴承滚动件的金属表面，减小摩擦与磨损，防止杂物进入轴承。适宜的油膜厚度是防止轴承疲劳的临界条件。同时润滑油的油基黏度和化学成分也影响轴承寿命。已有试验表明，疲劳寿命的重大差别也取决于添加剂的浓度。

轴承的润滑可采用润滑油和润滑脂。润滑油可用于高负荷、高速、高温情况，润滑性能很好，对减少振动和噪声也很有利，但主要问题是密封装置复杂，维护保养困难。润滑脂虽然前几项特性不如润滑油好，但是其密封装置更简单，维护保养更容易，所以在铁路车辆上多采用润滑脂润滑。在选择车辆轴承润滑脂时，考虑的主要因素是黏度、使用温度范围、防锈性及油脂的机械安定性和胶体安定性等。

目前我国铁路车辆滚动轴承使用锂基润滑脂，一般适应的运转温度为 $-30℃～+110℃$。

3）润滑脂的填充量

假如轴承计算工作寿命高于润滑脂的工作寿命，则必须补充润滑脂，而且必须在轴承润滑仍处于良好状态时进行。

补充润滑脂的时间取决于许多因素，而这些因素之间又相互影响。

通常润滑脂的填充量为轴承和轴承箱的自由空间的 30%～50%。若填充量过多，则在高速运行情况下，特别容易引起温度迅速升高。所以，高速车辆轴承润滑脂的填充量要少，以减少轴承内润滑脂搅动损耗的能量，防止轴温过高。

4）轴承密封

密封的作用就是防止外部污物进入和内部润滑剂外溢，以保证轴承内部清洁和正常的润滑状态，否则轴承的应用可靠性将大大降低，轴承的使用寿命将大大缩短。

5）轴承游隙

轴承径向游隙对轴承的工作性能有重要影响。每一种轴承在一定的作用条件下，都有最佳的径向游隙，在此径向游隙下轴承寿命高、摩擦阻力小、磨损少。

轴承轴向游隙对转向架性能有影响。在允许的条件下，轴向游隙越小，转向架性能越佳。

6）轴承运转温度及降低轴温的措施

影响轴温的因素多而复杂，如轴承的质量与结构、轴承内摩擦、轴承工作环境、润滑脂的黏度与质量、轴承系统的散热条件等。

维持轴承的良好品质，低的运转温度极为重要。即使温度稍有增加，也会降低油膜厚度，减少润滑脂寿命，缩短轴承寿命，使轴承尺寸增长。有关数据说明，轴承温度从85℃降至65℃，约可使轴承寿命增加35％、油膜厚度增加65％、润滑脂寿命增长150％、轴承尺寸安定度提高100％，因此轴承滚动所产生的内摩擦非常重要。

降低轴温采取的措施有：选取较好的轴承材质，适当提高精度、光洁度和可靠性；保证良好的润滑状态，选取适当的润滑脂黏度，采用较少的润滑脂填充量；对连续不停车运行时间进行一定限制；改善振动性能等。

根据寿命分析，优先选择既有成熟型号轴承。若既有轴承不能满足要求，则应根据结构要求、寿命要求，从国外轴承样本中选择。铁路货车轴承主要技术参数见表4-44。

表4-44 铁路货车轴承主要技术参数

轴承型号	353130B 紧凑型	353130A 紧凑型	SKF197726	352226X2-2RZ
图号	THZ353130B-00-00-00	SYST257-00-00-00	TBU-MOR-SKF-197726	SYST23B-00-00-00
质量/kg	41.2	45.55	—	37.89
轴重/t	25	25	21	21
轴承外圈直径/mm	$\phi250$		$\phi230$	
轴承外圈长度/mm	160		150	
压装力/kN	68.6～235.2	68.6～245	68.6～245	78.4～245
压装后轴向游隙/mm	0.05～0.45	0.1～0.5	0.025～0.508	0.075～0.5
螺栓拧紧力矩/(N·m)	315～345	294～304	216～226	
最大运营速度/(km/h)	120			
最高允许温升	550	500	550	550
质量保证期	8a 或 80 万 km			

4.7 转向架弹性悬挂装置设计

车辆在轨道上运行时，将产生复杂的振动现象。为了减少线路不平顺和轮对运动对车体的各种动态影响(如垂向振动、横向振动等),减少有害的车辆冲击、车辆缓和冲动和衰减振动,转向架在轮对与构架(侧架)之间或构架(侧架)与车体(摇枕)之间设有弹性悬挂装置(或弹簧减振装置)。前者称为轴箱悬挂装置,又称为一系悬挂;后者称为摇枕(中央)悬挂装置,又称为二系悬挂。

4.7.1　弹性悬挂装置的分类

车辆上采用的弹性悬挂装置,按其主要作用的不同,大体可分为三类:第一类是主要起缓和冲动的弹簧装置,如中央及轴箱的螺旋圆弹簧;第二类是起衰减(消耗能量)振动的减振装置,如垂向、横向减振器;第三类是起定位(弹性约束)作用的定位装置,如轴箱轮对纵向、横向的弹性定位装置,摇动台的横向止挡或纵向牵引拉杆。

这些装置对车辆是否平稳运行,能否顺利通过曲线,能否安全运行都起着重要的作用,故应合理地设计其结构,选择适宜的各个参数。

弹性悬挂装置可分为:

(1) 一系弹性悬挂:在采用一系悬挂的车辆上,从车体至轮对,只设有一系弹簧减振装置。所谓一系,一般是指车体的振动只经过一次(空间三维方向均包括)弹簧减振装置实施减振。该装置在转向架中设置的位置,有的是在车体(摇枕)与构架(侧架)之间,有的是在构架与轮对轴箱之间。即转向架只有一系悬挂或者只有二系悬挂。采用一系弹簧悬挂,转向架结构比较简单,便于检修、制造,成本较低。所以,一般多在运行品质要求相对较低的货车转向架上采用一系弹性悬挂。

(2) 二系弹性悬挂:在采用二系悬挂的车辆上,从车体至轮对,设有二系弹簧减振装置。在转向架中同时有摇枕弹簧减振装置(二系悬挂)和轴箱弹簧减振装置(一系悬挂),使车体的振动经历二次弹簧减振装置衰减。

4.7.2　货车转向架悬挂形式

由于弹性悬挂装置的类型不同,因此货车转向架悬挂形式也不尽相同,一般可以分为以下三种。

1)"三大件"式

货车转向架大部分是"三大件"(摇枕及二侧架)形式(如转 8A 型转向架)。这种转向架便于制造、检修,但难以保持转向架正位,在运用检修中较突出的问题是减振装置不耐磨、闸瓦偏磨、轮轨间的动作用力较大。

2) H 型构架式

货车转向架的另一种形式是 H 型一体构架(如 Y25 焊接转向架),这种形式采用轴箱悬挂结构。此种转向架能保持转向架正位,实现对轮对的有效控制,具有良好的运行品质,簧下质量较小,但不便于制造与检修,且由于构架扭曲刚度大,因此对扭曲线路的适应性差,降低了转向架抗脱轨的安全性。

3）活 H 型构架式

为了吸取上述两种形式的优点，解决存在的问题，转向架采用活 H 型定位方式，即摇枕和侧架间用弹性件联结。此种转向架明显地减小了轮轨间的动作用力，减小了转向架零部件磨耗，对扭曲线路适应性较好。

4.7.3 弹簧装置

弹簧装置是转向架的主要承载和减震元件（一些零部件中常使用的小型弹簧装置只起运动件复原的作用），是转向架的关键零部件之一，其特性将直接影响转向架的整体性能。常见的弹簧有金属圆弹簧、金属板弹簧、空气弹簧、橡胶弹簧及橡胶液体复合弹簧等。

1. 弹簧装置的主要作用

铁路车辆弹簧装置的作用主要体现在以下三个方面：

（1）使车辆的质量及载荷比较均衡地传递给车轴，并使车轮在静载状态下（包括空、重车），两端的车钩距轨面高度满足《铁路技术管理规程》的要求，以保证车辆的正常联挂。

（2）缓和由线路的不平顺、轨缝、道岔、钢轨磨耗不均匀下沉，以及车轮擦伤、车轮不圆、轴颈偏心等引起的车辆的振动和冲击。

（3）弹簧装置将车辆的弹簧以上部分和弹簧以下部分分成既有联系又有区别的两个部分，即簧上、簧下的作用力虽互相传递，但运动状态（位移、速度、加速度）不完全相同。车辆内设置弹簧装置可以缓和轮轨之间的相互作用，可以提高车辆运行的舒适性和平稳性，保证旅客舒适、安全，保证货物完整无损，延长车辆零部件及钢轨的使用寿命。

2. 弹簧的主要特性

弹簧的主要特性是挠度、刚度和柔度。挠度是指弹簧在外力作用之下产生的弹性变形的大小或弹性位移量，而弹簧产生单位挠度所需的力的大小称为该弹簧的刚度，单位载荷作用下产生的挠度称为该弹簧的柔度。

调和的特性可用挠力图表示。设纵坐标表示弹簧承受的载荷 P，横坐标表示其挠度 f，则弹簧挠力曲线如图 4-30 所示（不考虑内部阻力的情况）。图 4-30(a)表示力与挠度呈线性关系，即弹簧刚度为常量，螺旋圆弹簧的特性就是如此。图 4-30(b)表示力与挠度呈分段线性关系，又称准线性，非线性弹簧的特性就是如此。图 4-30(c)表示力与挠度呈曲线关系，即刚度随着载荷的变化而变化，为非线性特性。图 4-30(c)中曲线 1 的刚度随载荷增加而逐渐增大，如车辆上采用的一些橡胶弹簧、横向缓冲器的特性就是如此。显而易见，在车辆悬挂系统中，为了减小振动，控制振动位移在一定范围内，不能使用图 4-30(c)中曲线 2 的特性（"先硬后软"或随载荷增加，刚度逐渐变小）弹簧。

弹簧刚度特性的表达式为

线性弹簧

$$K = \frac{1}{i} = \frac{P}{H_0 - H} = \frac{P}{f} = \tan\alpha_0 = 常量 \tag{4-7}$$

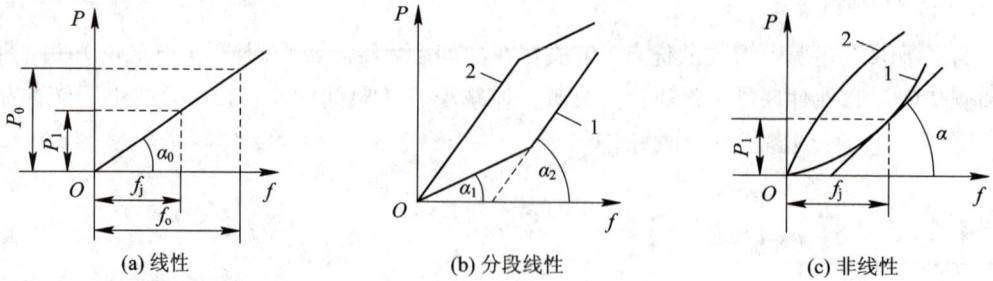

图 4-30　弹簧挠力曲线

非线性弹簧

$$K = \frac{\mathrm{d}P}{\mathrm{d}f} = \tan\alpha \tag{4-8}$$

式中：K——弹簧刚度；

　　　i——弹簧柔度；

　　　H_0——弹簧自由高；

　　　H——静载荷作用下弹簧高度；

　　　P——弹簧承受的静载荷；

　　　f——静载荷作用下弹簧的挠度；

　　　α、α_0——挠力线（或挠力线某点的切线）与横坐标轴的夹角。

3. 弹簧组合刚度计算

为了改善弹簧的特性，使其适应安装位置及空间大小的需要，在铁路车辆上常采用组合弹簧。这些组合弹簧的形式有并联、串联和串并联三种（见图 4-31）。下面介绍这三种组合弹簧的总（当量）刚度计算方法。

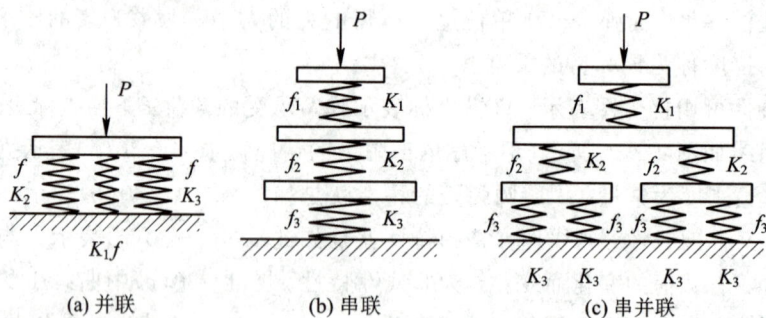

图 4-31　组合弹簧的形式

1）并联

如图 4-31(a) 所示，并联时，一般弹簧为对称分布。由于各弹簧在载荷 P 作用下产生相同的挠度 f，所以 n 个弹簧中的每个弹簧上分布的载荷分别为

$$P_1 = K_1 f, \ P_2 = K_2 f, \ \cdots, \ P_n = K_n f$$

故有

$$P = P_1 + P_2 + \cdots + P_n = (K_1 + K_2 + \cdots + K_n)f = K_{\sum} f \tag{4-9}$$

式中：

$$K_{\sum} = K_1 + K_2 + \cdots + K_n \tag{4-10}$$

因此，并联布置的弹簧系统的当量刚度等于各个弹簧刚度的代数和。

2）串联

如图 4-31(b)所示，串联时，在组合弹簧上作用着载荷 P，分别使弹簧产生挠度 f_1，f_2，$\cdots$，f_n。所以，组合弹簧的总挠度 f 为

$$f = f_1 + f_2 + \cdots + f_n \tag{4-11}$$

故有

$$f = i_1 P + i_2 P + \cdots + i_n P = (i_1 + i_2 + \cdots + i_n)P = i_{\sum} P \tag{4-12}$$

式中：$i_{\sum}$——组合弹簧的当量柔度，其值为

$$i_{\sum} = i_1 + i_2 + \cdots + i_n \tag{4-13}$$

组合弹簧的当量刚度 $K_{\sum}$ 为

$$K_{\sum} = \frac{1}{i_{\sum}} = \frac{1}{i_1 + i_2 + \cdots + i_n} = \frac{1}{\dfrac{1}{K_1} + \dfrac{1}{K_2} + \cdots + \dfrac{1}{K_n}} \tag{4-14}$$

当 $K_1 = K_2 = \cdots = K_n = K$ 时，有

$$K_{\sum} = \frac{K}{n} \tag{4-15}$$

因此，串联布置的弹簧系统的总柔度等于各弹簧柔度的代数和。

3）串并联

如图 4-31(c)所示，串并联时，可先将各级并联弹簧当量刚度用式(4-10)计算出来，然后简化成串联布置的当量弹簧系统，再用式(4-14)计算其当量刚度，就得到整个系统的当量刚度。

在讨论弹簧系统的总柔度或总刚度时，弹簧自重可忽略不计。在车辆静载荷作用下的挠度称为静挠度。弹簧装置刚度小，静挠度大，使得车体自振频率低，这对车辆运行平稳性有利。所以，在条件允许的情况下，应尽可能采用较大的弹簧静挠度。

4. 金属圆弹簧

金属圆弹簧是目前货车转向架最常使用的弹性悬挂元件。圆弹簧结构简单，质量小，制造检修方便。它利用了弹簧的横向弹性，有利于缓和车辆横向振动。

1）弹簧静挠度与挠度比

弹簧总静挠度和两系弹簧之间的挠度比对转向架垂直振动影响很大。货车转向架最大静挠度因受到空、重车车钩容许高度差，侧架中央方孔尺寸，以及一个段修期内有关零部件的变形磨耗量和动力学性能要求等的限制，比客车弹簧静挠度要小得多。国外几种货车转向架弹簧装置参数见表 4-45，可作为设计参考。目前我国货车转向架弹簧静挠度值见表 4-46。

表 4-45   国外货车转向架弹簧装置参数

项目	苏联 MT-50		苏联 X3		美国旧标准		美国新标准	
	外簧	内簧	外簧	内簧	外簧	内簧	外簧	内簧
卷簧平均直径/mm	108	57	170	105	108.5	57	115.5	69.8
簧条直径/mm	30	16	30	19	31	17.5	24.2	15.9
弹簧自由高/mm	210		249		209.5		260.3	
弹簧全挠度/mm	45		93		41.3		93.6	
工作载荷挠度/mm	19		48~50		17~19.3		52~54	
弹簧柔度/(mm/kN)	0.0495		0.13		0.045		0.137	
动挠度裕量	1.36		0.86~0.938		1.14~1.43		0.74~0.8	
车辆载重/t	60		60		63.5		63.5	

表 4-46   我国货车转向架弹簧静挠度值

转向架型号		转 8A	转 8AG	转 8G	转 K1	转 K2	转 K3	转 K4	转 K5	转 K6	转 K7
最高运行速度/(km/h)		100	120	120	120	120	120	120	120	120	120
弹簧静挠度/mm	外圆弹簧	35.8	56.1	56.1		45.6		63.3	65.1	54.8	56.6
	内圆弹簧		38.5	38.5		23.6		26.3	30.1	31.8	30.6
减振器形式		斜楔式	斜楔式	斜楔式	斜楔式	斜楔式	楔块式	斜楔式	斜楔式	斜楔式	斜楔式

一般构造速度小于 100 km/h 时，取静挠度值不小于 35 mm；构造速度为 100~120 km/h 时，取静挠度值为 45~50 mm。挠度裕量的选取应根据弹簧静挠度、运行速度、有无减振器、弹簧制造公差等确定。从历次动力学试验的结果来看，随着车辆速度增加，动挠度增大；静挠度大的，动挠度较小；无减振装置的，动挠度较大。一般带减振装置的弹簧装置，其挠度裕量系数可取 0.7~0.9。

2）金属圆弹簧结构及设计计算

（1）螺旋弹簧结构及主要参数。

在铁路车辆上通常采用簧条截面为圆形的圆柱压缩螺旋弹簧，如图 4-32 所示。

常用的弹簧材料主要为硅锰钢，这种硅锰钢弹簧热处理时有较高的淬透性，加热时氧化皮较少，能获得较好的表面质量与较高的疲劳强度，而且与其他合金弹簧钢相比价格低廉。此外，车辆上也有些弹簧采用碳钢或锰钢。

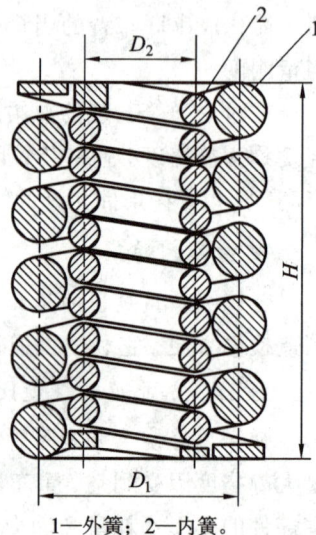

1—外簧；2—内簧。

图 4-32   圆柱压缩螺旋弹簧

制造弹簧时分为冷卷与热卷，车辆转向架上采用的簧条直径一般都较粗，故多为热卷。另外，制造时还要将簧条每端约3/4圈的长度制成斜面，使弹簧卷成后两端成平面，以保证弹簧平稳站立，并尽量减少偏载。两端的3/4圈作为支撑平面，是弹簧的辅助部分，起传递载荷作用，称为弹簧支撑圈。

螺旋圆弹簧的主要参数有：簧条直径 d，弹簧平均直径 D，有效圈数 n，总圈数 N，弹簧全压缩高度 H_{min}，弹簧自由高度 H_0，弹簧指数 $m=D/d$，垂向静挠度 f_v 和垂向刚度 K_v 等。

(2) 单卷弹簧的轴向（垂向）特性计算。

由材料力学可知，单卷弹簧轴向特性计算的有关公式如下：

刚度
$$K_v = \frac{Gd}{8nm^3} = \frac{Gd^4}{8nD^3}$$

挠度
$$f_v = \frac{8P_v m^3 n}{Gd} = \frac{P_v}{K_v}$$

应力
$$\tau_{max} = \frac{8P_{max}DC}{\pi d^3} \leqslant [\tau]$$

簧条直径
$$d_{计算} = \sqrt{\frac{8P_{max}mC}{\pi[\tau]}}$$

有效圈数
$$n = \frac{Gd}{8K_v m^3}$$

总圈数 $\qquad N = n + 1.5$

弹簧全压缩高 $\qquad H_{min} = (n+1)d$

弹簧自由高 $\qquad H_0 = H_{min} + f_{max}$

弹簧稳定性校核 $\qquad H_0 \leqslant 3.5D$

(4-16)

式中：G——剪切弹性模数，对于弹簧钢，$G = 79.4$ GPa；

P_v——作用于弹簧上的垂向静载荷；

P_{max}——作用于弹簧上的最大垂向载荷，其值为 $P_{max} = P_v(1+K_{vd})$；

D——弹簧平均直径（也称为弹簧的中径），为弹簧内外径的平均值；

m——弹簧指数，又称旋挠比，其值为 $m = \dfrac{D}{d}$；

C——应力修正系数，其值为 $C = \dfrac{4m-1}{4m-4} + \dfrac{0.615}{m}$；

f_{max}——最大挠度，其值为 $f_{max} = f_v(1+K_{vd})$；

n——有效圈数；

N——弹簧总圈数，为工作圈数与支撑圈数之和；

H_{min}——弹簧全压缩高度，即弹簧在全压死状态下的高度；

H_0——弹簧自由高度，为弹簧在无载荷状态下的高度；

$[\tau]$——许用应力，根据采用的材料不同而不同（见表4-47）。

在 P_{max} 和 f_{max} 的计算式中，K_{vd} 为弹簧挠度裕量系数，是弹簧在静载重作用下各簧圈

之间的见习总和 a（即弹簧最大挠度）与静挠度 f_{st} 之比值（见表 4-48）。

表 4-47　弹簧材料的许用应力

材料	60Si2MnAT	55Si2Mn	60Si2Mn	60Si2CrA	60Si2CrVA	60Si2CrVAT
$[\tau]$/MPa	≥735	≥750	≥750	≥883	≥932	≥1050

表 4-48　弹簧挠度裕量系数

弹簧装置中有无减振装置情况	货车弹簧挠度裕量系数
有减振装置时	≥0.6
无减振装置或减振阻尼过小时	≥0.9

对于铁路车辆弹簧，一般弹簧指数 m 取为 4～7，选取的 D 值应能与弹簧空间位置相适应，选取的 d 值应符合我国弹簧钢材规格中标准弹簧材料直径系列所规定的值（见表 4-49）。m 值越小，表明弹簧卷曲程度越大，引起的附加应力也越大，即应力修正系数 C 越大。

表 4-49　圆截面弹簧材料直径系列　　　　　单位：mm

第一系列	0.1	0.15	0.2	0.25	0.3	0.35	0.4	0.45	0.5
	0.6	0.8	1	1.2	1.6	2	2.5	3	3.5
	4	4.5	5	6	8	10	12	16	20
	25	30	35	40	45	50	60	70	80
第二系列	0.7	0.9	1.4	(1.5)	1.8	2.2	2.8	3.2	3.8
	4.2	5.5	7	9	14	18	22	(27)	28
	32	(36)	38	42	(55)	65			

注：1. 应优先采用第一系列。

2. 括号内直径只限于目前不能更换的产品使用。

有效圈数 n 即弹簧起弹性变形部分的工作圈数。增加 n 值，可降低刚度值，但是弹簧全压缩高度 H_{min} 将增大，另外也有可能影响挠度裕量系数 K_{vd}，使其不满足规定要求。

在设计车辆悬挂装置中的弹簧时，为提高车辆运行平稳性，在结构空间位置、车钩高差等条件允许的情况下，应尽量增大弹簧总静挠度。所以，设计中必须注重刚度和静挠度值的选取，为降低刚度，增加挠度，在符合许用应力及有关要求的情况下，可以不按一般弹簧的设计要求选取某些参数值，如弹簧有效圈数的尾数值及平均直径和自由高的值，都可以不符合有关标准系列值的要求。

（3）双卷弹簧的轴向（垂向）特性计算。

转向架的弹簧装置中，时常采用双卷弹簧，个别情况下还有可能采用三卷弹簧。与单卷弹簧相比，在承载与弹性特性相同的条件下，多卷弹簧可以明显减小弹簧所占空间位置，使结构紧凑。当铁路车辆载重大，转向架弹簧装置所占的空间位置受到多方面条件限制时，采用双卷弹簧是很适宜的。

为避免卷与卷之间发生卡住或簧组转动的情况，要求双卷（或多卷）弹簧中紧挨着的两卷弹簧的螺旋方向不能一致，若一个左旋，则另一个右旋。

双卷弹簧完全代替单卷弹簧必须满足以下条件：双卷弹簧的外卷和内卷的指数 m_1 和 m_2、应力 τ_1 和 τ_2、挠度 f_1 和 f_2，要分别等于单卷弹簧的 m、τ 和 f。下面我们以此来导出双卷弹簧和单卷弹簧之间的尺寸关系。

① 弹簧指数相等，说明它们的挠曲程度一样，则由挠曲引起的应力修正系数也一样，即

$$\frac{D}{d} = \frac{D_1}{d_1} = \frac{D_2}{d_2} = m \tag{4-17}$$

$$C = C_1 = C_2 \tag{4-18}$$

② 应力相等，意味着充分利用了材料的强度，即

$$\tau = \tau_1 = \tau_2 \tag{4-19}$$

设单卷弹簧的载荷为 P，双卷弹簧外卷和内卷的载荷分别为 P_1 和 P_2，则有

$$P = P_1 + P_2 \tag{4-20}$$

将

$$P = \frac{\pi d^3 \tau}{8DC}, \quad P_1 = \frac{\pi d_1^3 \tau_1}{8D_1 C_1}, \quad P_2 = \frac{\pi d_2^3 \tau_2}{8D_2 C_2}$$

代入式(4-20)，并考虑式(4-18)和式(4-19)的关系，得

$$\frac{d^3}{D} = \frac{d_1^3}{D_1} + \frac{d_2^3}{D_2} \tag{4-21}$$

利用式(4-17)的关系，式(4-21)可写为

$$d^2 = d_1^2 + d_2^2 \tag{4-22}$$

③ 取各弹簧的挠度和原单卷弹簧的挠度相等，以保证双卷弹簧与单卷弹簧性能一样，即

$$f = f_1 = f_2 \tag{4-23}$$

由式(4-17)和式(4-16)，整理后可得

$$f = \frac{8D^3 n}{Gd^4} P, \quad f_j = \frac{8D_j^3 n_j}{Gd_j^4} P_j \quad (j = 1, 2)$$

又

$$P = \frac{\pi d^3}{8D} \times \frac{\tau}{C}, \quad P_j = \frac{\pi d_j^3}{8D_j} \times \frac{\tau_j}{C_j} \quad (j = 1, 2)$$

故

$$\frac{8D^3 n}{Gd^4} \times \frac{\pi d^3}{8D} \times \frac{\tau}{C} = \frac{8D_1^3 n_1}{Gd_1^4} \times \frac{\pi d_1^3}{8D_1} \times \frac{\tau_1}{C_1} = \frac{8D_2^3 n_2}{Gd_2^4} \times \frac{\pi d_2^3}{8D_2} \times \frac{\tau_2}{C_2}$$

整理后可得

$$nD = n_1 D_1 = n_2 D_2 \tag{4-24}$$

因而，用双卷弹簧来代替单卷弹簧时，应满足式(4-17)、式(4-22)和式(4-24)诸条件。

此外，为了不使双卷螺旋弹簧内、外卷互相接触而产生磨损，在内、外卷弹簧之间应保持一定的间隙 S，其大小一般为 $3 \sim 5$ mm。为了维持此条件，需得出 d_1 和 d_2 之间的补充关系式。根据图 4-33 得

$$\frac{d_1}{2}+S+\frac{d_2}{2}=\frac{D_1}{2}-\frac{D_2}{2} \tag{4-25}$$

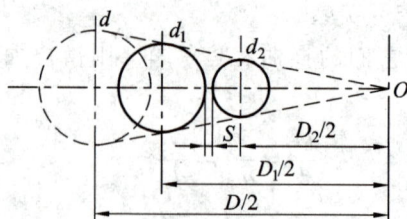

图 4-33 计算双卷弹簧关系简图

将 $D_1=md_1$，$D_2=md_2$ 代入式(4-25)，得

$$\frac{d_1}{2}+S+\frac{d_2}{2}=\left(\frac{d_1-d_2}{2}\right)m$$

由此可得

$$d_2=\frac{(m-1)d_1-2S}{m+1}=\alpha d_1-2\beta \tag{4-26}$$

式中，$\alpha=\dfrac{m-1}{m+1}$，$\beta=\dfrac{S}{m+1}$。

将式(4-26)代入式(4-22)得

$$d_1=\frac{1}{1+\alpha^2}\sqrt{(1+\alpha^2)d^2-4\beta^2}+\frac{2\alpha\beta}{1+\alpha^2} \tag{4-27}$$

因 $4\beta^2$ 比 $(1+\alpha^2)d^2$ 小得多，故可略去不计，所以

$$d_1=\frac{d}{\sqrt{1+\alpha^2}}+\frac{2\alpha\beta}{1+\alpha^2} \tag{4-28}$$

根据单卷弹簧的 d 值，按式(4-28)可求出双卷弹簧的外卷簧条直径 d_1，然后由式(4-22)求出内卷簧条直径 d_2。求得 d_1 与 d_2 后，可按已选定的弹簧指数 m 求出外卷弹簧的平均直径 D_1 和内卷弹簧的平均直径 D_2，再由式(4-24)确定出外卷弹簧和内卷弹簧的有效圈数 n_1 和 n_2。

在设计中，为了使计算简便，还可应用表 4-50 所列的简单计算方法。表 4-50 内所列出的各数，是利用换算的单卷弹簧设计双卷弹簧时的数据，内、外卷弹簧之间的间隙为 3 mm。

表 4-50 双卷螺旋弹簧数据　　　　　　单位：mm

m	d_1	d_2	D_1	D_2	P_1	P_2
3.5	$0.875d+0.6$	$0.486d-1.0$	$0.875D+2.0$	$0.486D-3.5$	$0.765\left(1+\dfrac{1.4}{d}\right)P$	$0.235\left(1-\dfrac{4.5}{d}\right)P$
4.0	$0.875d+0.5$	$0.514d-0.9$	$0.857D+2.0$	$0.514D-3.5$	$0.734\left(1+\dfrac{1.2}{d}\right)P$	$0.264\left(1-\dfrac{3.4}{d}\right)P$
4.5	$0.845d+0.5$	$0.536d-0.8$	$0.845D+2.2$	$0.536D-3.5$	$0.714\left(1+\dfrac{1.2}{d}\right)P$	$0.287\left(1-\dfrac{3.4}{d}\right)P$
5.0	$0.836d+0.5$	$0.554d-0.7$	$0.836D+2.3$	$0.554D-3.5$	$0.697\left(1+\dfrac{1.1}{d}\right)P$	$0.303\left(1-\dfrac{2.6}{d}\right)P$

实际上，受簧条直径规格等条件的限制，用双卷弹簧代替单卷弹簧时，只能近似地满足式(4-17)、式(4-22)和式(4-24)的三个条件，因而需要对有关参数进行修正。修正时要保持内、外卷弹簧的当量刚度和挠度值与原单卷弹簧的参数值一致，设法使内、外卷弹簧的压缩高度相等(特定条件时除外)，并且使应力均在许用应力范围内。

车辆弹簧参数的计算往往非常烦琐。为能在许可条件下，尽量降低弹簧刚度、增加弹簧静挠度，需要反复进行修正。设计时有两种方法使用较多：一种方法是先将双卷弹簧的内、外卷弹簧所承受的载荷按1∶2的比例进行分配，对于三卷组合弹簧将其内、中、外三卷弹簧所承受的载荷按1∶2∶4的比例进行分配，然后分别进行各卷弹簧参数、簧卷间隙和组合当量刚度等值的设计计算，并适当给予修正，以满足设计要求；另一种方法是依据设计任务书提出的具体要求(如自重、载重、挠度、刚度等值)，参照已有车辆双卷弹簧的参数值(估计取值，如内、外卷弹簧的平均直径，簧条直径，有效圈数等)，直接分别进行内、外卷弹簧的刚度、挠度、应力计算及稳定性校核，并经过反复修正，取得符合设计要求的弹簧参数、簧卷间隙和组合当量刚度等值。

(4)两级刚度弹簧的轴向(垂向)特性。

货车载重增加，带来的问题是空、重车簧上质量相差悬殊。若仍采用一级刚度的螺旋弹簧组，则有可能使空车的弹簧静挠度过小，自振频率过高，振动性能不良。采用两级刚度的螺旋弹簧组，可使空车时刚度小而有较大的弹簧静挠度，改善其运行品质，同时使轮重减载率减小，有利于防止脱轨的发生。在重车状态时选用刚度较大的第二级弹簧刚度，可避免弹簧挠度过大而影响车钩高度。所以，采用两级刚度螺旋弹簧组，可兼顾空、重车两种状态，选择适宜的弹性特性曲线(见图4-34)。目前，两级刚度的螺旋弹簧组在国内、外货车转向架中得到了应用。

一般只有在空、重车质量差别很大时，才适宜采用两级刚度螺旋弹簧组。两级刚度弹簧按其结构形式一般可分为三种，如图4-35所示。这三种形式的相

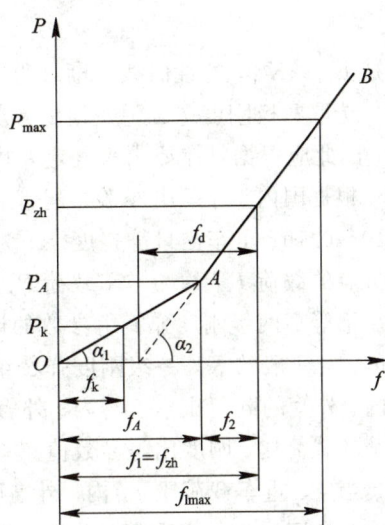
图4-34 两级刚度弹簧组特性曲线

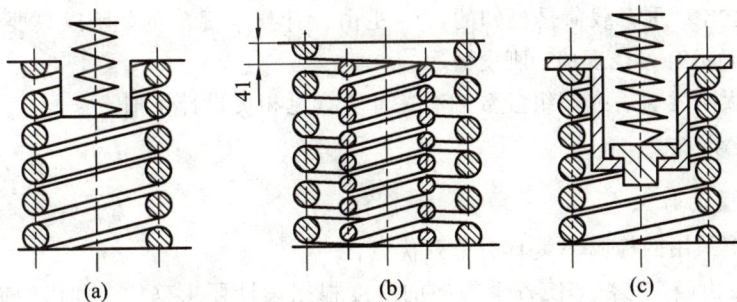
图4-35 两级刚度弹簧形式

同之处是空车和重车弹簧组的刚度均为两级，并且重车时刚度大于空车时刚度。如图 4-35 (a)所示的形式，空车时为内外簧串联，重车时为外簧承载，但这种形式由于结构上的缺点已很少采用。如图 4-35(b)所示的形式，空车时为外簧承载，重车时为内外簧并联承载，故又称为不等高两级刚度弹簧组，这种形式结构简单，使用得最多。如图 4-35(c)所示的形式，空车时为内外簧串联，重车时为内外簧并联，由于这种形式结构比较复杂，因此一般在特种车上采用。

两级刚度弹簧组的弹性特性曲线如图 4-34 所示。它是由 OA、AB 两部分组成的一条折线，A 点是刚度转折点，对应的载荷为 P_A，挠度为 f_A。在不同载荷作用下，弹簧组有两种刚度特性：

当载荷 $P \leqslant P_A$ 时，其刚度值为

$$K_A = \frac{P_A}{f_A} = \tan\alpha_1 \qquad (4-29)$$

当载荷 $P > P_A$ 时，其刚度值为

$$K_B = \frac{P_{zh}}{f_d} = \tan\alpha_2 \qquad (4-30)$$

易知 $K_B > K_A$，特性曲线呈渐增形。

选取两极刚度螺旋弹簧组的参数时，由于转向架运用条件比较复杂，结构形式多种多样，因此应根据具体要求来确定，并必须保证空、重车的正常车钩联挂。

根据国内、外运用经验，建议：弹簧静挠度 f_k 为 20 mm 左右，相对摩擦系数 φ 为 0.10～0.15；重车当量静挠度 f_{zh} 为 40 mm 左右，相对摩擦系数 φ 为 0.08～0.1；一般取转折点的载荷 P_A 约为空车载荷 P_k 的 1.7～2 倍。

不等高两级刚度弹簧组参数的计算是在满足空、重车承载条件下，采用刚度分配法进行的。与一般的等高一级刚度弹簧组不同的是：由于弹簧在承载中内、外簧的挠度不同，所以内、外簧的载荷比不仅与内、外簧的刚度有关，而且与其挠度有关。故计算时增加了内、外簧的载荷比、刚度比等参数值。

当空、重车载荷比 e，内、外簧刚度比 a 与弹簧挠度裕量系数 K_{vd} 确定时，图 4-35 中所示各挠度值均可用重车时弹簧当量静挠度 f_d 来表示。注意到在重车状态下，内、外卷弹簧同时承载后所产生的弹簧变形是相等的，故可以通过一定的转化，像一般刚度弹簧组那样，采用"刚度分配"的计算方法，设计出所需的弹簧组参数。

实际中往往空、重车载荷是已知的，f_d 是由设计要求提出的，所以只要确定内、外簧刚度比 a 就可确定有关挠度值、刚度值等。

不等高两级刚度螺旋弹簧组参数的有关计算详见相关设计手册。

5. 橡胶弹簧

1）橡胶弹簧的特点

铁路车辆上采用的橡胶弹簧具有下列优点：

（1）可以自由确定形状，使各个方向的刚度根据设计要求确定。利用橡胶的三维特性可同时承受多向载荷，以便于简化结构。

（2）可避免金属件之间的磨耗，安装、拆卸简便，并无需润滑，故有利于维修，降低成本。

（3）可减轻自重，比重小（比钢轻 4/5）。

（4）具有较高内阻，对高频振动以及隔音有良好的效果。

（5）弹性模量比金属小得多，可以得到较大的弹性变形，容易实现预想的良好的非线性特性。

它的缺点主要是耐高温、耐低温和耐油性能比金属弹簧差，使用时间长易老化，而且性能离散度大，同批产品的性能差别可达 10％以上。但随着橡胶工业的发展，人们正在研究如何改进橡胶性能，以弥补这些不足。

2）橡胶弹簧设计时的注意事项

（1）橡胶具有特殊的蠕变特性，即压缩橡胶元件时，当载荷加到一定数值后，虽不再增载，但其变形仍在继续，而当卸去载荷后，也不能立即恢复原状。这种特性通常称为时效蠕变或弹性滞后。因此，橡胶的动刚度比静刚度大，其增大的倍率与动载荷的频率和振幅有关，一般要增大 10％～40％。

（2）橡胶元件的性能（弹性、强度）受温度影响较大。当温度变化后，这些性能也随之改变。随着温度的升高，大多数橡胶元件的刚度和强度有明显降低。当温度降低时，其刚度和强度都有提高，一般是先变硬，后变脆。因此，当温度在 $-30℃～+70℃$ 时，设计的橡胶元件可依据不同使用温度，选用不同的材质，使之具有比较稳定的弹性特性，以满足运用要求。

（3）橡胶具有体积基本不变的特性，即几乎是不可压缩的，它的弹性变形是形状改变所致。因此，必须保证橡胶元件形状改变的可能性。

（4）橡胶的散热性不好，故不能把橡胶元件制成很大的整块，需要时应将其做成多层片状，中间夹以金属板，以增强其散热性。

橡胶元件的疲劳损坏主要由应力集中处产生的裂纹，橡胶和金属黏合处发生的剥离以及在压缩时侧面产生褶皱现象等逐渐发展造成，所以，设计时应特别注意防止出现这些现象。

（5）橡胶变形受载荷形式影响较大，承受剪切载荷时橡胶变形最大，而承受压缩载荷时其变形最小。因此，承受剪切变形的橡胶弹簧承载能力小而柔度大，承受压缩变形的橡胶弹簧承载能力大而柔度小，受拉伸的橡胶弹簧则很少使用。

橡胶元件属于黏弹性材料，其力学特性比较复杂。它的特性与其成分、制造工艺、金属元件支承面结合方式以及工作温度等因素有密切关系。通常它的性能是不稳定的，所以要精确计算它的弹性特性相当困难，为在设计计算时有所遵循，需要进行必要的初步估算。

4.7.4　减振装置

转向架减振装置是用以吸收车辆振动能量并限制其振动幅值的装置。

1. 减振元件的作用及分类

车辆上采用的减振器与弹簧一起构成弹簧减振装置。弹簧主要起缓冲作用，缓和来自轨道的冲击和振动的激扰力，而减振器的作用是减小振动。它的作用力总是与运动的方向相反，起着阻止振动的作用。通常减振器有变机械能为热能的功能，减振阻力的方式和数值的不同直接影响振动性能。

铁路车辆上采用的减振器按阻力特性可分为常阻力和变阻力两种减振器；按安装部位可分为轴箱减振器和中央(摇枕)减振器；按减振方向可分为垂向、横向和纵向减振器；按结构特点可分为摩擦减振器和油压减振器。

摩擦减振器结构简单，成本低，制造维修比较方便，故广泛应用在货车转向架。但它的摩擦力随摩擦面的状态的改变而变化，并且由于摩擦力与振动速度基本无关，因此可能出现以下情况：当振幅小时，摩擦阻力可能过大而形成对车体的硬性冲击；当振幅大时，摩擦阻力又显得不足而不能使振动迅速衰减。

油压减振器主要利用液体粘滞阻力所做的负功来吸收振动能量。它的优点在于它的阻力是振动速度的函数。其特点是振幅的衰减量与幅值大小有关，振幅大时衰减量也大，反之亦然。这种"自动调节"减振的性能，正符合铁路车辆的需求。因而，为了改善客车的振动性能，广泛采用性能良好的油压减振器。但它具有结构复杂、维护比较困难、成本高及易受外界温度影响等缺点。

2. 摩擦减振器

摩擦减振器借助金属摩擦副的相对运动产生的摩擦力，将车辆振动能转变为热能而散逸于大气中，从而减小车辆振动。

1) 变摩擦楔块式摩擦减振器

变摩擦楔块式摩擦减振器的结构如图4-36(a)所示，它具有变摩擦力的特点。摩擦楔块的一边为45°角，该斜边嵌入摇枕端部的楔形槽中；另一边与铅垂线的夹角为2°30′，压紧在侧架立柱的磨耗板上。每台转向架摇枕的两端各有左、右两个摩擦块，每个楔块又坐落在一个双卷螺旋弹簧上，摇枕两端各坐落在五个双卷螺旋弹簧上。所以，摇枕每端的减振器装置是由摇枕、两个楔块、两块磨耗板和七组双卷螺旋弹簧组成的。

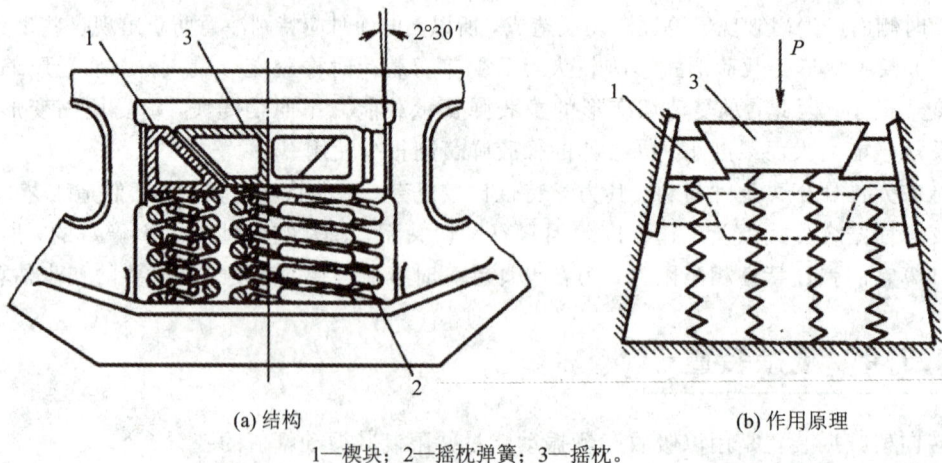

(a) 结构　　　　　　　(b) 作用原理
1—楔块；2—摇枕弹簧；3—摇枕。

图4-36　变摩擦楔块式摩擦减振器

变摩擦楔块式摩擦减振器的作用原理如图4-36(b)所示，车体质量通过摇枕作用于弹簧上，使弹簧压缩。由于摇枕和楔块之间的斜面与水平面的夹角为 45°，因此在车体作用力和弹簧反力的作用下，楔块与摇枕之间、楔块与侧架立柱磨耗板之间产生一定的压力。在车辆振动过程中，摇枕和楔块由原来的实线位置移到了虚线位置。这样，楔块与摇枕、楔块与侧架立柱磨耗板之间产生相对位移和摩擦，从而使振动动能变为摩擦热能，实现减小车辆振动和冲击的目的。各摩擦面上的摩擦力与摇枕上的载荷 P 有关，P 大摩擦力也大，即减振阻力也大，反之亦然。所以空车和重车时减振阻力不同，故这种减振器称为变摩擦力减振器。楔块式摩擦减振器在水平方向（横向振动方向）也有减振作用。

2）变摩擦楔块式摩擦减振器设计与计算

在我国，该类型减振器运用广泛，如转 8A、转 8G、转 K2、转 K4、转 K5、转 K6、转 K7 等转向架均装用这种类型的减振器。

（1）摩擦面间的相对运动和受力情况分析。

为了确定变摩擦楔块式摩擦减振器的阻力特性和该结构参数与摩擦力之间的关系，首先研究摩擦面间的相对运动和受力情况。

图 4-37 表明各摩擦面间相对位移关系。摇枕向下运动时，摇枕与楔块、楔块与侧架立柱之间产生相对位移。摇枕向下移动 z 时，楔块向下移动 z_1，而摇枕和楔块之间的相对位移为 δ_1，楔块和侧架立柱之间的相对位移为 δ。图 4-37 中 α 和 β 分别为楔块与摇枕、楔块与侧架立柱接触面的倾角，则

$$\left.\begin{aligned}
z_1 &= \frac{z}{1 + \tan\alpha\tan\beta} \\
\delta_1 &= \frac{z\tan\beta}{(1 + \tan\alpha\tan\beta)\cos\alpha} \\
\delta &= \frac{z}{(1 + \tan\alpha\tan\beta)\cos\beta}
\end{aligned}\right\} \qquad (4-31)$$

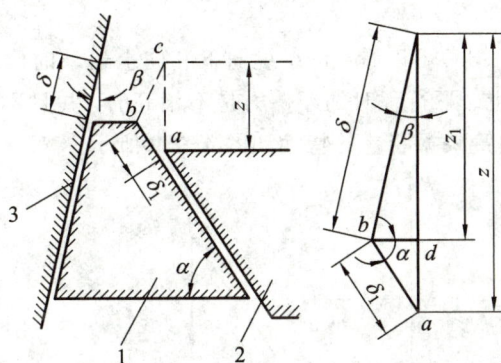

图 4-37　变摩擦楔块式摩擦减振器各摩擦面间相对位移关系

楔块运动时的受力情况如图 4-38 所示。图中：P_a 为楔块弹簧的反力；N_1、N_{11} 为系统（车体、摇枕）向下运动时楔块两摩擦面间的正压力；N_u、N_{1u} 为系统向上运动时楔块两摩擦面间的正压力；F_1、F_{11} 为系统向下运动时楔块两摩擦面间的摩擦力；F_u、F_{1u} 为系统向上运动时楔块两摩擦面间的摩擦力；μ 和 μ_1 分别为楔块两摩擦面间的摩擦系数。将诸力在垂直和水平面内投影，可分别得到向上和向下运动时各力平衡方程式，并解得两摩擦面

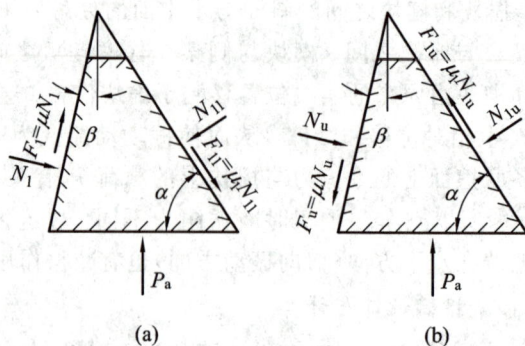

图 4-38　减振器楔块受力分析

间的摩擦力为

$$
\left.
\begin{aligned}
F_1 &= \mu N_1 = K_1 \mu\, \frac{\sin\alpha - \mu_1 \cos\alpha}{\Delta_1} z_1 \\
F_{11} &= \mu_1 N_{11} = K_1 \mu_1\, \frac{\cos\beta + \mu \sin\beta}{\Delta_1} z_1
\end{aligned}
\right\}
\tag{4-32}
$$

式中：$\Delta_1 = (1 + \mu\mu_1)\cos(\alpha - \beta) - (\mu_1 - \mu)\sin(\alpha - \beta)$；$z_1 = \dfrac{P_a}{K_1}$；$K_1$ 为支承楔块的弹簧刚度，亦即减振器弹簧的刚度。

$$
\left.
\begin{aligned}
F_u &= \mu N_u = K_1 \mu\, \frac{\sin\alpha + \mu_1 \cos\alpha}{\Delta_u} z_1 \\
F_{1u} &= \mu_1 N_{1u} = K_1 \mu_1\, \frac{\cos\beta - \mu \sin\beta}{\Delta_u} z_1
\end{aligned}
\right\}
\tag{4-33}
$$

式中：$\Delta_u = (1 + \mu\mu_1)\cos(\alpha - \beta) - (\mu_1 - \mu)\sin(\alpha - \beta)$；

$\qquad P_a = K_1 z_1$。

由式（4-32）和式（4-33）可以看出，系统向下和向上运动时摩擦力是与振动位移即弹簧挠度 z_1 成正比的，但上、下行程时的摩擦力是不相等的，并且不同摩擦面的摩擦力也是不相等的。变摩擦楔形弹簧减振装置的特性如图 4-39 所示。

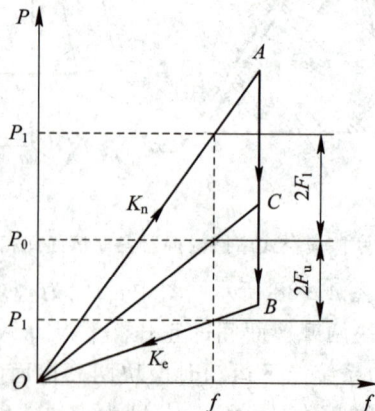

图 4-39　变摩擦楔形弹簧减振装置的特性

摩擦阻力所做的功分别为

向下运动时　$A_1 = \delta F_1$，$A_{11} = \delta_1 F_{11}$

向上运动时　$A_u = \delta F_u$，$A_{1u} = \delta_1 F_{1u}$

两摩擦面上摩擦阻力所做功的比值为

向下运动时　$$\eta_1 = \frac{A_{11}}{A_1} = \frac{\mu_1 (\cos\beta + \mu \sin\beta) \sin\beta}{\mu (\sin\alpha - \mu_1 \cos\alpha) \cos\alpha} \qquad (4-34)$$

向上运动时　$$\eta_u = \frac{A_{1u}}{A_u} = \frac{\mu_1 (\cos\beta - \mu \sin\beta) \sin\beta}{\mu (\sin\alpha + \mu_1 \cos\alpha) \cos\alpha} \qquad (4-35)$$

通常 α 为 $45°\sim55°$，β 为 $1°\sim3°$，摩擦系数 μ 为 $0.25\sim0.35$，μ_1 为 $0.35\sim0.40$。现取 $\alpha = 45°$，$\beta = 1°$，$3°$，则 μ 和 μ_1 取不同值时 η_1 和 η_u 的计算结果如表 4-51 所示。

由表 4-51 可知，楔块和摇枕摩擦面间的摩擦阻力所做的功主要与 β 角及摩擦副的摩擦系数 μ 和 μ_1 有关。当 β 角增加到 $3°$ 时，其最大值约为侧架立柱和楔块摩擦面间摩擦阻力的四分之一。由于 β 面的摩擦功大于 α 面的摩擦功，因此称 β 面为主摩擦面，α 面为副摩擦面。运用实践证明，β 面磨耗情况严重，因此应采用易更换且耐磨的磨耗板。

表 4-51　楔块两摩擦面间摩擦功的比值

摩擦系数 μ 和 μ_1	摩擦力做功的比值 $\eta/\%$			
	$\alpha = 45°$，$\beta = 1°$		$\alpha = 45°$，$\beta = 3°$	
	η_1	η_u	η_1	η_u
$\mu = 0.25$，$\mu_1 = 0.35$	7.5	3.9	21.5	11.2
$\mu = 0.25$，$\mu_1 = 0.40$	9.0	4.5	26.6	12.8
$\mu = 0.35$，$\mu_1 = 0.40$	6.8	3.0	19.5	8.6

(2) 相对摩擦系的计算。

摩擦减振器摩擦力的大小，通常用相对摩擦系数 φ 来表示。相对摩擦系数的定义是悬挂装置中的摩擦力与垂向力的比值。变摩擦楔块式摩擦减振器的相对摩擦系数 φ 一般只用主摩擦面上的摩擦力来计算。如前所述，上、下行程的摩擦力 F_u 和 F_1 是不相等的，故其相对摩擦系数也是不相等的，通常用平均值来表示，即

$$\varphi = \frac{2F_u + 2F_1}{2P} = \frac{F_u + F_1}{P} \qquad (4-36)$$

式中：P 为摇枕每端弹簧垂向反力的总和，包括所有摇枕弹簧和楔块下减振弹簧的弹性反力。

由图 4-36 和图 4-39 可知

$$P = nKz + 2P_a \qquad (4-37)$$

式中：n——每端摇枕上弹簧组数；

　　K——一组摇枕弹簧的刚度；

　　z——摇枕弹簧挠度；

　　P_a——楔块上的弹簧反力。

为能清楚地看出 φ 值与减振器结构参数的关系，考虑到实际情况，可以认为 $\beta \approx 0$，

$K_1 = K$。再将有关值代入式(4-32)和式(4-33)可得变摩擦楔块式摩擦减振器的平均相对摩擦系数，即

$$\varphi = \frac{2\mu}{(n+2)(1+\mu\mu_1)}\tan\alpha \tag{4-38}$$

由此可见，φ 值与摩擦系数 μ 和 μ_1、摇枕弹簧组数 n 以及楔块倾角 α 有关。例如，对于转 8A 型转向架，$\alpha=45°$，$\beta=2°30'$，$n=5$，取 $\mu=0.30$，$\mu_1=0.37$，则相对摩擦系数为

$$\varphi = \frac{2\times0.30}{(5+2)(1+0.30\times0.37)}\times1 = 0.077$$

该值正符合振动理论中所要求的 φ 的范围为 0.07～0.1。实践证明，转 8A 型转向架的 φ 值的选取基本上是适宜的。

保持减振器摩擦力的稳定性是很重要的。在这方面，β 角虽然不大，但它起着重要作用。当 $\beta=0°$ 时，减振器工作是不稳定的，在运用中摩擦面的不均匀磨耗，有可能磨出负的 β 角，造成摩擦力特性不稳定，影响其正常工作。由表 4-52 所列在 $+3°\geqslant\beta\geqslant-3°$ 时计算的向上、向下运动的摩擦力的比值 $\lambda=F_1/F_u$（其中 $\alpha=45°$，$\mu=\mu_1=0.3$）可以看出，当 $\beta\leqslant0°$ 时，减振器阻力比值 λ 急剧增大；当 $\beta>0°$ 时，才能保证变摩擦楔块式摩擦减振器有比较稳定的摩擦力。为此，我国转 8A 型货车转向架取 $\beta=2°30'$，克服了老转 8 型转向架 $\beta=0°$ 时的缺点。

表 4-52　楔块向上、向下运动时摩擦力比值与 β 角的关系

β	$+3°$	$+1.5°$	$0°$		$-1.5°$	$-3°$
			$\rightarrow$	$\leftarrow$		
λ	0.377	0.447	0.532	9.4	13.25	18.5
λ/λ_{+3}	1.0	1.19	1.41	25	35	49

注：表中 λ_{+3} 表示 β 角为 $+3°$ 时的值。

这种摩擦力与位移成正比的减振器，其摩擦力主要与主、副摩擦面的状态（即 μ 和 μ_1）、主、副摩擦面角 β 和 α，以及楔块弹簧刚度 K_1 有关。楔块和侧架立柱摩擦面上有尘土、污垢及润滑剂等都将使摩擦力发生变化。

变摩擦楔块式摩擦减振器的立柱磨耗板、斜楔磨耗板，以及斜楔和摇枕之间的摩擦面在车辆运行中均要产生相对运动。因此，这些摩擦面之间不可避免要产生磨耗，这些摩擦面磨耗后斜楔上升，减振弹簧的压缩量减少，支撑斜楔的反力降低，斜楔的减振力下降，导致减振器的相对摩擦系数降低，同时也减弱了摇枕和侧架之间的联系，降低了转向架的抗菱刚度。所以，当这些摩擦面磨耗到一定程度后，其减振力有可能降低到不能满足运行要求的程度。在车辆运用中，对于这些摩擦面，特别是立柱磨耗板、斜楔磨耗板的容许磨耗量要制订严格的限度，以保证车辆运行中减振能力及抗菱形变形能力的需要。

此外，也可以采取适当增加减振弹簧预压缩量的方法，来保证各摩擦面磨耗后，减振器仍具有一定的减振和抗菱形变形的能力。

近些年，我国对侧架立柱磨耗板和斜楔摩擦面的材质及结构进行了研究。目前主型的转 K6 型转向架的立柱磨耗板采用 45 钢材质，斜楔则采用组合式斜楔（斜楔摩擦面与斜楔

体为两个零件，采用公差配合进行组装后用开口销防脱，如图4-40所示），斜楔磨耗板材质采用高分子合成耐磨材料，斜楔体的材质则仍采用传统的贝氏体球墨铸铁（ADI）。现车中曾经采用过针状马氏体铸铁作为斜楔的材质，侧架立柱磨耗板则采用T10钢和47Si2MnTiB，但在运用过程中仍存在一些问题，故最终采用目前的分体式斜楔结构。

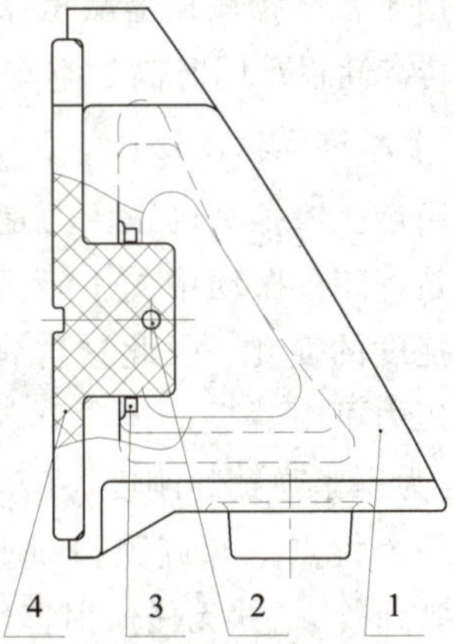

3）常摩擦楔块式减振器

在转向架振动过程中楔块主摩擦面与侧架立柱磨耗板之间的摩擦阻力不随转向架的簧上载荷变化而维持一常数的减振器称为常摩擦减振器。Ride Control（控制型）常摩擦楔块式减振器如图4-41所示。

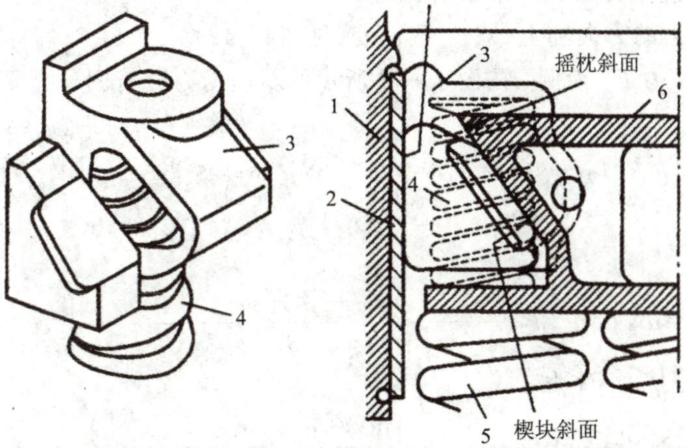

1—斜楔体；2—开口销；3—垫圈；4—磨耗板。

图4-40 组合式斜楔

1—侧架；
2—磨耗板；
3—楔块；
4—减振器弹簧；
5—摇枕弹簧；
6—摇枕。

(a) 外形　　　　(b) 装配示意图

图4-41 Ride Control（控制型）常摩擦楔块式减振器

该减振器由一个中间挖空的、外形特殊的斜楔和一个弹簧组成。装配时，将弹簧预压缩后与斜楔一起装入摇枕端部的凹进部分，弹簧的下平面支承在摇枕端部铸出的平台上，弹簧的上平面则顶在楔块内部的挖空处，并且在弹簧预压力的作用下将整个楔块往上顶至楔块斜面与摇枕斜面以及楔块主摩擦面与焊在侧架立柱上的磨耗板贴紧为止。弹簧不是转向架上的承载弹簧，减振器一旦装配完成后，它的变形量就始终维持为装配时的预压缩量而不发生变化。因此，弹簧给楔块的作用力，楔块与摇枕斜面之间、楔块与立柱磨耗板之间的作用力维持不变。所以，在转向架振动过程中，楔块主摩擦面与侧架立柱磨耗板之间的摩擦阻力就不随转向架的簧上载荷变化而变化。

据介绍，Ride Control减振器性能稳定、可靠性好，只要控制弹簧不折断就不会失效。另外，这种减振器的楔块较宽，磨耗面积较大，这样就加强了转向架侧架和摇枕之间的联系，对转向架的菱形变形具有一定的"控制"作用，从而提高了转向架的蛇行运动稳定性。

但由于常摩擦减振器减振摩擦力不随转向架的簧上载荷而变化，对于自重系数较小的货车，其特性很难同时满足空车和重车工况对减振能力的要求。

4）常摩擦减振器设计计算

由于产生摩擦力的正压力是由专门的减振器弹簧来提供的，而此弹簧非振动系统中的缓冲弹簧，且在振动中的上行程或下行程中减振器弹簧没有挠度的变化，因此这种常摩擦减振器产生摩擦力的正压力可由减振器压紧弹簧反力 k_1f_1 间接得来。其中 k_1 为压紧弹簧的刚度，f_1 为预压缩量。这种减振器的另一个特点是螺旋弹簧垂直放置，所以纵向冲击力对压紧弹簧 k_1 并无任何损害。

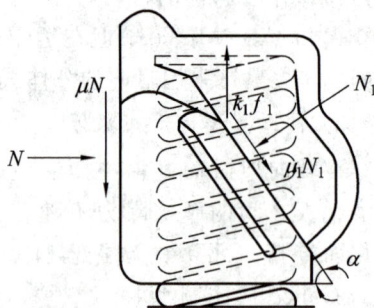

图4-42　斜楔受力分析图

我们取斜楔为分离体，若不考虑斜楔的磨耗，斜楔相对于摇枕只有相对运动的趋势而无相对运动的可能，且斜楔在弹簧反力 k_1f_1 的作用下永远有向上运动的趋势，则副摩擦面的摩擦力 μ_1N_1 斜着向下，而侧架立柱给斜楔的摩擦力的方向随上、下行程而变（见图4-42）。

现以分析上行程摩擦力 F_u 为例，按图4-42所示的斜楔受力分析图建立平面力系的平衡方程式如下：

$$\left. \begin{array}{l} k_1f_1 = \mu N + \mu_1 N_1 \sin\alpha + N_1 \cos\alpha \\ N = N_1 \sin\alpha - \mu_1 N_1 \cos\alpha \end{array} \right\} \quad (4-39)$$

从而可得

$$F_u = \mu N = \mu k_1 f_1 \frac{\sin\alpha - \mu_1 \cos\alpha}{(\mu_1+\mu)\sin\alpha + (1-\mu\mu_1)\cos\alpha} \quad (4-40)$$

同理可得下行程的摩擦力 F_l 为

$$F_l = \mu N = \mu k_1 f_1 \frac{\sin\alpha - \mu_1 \cos\alpha}{(\mu_1-\mu)\sin\alpha + (1+\mu\mu_1)\cos\alpha} \quad (4-41)$$

我们可分别求出上、下行程的相对摩擦系数，然后求其平均值。对于图4-41所示的减振器，有

$$\varphi_u = \frac{2F_u}{P} = \frac{2F_u}{kf_{st}} \quad (4-42)$$

$$\varphi_l = \frac{2F_l}{P} = \frac{2F_l}{kf_{st}} \quad (4-43)$$

式中：φ_u, φ_l——上行程和下行程的相对摩擦系数；

k——图示系统弹簧的刚度；

f_{st}——车辆在平衡位置时的静挠度。

则

$$\varphi = \frac{\varphi_u+\varphi_l}{2} = \frac{F_u+F_l}{kf_{st}} \quad (4-44)$$

3. 两种减振器

1）利诺尔减振器

（1）利诺尔减振器简介。

利诺尔减振器也是一种变摩擦减振器，它由导框、弹簧帽、弹簧、吊环、吊环销、顶子和磨耗板等零部件组成，如图 4 - 43 所示。

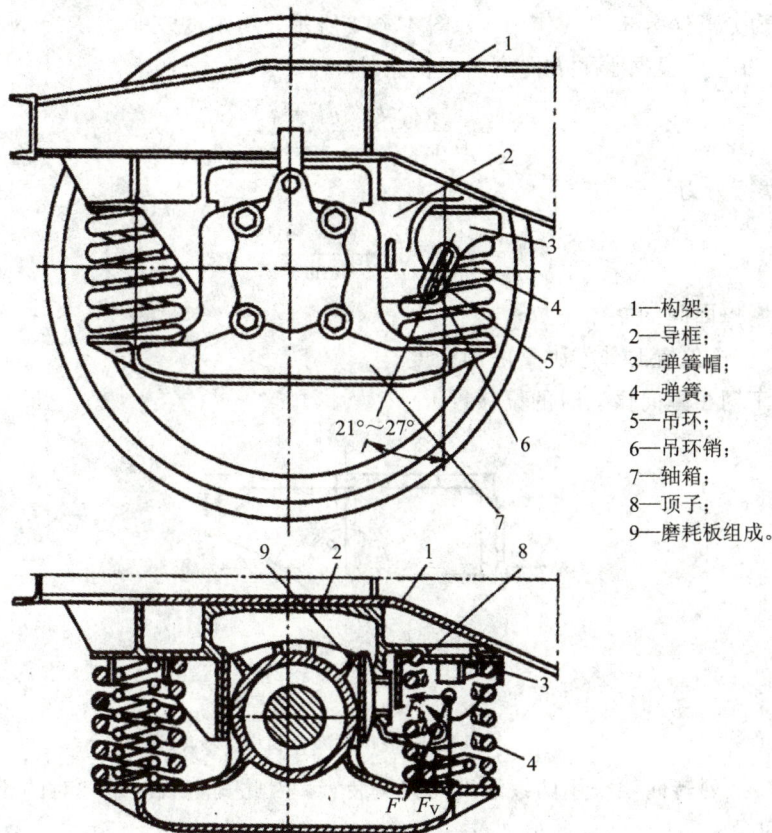

1—构架；
2—导框；
3—弹簧帽；
4—弹簧；
5—吊环；
6—吊环销；
7—轴箱；
8—顶子；
9—磨耗板组成。

图 4 - 43 利诺尔减振器

利诺尔减振器对垂直和横向振动都有衰减作用，它的性能稳定，摩擦力受外界气候条件及磨耗状态的影响较小，磨耗面易于修复。由于轴箱和构架间纵向无间隙而增加了轮对的纵向定位刚度，提高了运行稳定性。

利诺尔减振器属于变摩擦力减振器，用于法国 Y25 系列的转向架中，该型转向架是西欧铁路联盟的标准货车转向架。

（2）利诺尔减振器相对摩擦系数的计算。

可以看出，利诺尔减振器产生摩擦力的正压力由承载弹簧的外卷弹簧的反力间接得来，因此，正压力在振动过程中是随弹簧挠度或振幅变化而变化的。其结构与作用特点如下：当构架连同导框一起相对轴箱运动时，导框右腿通过前后两个拉环斜拉弹簧盖，拉环倾斜拉力的水平分力即作用于摩擦块的正压力。摩擦块向左压紧轴箱，使导框左侧也紧贴轴箱，因此，轴箱左右两面都有减振的摩擦力。此摩擦力不仅在垂直方向可以起减振作用，在横向当导框与轴箱有相对位移时也可以起减振作用。

Y25 系列的货车转向架均采用两级刚度的弹簧，弹簧盖仅与外卷弹簧接触。当载荷加大，内卷弹簧要起承载作用时，直接与导框右侧接触。

设外卷弹簧的刚度为 k_1，其承担的载荷为 P_1；内卷弹簧比外卷弹簧矮，只有在车辆重载时才工作。设内卷弹簧的刚度为 k_2，其承担的载荷为 P_2，并设拉环与水平面间的夹角为 α。取弹簧帽为分离体分析力的作用，如图 4-44 所示，图中的三个力 P_1、N 及 T 汇交于弹簧帽的拉环销上。根据水平方向力的平衡条件，得

$$N = \frac{P_1}{\tan\alpha} = \frac{k_1(f_1 + z)}{\tan\alpha} \qquad (4-45)$$

故减振器的摩擦力为

$$F = \mu N = \frac{\mu k_1(f_1 + z)}{\tan\alpha} \qquad (4-46)$$

式中：μ——摩擦面间的摩擦系数；

f_1——平衡位置时外卷弹簧的静挠度；

z——车辆在垂向振动时的位移量。

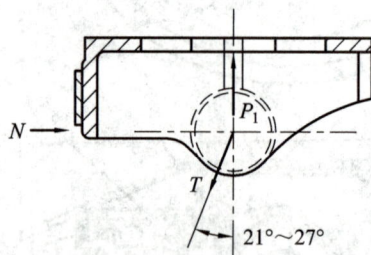

图 4-44　弹簧帽受力分析图

由于 Y25 系列转向架采用两级刚度的弹簧装置，因此其空载与重载时的相对摩擦系数计算公式不同：

$$\varphi_空 = \frac{\mu N}{P_1} = \frac{\mu}{\tan\alpha} \qquad (4-47)$$

$$\varphi_重 = \frac{\mu N}{P_1 + P_2} = \frac{\mu}{\left(1 + \dfrac{P_2}{P_1}\right)\tan\alpha} = \frac{\varphi_空}{\left(1 + \dfrac{P_2}{P_1}\right)} \qquad (4-48)$$

因 $\dfrac{P_2}{P_1} > 0$，故 $\varphi_空 > \varphi_重$。

2）油压减振器

由于摩擦减振器的摩擦力与振动速度无关，因此来自簧下的冲击力只要低于摩擦力，它便会刚性地向簧上部分传递，引起车体的高频振动，影响车辆运行的平稳性。另外，摩擦减振器的减振力在运用中变化较大，摩擦面易磨耗。在速度小于 120 km/h 的时候，摩擦减振器基本能够满足货车转向架减振的要求。但随着速度的进一步提高，特别是在 160 km/h

速度级的货车转向架上，摩擦减振器已经不能满足货车转向架减振的需要，这时常常采用油压减振器来取代摩擦减振器。

现代的油压减振器几乎能实现任何实际需要的减振阻尼特性，因此广泛用于铁路机车车辆上，但大都是用于机车和客车转向架上。货车由于速度低而很少使用油压减振器，主要原因就是它的结构比摩擦减振器要复杂得多，维护、维修成本较高。

（1）油压减振器的类型。

铁路车辆上采用的油压减振器有下列类型。

① 轴箱减振器。

轴箱减振器又称为一系垂向减振器，该减振器装用于一系悬挂，以减小轴箱与转向架构架之间的垂向振动，特别是衰减构架相对于轮对的点头振动。如果转向架与车体连接牵引中心高度设计不当，构架的点头振动将通过牵引点传至车体，产生不良的纵向振动，降低运行平稳性。

② 二系垂向减振器。

该型减振器用于车体与转向架之间的垂向振动，即点头振动和浮沉振动。减振阻力的正确选择与车体质量和一系、二系弹簧装置的刚度有关。该型减振器与二系悬挂弹簧装置并联，可加大减振器横向间距，有利于控制车体侧滚振动。

③ 二系横向减振器。

该型减振器用于控制车体相对于转向架之间的横向运动，即横摆和摇头振动。保证有合适的横向减振阻力对快速转向架是很重要的，二系横向阻力过大会导致车体过度横向摆动，同时诱导横摆和侧滚振动。减振阻力的选择必须根据车体质量、二系横向和垂向刚度等因素来综合考虑。

④ 抗蛇形减振器。

该型减振器用来抑制转向架的蛇形运动。剧烈的蛇形运动会导致轮缘不断撞击钢轨，加速轮轨磨耗，增大车轮脱轨的危险性，从而威胁到运行安全。在车体和转向架之间纵向安装抗蛇形减振器，能有效抑制转向架蛇形运动，提高转向架蛇形临界速度。

在快速货车转向架上，综合考虑转向架的性能指标要求和经济性，一般只采用轴箱减振器和二系横向减振器。

（2）油压减振器选型注意事项。

一般油压减振器主要由活塞、进油阀、缸端密封、上下连接、油缸、储油筒及防尘罩等部分组成，减振器内部还有油液。图 4-45 所示为 SFK1 型油压减振器。为了保证减振器各部分工作可靠、经久耐用，同时防止泄漏，它的结构设计得较为复杂。

为保证油压减振器装置具有良好的减振性能，应充分注意以下几点：

① 油压减振器良好的减振性能主要是依靠活塞杆装置上的节流装置、进油阀装置和适宜的减振油液而实现的，所以设计、制造、运用及检修都必须充分重视上述部分。

② 当减振器工作时，内部油压较高（可达 2.5 MPa），所以必须有良好的密封性，以确保减振特性和使用寿命。为了保证密封部分的性能，必须特别注意零部件的各种加工精度，如同心度、垂直度和表面光洁度等，以减少零件之间的磨耗和变异。另外，对活塞杆装置应设有导向装置（如导向套），使活塞杆中心线和油缸中心线保持一致。

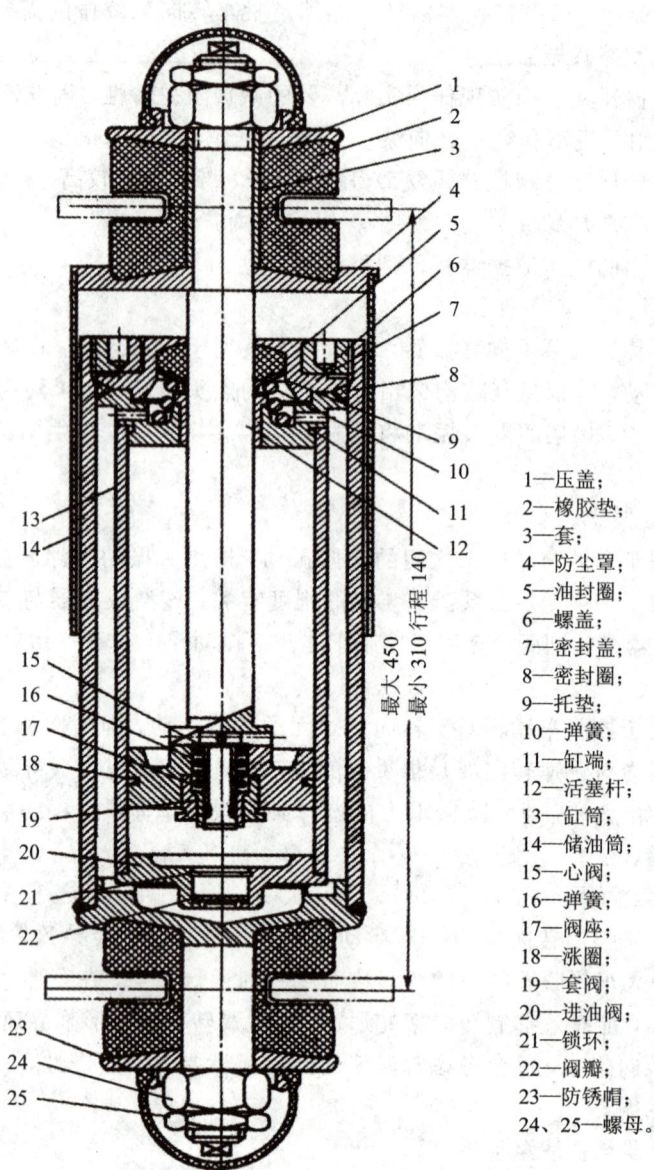

1—压盖；
2—橡胶垫；
3—套；
4—防尘罩；
5—油封圈；
6—螺盖；
7—密封盖；
8—密封圈；
9—托垫；
10—弹簧；
11—缸端；
12—活塞杆；
13—缸筒；
14—储油筒；
15—心阀；
16—弹簧；
17—阀座；
18—涨圈；
19—套阀；
20—进油阀；
21—锁环；
22—阀瓣；
23—防锈帽；
24、25—螺母。

图 4-45 SFK1 型油压减振器

③ 对于减振器两端连接部的连接方式，要考虑减振器与被相连部件结构之间运动的随动性，在各个方向（包括转角）具有适宜的弹性，满足相互之间力、位移等的传递，其弹性变形又可减少活塞和油缸、活塞杆与导向套之间的偏心，使活动顺滑，减少偏磨。为此，不同形式与作用特性的油压减振器的两端连接，需要用不同形式的弹性橡胶节点。

④ 为保证油压减振器正常工作，应合理地选择其在转向架上的安装空间位置（如高度、角度等），并兼顾方便装拆与检修。

4.8 构架、侧架、摇枕设计

构架、侧架、摇枕是转向架的基础，它们把转向架各零部件组成一个整体。它们不仅仅承受、传递各作用力及载荷，而且它们的结构、形状和尺寸大小都应满足各零部件结构、形状及组装的要求（如应满足基础制动装置、弹簧减振装置、轴箱定位装置等安装的要求）。

4.8.1 构架、侧架、摇枕的选型

我国货车二轴转向架主要为"三大件"（两个侧架、一个摇枕）式结构，转 K3 等少数转向架采用刚性 H 型构架，而近些年研制的 160 km/h 快速货车转向架则采用可分式 H 型构架（或称为活 H 型构架）结构。各种构架、侧架的结构示意图，结构特点及其与摇枕在水平面内的联系方式等见表 4－53。

表 4－53 货车二轴转向架构架、侧架的结构示意图，结构特点及其与摇枕在水平面内的联系方式等

构架、侧架形式	"三大件"框架式侧架	刚性 H 型构架	活 H 型构架
结构示意图			
结构特点	一体铸造，强度、刚度大；两侧三角孔有利于检查与换修基础制动配件；中央方孔处的上弦杆不利于弹簧装置静挠度的提高，簧下质量大	侧架、摇枕刚性连接在一起，可保持轮轴正位，但对扭曲线路的适应性差，成本比框架式高，簧下质量可减小	摇枕借助于特殊元件（二系悬挂装置，如橡胶元件等）放置于构架上；在水平平面内，构架、摇枕间的定位刚度大，在垂直平面内，橡胶元件等可改善对扭曲线路的适应性，且可实现分解
构架、侧架与摇枕在水平面内的联系方式	弹性摩擦联系（摇枕、侧架之间增设摩擦楔块）或无联系（摇枕与侧架之间有自由间隙）	刚性连接	纵向接近刚性连接，垂向和横向可利用橡胶有一定变形
主要转向架型号	转 8A、转 K2、转 K4、转 K5、转 K6、转 K7	转 K3、2D 轴焊接转向架、2E 轴焊接转向架	齐车公司 160 km/h 转向架、眉山公司 160 km/h 转向架

我国批量生产的货车转向架大都为三大件式转向架，摇枕、侧架一般均采用铸钢件。而转 K3 型转向架和少数一系轴箱悬挂转向架则为构架式结构，构架一般采用焊接结构。

铸件和焊件这两种结构形式各有特点。铸钢件结构总的生产成本较低，但铸钢系统占地面积大，熔化钢水耗电量大，需要较多的工艺装备。采用型钢或板材的焊接结构总的生产成本较高，但生产焊接件工艺准备、工艺装备可以简单一点，车辆厂本身的耗电小，在相同生产批量下占地面积可以小些。从国外的情况看，受各国自身条件、习惯影响，这两种结构形式都有。

1. "三大件"式

对中央悬挂的货车转向架，一般采用"三大件"式，侧架多为铸钢一体式。其优缺点如下：

（1）结构简单、制造检修方便、成本低；

（2）通过曲线和道岔时具有良好的载荷均衡性，对扭曲线路的适应性好；

（3）侧架与摇枕间的定位刚度不足，易使两侧架产生菱形变位与不正位，速度较高时易产生剧烈的蛇行运动，加剧轮轨磨耗，降低轴承寿命；

（4）簧下质量大。

设计"三大件"式转向架时，应注意加强侧架与摇枕间的联系，如合理设计摩擦减振器，加大摩擦面，提高摩擦副的耐磨性，加强左右两侧架的横向联系等。

目前还采用了一些改进的"三大件"式转向架，如为保持两车轴在通过小曲线时取径向位置的径向转向架，为增加转向架正位刚度的交叉支撑转向架及活关节式转向架等，相应地采用了各种不同的侧架结构形式。

2. 刚性构架式

对轴箱悬挂的货车转向架，一般采用刚性构架式，摇枕与侧架刚性连接。其优缺点如下：

（1）容易保持两轴平行，有利于抑制高速运行时的蛇行运动；

（2）簧下质量小；

（3）对扭曲线路的适应性差；

（4）结构比"三大件"式复杂。

4.8.2　构架、侧架、摇枕的材质

随着载重的增加，铸钢摇枕、侧架的材质由原来的普碳钢发展到低合金钢。我国货车转向架摇枕、侧架材料机械性能见表 4-54。

表 4-54　我国货车转向架摇枕、侧架材料机械性能

性能	抗拉强度 σ_b/MPa	屈服强度 σ_s/MPa	延伸率 δ_s/%	收缩率 ψ/%	冲击吸收功 A_{kv}/J	许用应力/MPa	标准
ZG230-250	≥450	≥230	≥22	≥32	≥45(冲击韧性,J/cm²)	103	GB 11352—2009
B	≥485	≥260	≥24	≥36	≥20(-7℃)	117	TB/T 3012—2016
B+	≥550	≥345	≥24	≥36	≥20(-7℃)	151	运装货车〔2007〕161号
C	≥620	≥445	≥22	≥45	≥20(-18℃)	181	TB/T 3012—2016

（牌号）

构架式转向架的构架材质一般为低合金结构钢，如 Q345、Q345R 钢等。

4.8.3　构架、侧架、摇枕的结构设计

1. 侧架

"三大件"式转向架构架由两个独立的侧架和摇枕组成。每一侧架联系前后两个轮对一侧的轴箱，左右两个侧架之间在中央部位用一根横向放置的摇枕联系在一起。

"三大件"式转向架一般采用导框式轴箱定位方式。侧架两侧具有宽度较大的导框，导框插入承载鞍（或轴箱）导槽内。导框和导槽的作用是限制轴箱与侧架前后、左右方向的相对位移。

侧架中部一般应留有足够的空间（即方形孔）用于安装摇枕和摇枕弹簧，方孔两侧的立柱内侧平面上固定安装磨耗板。装有磨耗板的面就是与楔块式摩擦减振器相接触的主摩擦面。方孔后面应设楔块挡结构，以防止左右两侧架在摇枕弹簧横向失稳时与摇枕分离。方孔下部为面积较大的弹簧承台面，承台上一般要按照弹簧的布置和组数铸造出一定高度的圆脐子，用以对弹簧进行定位。

根据基础制动装置的形式，侧架内侧面一般还铸有制动梁滑槽（用于滑槽式基础制动）或闸瓦托吊座（用于吊挂式基础制动）。侧架两侧一般还应开有三角孔等，一方面用于减轻侧架自重，另一方面便于检修基础制动装置和更换闸瓦。

图 4-46 为转 K6 型转向架侧架及其附属件。侧架下端两侧焊接有交叉拉杆支撑座，滑槽内装有滑槽磨耗板。中央立柱面仍然安装立柱磨耗板。

为了合理利用材料，减轻侧架自重，侧架各部分的截面应设计成槽形或者空心箱形，并在受力较大的地方适当增加箱形壁厚或者加强筋，以期达到侧架具有足够强度和刚度的要求。

图 4-46　转 K6 型转向架侧架及其附属件

2. 摇枕

摇枕的作用是将车体作用在下心盘上的力传递给支承在它两端的枕簧上。另外，它还用来把转向架左右两侧架联系成一整体。

为适应摇枕中央部位弯矩大，两端弯矩小的情况，摇枕一般应设计成鱼腹状。摇枕中部截面比两端大，使中央部位具有较大的截面模数。

摇枕中央为下心盘承台，也可以将下心盘与摇枕铸为一体。一般三大件货车转向架摇枕均安装平面心盘，下心盘与摇枕中心处应开有心盘销孔，中心销就安插在此孔中。靠近端部的地方，应根据下旁承的结构位置设计旁承安装座（盒），用于安装（或放置）下旁承。

摇枕两端侧面上，一般要根据楔块式摩擦减振装置的形式，设计向内凹进并与水平方向成一定夹角的楔块槽，楔块槽的斜面与楔块式摩擦减振器相接触，此接触面就是减振装置的副摩擦面。

另外，摇枕上一般还会根据基础制动装置的形式、尺寸焊接或铸造固定杠杆支点座等零件开设一些通孔，鱼腹中央部位有时也会根据基础制动装置拉杆的位置或者其他需要穿过摇枕的专有零部件而开设一些通孔。

转 K6 型转向架摇枕结构及其附属件见图 4-47。

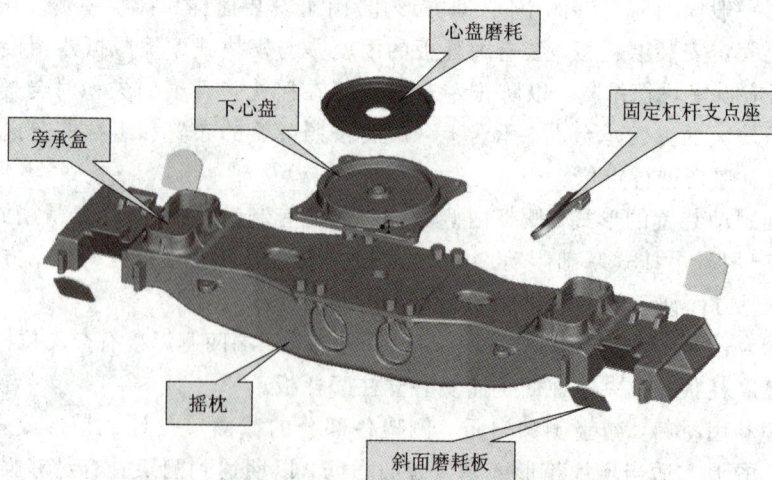

图 4-47　转 K6 型转向架摇枕结构及其附属件

同样，为了合理利用材料，减轻摇枕自重，摇枕各部分的截面也应设计成槽形或者空心箱形，同时合理布置各部位的结构，使之具有足够的强度和刚度。

3. 构架

构架为转向架的骨架，用以联系转向架各组成部分和承受、传递垂向力与水平力，并用来保持车轴在转向架内的位置。构架式货车转向架构架一般为刚性 H 型构架，即相当于将三大件式转向架的两个侧架和连接摇枕刚性地连接在一起，一般构架采用焊接方式较多，也有部分构架采用整体铸造方式。

H 型刚性构架一般由两侧的侧梁和中间连接的枕梁及安装基础制动装置用的端梁组成（也可以无端梁结构）。

侧梁可以做成封闭的箱形结构，也可以做出单腹板形式，箱形及单腹板中间设一些隔板或者筋板，用以保证构架具有足够强度和刚度。侧梁端部下侧一般有与轴箱联系的导框结构，采用滑槽式基础制动的转向架构架还应焊有滑槽。中间枕梁一般均为箱形结构，并呈鱼腹状，同样也安装下心盘(可以设计安装成球面下心盘结构)和下旁承，以及吊挂式基础制动装置的零部件。端梁用来保证构架的水平刚度，有时仅用来吊挂一部分基础制动装置。

Y25 型转向架是典型的焊接构架转向架。图 4-48 为 Y25 型转向架构架及其附属件。由于 Y25 型转向架基础制动装置采用复式双侧闸瓦制动，连接枕梁两侧制动梁的拉杆采用门式制动拉板穿过枕梁上方，因此，构架枕梁中部两侧专门设计有纵向梁，纵向梁采用螺栓固定在枕梁两侧，用以安装基础制动装置零件。

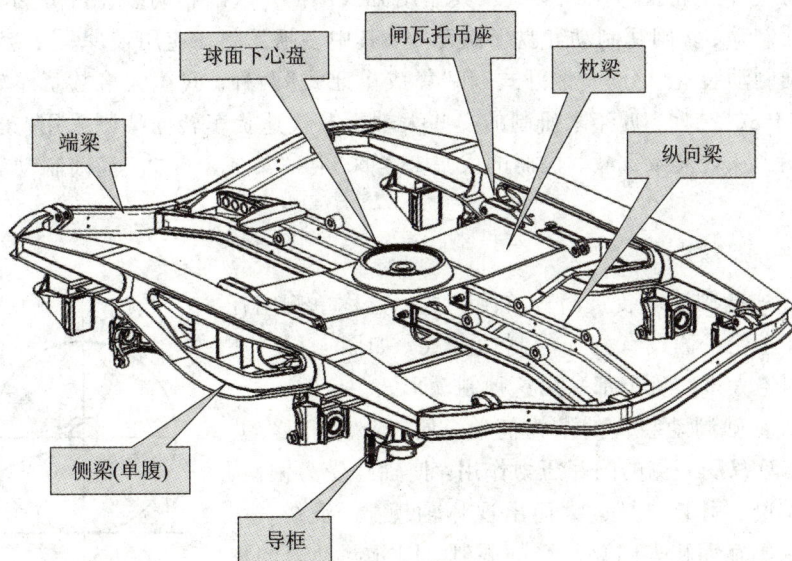

图 4-48　Y25 型转向架构架及其附属件

设计构架时，应注意以下几点：

(1) 构架是转向架的一个重要部件，它是转向架其他零部件安装的基础。因此，设计时，必须全面考虑构架与各相关零部件的相互位置。

（2）构架各梁应尽可能设计成等强度梁，以保证获得最大强度和最小自重。

（3）构架各梁的布置应尽可能对称，以简化设计和施工。如对称设计困难，也应尽量减少非相同零件的数量。

（4）各梁本身以及各梁组成构架时，必须注意减少应力集中。因此，各梁相交处的过渡要平缓、圆滑，切口处要相应补强。

（5）除了保证强度，构架还要有足够刚度，刚度不足会造成载荷分布不均匀或各梁产生自振等问题。

（6）焊接结构的构架必须保证焊接施工方便，具有足够的焊缝尺寸。焊缝应分布在应力较小处，并满足一般焊接结构的要求。焊缝还应便于检查和修理，焊接后应消除内应力。

4.9　基础制动装置设计

为了使运行中的车辆能在规定的距离范围内停车，必须安装制动装置，其作用是传递和放大制动缸的制动力，使闸瓦和轮对间产生的转向架内摩擦力转换为轮轨之间的外摩擦力（即制动力），产生制动效果。制动系统装置在转向架的部分称为转向架基础制动装置。

4.9.1　基础制动装置的形式及特点

按设置在每个车轮上的闸瓦块数及其作用方式不同，基础制动装置可分为单侧闸瓦制动、双侧闸瓦制动、多闸瓦制动和盘形制动等，其中多闸瓦制动应用较少。按传动机构的配置不同，基础制动装置可分为"散开式"和"集成单元式"两种。我国大多数货车转向架均采用传统的"散开式"结构，近年来研制的一些大轴重及快速货车转向架则采用"集成单元式"基础制动装置。从转向架重载、快捷的发展趋势来讲，"集成单元式"基础制动装置的应用将越来越多。

1. 单侧闸瓦制动

单侧闸瓦式基础制动装置简称单闸瓦式，也称单侧闸瓦制动，即只在车轮一侧设有闸瓦的制动方式，如图 4 - 49 所示。目前我国绝大多数货车都采用这种制动形式。

单闸瓦式基础制动装置的结构简单，便于检查和修理。但制动时，车轮只受一侧的闸瓦压力作用，使轴瓦受力偏斜，易形成闸瓦偏磨，引起热量过大而出现热轴现象。此外，由于制动力受到闸瓦面积和闸瓦承受的限制，因此制动力的提高也受到限制。若闸瓦单位面积承受的压力过大，则容易造成闸瓦熔化。这不仅会加速闸瓦的磨耗，还会磨耗闸瓦托，

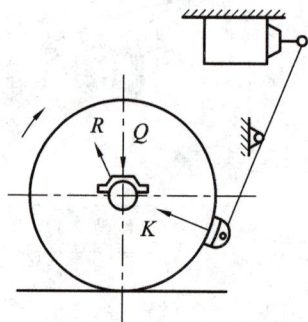

图 4 - 49　单侧闸瓦制动示意图

使制动力衰减，影响行车安全，有时甚至会引起火灾，这种情况在长大坡道地区特别严重。

根据理论计算和实际运用经验，闸瓦单位面积承受的压力一般不超过 1000 kPa（极限值为 1300 kPa）。以前我国采用 GK 型制动机和 103 型制动机的车辆，多数已达到甚至超过

了这个限度(最高为 1400 kPa)，因此闸瓦熔化及磨耗的情况比较严重，这是单瓦式基础制动装置的主要缺点，目前已全部采用 120 主制动机。在车辆不断向重载和高速方向发展，而闸瓦单位面积的压力不能再增加的情况下，应采用高摩擦系数的合成闸瓦，这样就可满足高速运行的要求。

2. 双侧闸瓦制动

双侧闸瓦式基础制动装置简称双侧闸瓦式，也称双侧闸瓦制动，即在车轮两侧均有闸瓦的制动方式，如图 4-50 所示。目前一般客车和特种货车的基础制动装置大多采用这种形式。

双侧闸瓦式基础制动装置在车轮的两侧都安装有闸瓦，所以闸瓦的摩擦面积比单闸瓦式增加一倍，闸瓦单位面积承受的压力较小。这不但能提高闸瓦的摩擦系数，而且散热面积大，可降低闸瓦与车轮踏面的温度，延长车轮的使用寿命，减少闸瓦的磨耗量，并可

图 4-50　双侧闸瓦制动示意图

得到较大的制动力(指在同一尺寸的制动缸与同一闸瓦压力的情况下)。同时，由于每轴的车轮两侧都有闸瓦，制动时两侧的闸瓦同时压紧车轮，可以克服单闸瓦车轮一侧受力而引起的各种弊病。因此，目前一般客车和特种货车(机械保温车、长大货物车等)大多采用这种形式的基础制动装置。但双侧闸瓦式基础制动装置的结构比较复杂，一般三大件式货车转向架不宜安装这样装置。

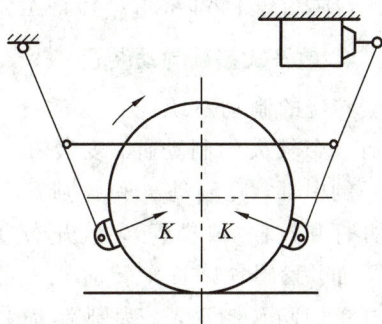

3. 盘形制动

盘形基础制动装置是指制动时用闸片压紧制动盘而产生制动作用的制动方式。盘形基础制动装置有两种类型：制动盘安装在车轴上的叫轴盘式，制动盘安装在车轮腹板上的叫轮盘式。盘形基础制动装置的基本结构如图 4-51 所示。

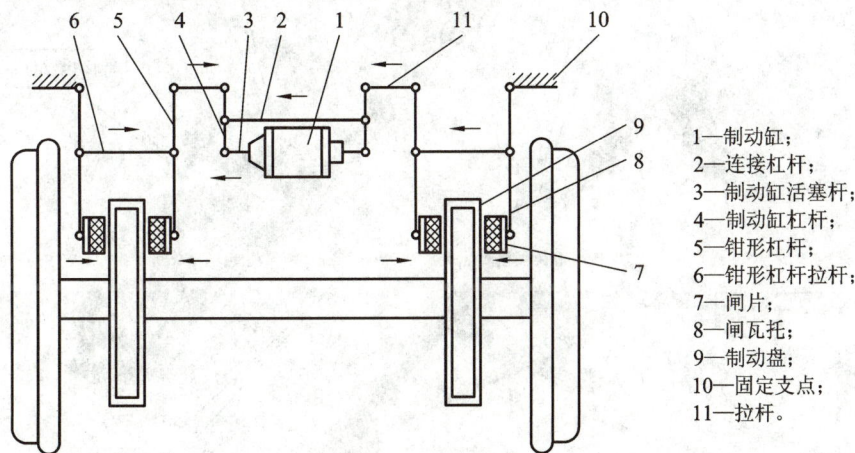

1—制动缸；
2—连接杠杆；
3—制动缸活塞杆；
4—制动缸杠杆；
5—钳形杠杆；
6—钳形杠杆拉杆；
7—闸片；
8—闸瓦托；
9—制动盘；
10—固定支点；
11—拉杆；

图 4-51　盘形基础制动装置的基本结构

盘形基础制动装置的优点如下：结构比较简单，可以缩小副风缸和制动缸的容积，节省压力空气；各种拉杆、杠杆可以小型化，直接安装在转向架上，能减轻车辆自重；不用闸

瓦直接磨耗车轮踏面，可延长车轮使用寿命；制动性能比较稳定，可减少车辆纵向冲动；制动缸安装在转向架上，制动时动作迅速，可提高制动效率；采用高摩擦系数的合成闸片，可以增大制动力，缩短制动距离，并可延长闸片的使用寿命。盘形制动可以为"散开式"制动，也可以为"集成单元式"制动。目前我国的时速在 120 km 以上的客车大都采用这种制动装置。新研制的 160 km/h 快速货车转向架基础制动装置采用单元式轴盘制动。

4. 散开式基础制动装置

传统的制动系统配置为散开式，即全车只有一个较大的制动缸，安装在车架之下沿车长的中部，在制动缸和各闸瓦之间有很多的杠杆和拉杆（或推杆），散开布置在整个车体下面。我国铁路货车转向架大部分采用散开式单侧闸瓦制动，该基础制动装置示意图如图 4-52 所示。

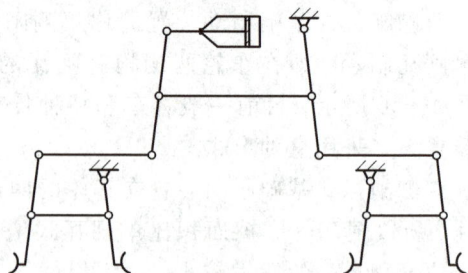

图 4-52 散开式单侧闸瓦基础制动装置示意图

根据转向架基础制动装置拉杆相对摇枕位置的不同，散开式单侧闸瓦制动又可分为中拉杆单侧闸瓦制动和下拉杆单侧闸瓦制动。在我国目前的铁路货车转向架中，转 8A 系列（转 8A 型、转 8AG 型、转 8G 型、转 8B 型、转 8AB 型）、转 K1 型、转 K4 型、转 K7 型转向架采用下拉杆滑槽式单侧闸瓦制动（见图 4-53）；转 K2 型、转 K5 型、转 K6 型转向架采用中拉杆滑槽式单侧闸瓦制动（见图 4-54），其基础制动由左右组合式制动梁、中拉杆组成、固定杠杆组成、游动杠杆组成、固定杠杆支点或柔性支点、新型高摩合成闸瓦和耐磨销套等组成。

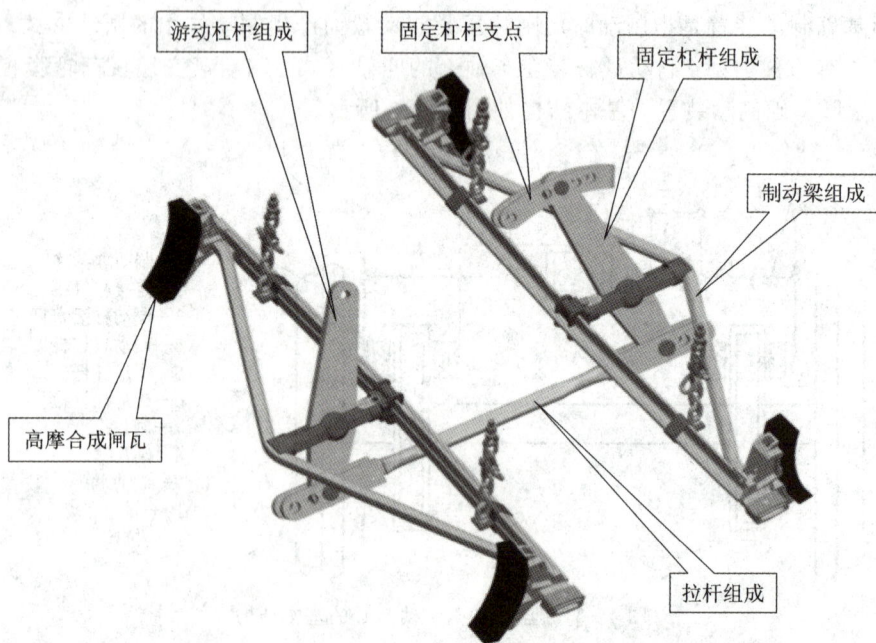

图 4-53 下拉杆滑槽式单侧闸瓦基础制动装置

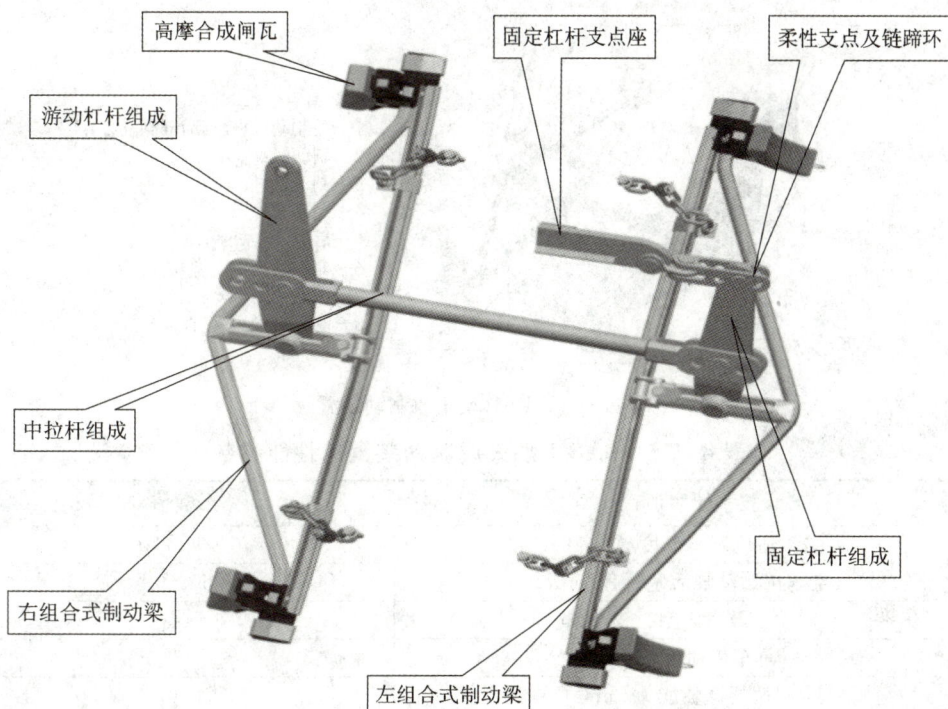

图 4-54 中拉杆滑槽式单侧闸瓦基础制动装置

为了降低销套磨损，提高转向架销套的使用寿命，目前主型货车转向架中均采用耐磨销套，即采用奥-贝球铁衬套和 45 号钢淬火圆销，增加圆销表面硬度，同时减小销套配合间隙，提高装配精度，以改善销套的受力状态，降低磨损。

5. 集成式基础制动装置

集成式制动装置即单元式制动装置，主要应用于车体底架结构复杂、空间狭窄而无法采用传统杠杆式基础制动装置的专用货车上，如全钢浴盆车、双层集装箱平车、漏斗车等。采用集成式制动装置，不但能简化基础制动装置的传动环节，减轻质量，还能提高车辆制动的传动效率，提高制动与缓解的可靠性。

集成式基础制动装置又可分为侧置式和背推式，侧置式基础制动装置主要用于车底下部设备很多、空间特别紧张的现代铁路机车和客车转向架上，背推式基础制动装置一般用于货车转向架上。背推式基础制动装置一般由制动缸、制动梁、推杆和闸调器等组成。

目前我国铁路货车主要采用的集成式制动装置为 BAB 型集成制动装置和 DAB 型集成制动装置。

1）BAB 型集成制动装置

BAB 型集成制动装置(见图 4-55)由手制动杠杆、制动缸、制动推杆、制动梁、后制动杠杆、非制动缸侧 J 型杠杆、闸调器、制动缸侧 J 型杠杆、高摩合成闸瓦等组成。

BAB 型集成制动装置可根据制动缸规格、制动倍率、闸调器规格和适用车轮直径的不同而采用不同配置。如 BAB-1 型适用于 915 mm 轮径，而 BAB-2 型适用于 840 mm 轮径。BAB-1 型集成制动装置的性能参数见表 4-55。

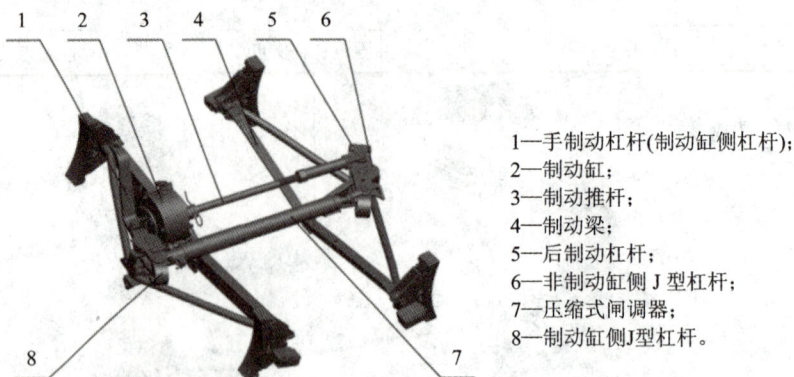

1—手制动杠杆(制动缸侧杠杆);
2—制动缸;
3—制动推杆;
4—制动梁;
5—后制动杠杆;
6—非制动缸侧 J 型杠杆;
7—压缩式闸调器;
8—制动缸侧J型杠杆。

图 4-55　BAB 型集成制动装置

表 4-55　BAB-1 型集成制动装置的性能参数

技术性能项目	参数值
适应环境温度/℃	-50~70
空车位制动缸活塞行程/mm	57±6
制动缸最大活塞行程/mm	100
重车传动效率/%	≥80
闸调器调整能力/mm	≥200

2) DAB 型集成制动装置

DAB 型集成制动装置分为带手制动和不带手制动两种形式，同样可根据制动缸规格、制动倍率、闸调器规格和适用车轮直径的不同而采用不同配置。如目前 SQ$_6$ 型小汽车运输车采用的是 DAB-1 型集成制动装置，制动缸压力比为 5.4，制动倍率为 6.6。DAB-1 型集成制动装置(见图 4-56)由 DAB 型单元制动缸、前制动杠杆、后制动杠杆、右组合式制动

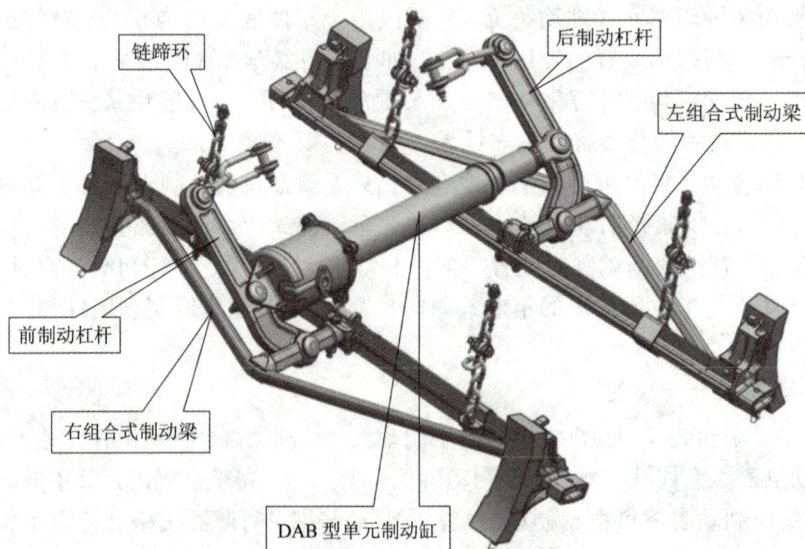

图 4-56　DAB-1 型集成制动装置

梁、左组合式制动梁、链蹄环等组成。单元制动缸布置在中拉杆位置，闸调器采用内置式控制装置，新造、运用及车轮旋修后均无须调整操作，换瓦力小，制造、维护方便快捷，易于保证质量。

DAB 型单元制动缸（见图 4-57）主要由增力型制动缸及压缩式闸调器等组成，具备产生、放大制动力及自动双向调整轮瓦间隙的功能。

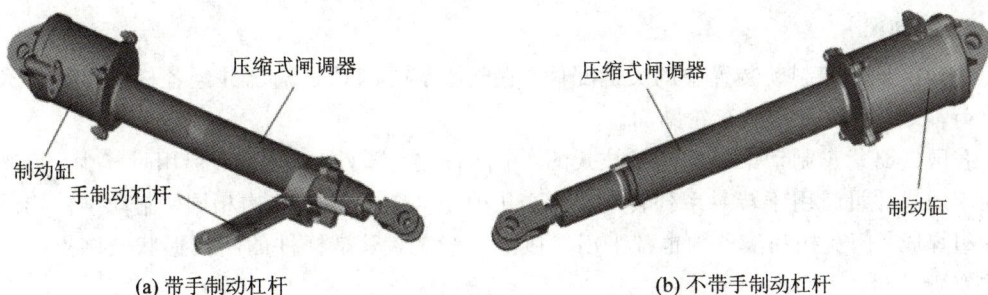

(a) 带手制动杠杆　　　　　　　　　　　　　(b) 不带手制动杠杆

图 4-57　DAB 型单元制动缸

DAB-1 型集成制动装置的性能参数见表 4-56。

表 4-56　DAB-1 型集成制动装置的性能参数

技术性能项目	参数值
自重/kg	≤215
适应环境温度/℃	-50～70
压力比	5.4、6.3、7.2、8.2、9.2
重车传动效率/%	≥75
制动缸直径/mm	178
闸调器调整能力/mm	≥120
最大允许压缩力/kN	130

4.9.2　基础制动装置的各主要部件

目前我国货车转向架大都为三大件式转向架，基础制动装置一般都采用散开式，并且都为单侧闸瓦制动。根据制动梁与侧架或摇枕的联系方式不同，散开式基础制动装置又分为滑槽式基础制动装置和吊挂式基础制动装置。集成式基础制动装置的主要部件是单元制动缸，已在集成式基础制动装置相关章节介绍。这里只介绍散开式基础制动装置各主要部件。

1. 杠杆

杠杆是基础制动装置中用于传递和扩大制动活塞推力的主要配件。

2. 拉杆

拉杆的作用是连接固定杠杆和游动杠杆，继续传递制动缸传递下来的制动活塞推力。根据与制动杠杆(游动杠杆、固定杠杆)孔眼连接位置的不同，拉杆一般分为下拉杆(拉杆与杠杆下端孔相连)和中拉杆(拉杆与杠杆中部孔相连)，下拉杆的制动倍率一般要比中拉杆的大。

3. 制动梁

制动梁是基础制动装置中的关键配件，它既要承受制动缸输出并经各杠杆传动扩大后的负荷，又要使闸瓦紧贴车轮踏面。

我国铁路货车制动梁早期是吊挂式的，中间曾改为滑块–滑槽式，但用量较少，后来又改为滚动式并批量用于转 8 系列转向架。这几种制动梁的基本结构相同，制动梁件均采用杆件组焊成，闸瓦托和滚子轴也都采用焊接方式组装，只是杆件的断面形状及结点的连接结构有所不同。

目前货车转向架制动梁主要有 L-A 型、L-B 型和 L-C 型组合式制动梁，这种组合式制动梁舍弃了以往以焊接为主的结构形式，采用由几个组件通过紧固件组装在一起而成的新型的模块化结构形式。整个制动梁由制动梁架、支柱、夹扣、闸瓦托、滑块磨耗套、制动梁安全链及卡子等主要组件通过紧固件连接在一起组成，如图 4-58 所示。

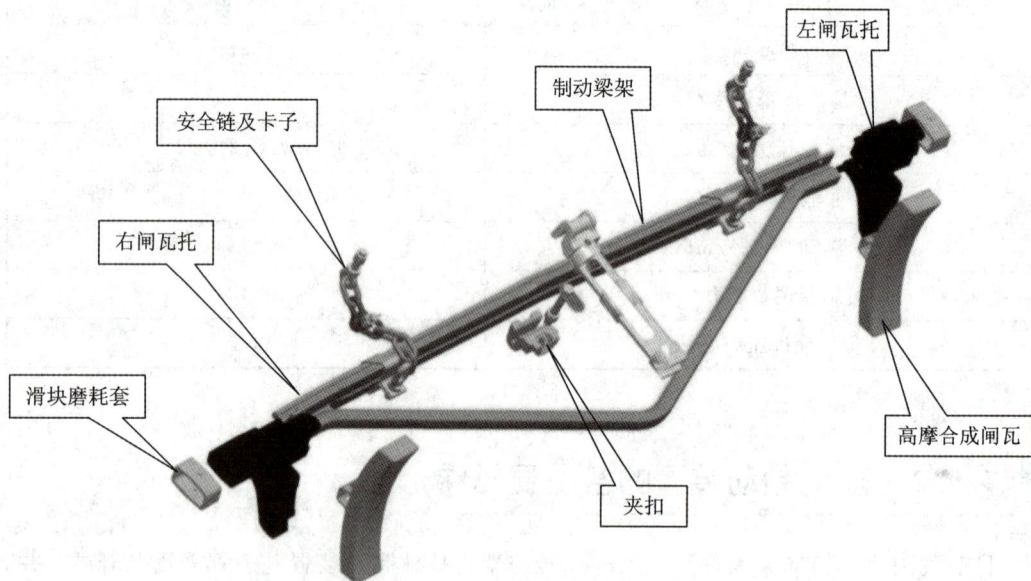

图 4-58　组合式制动梁

L-A 型、L-B 型和 L-C 型组合式制动梁的主要区别在于：L-A 型制动梁架采用整体锻造工艺制造，L-B 型制动梁架采用整体热轧工艺制造，而 L-C 型制动梁架采用整体热套装工艺制造。

L-B1 型、L-B3 型制动梁是在 L-B 型制动梁基础上为满足不同转向架需求而开发的制动梁装置，如 L-B1 可用于轮径 915 mm 的 27t 轴重货车。

BLB 型、TMX 型组合式制动梁适用于装用 BAB 型集成制动装置的转向架，BLB 型制动梁架采用整体热轧工艺制造，TMX 型制动梁架采用焊接工艺制造。另外，根据装用闸瓦托适应轮径的不同，BLB 型制动梁又可分为 BLB-1 型制动梁和 BLB-2 型制动梁，TMX 型制动梁又可分为 TMX-915 型制动梁和 TMX-840 型制动梁。其中：BLB-1 型制动梁适用于915 mm 直径车轮；BLB-2 型制动梁适用于 840 mm 直径车轮；TMX-915 型制动梁适用于915 mm 直径车轮；TMX-840 型制动梁适用于 840 mm 直径车轮。

组合式制动梁性能良好、作用可靠、检修方便，解决了我国传统货车转向架基础制动系统的惯性质量问题，可以满足我国现有铁路货车制动性能的需要。

4. 闸瓦托和闸瓦托吊

在基础制动装置设计中，不仅要合理地确定各杠杆的尺寸，还要合理地布置闸瓦的悬挂位置，因为这直接影响制动效果和列车的运行安全。闸瓦悬挂应当保证以下两点：

（1）在同一车轮上，前后两块闸瓦的闸瓦压力应尽量相等；当车轮回转方向不同时，同一块闸瓦的闸瓦压力（径向）应尽量保持不变。

（2）施行缓解作用时，闸瓦能凭借自身的质量自动离开车轮；在运行中遇有振动时，闸瓦不会碰靠车轮。

闸瓦托为安装闸瓦的支承件，货车的闸瓦托直接安装在制动梁端部，也可视为制动梁的附件之一。

闸瓦托用铸钢制成。当闸瓦托与闸瓦的接触面的弧度为 $R451$ mm（轮径为 840 mm）时，中部两支承面必须与闸瓦接触。闸瓦向闸瓦托上安装时，将闸瓦的鼻子嵌入闸瓦托的两支承面中间，并将闸瓦插销由上向下插入，穿过闸瓦和闸瓦托的插销座，使闸瓦能在闸瓦托上保持定位。当闸瓦磨耗到极限时，拔出闸瓦销即可将闸瓦取下，再装上新闸瓦，拆装都比较方便。

一些构架式转向架和少数三大件式转向架的制动梁采用吊挂式结构，即在闸瓦托上安装闸瓦托吊，闸瓦托吊的一端与构架（或侧架）连接，发挥滑槽式制动梁滑块和滚轴的作用，闸瓦托吊能沿闸瓦托及构架（或侧架）转动。但是采用吊挂式结构制动梁的转向架，闸瓦容易因受力不均匀而发生偏磨现象。因此，在设计吊挂式制动梁时，必须合理安排闸瓦托吊的安装位置，使在闸瓦磨耗及车轮磨耗时，车辆在空、重车工况下，闸瓦托吊绕构架（或侧架）支点转动的角度变化尽量小。

5. 安全装置

基础制动装置中的制动梁与下拉杆如果发生脱落，则最易造成列车脱轨和颠覆的重大事故，所以必须设置安全装置。

货车制动梁上左、右各安装一条安全链，可防止制动梁脱落。安全链上端用螺栓分别装在摇枕的两侧，下端铆接固定在制动梁上，一般留有 200 mm 的松裕量。为防止下拉杆的脱落，在制动梁的梁体上装有长方形安全吊，下拉杆从中穿过。

6. 闸瓦

闸瓦是指制动时，压紧在车轮踏面上以产生制动作用的制动块。中国铁路货车使用过的闸瓦分铸铁闸瓦和合成闸瓦两大类。铸铁闸瓦经历了从灰铸铁闸瓦（简称灰铁闸瓦）到中磷铸铁闸瓦(简称中磷瓦)再到高磷铸铁闸瓦(简称高磷瓦)的演变过程。合成闸瓦则包括低摩擦系数合成闸瓦(简称低摩瓦)和高摩擦系数合成闸瓦(简称高摩瓦)。与铸铁闸瓦和低摩擦系数合成闸瓦相比,高摩擦系数合成闸瓦具有以下主要性能特点:

(1)当摩擦系数的波动范围相同时,其制动距离的变化范围比低摩擦系数的铸铁闸瓦和合成闸瓦小得多,制动力更稳定。

(2)其摩擦系数-速度曲线特性与轮轨黏着特性一致,因此高速区可以充分利用黏着,有利于缩短制动距离,而低速区不会造成轮轨擦伤。采用高摩瓦的货车具有更高的安全性。

(3)可以采用较小的副风缸和制动缸获得相同的制动力,节省了制动用风量,减少了初充气和再充气时间,既有利于缩短作业时间,又改善了操纵性能,更能保证长大下坡道地区列车的运行安全。这一特点对长编组的重载列车尤为重要。

因此,高摩瓦是重载货车,特别是长编组重载列车的首选闸瓦。

4.9.3 基础制动倍率计算

列车制动时,制动缸传至转向架的作用力经过转向架杠杆机构传到闸瓦时,由于杠杆作用扩大的倍数,称为转向架的制动倍率,以 $n_{转}$ 表示,即

$$n_{转} = \frac{\sum K}{P} \tag{4-49}$$

式中:$\sum K$——每一台转向架闸瓦总压力,且

$$\sum K = K_1 + K_2 \tag{4-50}$$

其中 K_1,K_2 为转向架每条轮对上的闸瓦压力;

P——制动缸传递至转向架制动杠杆上的作用力。

图 4-59 为转向架制动倍率计算简图,其中 α 为 K_1(或 K_2)与 P_1(或 P_2)在水平方向的夹角。根据受力关系,有

$$K_2 = \frac{A+B}{B} P \cos\alpha \tag{4-51}$$

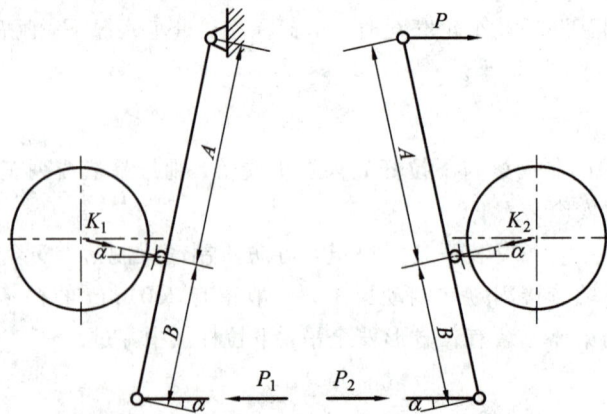

图 4-59 转向架制动倍率计算简图

$$P_1 = \frac{A}{B}P \tag{4-52}$$

$$K_1 = \frac{A+B}{A}P_1\cos\alpha = \frac{A+B}{B}P\cos\alpha \tag{4-53}$$

每一台转向架的闸瓦总压力为

$$\sum K = K_1 + K_2 = 2\frac{A+B}{B}P\cos\alpha \tag{4-54}$$

故转向架的制动倍率为

$$n_{\text{转}} = \frac{\sum K}{P} = 2\frac{A+B}{B}\cos\alpha \tag{4-55}$$

我国目前进行制动倍率计算时，习惯上将 $\cos\alpha$ 的影响归入基础制动装置传动效率中去考虑，而不把 $\cos\alpha$ 的值计算在 $\sum K$ 中，因此计算时取

$$\sum K = K_1 + K_2 = 2\frac{A+B}{B}P \tag{4-56}$$

则

$$n_{\text{转}} = 2\frac{A+B}{B} \tag{4-57}$$

对于转 8A 型转向架，$A = 408\text{ mm}$，$B = 182\text{ mm}$，故

$$n_{\text{转}} = 2\times\frac{408+182}{182} = 6.484 \approx 6.5$$

4.9.4 闸瓦托吊对闸瓦压力的影响

对吊挂式制动梁而言，闸瓦托吊与闸瓦受力点和车轮中心连线的夹角大小对闸瓦的受力状态有很大影响，在设计吊杆时，此夹角的选择以及吊杆长度的选定非常关键。

闸瓦托吊的分析如图 4-60 所示。其中：图(a)的闸瓦托吊杆是垂直设置的，缓解时闸瓦依然能贴在车轮踏面上，这样的悬吊设计不好；图(b)和图(c)的吊杆与铅垂线成 β 角，缓解时闸瓦可依靠自重离开车轮，但车轮回转方向对闸瓦压力有影响。

图 4-60(b)所示车轮顺时针旋转时，闸瓦压力为

$$K = P_2 - T\cdot\sin\beta \tag{4-58}$$

式中：P_2——制动缸传来的作用于闸瓦托和闸瓦的水平推力；

T——闸瓦托吊反作用于闸瓦托和闸瓦的力[图 4-60(b)为拉力，图 4-60(c)为推力]。

图 4-60(c)所示车轮逆时针旋转时，闸瓦压力为

$$K = P_2 + T\cdot\sin\beta \tag{4-59}$$

显然，要想让车轮回转方向对闸瓦压力没有影响，必须使 $\beta=0$。但这样又回到图 4-60(a)的状态了，也不可行。解决这个问题的办法是将闸瓦下移，使闸瓦托和车轮中心的连线向下倾斜 α 角，而且使 $\alpha=\beta$，即该连线与闸瓦托吊相垂直，如图 4-60(d)所示。这样，无论车轮怎么转，或者说，无论闸瓦装在车轮运行的前方还是后方，闸瓦压力都一样，即

$$K = P_2\cdot\cos\alpha \tag{4-60}$$

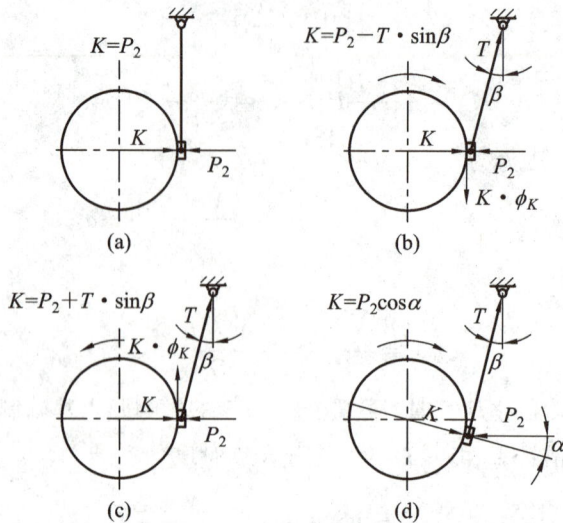

$K=P_2$　(a)

$K=P_2-T \cdot \sin\beta$　(b)

$K=P_2+T \cdot \sin\beta$　(c)

$K=P_2\cos\alpha$　(d)

图 4-60　闸瓦托吊的分析

考虑到运用中闸瓦和车轮都不断在磨耗和更换，α 角和 β 角不可能固定不变，设计时是按磨耗中期（半磨耗）状态来布置的，α 角和 β 角一般取 15°左右（或取闸瓦中心比车轮中心低 40~110 mm）。如闸瓦悬吊为受弹簧影响的簧上悬吊结构，则还要考虑弹簧振动最大挠度的影响。闸瓦托吊太短时对 β 角影响较大，长一些较有利，但太长的话在布置上也有困难。根据我国的实际情况，闸瓦托吊长度按车轮半径的 80% 取值较为适宜。

4.10　其他关键技术

随着我国国民经济和我国铁路运输事业的高速发展，我国货车技术，特别是铁路货车转向架技术也得到了飞速的发展。近年来，根据铁路跨越式发展的总体思路，货车转向架技术更是上了一个新台阶，具体表现为：通用货车单车轴重由 21 t 发展到 23 t，车辆载重由 60 t 提高到 70 t；专用线路车辆轴重普遍达到 25 t，车辆载重达到 80 t；车辆最高运行速度提高到 120 km/h。

所有这些成绩的取得，得益于铁路车辆各生产、研制厂家引进、消化、吸收并再创新国外先进技术，研制成功并大批量生产制造了适合我国铁路货车发展需求的转向架。这些技术主要有侧架弹性交叉支撑技术、摆式转向架技术、副构架径向技术以及零部件防松防脱的拉铆技术。

4.10.1　侧架弹性交叉支撑技术

1. 侧架弹性交叉支撑装置的作用

转向架采用侧架弹性交叉支撑装置（见图 4-61），用以提高转向架的抗菱刚度，从而提高转向架的蛇行失稳临界速度和货车直线运行的稳定性。同时，交叉支撑装置可有效保持转向架的正位状态，从而减小车辆在直线和曲线运行时轮对和钢轨的冲角，改善转向架的曲线通过性能，显著减少轮轨磨耗。

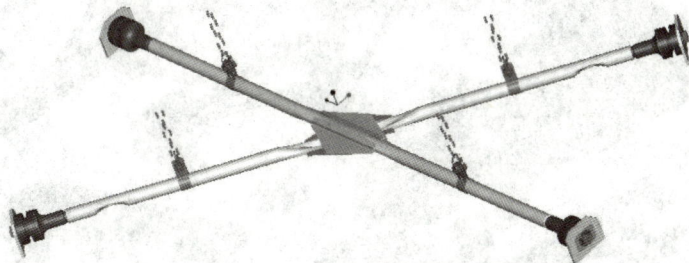

图 4-61 侧架弹性交叉支撑装置

2. 侧架弹性交叉支撑技术的应用

侧架弹性交叉支撑技术是齐车公司在 1999 年引进的美国标准车辆转向架公司技术，主要用来对转 8A 型转向架进行技术改造。经过多年的消化吸收，并进行再创新，侧架弹性交叉支撑技术得到了大规模的推广运用，目前我国主型的货车转向架基本都采用侧架弹性交叉支撑技术。

采用侧架弹性交叉支撑技术的转向架主要有：采用转 8A 型转向架原型摇枕、侧架和交叉支撑技术的转 8AG 型转向架，采用转 8A 型转向架原型摇枕、改进型侧架和交叉支撑技术的转 8G 型转向架，齐车公司利用侧架弹性交叉支撑技术自行研制的中交叉（即交叉支撑装置位于摇枕中部，其余各型转向架均位于摇枕下部）转 K1 型转向架，采用美国标准车辆转向架公司交叉支撑装置的转 K2 型转向架以及 25 t 轴重的转 K6 型转向架。其中转 K2 型转向架是我国铁路货车 D 轴转向架的典型转向架，转 K6 型转向架则是目前铁路货车的主型转向架。

4.10.2 摆式转向架技术

1. 摆式转向架的主要特点

摆动式转向架（见图 4-62）仍属于三大件式转向架。其主要特点是在梁侧架间增设一个弹簧托板，该弹簧托板通过摇动座坐落在侧架中央承台内的摇动座支承上，把左右侧架连接在一起，提高转向架抗菱刚度。同时，左右侧架通过其顶部导框摇动座分别支承在前后两承载鞍上，使得左右两侧架可以同步 $\pm 3°$ 内的摆动（类似吊杆机构），降低车辆横向刚度，改善横向动力学性能，减少轮轨间的磨耗。此外，摆式转向架对侧滚振动控制加强，振动转动中心降低，减小脱轨和爬轨的可能性，尤其可以提高高重心货车的脱轨安全性。

较之传统三大件式转向架，摆式转向架具有以下特点：

（1）具有摆式吊悬挂，增加侧向运动的位移；

（2）增加侧滚控制特性，提高车辆抗侧滚稳定性；

（3）取消摇枕挡，侧向力由弹簧托板传给侧架。

图 4 - 62　摆动式转向架各部件分解装配图

2. 摆式转向架技术的应用情况

转 K4 型转向架是南车长江公司株洲车辆分公司在 2001 年与美国 ABC-NACO 公司合作，在美国原 Swing Motion(摆式)转向架先进技术的基础上，针对中国铁路国情，由双方共同联合改进设计而成的我国 21 t 轴重通用货车转向架。其主要工作原理、主要零部件结构及制造工艺均由美国直接引进。

利用摆式技术，长江公司株洲车辆分公司还研制成功了 25 t 轴重的转 K5 型摆式转向架，主要用于大秦线 80 t 运煤专用敞车。

4.10.3　副构架径向技术

1. 径向转向架的原理

提高转向架横向运动稳定性和改善转向架曲线通过性能往往是互相矛盾的。为了保证转向架高速运行时的蛇行运动稳定性，要求转向架的轮对与轮对间、轮对与构架间有足够的定位刚度及较小的车轮踏面斜率；而为了使转向架顺利通过曲线，又要求轮对的定位尽量柔软并且具有较大的车轮踏面斜率，以确保转向架通过曲线时其轮对处于纯滚动的径向位置。径向技术是解决上述矛盾的最有效措施之一。径向转向架能在保证足够的直线运动稳定性的同时减少轮缘磨耗和侧向力，减少机车的燃料消耗，适应小半径曲线线路上高速重载车辆的运行要求，具有较大的技术经济意义。

径向转向架分为自导向转向架(self-steering truck)和迫导向转向架(forced-steering

truck)两大类。自导向转向架是依靠轮轨间的蠕滑力进行导向的,它利用进入曲线时轮轨间产生的蠕滑力,通过转向架自身导向机构的作用使轮对"自动"进入曲线的径向位置;迫导向转向架是利用进入曲线轨道时车体与转向架间的相对回转运动,通过专门的导向机构使轮对偏转,强迫轮对进入曲线的径向位置的。

副构架径向转向架是在原三大件式转向架的基础上将一个轮对的左右两个承载鞍相连,形成U形副构架。前后两个轮对通过连接杆与两U形副构架销接在一起,从而形成轮对径向装置(见图4-63)。

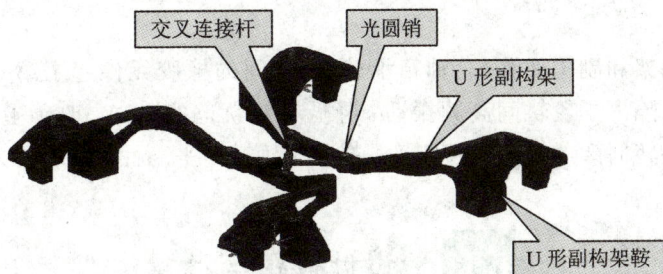

图4-63 轮对径向自导向装置

这种结构在转向架通过曲线时可借助前轮对的导向作用,将拉、压力通过连接杆传递到后轮对。同时,一系橡胶堆的存在,使得转向架具有较小的抗弯刚度,允许转向架轮对在曲线上作径向或八字形位移,但限制菱形位移,从而提高了系统的稳定性。副构架转向架属于自导向径向转向架,其技术原理如下:

(1)当车辆在直线轨道运行时,连接杆将两U形副构架刚性连接,使两轮对耦合,轮对正位能力增加,提高了转向架的蛇行临界速度。

(2)当车辆由直线轨道进入曲线轨道时,在前导轮对自身蠕滑力及其与外侧钢轨冲角引起的轮缘力的共同作用下,前轮对趋于径向位置。在这个过程中,一个连接杆对后轮对副构架施加拉力,另一个连接杆对后轮对副构架施加压力,使后轮对在进入曲线的过程中反向旋转,也趋于径向位置。

(3)当车辆在曲线轨道运行时,轮对与钢轨冲角接近于零,减少了轮缘磨耗,降低了曲线通过阻力[见图4-64(b)]。

(4)当车辆由曲线轨道进入直线轨道时,在前导轮对自身蠕滑力及其与外侧钢轨冲角

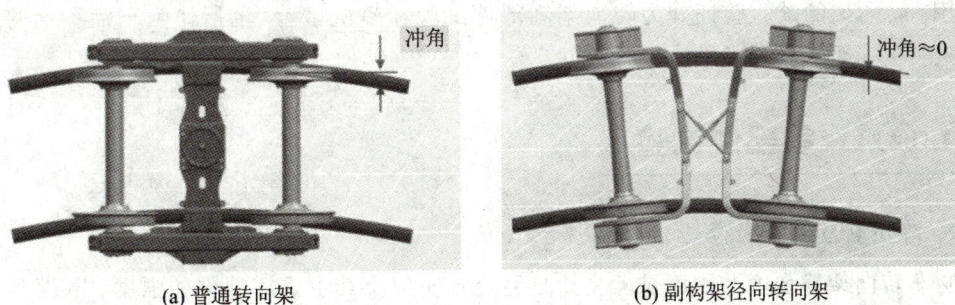

(a) 普通转向架

(b) 副构架径向转向架

图4-64 转向架通过曲线时的情况

引起的轮缘力的共同作用下，前轮对趋于直线位置。在这个过程中，一个连接杆对后轮对副构架施加拉力，另一个连接杆对后轮对副构架施加压力，使后轮对在进入直线的过程中反向旋转，也趋于直线位置。此时，两连接杆上的受力方向与(2)相反。

2. 副构架径向转向架的特点

采用副构架径向自导向技术的转向架主要有以下特点：

(1) 采用轮对径向装置，解决蛇行稳定性和曲线通过性能的矛盾，大幅减少轮轨磨损，也有利于降低牵引能耗，减少环境污染；同时可增大转向架的抗菱刚度，提高蛇行运动的临界速度。

(2) 安装于侧架和副构架鞍部(轴箱承载鞍)之间的橡胶元件起了第一系悬挂的作用，降低了簧下质量，隔离了轮轨间高频振动，降低了对轨道的冲击，改善了轮轨道间的动力作用；同时可减小转向架的横向悬挂刚度，提高车辆横向平稳性。

4.11 设计校核与计算

在完成转向架总体设计、结构设计及零部件设计后，必须按照一定的标准、规则进行设计的校核、计算，预测和检查转向架设计的合理性。校核计算一般包括转向架总体与零部件静态、动态尺寸的计算，转向架与车体静态、动态尺寸的检查校核，主要零部件强度和刚度的预测计算，转向架与车体整体动力学性能的计算，转向架及其主要零部件模态分析计算等。

4.12 试验与验证

在进行完铁路货车转向架方案设计、零部件设计、设计校核计算(优化)以后，一般就开始进行工作图的设计、绘制，通过一系列的程序、流程后，进行样机试制。样机试制完成后，在正式运用之前，必须对转向架样机进行实物试验，考核新造转向架是否符合设计任务书的要求。如果达不到要求，则应改进设计重新试验，直至达到要求方可正式生产和投入使用。转向架的试验验证分为转向架零部件试验和整机试验(包括作为车辆系统的组成部分进行的车辆整体试验)。

4.12.1 零部件试验

1. 静强度及刚度试验

货车转向架静强度及刚度试验主要是鉴定转向架及其主要零部件的强度、刚度和稳定性，主要是对转向架的侧架、摇枕或构架等主要承载部件进行试验。试验的方法是按照一定的标准给部件施以某个方向的静载荷或同时在几个方向的静载荷，考核在载荷作用下部件需要关注部位的应力情况和变形情况，其最大的应力值和变形量不得超出部件材质的许用应力和变形量。

除去侧架、摇枕、构架，转向架的一些其他重要零部件，如制动梁、轴箱、交叉支撑装置、横梁托板、副构架在新设计时都需要进行静强度和刚度试验，每一种零部件试验的载荷大小、加载点、加载方法、数据考核标准都不尽相同，一般都是依据转向架及零部件的受力特点制定试验方案。

2. 疲劳强度试验

车辆在运行过程中，转向架受到的载荷是不断变化的，并且载荷的变化是随机的，转向架零部件受到交变应力作用。如果仅仅对转向架零部件进行静载荷下的试验，不能模拟转向架在线路上的真实的受力情况。因此，必须对转向架或其主要零部件进行动载荷试验及疲劳试验。

疲劳试验的方法依然是将试件安放在专用的试验台架上，按照一定的标准在试件某个位置沿某个方向或几个方向施以某种频率的变载荷，按标准进行一定数量（交变载荷变化次数）循环后，对试件进行检验。试件不能出现按规定要求不该出现的故障，永久变形量也应在试验标准规定的范围内。

货车转向架一般需要进行疲劳试验的零部件有摇枕、侧架、构架、弹簧等，各型转向架的特殊结构如转 K6 型转向架交叉支撑装置、转 K5 型转向架弹簧托板、转 K7 型转向架的径向自导向装置在新设计时都必须按一定标准进行数百万次的疲劳试验。

4.12.2 形式试验

货车转向架的形式试验是指货车转向架样机试制完成后，对总体样机进行的一系列试验。

1. 参数试验台参数测试试验

将转向架放置在专用的参数测试台上，检测转向架的主要性能参数和基本尺寸，鉴定转向架的性能参数是否符合设计要求。如果与设计初衷差距大，则需要优化转向架结构和参数。参数的检测可以为转向架的基本性能进行摸底，为接下来的动力学试验提供必要的数据支持。

2. 转向架过下部限界试验

将转向架推入模拟下部限界的轨道上，让转向架缓缓通过限界，检查转向架是否与限界发生干涉现象，检测转向架与限界的间隙是否足够。如果存在问题，则需要优化转向架结构。

3. 转向架落车试验

将与转向架相配合的车体落入转向架上，检查转向架与车体下部是否发生零部件干涉现象。对车辆制动装置加压，检查转向架基础制动装置是否动作灵活，闸瓦在制动和缓解时的位置及制动力是否合适，对转向架进行装闸瓦和卸闸瓦测试，看是否安装、拆卸方便。

4. 转向架通过小曲线试验

将配装转向架的车辆推入小曲线上，检查转向架与线路、转向架与车体下部是否有零部件干涉，移动件之间的间隙是否足够。通过小曲线的试验还可以模拟转向架在重车或弹簧全压缩状态下的工况，以鉴定转向架及车辆顺利通过小曲线时的状况是否符合设计要求。

4.12.3 动力学试验

转向架动力学试验是为了检验和鉴定转向架的动力性能而进行的试验。转向架动力学性能试验有台架模拟试验、环形线试验和正线线路试验三种。

1. 台架模拟试验

一种新的转向架在研制成功投入正式生产之前需要进行大量的各种各样试验，动力学试验是其中最重要的试验。如果动力学试验一开始就投入到正线线路进行试验，一则试验产品不成熟，一旦发生故障，就会影响线路运营；二则正线线路试验的费用昂贵，牵涉的铁路部门繁多。因此，在新产品完全没有经验之前，各国会对转向架进行台架动力学模拟试验。

台架模拟试验是将转向架配装车体后的车辆放置在专门的台架上，台架上的滚动轮带动落在其上面的转向架车轮转动，还可以模拟线路情况对转向架施以不同的外部激扰。对车辆及转向架进行数据采集，就可以测得转向架在台架上的动力性能参数。

台架试验一般有单独的滚动试验、振动试验和滚动振动合成的滚振试验。

台架试验的数据仅可以作为转向架研制的一个参考，因为台架毕竟不是正式线路。

2. 环形线试验

为了能有充分的时间对车辆进行动力学试验而不影响正线线路的列车运营，我国在铁道科学院的试验基地专门修筑了环形试验线，以进行机车车辆动力学试验研究。试验线做成环形，可以节省土地。试验车辆在环上不停地运行，就可以模拟车辆在正线线路上的运行。

由于环形试验线是专门的试验线路，因此试验条件和试验设备完整，试验不受任何干扰。环形线比较接近实际线路，但是它毕竟不是正线线路，因此，在环形线上进行动力学试验测得的数据仍只能作为车辆研制鉴定的参考。

3. 正线线路试验

转向架及车辆在正线线路进行的动力学试验，能真实反映转向架的性能，其试验结果是车辆及转向架鉴定和验收的唯一依据。

按照 GB/T 5599—2019 的规定，正线线路动力学试验对试验线路区段的选择、试验车辆的准备工作、数据的处理都有详细的、严格的规定，线路的动力学试验必须按照 GB/T 5599—2019 的要求进行。

铁路正线线路动力学试验是在营业线路上进行的，一次试验要影响很多列车正常运行，试验代价很高。因此，一般只有在对车辆及转向架进行最终考核时才在正线线路上进行动力学试验。

第五章 车钩缓冲装置设计

5.1 概 述

车钩缓冲装置是铁路机车车辆的重要组成部分。它使铁路货车车辆之间，以及车辆与机车之间实现连接、编组成列车，并传递和缓和列车车辆间在运行或调车编组作业时所产生的牵引和冲击力。简言之，车钩缓冲装置系统具有连挂、载荷传递和缓冲三大功能。

最初的车钩缓冲装置只是一副简单的挂钩，并无缓冲装置可言，至今仍能从欧洲铁路的链子钩上发现它的影子。为了减轻车辆冲击，铁路机车车辆开始采用带缓冲装置的车端连接装置。

在车钩缓冲装置中，如果牵引连挂和缓和冲击的作用是由同一装置来承担的，那么该装置称为牵引缓冲装置；如果牵引连挂和缓和冲击的作用分别由不同的装置来承担，则分别称之为牵引连挂装置和缓冲装置。牵引连挂装置用来实现车辆之间的彼此连接、传递和缓和牵引（拉伸）力的作用；缓冲装置（缓冲盘）用来传递和缓和冲击（压缩）力的作用，并且使车辆彼此之间保持一定的距离。

5.1.1 当代铁路货车对连接装置的要求

随着我国铁路货车重载提速的发展，列车牵引质量、编组数量、车辆载重、运行速度不断增加，车辆振动及列车纵向冲动不断增大，对车钩缓冲系统的连接可靠性、强度及缓冲器的缓冲性能都提出了更高的要求。

1. 连接可靠性

车钩缓冲装置中车钩的连接可靠性直接关系到铁路列车的运行安全及运输效率。随着我国铁路货车重载提速发展，我国铁路 60 t 级通用货车所用传统的 13 号车钩在运用过程中因车钩意外打开而造成的车钩分离现象呈逐渐增加趋势，影响了铁路货物运输的有序进行，并在一定程度上制约了重载提速的进一步发展。因此，提高重载货车的车钩连接可靠性显得尤为重要。

2. 强度要求

车钩缓冲装置的特殊作用，使得其强度的大小直接关系到列车的运行安全可靠性和铁路运输的效率。随着列车牵引质量(列车中车辆的数量)、车辆载重和运行速度的提高,车钩缓冲装置传递和承受的载荷也在不断地增加,这对车钩的强度及可靠性提出了更高要求。

车钩缓冲装置的强度应满足列车运行以及车辆编组调车作业的要求。

在列车运行工况中,车钩缓冲装置传递的载荷与机车牵引力有关,与列车牵引质量(列车中车辆的数量)、车辆载重和运行速度的提高等因素是密不可分的。在列车调速时,因列车牵引质量、车辆载重和运行速度的提高,车钩缓冲装置受到列车内部随机、交变的纵向牵引力和压缩力的动载作用,车辆点头沉浮振动和横向摇摆振动引起的钩高差及附加弯矩作用,以及不同车辆因载重、运用时间和磨耗状态的不同引起车钩中心线高度差产生的附加弯矩作用等各种超载荷作用,传递和承受的载荷不断增加。

在车辆编组调车作业工况中,车钩缓冲装置承受的冲击力与列车编组车辆质量以及相对连挂速度平方值成正比。随着车辆的载重、数量及编组连挂速度的提高,冲击力不断增加,车钩缓冲装置传递和承受的载荷也不断增加。

因此,中国铁路货车在重载提速条件下,对车钩等零件强度和疲劳可靠性提出了更高要求。

3. 缓冲器性能

缓冲器的缓冲性能直接影响列车牵引质量、运行速度、车辆总重、列车编组作业效率、货物完好率等涉及铁路运输效率的经济指标和技术水平。无论是在列车运行还是在车辆编组调车作业过程中,随着列车牵引质量、车辆载重和运行速度的提高,车辆间纵向冲动将呈非线性增长,能否更好地、最大限度地吸收机车与车辆、车辆与车辆间的纵向冲动能量,缓和车辆间的冲击,降低车钩纵向力,减轻车辆及所运货物的损坏,改善列车纵向动力学性能,延长车辆的使用寿命,缓冲器的缓冲性能将起到至关重要的作用。因此,重载提速对缓冲器的缓冲性能提出了更高的要求。

4. 牵引杆连接的应用

为了解决重载及长大货物列车因制动缓解不均匀性和列车间隙效应引起的列车冲动问题,国外早在20世纪70年代就开始研究设计新的车辆连挂装置。如ASF-Keystone、Cardwell Westinghouse、McConway&Torley和ABC-NACO等公司均设计开发了不同类型的牵引杆装置来代替车钩缓冲装置。

牵引杆装置作为新型的铁路车辆连接方式已经在国外重载运输的单元列车中得到成功应用,我国根据铁路运输实际情况和国外运用经验,采用技术成熟可靠的普通牵引杆装置,开发了RFC型旋转牵引杆。该牵引杆装置与现有16、17型车钩缓冲装置具有良好的互换性,能与翻车机配套实现不摘钩连续翻卸作业。

5.1.2 连接装置的组成和功能

世界铁路货车的车钩缓冲装置按照在车辆上的安装方式主要分为两类:一类是车钩与缓冲器组成一体位于车辆端部中央的车钩缓冲装置;另一类是车钩位于车辆端部中央,缓冲器位于车辆端部两侧的车钩缓冲装置。我国铁路货车采用的是第一类车钩缓冲装置，它主要由车钩、缓冲器、钩尾框、从板、钩尾销等零部件组成，在钩尾框内依次装有前从板、缓冲器和后从板(有时不需要后从板)，借助钩尾销把车钩和钩尾框连成一个整体，从而使车钩缓冲装置具有连挂、牵引和缓冲三种功能。该类车钩缓冲装置如图5-1所示。

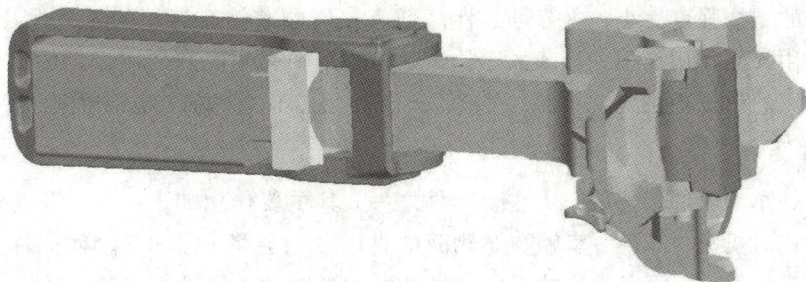

图5-1　车钩缓冲装置

1. 车钩

按照牵引连挂装置的连接方式，车钩可分为自动车钩和非自动车钩。自动车钩不需要人工参与就能实现连接，非自动车钩则要由人工完成车辆之间的连接。由于自动车钩具有明显的优越性，因此世界各国铁路机车车辆绝大多数采用自动车钩及其连接技术。

自动车钩又可分为非刚性车钩和刚性车钩两种基本类型。

非刚性车钩允许两个相连接的车钩在垂直方向上有相对位移，当两个车钩的纵轴线存在高度差时，连接着的两钩呈阶梯形状，并且各自保持水平位置，如图5-2(a)所示。我国的13号、13A型、13B型车钩，美国的E、E/F型车钩，俄罗斯的CA-3型车钩均属于非刚性车钩。

刚性车钩不允许两相连接车钩在垂直方向彼此存在位移，但是允许它们在水平方向产生少许转角。如果在车辆连接之前两车钩的纵向轴线高度存在偏差，那么在连挂后，两车钩的轴线处在同一直线上并呈倾斜状态，如图5-2(b)所示。两车钩的尾端采用销接，保证了两连挂车辆之间的位移和偏角。我国提速重载货车使用的16、17型车钩以及美国的F型、FR型车钩均属于刚性车钩。

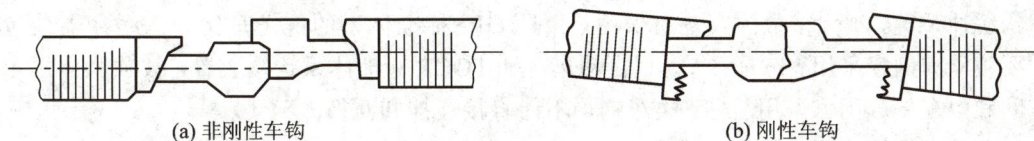

(a) 非刚性车钩　　　　　　　　　　　　　(b) 刚性车钩

图5-2　非刚性车钩与刚性车钩

刚性车钩减小了两个连接车钩之间的间隙，从而大大降低了列车运行中的纵向冲动，提高了列车运行的平稳性，同时也降低了车钩零件的磨耗和噪声。另外，刚性车钩有可能同时实现车辆间的气路和电路的自动连接。非刚性车钩结构较简单，强度高，质量轻，与车体的连接较为简单。

我国铁路货车一般均采用非刚性的自动车钩。

2. 钩尾框

钩尾框是车钩缓冲装置的主要受力部件之一，在机车车辆上发挥着重要作用。其主要作用如下：一是为缓冲器提供安装使用空间，以利于缓冲器充分发挥作用；二是与车钩连接并提供安装使用空间，传递纵向牵引力并保证在牵引工况下缓冲器正常发挥作用。

钩尾框的结构强度大小、疲劳可靠性高低直接影响着铁路运输的安全性及运输效率。不同车辆使用不同作用原理和形式的车钩，不同的车钩必须配套使用专用的钩尾框。目前我国货车常用的钩尾框主要有 13 号、13A 型、13B 型、16 型和 17 型钩尾框。

3. 缓冲器

缓冲器是车钩缓冲装置的三大主要部件之一，其主要作用如下：一是吸收列车运行及编组调车作业时机车与车辆、车辆与车辆间的纵向冲动能量，缓和车辆间的冲击，降低车钩纵向力，减轻车辆及所运货物的损坏，改善列车纵向动力学性能；二是降低由纵向冲击力引起的车钩横向分力和车辆脱轨系数，从而提高列车运行的稳定性和平稳性，确保铁路运输安全。

缓冲器的工作原理是借助于压缩弹性元件来缓和冲击作用力，同时在弹性元件变形过程中利用金属摩擦和液压阻尼吸收冲击能量。

根据缓冲器的结构特征和工作原理，一般可将缓冲器分为以下几种类型：弹簧式缓冲器、摩擦式缓冲器、橡胶缓冲器、摩擦橡胶式缓冲器、黏弹性胶泥缓冲器、液压缓冲器及空气缓冲器等。目前应用最广泛的为摩擦式缓冲器和摩擦橡胶式缓冲器。这两种缓冲器具有结构简单、制造方便、成本低的优点。

目前我国铁路货车常用的缓冲器主要有 ST 型、MT-3 型、MT-2 型缓冲器。近几年我国研制开发了几种重载货车用大容量缓冲器，如 HM-1 型、HM-2 型和 HN-1 型缓冲器。

5.1.3 国外货车连接装置发展概述

1. 货车车钩

世界铁路货车车钩连接装置主要有三大类型：一是 AAR 标准体系的 E 型或 F 型自动车钩缓冲装置，被大多数国家普遍采用；二是 UIC 标准体系的链子车钩和侧缓冲器装置，主要被欧洲国家采用；三是 CA-3 型自动车钩和 ГОСТ 标准体系钩缓装置，被独联体国家、东欧和中东部分国家采用。这三类车钩均不能直接连挂和互换。

美国现有铁路货车用车钩主要有 E 型、F 型和 E/F 型，其中 F 型车钩因其结构强度高，连挂间隙小，防脱、联锁、自动对中功能、三态作用及防跳性能可靠，曲线通过性好等特点，在重载运输货车中得到广泛应用。F 型车钩包括 F 型固定车钩和 FR 型转动车钩，单元重载列车用 F 型固定车钩及 FR 型转动车钩如图 5-3 所示。为了改善列车运营品质，从 1990 年起，重载列车普遍采用了牵引杆技术。

1935 年至 1957 年，俄罗斯铁路在机车车辆上逐渐采用 CA-3 自动车钩取代了螺杆链钩。从那时起，列车用于车辆间连挂的装置实际上一直采用 CA-3 自动车钩。该装置的外形尺寸及其元件在机车车辆上的安装要求在俄罗斯国家标准 ГОСТ 3475-81 中作了规定；其

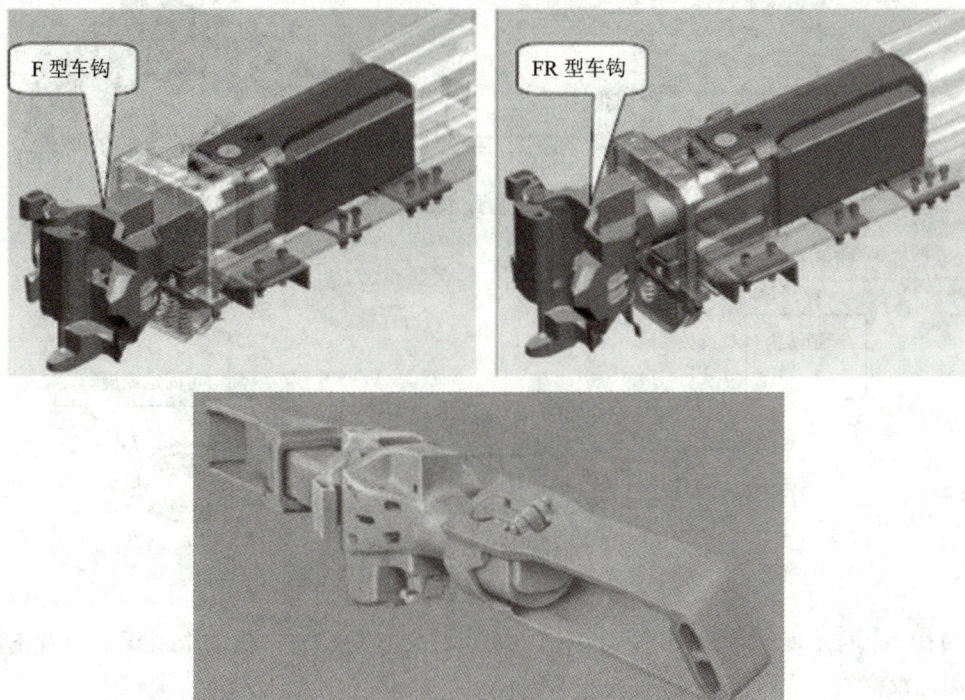

图 5-3　单元重载列车用 F 型固定车钩及 FR 型转动车钩

连接轮廓（保证车钩相互连接的表面几何形状）执行俄罗斯国家标准 ГОСТ 21447-75。20 世纪 80 年代，为了进一步提高铁路运输的安全性，防止车钩相互脱离造成的列车分离事故，俄罗斯对 CA-3 型车钩进行了改进，在车钩钩头的上、下分别增设了防脱装置，研制开发了 CA-3 型防脱车钩，并在罐车等运输危险货物及对列车运行安全性有特殊要求的货车上推广应用。目前俄罗斯正在 CA-3 型车钩基础上研制新型 CA-4 强力型自动车钩和标号为 PT-120 的 T-1 型缓冲器。

2. 牵引杆

牵引杆装置作为新型的铁路车辆连接方式已经在国外重载运输的单元列车中得到成功应用，如美国、澳大利亚、南非、加拿大和巴西等国均不同程度地在长大重载货车上采用了牵引杆装置。牵引杆装置按其组成可分为普通牵引杆装置和无间隙牵引杆装置，它们的主要区别为前者带有缓冲器，后者无缓冲器。核心部件牵引杆按其使用性能可分为旋转牵引杆和不旋转牵引杆，一些转动牵引杆装置也用于适合上翻车机的车辆。

无间隙牵引杆由牵引杆和两端的间隙消除组件构成，典型的无间隙牵引杆装置简图如图 5-4(a)所示。无间隙牵引杆间隙消除组件主要采用三种结构形式：弹性瓦结构、高强度塑料垫板结构和 MINI 缓冲器结构。MINI 缓冲器的主要缓冲元件为 2 块厚 40 mm 的橡胶块，其在 5.6MN 时行程为 25.4 mm，初压力为 220 kN，该缓冲器除提供少量缓冲作用外，也有控制间隙消除组件中的残余压力的作用，如图 5-4(b)所示。两种连接形式的无间隙牵引杆如图 5-4(c)所示。

由于无间隙牵引杆装置斜楔的自锁、粘滞作用容易造成机构卡死现象而影响车辆的曲

(a) 典型的无间隙牵引杆装置简图

(b) MINI缓冲器

无销结构
(旋转)

有销结构
(可固定或旋转)

(c) 两种连接形式的无间隙牵引杆

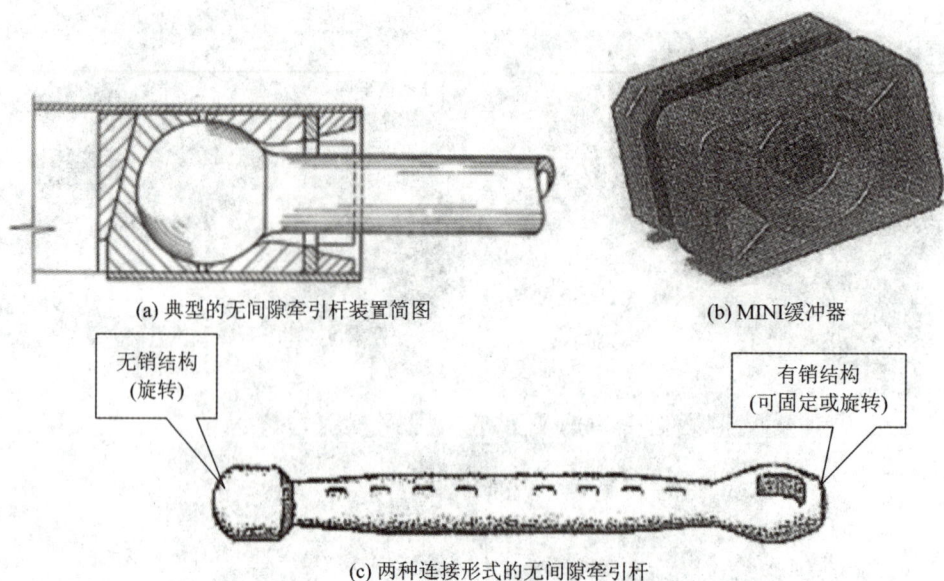

图 5-4　无间隙牵引杆装置

线通过能力，也不便于车辆检修，且无间隙牵引杆装置与现有车辆的牵引缓冲装置不能互换，因此没有得到大范围的推广。

3. 关节连接器

美国铁路货车之间的连接，20 世纪 70 年代以前，采用普通车钩装置；20 世纪 70 年代以后，开始采用关节连接器。美国 Wabtec 公司和 ASF 公司生产的关节连接器如图 5-5 所示。

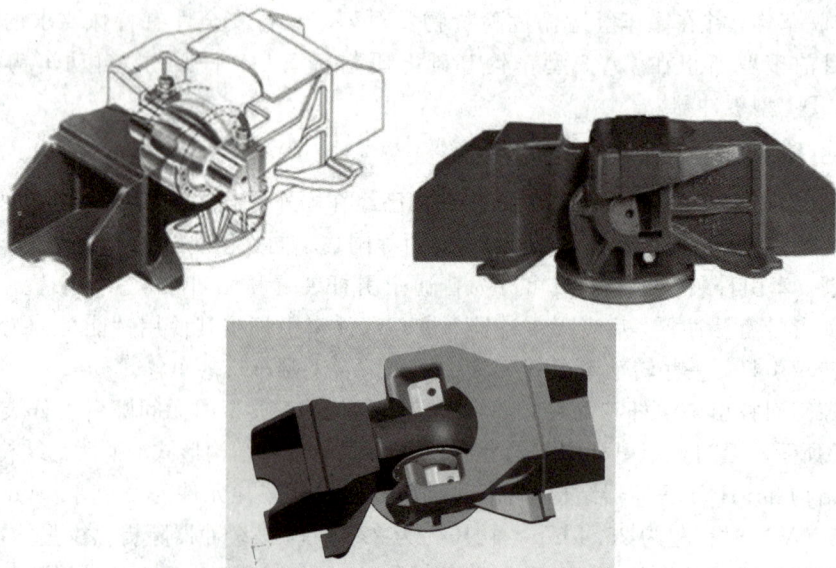

(a) 美国 Wabtec 公司生产的 SAC-1 型球状关节连接器

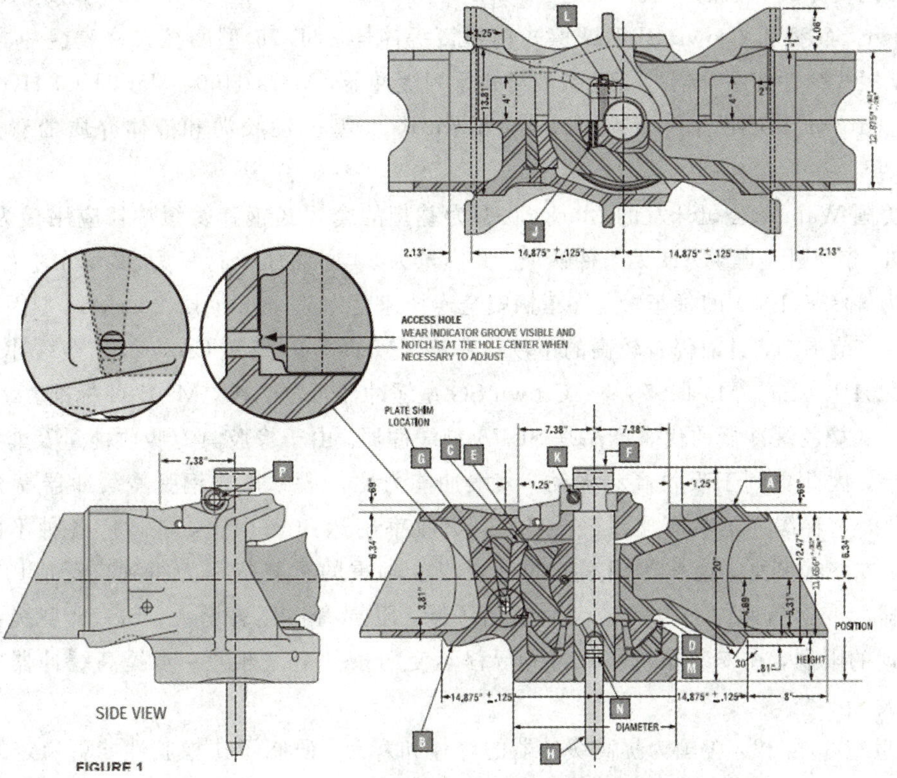

(b) 美国 ASF 公司生产的自消除间隙型关节连接器

图 5-5 美国 Wabtec 公司和 ASF 公司生产的关节连接器

关节连接器采用一种半永久性的连接，它所连接的相邻车辆的车体共同支承在 1 台转向架上。由于采用关节连接器，每辆中间车所需用的转向架由 2 台减少到 1 台。因此，关节连接器通常被运用在多种联运车辆上。在联运车辆中使用关节连接器，除了能够有效地利用车轴的承载能力，也减小了车体之间的间隙，列车运营品质得到明显改善，列车间隙效应造成货物损坏的状况也得到了明显改善。

4. 缓冲器

美国是世界铁路重载运输最为发达的国家之一，也是重载单元列车的发源地。美国重载运输技术的发展对世界铁路重载运输技术有着方向性的指导作用，其铁路货车缓冲器技术在国际上一直处于领先地位。符合 AAR 标准的缓冲器在美国、加拿大、澳大利亚、南非、巴西等重载运输发达国家被广泛采用，中国、俄罗斯等国家也开发应用了类似的缓冲器。

经过多年的发展，美国铁路货车形成了钢弹簧缓冲器、橡胶缓冲器、弹性体缓冲器、液压缓冲器，以及钢弹簧分别与橡胶、弹性体、液压组合式缓冲器等多种类型的缓冲器系列产品。缓冲器的弹簧也由圆钢弹簧、橡胶弹簧向新的合成材料弹性体方向发展。目前在美国的货车缓冲器市场中，摩擦式缓冲器占 80% 以上，液压缓冲器和其他形式缓冲器约占

20%。美国货车缓冲器的代表产品有：Mark 50 型、Mark 325 型、Mark 558 型及 Crown SE 型、Crown SG 型和 Crown SI 型摩擦式钢弹簧缓冲器，SL-76 型摩擦式橡胶缓冲器，TF-880 型摩擦式弹性体缓冲器，LPD 型液压式系列缓冲器，Mark H60、Mark H60-HC、Mark R500 及 Crown TG 组合式摩擦缓冲器，Twin-Pack 型弹性胶泥和液体介质的双盒缓冲器等。

以美国 Wabtec 公司开发的 Mark 50 型为基型的摩擦式钢弹簧缓冲器应用最为广泛，并于 1963 年通过美国 AAR 无条件认证，其容量为 50 kJ 左右，行程为 82 mm 左右，适用于总重为 80.5～100 t 的货车，允许车辆安全连挂速度为 7～8 km/h。Mark 50 型因其性能可靠，适应范围广，目前仍有较高的市场占有率。Mark 325 型和 Crown SE 型缓冲器符合 AAR M901-E 标准，Mark 558 型、Crown SG 型缓冲器符合 AAR M901-G 标准。

摩擦式橡胶缓冲器的代表产品是 SL-76 型缓冲器。由于橡胶具有吸收能量及非线性刚度的特点，因此更利于吸收高频振动，其缓冲能力比一般摩擦式钢弹簧缓冲器高 20%～35%。同时这种缓冲器具有质量轻的特点，吸收率高达 80% 以上，能适应各种不同的冲击能量，在澳大利亚、南非等国家的 30 t 及以上轴重的重载货车上得到广泛应用。但橡胶缓冲器的变形随着冲击力的增大而渐趋缓慢，阻抗力将显著增大。SL-76 型缓冲器因作用原理的限制，在安装及价格尺寸，行程不变的条件下，再进一步提高缓冲器容量的难度较大。

20 世纪 80 年代，美国为提高缓冲器的容量和寿命，研制了比橡胶性能更稳定的 Tecs Pack 弹性体新材料作为弹性元件，并应用在 TF-880 型缓冲器上。弹性体缓冲器容量通常比钢弹簧缓冲器容量约高 32%，TF-880 型缓冲器自 20 世纪 80 年代初无条件通过 AAR 认证后，共生产了 67.7 万套，在美国、加拿大、南非、澳大利亚等重载运输发达的国家应用，状态良好。

液压缓冲器是缓冲性能最好的一种大容量缓冲器，其代表产品是 ASF-Keystone 公司开发的 LPD 型液压式系列缓冲器。装有液压缓冲器的货车车钩缓冲装置与普通货车钩缓装置在结构形式、作用原理及安装方式上均存在很大差异，不能实现互换；同时，其液压阻尼系统结构复杂、密封可靠性要求高，制造及检修工艺要求严，导致其价格昂贵，是钢弹簧缓冲器的 2～4 倍。

为进一步提高缓冲器容量，1975 年，在 Mark 50 型缓冲器的基础上，美国研制了符合 AAR M-901G 的 Mark H60 及 Mark H60-HC 型组合式摩擦缓冲器，充分利用了全钢弹簧摩擦式缓冲器的位移以及阻尼型缓冲器的速度，是一种比较理想的重载货车应用的缓冲器。Mark H60 型缓冲器如图 5-6(a)所示，Mark H60 型缓冲器与其他缓冲器的性能对比如图 5-6(b)所示。

Mark H60 型缓冲器在行程为 82.5 mm（3.25″）时最大容量可达 108.4 kJ(80 000ft-lbs)。当阻抗力为 2500 kN 时，冲击速度达 10.4 km/h(6.5 mph)。同样 Mark H60-HC 型缓冲器在行程为 82.5 mm（3.25″）时最大容量可达 135.5kJ(100 000ft-lbs)，而相同条件的 Mark 50 型缓冲器的最大容量仅为 52.8kJ(39 000ft-lbs)。

(a) Mark H60 型

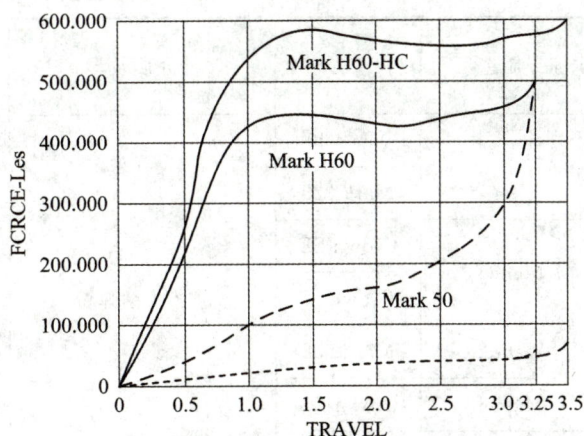

(b) Mark 50、Mark H60 和 Mark H60-HC 性能比较

图 5-6 Mark H60 型缓冲器及其与其他缓冲器性能比较

组合式缓冲器是大容量缓冲器的发展方向，如 Mark H60 型缓冲器为钢弹簧与液压组合式，Mark R500 型缓冲器为钢弹簧与橡胶组合式，Crown TG 型缓冲器为钢弹簧与弹性体组合式。

苏联 1979 年开始对原有的运输条件及技术装备进行综合改进提高，如车辆轴重由 21 t 提高到 22.5 t 和 23.5 t，调车连挂速度提高到 9 km/h，缓冲器的额定容量由 55 kJ 提高到 110 kJ 等。

苏联 Щ-1-TM 型缓冲器为组合式摩擦缓冲器。在磨合表面状况良好的情况下，当全压缩力为 2.5～2.8 MN 时，其容量可达 55～65 kJ；当全压缩力为 2MN 时，其容量可达 40 kJ。该缓冲器存在性能稳定性差，行程小，阻抗力大的不足。后来苏联研制开发并投入使用了能满足列车牵引吨位增加及处理载重提高需要的 Щ-2-T 型（容量为 100 kJ，行程为 110 mm，最大阻抗力为 2.5 MN）、ПМК-120 型（容量达 120 kJ）、TA-100 型等楔块干摩擦式、液压式、液气式缓冲器。

20 世纪 80 年代，国外试制出一种名为弹性胶泥（ELASTOMER）的材料，这是一种介于液体和固体之间的高分子结构材料。它在动载荷作用下，靠其内阻（分子之间的摩擦）和节流孔产生很大的阻力，从而吸收很大的冲击动能，是一种较理想的缓冲减振材料。

应用弹性胶泥材料较早的国家是波兰。20 世纪 80 年代初，由华沙化工学院试制出新材料后，卡马克斯公司（KAMAKC）独家引进，波兰生产的弹性胶泥缓冲器经过 UIC 和 AAR 的试验和认证，符合标准要求；美国、俄罗斯、南非和我国铁路已开始引进波兰卡马克斯生产的缓冲器，经装车运用考验，效果很好。由于这种缓冲器具有结构简单、性能稳定、容量大、检修期长、对环境无污染等特点，因此在国际铁路协会/国际铁路联盟第 26 届大会的报告中已明确提出，将来的缓冲器将由弹性胶泥代替橡胶，并已制定出这种新型缓冲器的技术标准。世界各国主型缓冲器型号参数汇总见表 5-1。

表 5－1　世界各国主型缓冲器型号及参数

国家或制造厂商	型号	缓冲介质及形式	容量/kJ		备注
			额定	最大	
Wabtec	Mark 50	摩擦式钢弹簧	52.8	54	符合 AAR M901-E
	Mark 325		56	65.2	
Minner	Crown SE		61	64.4	
	Crown SI				
Wabtec	Mark 558				符合 AAR M901-G
Minner	Crown SG				
苏联	Щ-1-TM	楔块干摩擦式	40		
	Щ-2-T		100		
Minner	SL-76 型	摩擦式橡胶	64.8	73.1	符合 AAR M901-G
	TF-880	弹性体	61.7	71.4	
ASF-Keystone	LPD	液压式			
苏联	ПМК-120		120		
	TA-100				
Wabtec	Mark H60、Mark H60-HC	钢弹簧与液压组合		108.4	符合 AAR M901-G
Wabtec	Mark R500	钢弹簧与橡胶组合		58.74	
Minner	Crown TG	钢弹簧与弹性体组合			
ASF-Keystone	Twin-Pack	弹性胶泥和液体介质双盒	62.6	86.5	

5.1.4　我国铁路货车车钩缓冲装置发展概况

1. 车钩

自 20 世纪 60 年代以来，我国载重 60 t 及以下的货车使用的车钩主要是 13 号、13A 型、13B 型车钩。

13 号车钩是我国在 20 世纪 60 年代初参照美国 E 型车钩及俄罗斯 CA-3 型车钩研制的，20 世纪 70 年代初开始在我国铁路货车上推广使用。13 号车钩钩头结构、三态作用性能及防跳原理与美国 E 型车钩的基本相同，钩尾部结构及连接方式则采用了类似俄罗斯 CA-3 型车钩垂直竖扁销连接方式及结构，钩尾端面采用美国 E 型车钩的平面结构，而没有直接采用美国 E 型车钩水平横扁销连接方式和俄罗斯 CA-3 型车钩钩尾端部的圆柱面结构。与 13 号车钩配套使用的 13 号钩尾框的结构基本同 CA-3 型车钩用的钩尾框。采用符合当时强度要求的 ZG230-450 铸钢 13 号车钩，后来逐步推广使用高强度低合金 C 级钢材质的 13 号车钩。13 号车钩曾经长期大量装车使用。

随着我国铁路运输的发展，现有 13 号车钩及钩尾框安全可靠性不高，主要反映在以下两方面：一是运用中车钩自动开锁，列车分离事故较多；二是 13 号钩舌、钩体、钩尾框的疲劳裂纹、断裂事故增多，钩舌磨耗速度加快。为了保证铁路运输安全，满足改革开放以来经济高速发展对提高铁路运输能力不断增长的需求，在 13 号车钩和钩尾框的基础上改进研制开发了 13A 型车钩及钩尾框。

13A 型车钩主要缩小了车钩连挂间隙，降低了列车的纵向冲动，改善了列车车辆的纵向动力学性能。13A 型车钩的连挂间隙为 11.5 mm，比普通的 13 号车钩连挂间隙 19.5 mm 减小了 41%，钩体、钩舌的材质为 C 级钢，锁铁为 E 级钢，其他钩腔内零件均采用 B 级钢材质制造，车钩静拉破坏强度提高到 2950 kN 以上。13A 型车钩从 2002 年开始在新造货车及厂段修货车上推广使用。

13A 型钩尾框在结构强度和疲劳使用寿命上明显优于 13 号钩尾框，静拉破坏载荷提高到 3340 kN 以上。13A 型钩尾框从 2002 年开始在新造货车及厂段修货车上推广使用。同时停止生产 13 号车钩及钩尾框，并开始在货车修理中逐步淘汰 13 号车钩及钩尾框。

随着铁路货车重载提速的发展，在运用过程中 13A 型车钩钩尾牵引面与钩尾销长期作用产生凹槽，出现钩尾销偏磨引起的钩尾销安全螺栓折断，造成列车分离事故。2007 年在 13A 型车钩及钩尾框基础上改进研制了 13B 型车钩及钩尾框。该车钩对钩舌进行了加强，改进了钩尾结构，提高了使用的可靠性。13B 型车钩及钩尾框于 2008 年开始推广应用，取代 13A 型车钩及钩尾框。

为了满足大秦运煤专用线开行重载列车且不摘钩上翻车机连续翻转卸货的需要，根据国家"八五"期间的重点科技攻关计划和相关部门科研项目要求，1988 年我国开始研制 16 型联锁式旋转车钩和 17 型联锁式固定车钩，1990 年开始批量生产投入使用。目前，我国大秦铁路运煤专用线上的运煤专用敞车均装用了 16 型旋转车钩和 17 型固定车钩。多年的运用实践证明，其在作用性能、安全可靠性、疲劳寿命及耐磨性能方面均明显优于 13 号车钩，具有连挂间隙小（9.5 mm）、联锁防脱及防跳性能可靠、曲线通过性能好等特点，在改善长大重载列车纵向动力学性能及列车连挂安全可靠性等方面的效果非常显著，满足了大秦铁路开行重载单元列车的需要。鉴于 17 型车钩具有连挂间隙小、结构强度高、防跳性能好及特殊联锁和防脱功能等特点，2006 年起 17 型车钩在载重 70 t 级通用货车上得到了全面推广。

2. 牵引杆

我国的 RFC 型牵引杆是根据大秦线重载运输的需要，针对大秦线重载货车运用的特点和进一步发展的要求，遵照具有一定强度储备原则和与现有 16、17 型车钩互换的原则研制的可旋转牵引杆。牵引杆整体为杆状铸件，牵引杆杆身为箱体结构；牵引杆的一端为固定端，另一端为转动端，在中间设有与拨车机匹配的挡肩；牵引杆与从板配合的两端面为球面。这种牵引杆采用与安装车钩时相同的缓冲器及钩尾框，牵引杆的长度与车钩的连接长度一致，实现与车钩缓冲装置的互换。

该牵引杆具有结构强度高、耐磨性能好、互换性好和转动功能强等特点，使用该牵引杆装置可缩小列车的纵向间隙，减轻长大列车由于间隙效应对纵向动力学性能的影响。由于该牵引杆取消了车钩，简化了车辆结构，不仅降低了车辆自重，而且降低了制造及检修成本。

3. 缓冲器

20世纪60年代至80年代初，我国列车的牵引质量和运行速度发展比较缓慢，运用的车辆基本上是轴重18 t、载重50 t左右的货车，调车编组作业速度为3 km/h，货车装用的缓冲器主要为2号、3号和MX-1型橡胶缓冲器。

20世纪80年代初，我国铁路为提高运输能力，确定了重载、提速的多拉快跑的技术发展目标：货物列车牵引质量由3500 t提高到4000 t，固定编组的煤炭、矿石等专列提高到5000 t；积极推广应用轴重21 t载重60 t货车。为适应提高列车牵引质量的要求，我国对前述几种缓冲器进行了改进，研制开发了G2型、MX-2型、G3型货车缓冲器。

1992年，我国结合铁路货车制造及检修方面条件，根据通用货车重载提速及运用的实际需求，在引进苏联及波兰的Ш-1-TM、SZ-1-TM型缓冲器的基础上开始研制ST型缓冲器，1997年ST型缓冲器开始大批量装车使用，为推动我国铁路重载运输的发展发挥了重要作用。ST型缓冲器属于干摩擦全钢弹簧缓冲器，其主要特点是结构简单、零件少、质量轻、价格便宜、对使用环境要求不高；不足之处是箱体是摩擦系统的重要组成部分，导致其性能稳定性较差，制造及检修工艺性不好，运用中箱体摩擦面、推力锥、楔块磨耗严重，螺栓裂纹、断裂事故多，破损率高，卡死现象多，检修成本高等。

为适应我国铁路货车重载提速的发展以及满足大秦线重载列车的运输要求，20世纪90年代初我国在Mark 50型缓冲器基础上研制开发了MT-2型和MT-3型缓冲器，容量分别不低于50 kJ和45 kJ，性能上优于国外同类产品。MT型缓冲器利用楔块、动板之间的干摩擦减振，设计上最大限度地防止箱体的磨耗和提高结构强度，保证了缓冲器具有较好的性能及相对稳定性。MT型缓冲器的主要特点是性能相对稳定可靠，价格适中，使用寿命长，对使用环境要求不高，适应范围较广，便于检修维护。目前MT-2型缓冲器主要用于载重80 t重载单元运煤专用敞车及载重70 t通用货车，MT-3型缓冲器主要用于载重60 t通用货车。

随着列车牵引质量、车辆载重及调车速度的提高，MT-2、MT-3型缓冲器容量显得偏低，不能适应我国铁路货车重载提速的进一步发展需要，提高缓冲器的综合性能以适应和满足铁路货车的发展需要已成必然要求。为此，2003年我国开始研制开发了新型大容量缓冲器，如HM-1型摩擦胶泥组合式缓冲器、HM-2型摩擦弹性体组合式缓冲器、HN-1型缓弹性胶泥缓冲器等，以适应不同货车性能要求。

我国重载大容量缓冲器的缓冲能力强，可满足运行速度120 km/h、轴重21～25 t的各型铁路货车的使用要求，满足一般干线开行5000 t重载列车和10 000 t重载组合列车、大秦线开行10 000 t重载单元列车和20 000 t重载组合列车的使用要求。目前这三种新型大容量缓冲器均已小批量装车使用，运用状态良好。

5.2 我国货车连接装置的主要尺寸和性能参数

5.2.1 车钩的主要尺寸和性能参数

货车车钩的主要性能包括车钩静拉破坏载荷、车钩的三态作用性能和车钩的防跳性能。我国的 13A 型、13B 型、16 型和 17 型车钩均具有三态作用和防跳性能。表 5 - 2 所示为我国主型货车车钩的主要尺寸和性能参数。

表 5 - 2　我国主型货车车钩的主要尺寸和性能参数

主要尺寸和性能参数		13 号车钩	13A/B 型车钩	16 型车钩	17 型车钩
尺寸 /mm	钩舌高	300	300	280	280
	钩颈（宽×高）	203×166	203×166	$\phi179$	163.5×163.5
	钩尾与钩舌连接线距离	842.5	838.5	876.5	876.5
	钩尾至钩头台肩距离	540	540	571	572
	钩耳孔形状	长圆孔 $\phi42\sim\phi44$	长圆孔 $\phi42\sim\phi44$	长圆孔 $\phi44\sim\phi45.5$	长圆孔 $\phi44\sim\phi45.5$
	钩舌销直径	$\phi41$	$\phi41^{0}_{-0.4}$	$\phi41^{0}_{-0.4}$	$\phi41^{0}_{-0.4}$
	钩尾（宽×高）	平面 135×166	平面 135×166	球形 212×155.5	圆弧面 190×171.5
	尾销孔	长圆孔 110×44	长圆孔 110×44	长圆孔 110×100	长圆孔 110×94
	钩尾销	长圆 100×40	长圆 100×40	$\phi95.5^{0}_{-0.87}$	$\phi89^{0}_{-0.87}$
材料		ZG230-450、ZG25MnCrNiMo	C 级、E 级	E 级	E 级
静拉破坏强度/kN		2250、2820	C 级 2950、E 级 3430	3430	3430
车钩最大横向摆角		[6.7°]	[6.7°]	13°	13°
车钩最大垂向摆角		[2°]	[2°]	向上 5.5°，向下 7°	向上 5.5°，向下 7°
连挂后水平面内最大相对转角		10°40′	6°	3°45′	3°45′

续表

主要尺寸和性能参数	13 号车钩	13A/B 型车钩	16 型车钩	17 型车钩
连挂后垂直面内最大相对转角	$\Delta h=0，4°23'$，$\Delta h=75，4°41'$	$2°11'$	$2°$	$2°$
连挂后纵向间隙/mm	19.5	11.5	9.5	9.5
连接线处最大横向位移/mm	87.98	87.98	167	167
两车钩连挂时允许的钩高差/mm	75	75	75	75
质量/kg	203	203/204	239.5	240
开启方式	上、下作用	上、下作用	下作用	下作用
适用列车总重/t	3000～4000	4000～5000	6000～10 000	6000～10 000
研制时间	1965 年	2001 年/2007 年	1990 年	1990 年

注：1. 当 13 号车钩与 17 型车钩连挂时，水平相对转角为 5°30′。

2. 13 号车钩和 13A/B 型车钩横向及垂向摆角数值（[ ]内数值）仅供参考。

5.2.2 缓冲器的主要尺寸和性能参数

1. 术语和定义

缓冲器的性能直接影响列车的牵引总重、运行速度、车辆的总重、编组作业效率、货物的完好率等涉及铁路运输效能的主要技术经济指标。决定缓冲器特性的主要参数是：缓冲器的行程、最大作用力、容量及能量吸收率等。

（1）行程：缓冲器受力后产生的变形量。此时弹性元件处于被压缩状态。根据力与行程的关系，行程分为额定行程和最大行程。缓冲器处于最大行程时，再加大外力，变形量也不再增加。

额定行程：按照规定程序进行的落锤试验中，在同一落程下连续两次锤击均达到或接近额定阻抗力（两次平均值）或距缓冲器压死差为 0.25 mm 时的行程，两者以先达到者为准。冲击试验时，额定行程为缓冲器达到额定阻抗力时的行程。

最大行程：按照规定程序进行的落锤试验中，在同一落程下连续两次锤击均达到或接近最大阻抗力（两次平均值）或距缓冲器压死差为 0.25 mm 时的行程，两者以先达到者为准。冲击试验时，最大行程为缓冲器达到最大阻抗力时的行程。

缓冲器的行程受到钩肩间隙（从车钩钩肩到冲击座的距离）的限制。缓冲器装车的一个重要原则是：车辆的钩肩间隙必须大于缓冲器的行程。这样，才能保证车辆的纵向冲击力从车钩经由缓冲器传到底架牵引梁，从而避免冲击力直接从车钩到冲击座传到底架端梁。我国新造车车钩钩肩间隙原定为 76 mm，如果装用 MT-2 型或 MT-3 型缓冲器，则钩肩间隙应扩大至 91 mm。

（2）最大作用力：缓冲器产生最大变形量时所对应的作用外力。

缓冲器的最大作用力也称最大阻抗力，其值应与货车结构所能承受最大允许纵向力相适应。我国《车辆强度设计规范》规定货车结构允许的最大纵向力为 2.25 MN，缓冲器的最大作用力应不大于该值，这样缓冲器才能起到保护车辆和所载货物的作用。

（3）容量：缓冲器在全压缩过程中，作用力在其行程上所做的功的总和。它是衡量缓冲器能量大小的主要指标。如果容量太小，当冲击力较大时，就会使缓冲器全压缩而导致车辆刚性冲击。

以落锤试验评定的缓冲器容量计算方法为：落锤质量与总落程的乘积（其中总落程为垂体提升高度与缓冲器产生的行程之和）。

以冲击试验评定的缓冲器容量计算方法为：根据经验公式换算可参考得到

$$E=\frac{0.75\ mv^2}{8}$$

式中：E——缓冲器容量（kJ）；

m——车辆满载时的质量（t）；

v——额定冲击速度（m/s）。

缓冲器所需的容量取决于列车的运行工况和调车工况。列车运行工况对缓冲器容量的要求，与列车的总重、列车编组方式、制动机的性能、车钩的纵向间隙以及列车的操纵方法等诸多因素有关，可以根据列车动力学试验或仿真模拟计算予以确定。货车缓冲器容量很大程度上取决于调车冲击工况，根据货车允许连挂速度和车辆总重，可按动量守恒和能量守恒定律计算出各种载重货车在不同组合和不同冲击速度下所需缓冲器容量值。

设有总重分别为 W_1 和 W_2 的车辆，各以 v_1 和 v_2 的速度运动（设 $v_1>v_2$），冲击后两车以共同的速度 v_0 一起运动，根据动量守恒定律，有：

$$\frac{W_1}{g}\cdot v_1+\frac{W_2}{g}\cdot v_2=\frac{W_1+W_2}{g}\cdot v_0$$

则

$$v_0=\frac{W_1v_1+W_2v_2}{W_1+W_2}$$

根据能量守恒定律，在两车组成的系统中，冲击前后动能的损失应等于冲击力压缩缓冲器所做的功 A_1、冲击力压缩车体所做的功 A_2 以及冲击力使货物移动所做的功 A_3 的总和，即

$$\frac{W_1}{2g}\cdot v_1^2+\frac{W_2}{2g}\cdot v_2^2-\frac{W_1+W_2}{2g}\cdot v_0^2=A_1+A_2+A_3$$

由于车体的变形量相对于缓冲器的变形量要小得多，因此可略去不计。货物相对车体移动所做的功也可略去。A_2 和 A_3 略去后，再将 v_0 代入上式，化简后得

$$A_1=\frac{1}{2g}\frac{W_1W_2}{W_1+W_2}(v_1-v_2)^2$$

如果两个相互冲击的车辆装设同型缓冲器，其容量为 E，则 $A_1=2E$，再令冲击速度 $v=v_1-v_2$，代入上式，可得每个缓冲器容量 E 的计算公式为

$$E=\frac{1}{4g}\frac{W_1W_2}{W_1+W_2}v^2$$

由此可见，缓冲器的容量取决于冲击车与被冲击车的质量和冲击时两车的相对运动速度。车辆质量越大，冲击速度越高，则要求缓冲器的容量也越大。所以，在选择缓冲器的容量时，应考虑我国现时车辆的总重和规定的货车调车允许安全连挂速度。

（4）冲击速度：包括额定冲击速度和最大冲击速度。

额定冲击速度：冲击试验时，缓冲器达到额定阻抗力时的冲击速度。

最大冲击速度：冲击试验时，缓冲器达到最大阻抗力时的冲击速度。

（5）回弹量：落锤试验时，锤头冲击缓冲器后第一次回弹至超出正式容量试验中"额定行程"点的高度乘锤体质量所求得的能量值。冲击试验时，回弹量为根据冲击后速度所换算出的能量。

（6）初压力：缓冲器的静预压力。初压力大小将影响列车纵向舒适度。

（7）能量吸收率：缓冲器容量减去回弹量为缓冲器吸收的能量，缓冲器在全压缩过程中，有一部分能量被阻尼所消耗，其所吸收的能量与缓冲器容量之比称为能量吸收率。吸收率越大，表明缓冲器吸收冲击能量的能力越大，反冲作用就越小；否则，缓冲器必须往复工作几次方能将冲击能量消耗尽，这将导致车钩、车底架过早疲劳损伤，并且加剧列车纵向冲动。根据使用要求，缓冲器的吸收率也不能设计为100%，一般要求能量吸收率不低于70%。

2. 我国货车缓冲器的性能参数

我国货车缓冲器连同配合后的从板在内，应能适应 625 mm（长）×330 mm（宽）×234 mm（高），缓冲器的长度尺寸应以保证其装车状态下有 2 mm 以上的预压量为原则，此预压量为装车预压量，与缓冲器自身所带的预压无关。有预缩短功能的缓冲器，装车前应预先压缩，预压缩后长度不大于 561 mm（一块从板）或 504 mm（两块从板）。

我国采用的几种主型缓冲器的性能参数见表 5-3。

表 5-3 我国货车主型缓冲器的性能参数

缓冲器型号	ST 型	MT-2 型	MT-3 型	HM-1 型	HM-2 型	HN-1 型
类型	摩擦式	摩擦式	摩擦式	摩擦胶泥组合式	摩擦胶泥组合式	弹性胶泥体
外形尺寸 长×宽×高 (mm×mm×mm)	568×318 ×230	561×320 ×227	561×320 ×227	561×320 ×227	561×320 ×227	572×318 ×230
阻抗力/kN	2000	2270	2000	2450	2450	2450
行程/mm	68	83	83	83	83	83
容量/kJ	32	≥50	≥45	≥80	≥80	≥80
吸收率/%	≥80	≥80	≥80	≥80	≥80	≥80
冲击速度/(km/h)	7	8	≥10	≥10	≥10	≥10
适用温度/℃		±50	±50	±50	±50	±50
质量/kg	134	178	178	180	160	210
检修周期/年	6	9	9	8	8	8
备注	改造	新造	新造	试装车	试装车	试装车

5.2.3　钩缓组装位置要求及计算

1. 钩缓组装总体要求

（1）车辆落成后，车钩中心线高（880±10）mm，同一辆车的1、2位车钩高度差不应超过10 mm；从板与从板座的垂向搭接量应不小于190 mm；车钩缓冲装置组装完成后，钩身上平面与冲击座的相应部位间的间隙应不小于10 mm；尾框上部的防跳板与车钩尾框上平面的间隙为10～20 mm；车钩提杆手把距底架侧梁外侧面的距离应不大于350 mm。

（2）上作用车钩的车钩提杆左右横向移动量应不大于40 mm。

（3）下作用车钩提杆的扁平部应能自由落入车钩提杆座的扁孔内，两者间的间隙应不大于2 mm。

（4）车钩中心线高可采用下列方法调整：

① 在车钩尾框托板与牵引梁下翼缘间两侧各加一块相同厚度的钢垫板，其厚度不大于10 mm；

② 翻转车钩托梁；

③ 在车钩托梁与冲击座接触面间两侧各加一块60 mm×60 mm、厚度不大于10 mm、中心孔为ϕ24 mm的钢垫板，两块垫板厚度应相同；

④ 16型、17型车钩可通过调换车钩支承座与钩体间磨耗板调整，磨耗板厚度为8～14 mm。

2. 车钩、钩尾框、缓冲器中心垂向相对位置

13A(B)型和17型车钩、钩尾框、缓冲器中心垂向相对位置如图5-7所示。

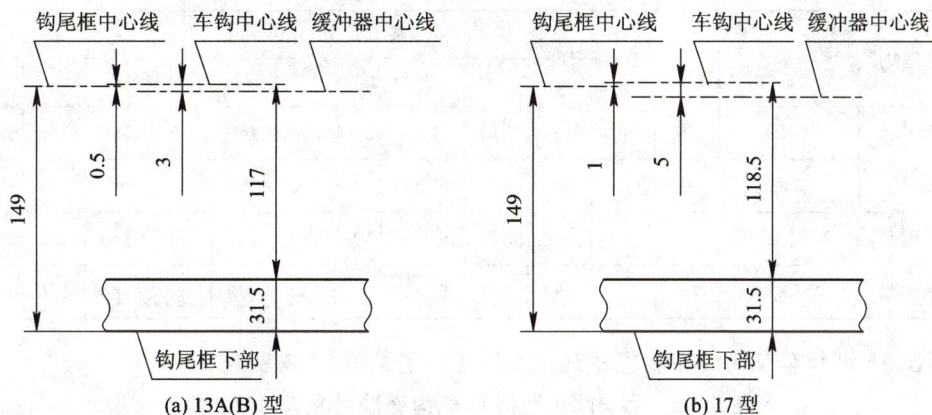

(a) 13A(B) 型　　　　　　　　(b) 17型

图 5-7　车钩、钩尾框、缓冲器中心垂向相对位置

3. 车钩缓冲装置组装尺寸

我国13号、13A(B)型货车车钩缓冲装置及其基本尺寸分别见图5-8和表5-4。

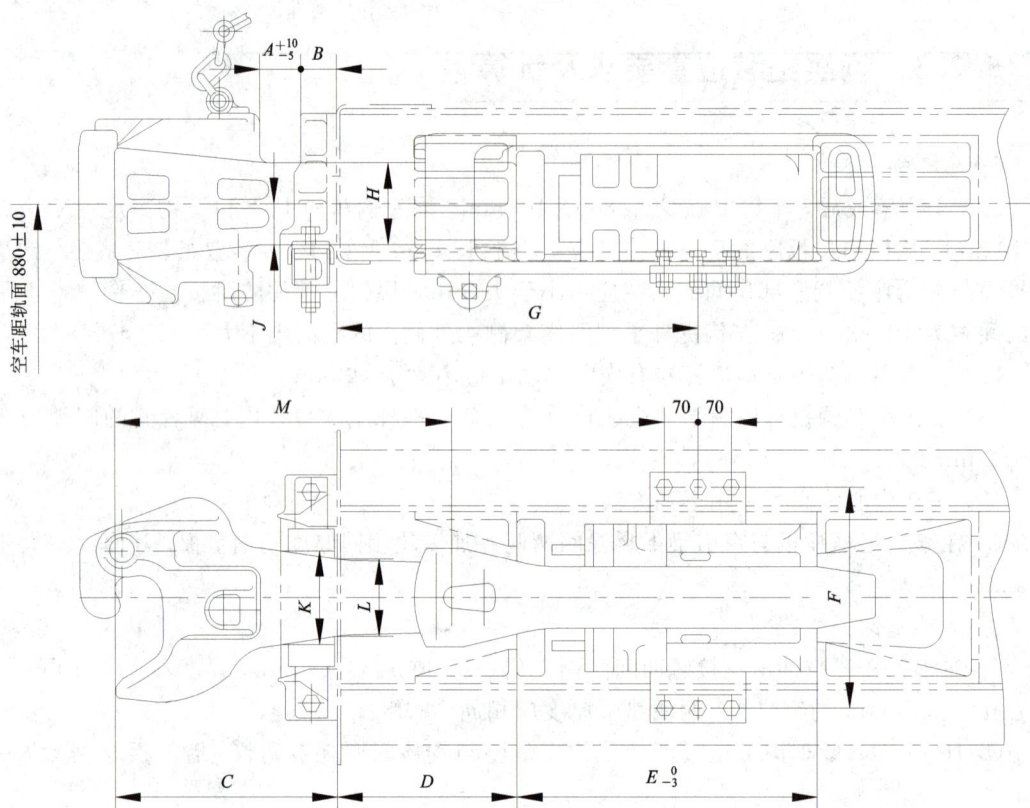

图 5-8　我国 13 号、13A(B)型货车车钩缓冲装置

表 5-4　我国 13 号、13A(B)型货车车钩缓冲装置基本尺寸

车钩型别	缓冲器额定行程/mm	基本尺寸/mm										
		A	B	C	D	E	F	G	H	J	K	L	M
13 号	≤73	76	90	469	374	625	450	750	160	80	186	156	698.5
13 号	≤83	91	75	469	374	625	450	750	160	80	186	156	698.5
13A(B)型	≤73	76	90	469	374	625	450	750	160	80	186	156	698.5
13A(B)型	≤83	91	75	469	374	625	450	750	160	80	186	156	698.5

我国 16 型货车车钩缓冲装置及其基本尺寸分别见图 5-9 和表 5-5。

表 5-5　我国 16 型货车车钩缓冲装置基本尺寸

车钩型别	缓冲器额定行程/mm	基本尺寸/mm													
		A	B	C	D	E	F	G	H	J	K	L	M	N	P	R	Q
C_{80} 用 16 型	≤83	95	108	508	349	625	454	948	164	81.5	179	179	740	340	232	392	151

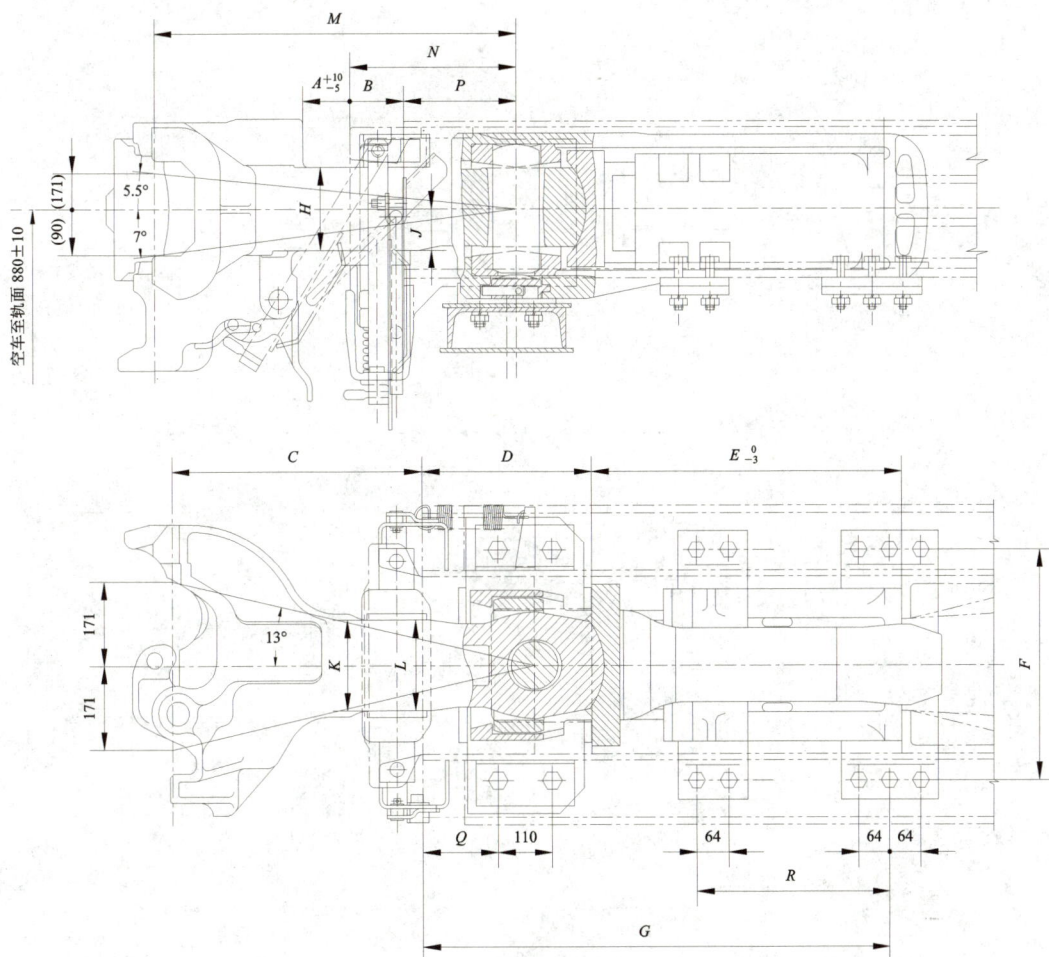

图 5－9　我国 16 型货车车钩缓冲装置

我国 17 型货车车钩缓冲装置及其基本尺寸分别见图 5－10 和表 5－6。

表 5－6　我国 17 型货车车钩缓冲装置基本尺寸

车钩型别	缓冲器额定行程/mm	基本尺寸/mm														
		A	B	C	D	E	F	G	H	J	K	L	M	N	P	R	Q
C_{80} 用 17 型	≤83	95	108	508	349	625	454	948	164	81.5	193	184	743	343	235	392	151
C_{70} 用 17 型	≤83	95	83	508	349	625	454	948	164	81.5	193	186	743	343	260	352	171

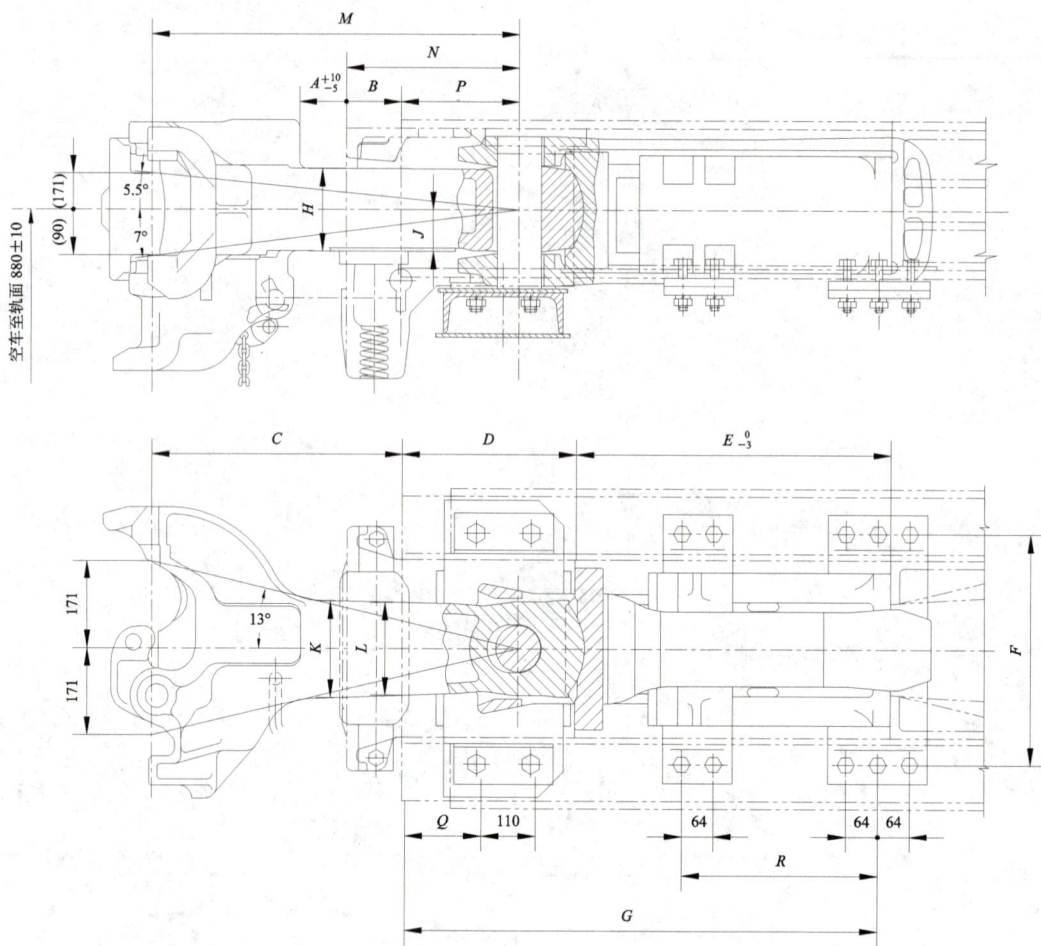

图 5 - 10 我国 17 型货车车钩缓冲装置

5.2.4 冲击座位置的确定

我国主型货车采用的冲击座如表 5 - 7 所示。

表 5 - 7 我国主型货车采用的冲击座

冲击座类型	图纸代号	适用货车	车钩类型
铁标冲击座	QCH 139-01-00-002	60 t 级货车	13 号系列车钩
分体式冲击座	QCH 235-01-06-001	70 t 级货车	17 型车钩
整体式冲击座	QCH 244-01-01-101	80 t 级货车	16/17 型车钩

13 号车钩、13A(B)型车钩用于我国 60 t 级各型货车上,一般采用 QCH 139-01-00-002 冲击座和配套的车钩托梁以及 HT301 钩体磨耗板。13 号车钩冲击座位置基本尺寸如图 5 - 11 所示。

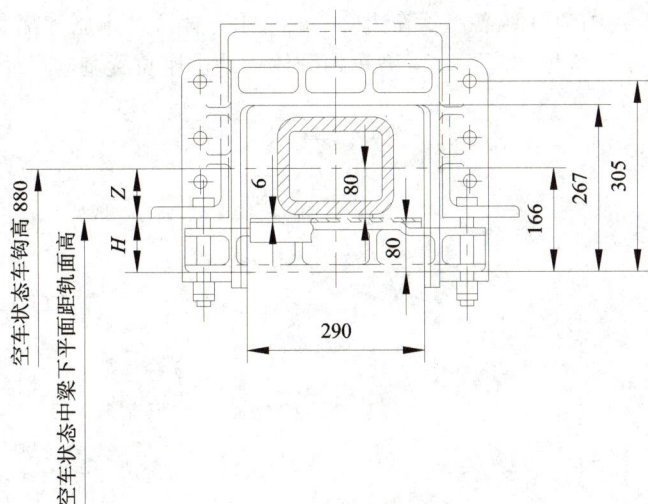

图 5-11　13 号车钩冲击座位置基本尺寸

由图 5-11 可知

$$Z=空车状态车钩高880-空车状态中梁下平面距轨面高$$

$$H=166-Z$$

16 型车钩用于我国大秦线 80 t 级运煤专用敞车上，一般采用整体式冲击座和配套的车钩支撑座以及厚度为 8~14 mm 的钩体磨耗板。16 型车钩冲击座位置基本尺寸如图 5-12 所示。

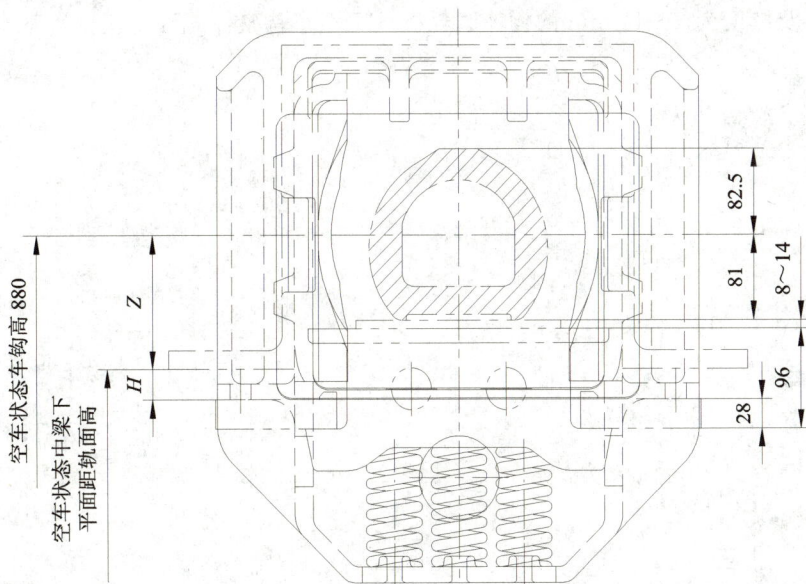

图 5-12　16 型车钩冲击座位置基本尺寸

由图 5-12 可知

$$Z=空车状态车钩高880-空车状态中梁下平面距轨面高$$

$$H=96-28+(8~14)+81-Z$$

17 型车钩用于我国 70 t 级各型货车上，一般采用分体式冲击座和配套的车钩支撑座以及厚度为 8～14 mm 的钩体磨耗板。17 型车钩分体式冲击座位置基本尺寸如图 5 - 13 所示。

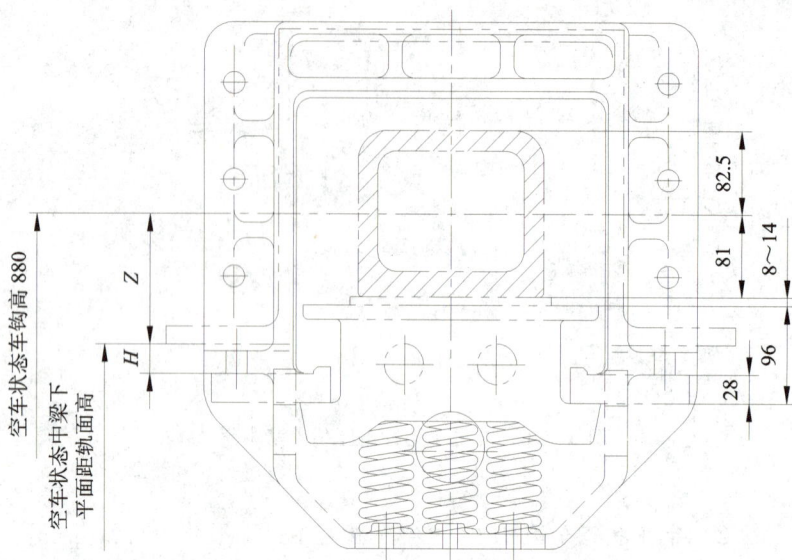

图 5 - 13　17 型车钩分体式冲击座位置基本尺寸

17 型车钩用于我国大秦线 80 t 级运煤专用敞车上，一般采用整体式冲击座和配套的车钩支撑座以及厚度为 8～14 mm 的钩体磨耗板。17 型车钩整体式冲击座位置基本尺寸如图 5 - 14 所示。

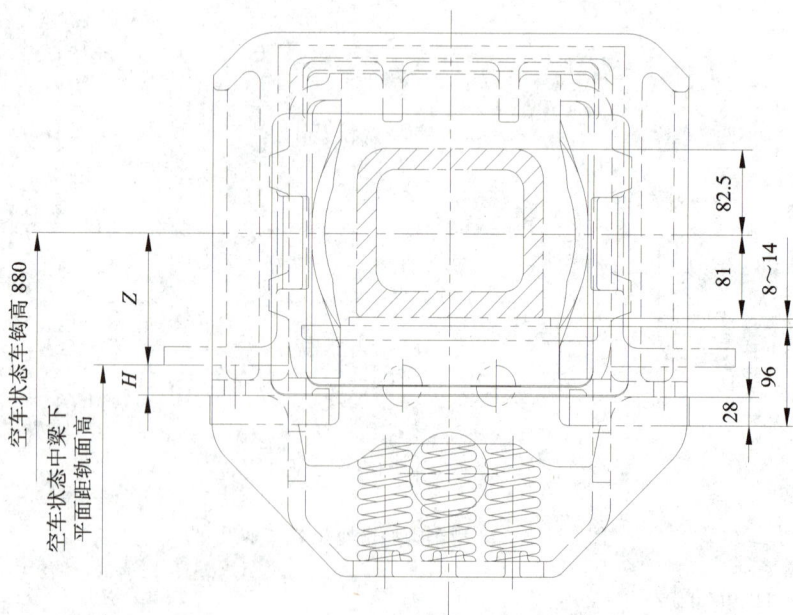

图 5 - 14　17 型车钩整体式冲击座位置基本尺寸

由图 5-14 可知

$$Z=空车状态车钩高 880-空车状态中梁下平面距轨面高$$
$$H=96-28+(8\sim14)+81-Z$$

5.2.5　钩尾框托板压型高度尺寸计算

钩尾框托板的压型高度尺寸如图 5-15 所示。

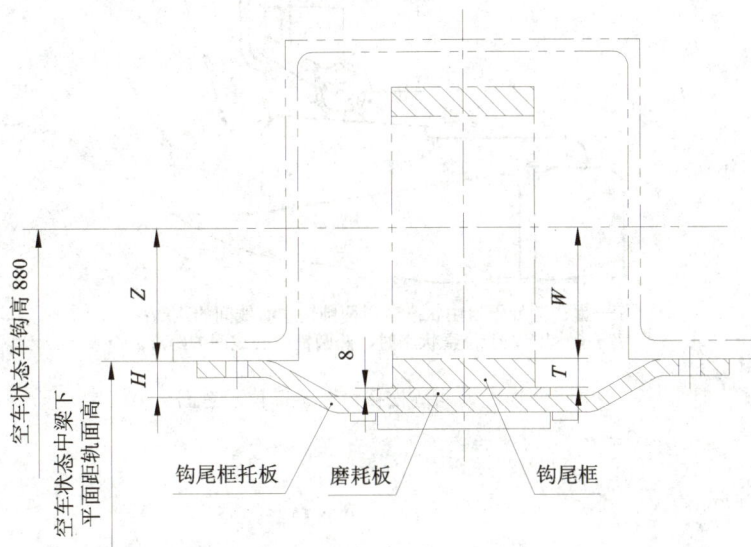

图 5-15　钩尾框托板压型高度尺寸

由图 5-15 可知

$$Z=空车状态车钩高 880-空车状态中梁下平面距轨面高$$
$$H=8+T+W-Z$$

13A(B)型车钩钩尾框：

$$T=28\ \text{mm},\ W=117.5\ \text{mm}$$

17 型车钩钩尾框：

$$T=28.5\ \text{mm},\ W=117.5\ \text{mm}$$

5.2.6　车钩提杆松裕量位置尺寸计算

上作用车钩的车钩提杆孔中心线与上锁销孔中心线的水平距离 L 不应大于 45 mm。

上作用车钩处于闭锁位置时，提钩链应有 45~55 mm 的松裕量。

提钩链松裕量(l'与l''之差)的测量方法如图 5-16 所示。

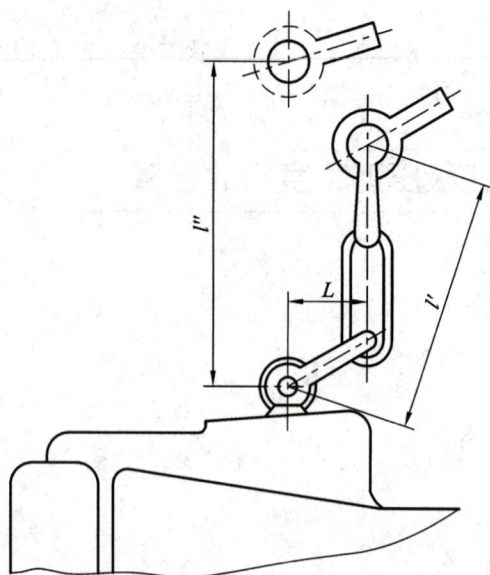

l'—提钩链处于自由状态时，两圆销中心线间的距离；
l"—提钩链处于拉直状态时，两圆销中心线间的距离。

图 5－16　提钩链松裕量测量部位示意图

第六章　制动系统设计

6.1　概　　述

车辆制动技术和制动机性能决定着列车制动机性能。车辆制动技术是铁路运输"重载、高速"这一战略目标实现的关键性前提条件之一。

铁路列车在运行中，需要使之减速或在规定的地点停车，这种有控制地对运行着的列车施加人为的阻力，使列车更快地减速或更快地停车的行为称为制动。在机车车辆上，为制动而设置的一整套机构称为制动装置。制动装置包括制动机和基础制动装置两部分，产生制动原动力和起控制作用的部分为制动机传递制动原动力，将该力扩大并均匀分配给各个闸瓦或者盘片的一整套杠杆传动装置称为基础制动装置，基础制动装置中一部分如制动梁等安装在转向架上。我国的铁路车辆制动机通常包括空气制动机（或其他非人力制动机）和人力制动机两部分。以人力产生制动原动力的部分称为人力制动机。

制动装置具有重要作用。一方面，要想确保行车安全，列车就应具备在任何情况下防止加速、减速或停车的功能；另一方面，车辆的制动装置是提高铁路运输能力（包括列车运行速度、牵引质量）的前提条件。

6.1.1　制动机的种类

车辆制动机的分类见表 6-1。

下面重点介绍按照动力来源及操作方法分类所得到的制动机。

1. 人力制动机

人力制动机的是用人力转动手轮或拨动杠杆的方法使闸瓦压紧车轮或闸片压紧制动盘片达到制动目的的装置。现在我国的铁路车辆上都装有人力制动机，主要在调车作业或坡道停车时使用。

2. 真空制动机

真空制动机以大气作为动力来源，用对空气抽空程度（真空度）的变化来操纵制动和缓解。真空制动机制动性能较差，目前仅有非洲、东南亚极少数经济不发达国家和地区仍在应用，并且逐步都在向空气制动机过渡。

表 6-1 制动机的分类

分类标准	按照动力来源及操作方法	按照作用性能		按照摩擦方法	安装用途和结构形式	
制动机	人力制动机	二压力制动机	直接作用式	闸瓦式制动机	客车用空气制动机	PM 型空气制动机
	真空制动机		间接作用式			104 型空气制动机
	电空制动机	三压力制动机		盘形制动机		F8 型空气制动机
	空气制动机	直通空气制动机			货车用空气制动机	GK 型空气制动机
				二、三压力混合制动机	轨道电磁制动机	103 型空气制动机
		自动空气制动机				120 型空气制动机

3. 空气制动机

空气制动机是以压力空气为动力，并用空气压力的变化来操纵的制动机。空气制动机是目前世界各国广泛采用的制动机，我国机车车辆上全部采用空气制动机。空气制动机可分为直通空气制动机和自动空气制动机两种，随着制动技术的发展，直通空气制动机在世界各国基本被淘汰。自动空气制动机又根据所采用的控制阀的作用原理不同分为二压力机构阀、三压力机构阀和二、三压力混合机构阀的制动机。

1）直通空气制动机

直通空气制动机的特点是：制动时压力空气由总风缸经制动阀、列车制动管直接进入制动缸；缓解时制动缸压力空气经列车制动管、制动阀由排气口排入大气。所以，这种制动机称为"直通"空气制动机，其原理如图 6-1 所示。

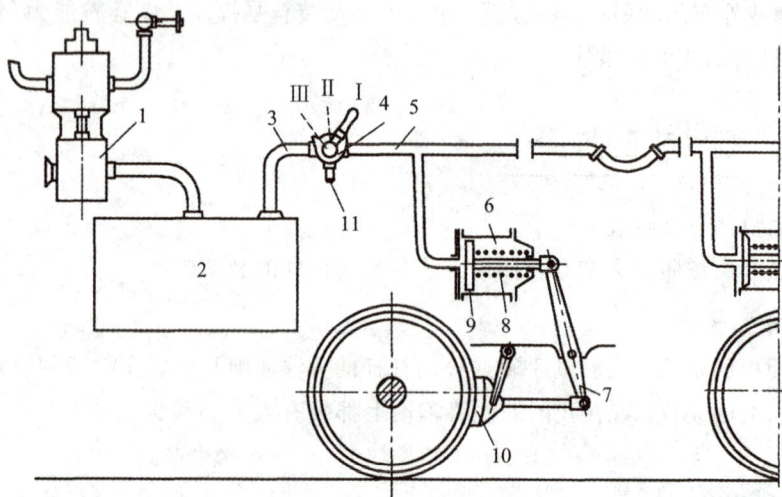

1—空气压缩机；2—总风缸；3—总风缸管；4—制动阀；5—列车制动管；
6—制动缸；7—基础制动装置；8—制动缸缓解弹簧；9—制动缸活塞；10—闸瓦；
11—制动阀排气口；Ⅰ、Ⅱ、Ⅲ—制动阀的缓解位、保压位、制动位。

图 6-1 直通空气制动机的原理

直通空气机构造简单，用制动阀来调节制动缸压力，可实现阶段制动和阶段缓解。对于短列车，运用这种制动机操作灵活。但将这种制动机用于较长列车时，制动时各车辆制动缸内的压力空气都要由机车上的总风缸供给，离机车近的制动缸充气早、增压快，而离机车远的制动缸充气晚、增压慢，这会造成列车前后各车辆制动的不一致性。缓解时，整个列车所有制动缸中的压力空气均需经机车上的制动阀排气口排出，所以各制动缸的开始排气时间与减压速度亦极不一致，即缓解的一致性很差。因此，在制动和缓解时的纵向冲动较大。若制动机在发生故障前已处于制动状态，则会使列车制动管内压力空气全部排出而导致制动失效。鉴于此，这种制动机很快为自动空气制动机所替代，并已在现代铁路车辆中基本被淘汰，只在部分地方小铁路车辆上和某些地下铁路车辆中被采用。

2）自动空气制动机

列车分离或在车辆上拉开紧急制动阀时，能使运行的列车或机车车辆自动制动的空气制动机称为自动空气制动机，我国机车车辆上全部采用自动空气制动机。自动空气制动机包括机车制动机和车辆制动机，分别安装在机车和车辆上，构成制动机的一个整体。自动空气制动机主要由空气压缩机、总风缸、给风阀、自动制动阀、副风缸和制动缸等组成，其原理如图6-2所示。自动空气制动机在每辆车上增加了三通阀（分配阀或控制阀）及副风缸，三通阀的工作原理如图6-3所示。

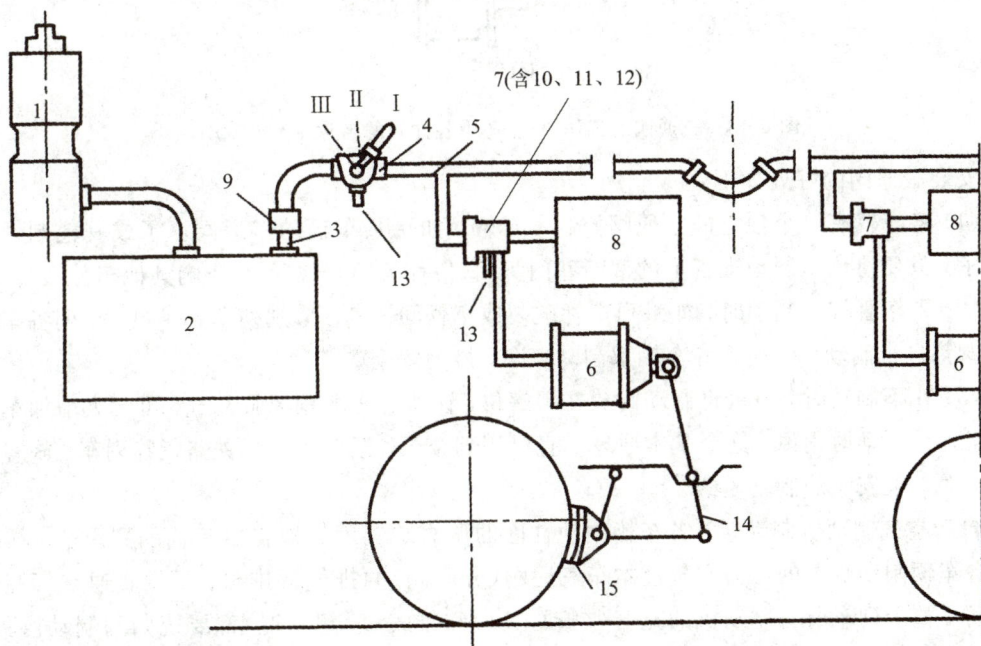

1—空气压缩机；2—总风缸；3—总风缸管；4—制动阀；5—列车管；6—制动缸；7—三通阀（分配阀）；8—副风缸；9—给风阀；10—三通阀活塞及活塞杆；11—节制阀；12—滑阀；13—排气口；14—基础制动装置；15—闸瓦；Ⅰ、Ⅱ、Ⅲ—制动阀的缓解位、保压位、制动位。

图6-2 自动空气制动机的原理

三通阀因与列车管、副风缸和制动缸相通而得名。根据列车管内压力的变化，三通阀有 3 个基本位置：充气缓解位、制动位、保压位。

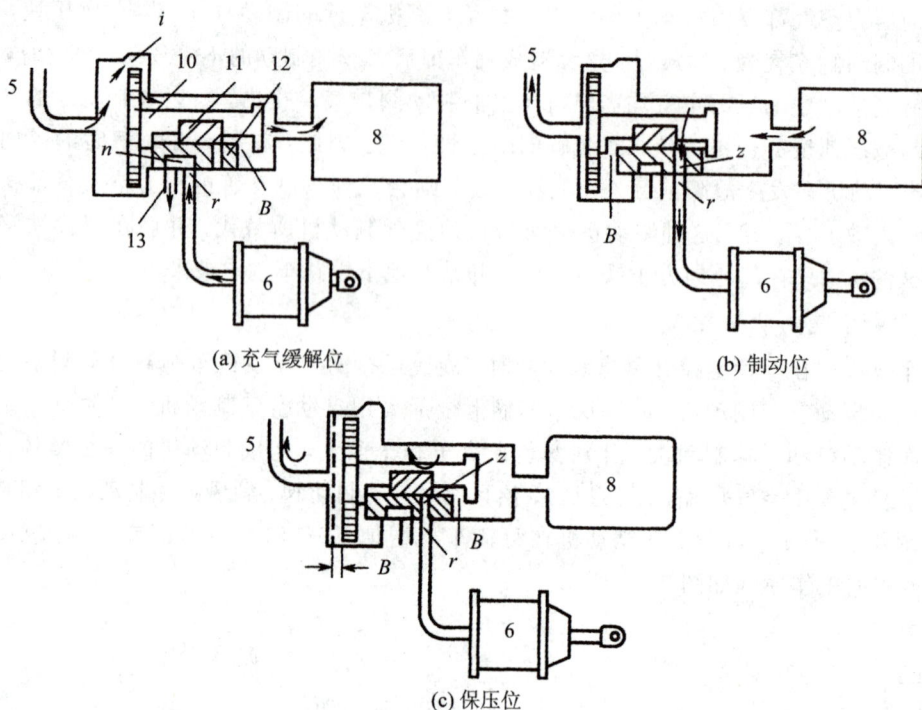

(a) 充气缓解位

(b) 制动位

(c) 保压位

图 6-3　三通阀的工作原理(图中各件号的名称见图 6-2)

安装三通阀的好处如下：

（1）各车辆有一个独立的三通阀控制本车辆，如果某车辆的三通阀坏了或其他制动装置坏了，只要将该车制动支管上的截断塞门关闭（俗称关门），就不会影响其他车。

（2）列车管排风制动时，如果列车管破裂或车辆间链断了，则列车管排风，全列各车辆三通阀都进行制动，使前后各车辆都制动停车，极为安全。

（3）在不制动时，司机将制动阀放在缓解位，让所有车辆副风缸充气，可大大增加车辆数目，保证制动时用风。这个基本原理一直沿用到今天，至今仍然是铁路货物列车、旅客列车最普通、最安全的制动模式。

自动空气制动机制动时，各车辆制动缸内的压力空气就近取自本车辆的副风缸；缓解时，各车辆制动缸中的压力空气经本车三通阀（分配阀）的排气口排出。不像直通空气制动机那样，整个列车所有制动机的充气（制动工况）和排气（缓解工况）都要统归到制动阀处。因而用自动空气制动机时，列车前后各车辆的制动或缓解的一致性比较好，列车纵向冲动也就比较小。

4. 电空制动机

电空制动机以压力空气为动力来源，用电信号来操纵制动装置的制动、保压和缓解等作用。这种制动机的最大优点是全列车能迅速发生制动或缓解作用，列车前后的动作一致性比较好，因而制动距离短，列车纵向冲动小。它适用于高速旅客列车，如用于长大货物列车上，优点更为显著。目前我国主要将电空制动机用于快速或准高速旅客列车上。

6.1.2　我国铁路货车制动机发展历程及主要产品

铁路货车制动机一般包括控制阀、空重车压力调整装置、各种储风缸、制动缸、软管连接器、折角塞门、截断塞门、集尘器、各种规格制动管及接头等。我国货车制动机均为具有二压力机构的自动空气制动机。

铁路货车制动机最主要的部件为控制阀，控制阀的性能决定了制动机的组成结构。中华人民共和国成立初期，我国铁路货车采用 K1 和 K2 型控制阀，应用于载重 50 t 以下的货车。1958 年，我国在 K2 型控制阀基础上研制了 GK 型控制阀，满足了当时载重 50～60 t 货车编组 3000 t 以内列车运用要求。1965 年，我国研制了间接作用式二压力机构 103 型控制阀，既满足了长大货物列车制动和缓解性能要求，又满足了与当时已有的 GK 型控制阀混编性能要求。

1988 年，我国研制了 120 型控制阀（简称 120 阀），为直接作用式二压力机构阀，它不仅有较好的混编性能，加快了列车管充气，而且提高了缓解和紧急制动波速，减轻了列车纵向力作用。这是一种能适应万吨长大货物列车的先进的货车控制阀。20 世纪 90 年代后，我国所有新造货车均安装 120 型控制阀，120 型控制阀成为我国铁路的主型货车控制阀。2005 年，我国在 120 型控制阀上增添常用加速制动功能，研制成功了 120-1 型控制阀（简称 120-1 阀），之后随同新 C_{80} 货车装车投入大秦线运用考验。

为解决客、货车在空车和重车时，制动率变化过大而影响行车安全的问题，制动装置需要设置空重车调整装置，以便在空、重车时闸瓦施加给车轮踏面或闸片施加给制动盘上不同的压力。目前我国及绝大多数国家采用调整制动缸压力的办法解决空、重车不同的制动率问题。过去我国与 GK、103 型制动机配套的为手动两级空重车调整装置，当货车自重加载重大于或等于 40 t 时，调整手把到重车位；当货车自重加载重小于 40 t 时，调整手把到空车位。经过不断完善和改进，现在我国研制和生产了 KZW 系列和 TWG-1 型空重车无级自动调整装置。为了方便检修，从 2006 年 1 月起全路新造货车统一生产装用 KZW-A 型空重车自动调整装置。

为了有效降低车辆脱轨损失，从 2005 年起，我国铁路货车逐步安装了脱轨自动制动装置。该装置采用机械作用方式，在车辆脱轨时能及时使主风管连通大气，使列车产生紧急制动，从而避免脱轨事故的扩大。

1. 120/120-1 型货车制动系统

1）120/120-1 型制动机

120 型制动机由 120 型控制阀、副风缸、加速缓解风缸、制动缸、制动管、空重车调整装置（限压阀、称重阀等）、降压风缸等组成，如图 6-4 所示。120 型制动机不同制动缸与风缸配置见表6-2。

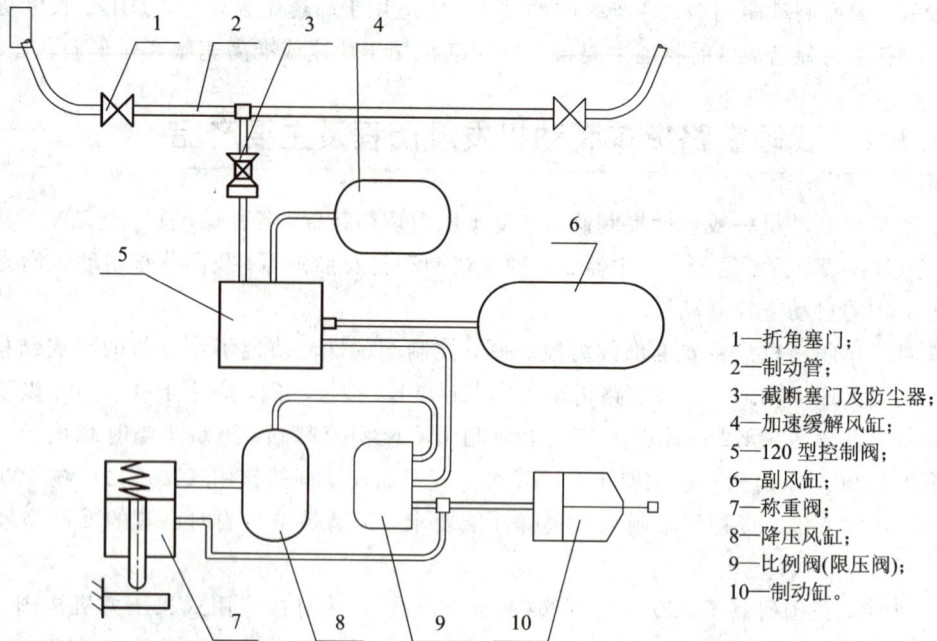

图 6-4 120 型制动机的组成

1—折角塞门；
2—制动管；
3—截断塞门及防尘器；
4—加速缓解风缸；
5—120 型控制阀；
6—副风缸；
7—称重阀；
8—降压风缸；
9—比例阀(限压阀)；
10—制动缸。

表 6-2 120 型制动机不同制动缸与风缸配置

序号	制动缸型号 内径×最大行程 （mm×mm）	行程/ mm	副风缸 容积/L	工作风缸 容积/L	降压风缸 容积/L	备注
1	203(8″)×254	125±10	60	11	17	2 个 8″制动缸，配 14″缸 120 阀
2	254(10″)×254	155±10	60	11	17	2 个 10″制动缸，配 14″缸 120 阀
3	254(10″)×254	155±10	40	11	17	1 个 10″制动缸，配 10″缸 120 阀
4	305(12″)×254	155±10	50	11	17	1 个 12″制动缸，配 10″缸 120 阀
5	365(14″)×254	125±10	60	11	17	1 个 14″制动缸，配 14″缸 120 阀
6	365(14″)×254	125±10	60	11	34	2 个 8″制动缸，配 10″缸 120 阀， 用于中梁为 560 工字钢的部分平车

注：目前我国铁路货车推广采用 305(12″)mm×254 mm 旋压密封式制动缸。

2）120/120-1 型货车空气控制阀

120/120-1 型货车空气控制阀都由主阀、半自动缓解阀、紧急阀和中间体四部分组成。120 型货车空气控制阀如图 6-5 所示。120-1 型货车空气控制阀主阀如图 6-6 所示。

（1）120 型货车空气控制阀基本参数如下：

制式：二压力；

定压：500 kPa/600 kPa；

图 6-5　120 型货车空气控制阀

图 6-6　120-1 型货车空气控制阀主阀

环境温度：－50℃～＋70℃（满足 110℃、3 h 解冻库）；

常用制动波速：225～255 m/s；

缓解波速：180～200 m/s；

紧急制动波速：270～280 m/s；

制动缸总升压时间：（10±1）s；

制动缸缓解时间：（15±1）s（自 350 kPa 降到 40 kPa）；

紧急制动跃升压力：120～160 kPa；

适用编组列车：10 000 t。

（2）120 型货车空气控制阀主要特点如下：

① 采用二压力机构阀。

② 采用直接作用方式，副风缸压力空气既参与主活塞的平衡，同时还作为制动缸的风源。

③ 主控机构采用橡胶膜板和金属滑阀结构。

④ 采用常用制动与紧急制动分部作用的方式以及两阶段局减作用和紧急制动时制动缸压力呈先快后慢的两段上升方式。

⑤ 设置加速缓解阀，与增加的一个加速缓解风缸相配合，使 120 阀的缓解波速大大提高。

⑥ 在紧急阀中增设先导阀结构，提高了紧急制动波速。

⑦ 适应压力保持操纵。

⑧ 设置半自动缓解阀。

（3）120-1 型货车空气控制阀设计特点如下：

120-1 阀在 120 阀的基础上，增设了加速常用制动功能，以更好地适应长大列车的制动性能要求，缩短列车制动时间，减小纵向冲动。

120-1 阀为了实现常用加速制动作用，对 120 阀的主阀作用部进行了重新设计，主要包括以下内容：

① 对滑阀进行了重新设计，增加新的气路，对原有气路进行了调整及优化。

② 对节制阀进行了重新设计。

③ 为保证性能，提高了对滑阀、节制阀的加工精度。

④ 为适应重载列车的需要，对稳定杆进行了重新设计。

⑤ 活塞和滑阀工作行程增加了 2 mm。

2. 空重车自动调整装置

为保证在各种载重状态下车辆的制动率不至于波动过大，需要无级随重空重车自动调整装置。KZW-A 型空重车自动调整装置或 TWG-l 型空重车自动调整装置可根据车辆实际装载质量自动调整制动缸的压力，保持与载重相适应的车辆制动力，减少混编列车在制动时车辆之间的纵向冲击力；可省去人工搬动空重车手柄的繁重劳动；可避免因人为错调、漏调空重车手柄而造成重车制动力不足或空车制动力过大，从而大大减少擦轮事故的发生，减少车轮消耗及车辆维修工作量；可保证行车安全、提高运输效率、降低运输成本，具有显著的社会效益和经济效益。

KZW-A 型或 TWG-l 型空重车自动调整装置的突出特点是结构简单、工作可靠、维修保养方便等，其主要技术特征和参数简介如下：

（1）制动缸压力随车辆载重变化在一定范围内自动无级地连续变化。

（2）列车管定压为 500 kPa 以下，重车位制动缸压力为 360 kPa，空车位制动缸压力为（140±20）kPa。

（3）在空车制动时，具有制动缸压力初跃升功能。

（4）适用于中国铁路目前各种转向架车辆。

（5）传感阀只在制动时才与抑制盘（横跨梁）接触，阀的工作条件有利，受车辆运动影响小。

（6）管路连接全部采用法兰连接，橡胶密封，运用中不易产生漏泄故障。

（7）设有较为明显的空重位显示标志。

1）KZW-A 型空重车自动调整装置

KZW-A 型空重车自动调整装置适用于目前我国轴重 21 t、23 t、25 t，采用转 K2 型、转 K4 型、转 K5 型、转 K6 型转向架的货车，并可用于总重 130 t 以下的货车。

KZW-A 型空重车自动调整装置的外形及作用原理分别见图 6-7、图 6-8。

图 6-7　KZW-A 型空重车自动调整装置的外形

2）TWG-1 型空重车自动调整装置

TWG-1 型空重车自动调整装置于 2002 年开发研制成功，同年在提速改造货车和新造货车上推广使用。

TWG-1 型空重车自动调整装置由 T-1 型调整阀和 WG-1 型传感阀两部分组成，其外形和作用原理分别见图 6-9 及图 6-10。

为适应不同车辆的需要，TWG-1 型空重车自动调整装置目前设计有四种型号，分别为

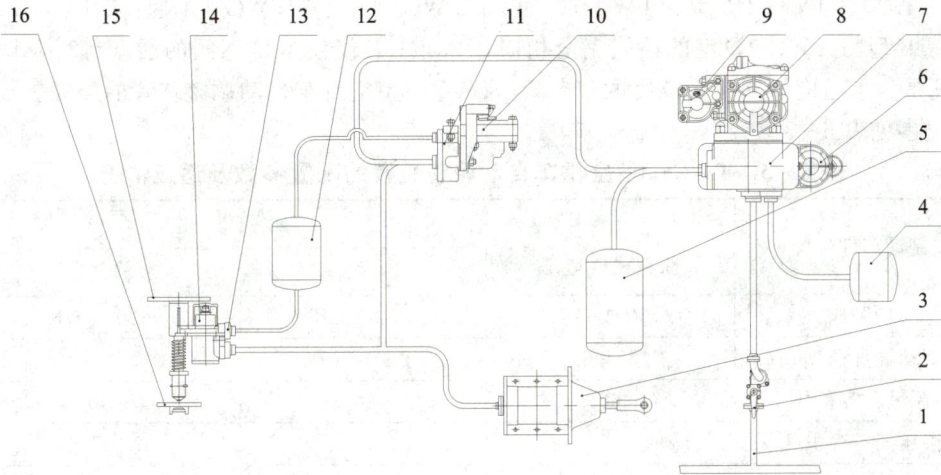

1—列车管；2—集尘器与截断塞门组合体；3—制动缸；4—加速缓解风缸；5—副风缸；
6—加速缓解阀；7—中间体；8—120 阀；9—紧急阀；10—X-A 型限压阀；11—阀管座；
12—降压缸；13—支架；14—C-A 型传感阀；15—抑制盘组成；16—(基准板)横跨梁。

图 6 - 8　KZW-A 型空重车自动调整装置的作用原理

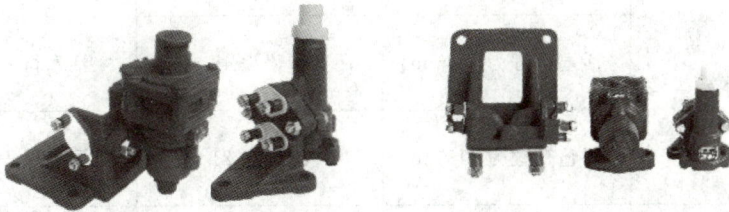

图 6 - 9　TWG-1 型空重车自动调整装置的外形

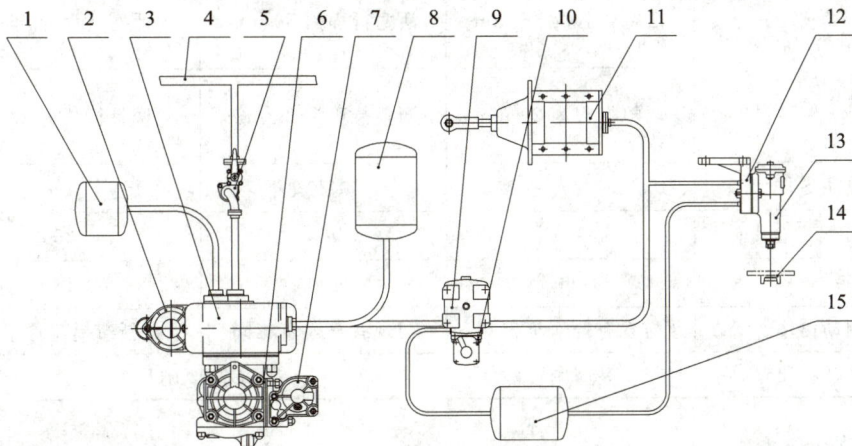

1—加速缓解风缸；2—加速缓解阀；3—中间体；4—列车管；5—集尘器与截断塞门组合体；
6—120 阀；7—紧急阀；8—副风缸；9—调整室；10—T-1 型调整阀；11—制动缸；
12—安装座组成；13—WG-1 型传感阀组成；14—(基准板)横跨梁；15—降压缸。

图 6 - 10　TWG-1 型空重车自动调整装置的作用原理

TWG-1A 型、TWG-1B 型、TWG-1C 型和 TWG-1D 型。TWG-1A 型与 TWG-1C 型、TWG-1B 型与 TWG-1D 型的性能完全相同，不同之处仅仅是传感阀的活塞行程及调整行程，这是为了适应不同枕簧挠度的转向架。TWG-1 型空重车自动调整装置的配置参数及适应情况参见表 6-3。

表 6-3   TWG-1 型空重车自动调整装置的配置参数及适应情况

制动部件配置		在工况 1 新造或改造车	工况 2	
			改造车	新造车
控制阀		120 或 GK	120 或 GK	120 或 GK
制动缸直径/mm		355.6	355.6	254
副风缸容积/L		60	60	40
降压气室容积/L		17	17	17
调整阀		T-1A	T-1B	T-1A
更换零件		上下活塞等		
压力比		100%	60%	100%
调整气室容积/L		6.5	6.5	0
传感阀	转 8AG、转 8G 及转 K2 型转向架	WG-1A	WG-1A	WG-1A
		活塞行程为 45 mm	活塞行程为 45 mm	活塞行程为 45 mm
		调整行程为 21 mm	调整行程为 21 mm	调整行程为 21 mm
	摆动式转向架	WG-1C	WG-1C	WG-1C
		活塞行程为 56 mm	活塞行程为 56 mm	活塞行程为 56 mm
		调整行程为 29 mm	调整行程为 29 mm	调整行程为 29 mm
更换零件		顶杆簧		
制动缸压力/kPa	全重位	360	360	360
	全空位	160	160	160
制动倍率		与现有普通车相同	与现有普通车相同	按新造提速货车设计
闸瓦材质		高磷闸瓦	高摩闸瓦	

3. 制动缸

我国已开发了直径 203 mm、254 mm、305 mm、356 mm 系列旋压密封式制动缸以满足不同货车的需要，其外形见图 6-11。旋压密封式制动缸的作用原理见图 6-12。目前主型车辆装用直径 305 mm 旋压密封式制动缸。为解决制动缸腐蚀、生锈问题，已成功研发采用不锈钢复合钢板的旋压制动缸。

图 6-11　直径 203 mm、254 mm、305 mm、356 mm 系列旋压密封式制动缸的外形

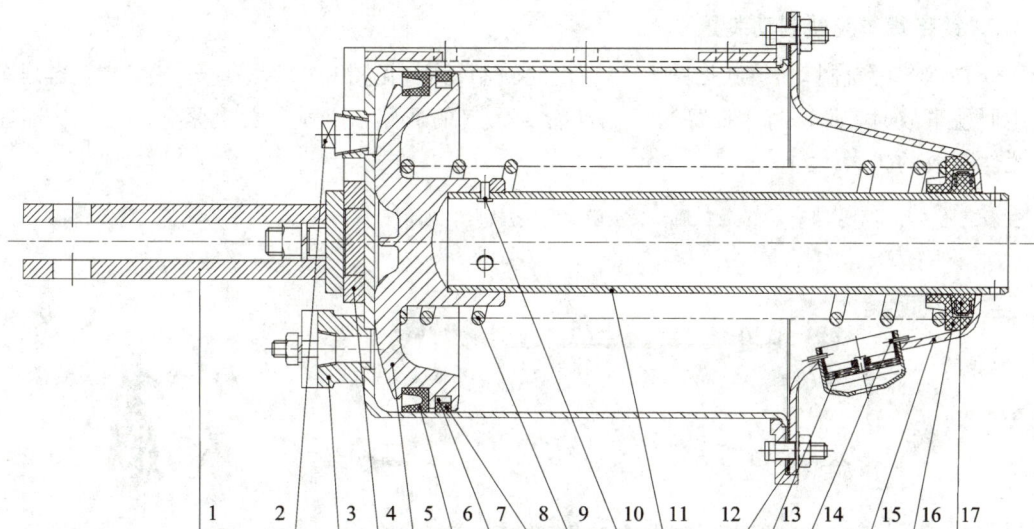

1—制动杠杆支点座；2—方头螺堵；3—缸体组成；4—缸座组成；5—活塞；6—Y 型密封圈；
7—毡托组成；8—润滑套；9—缓解弹簧；10—铆钉6×18；11—活塞杆；12—前盖垫；
13—滤尘器组成；14—销；15—端盖组成；16—弹簧座；17—前盖滤尘罩。

图 6-12　旋压密封式制动缸的作用原理

4. 闸瓦间隙自动调整器

闸瓦间隙自动调整器(简称闸调器)具有以下功能：

(1) 能根据闸瓦间隙的变化，自动地使制动缸活塞行程保持在规定的范围内，保持闸瓦与车轮的间隙正常，确保车辆制动力不衰减，有效地保证了行车安全。

(2) 使列车中各车辆的制动缸活塞行程能自动地保持一致，减少了列车的纵向动力作用，使列车的冲击力减小。

(3) 能够自动调整，大大减轻了列检工作人员手工调整制动缸活塞行程的体力劳动，缩短了列检停站技术作业的时间，从而加速车辆周转，提高运输效率。

ST 型闸调器是我国自行设计生产的闸调器，适用于客货车辆。ST 型闸调器是双向调整闸调器，分为 ST_1-600 型双向闸调器和 ST_2-250 型双向闸调器两种(见图 6-13)。这两种闸调器的构造作用原理都一样，其区别是安装的位置和螺杆的工作长度不同，ST_1-600 型双向闸调器的螺杆工作长度为 600 mm，ST_2-250 型双向闸调器的螺杆工作长度为 250 mm。

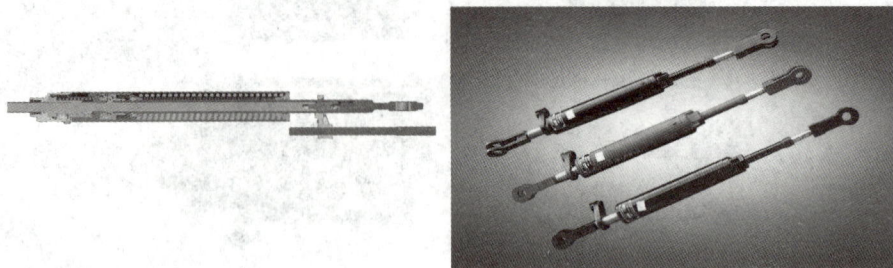

图 6-13　ST_1-600 型、ST_2-250 型双向闸调器

5. 铁路货车脱轨制动装置

铁路货车脱轨制动装置(见图 6-14)由脱轨制动阀(见图 6-15)、球阀等组成。当列车发生脱轨事故时，脱轨制动装置沟通制动管到大气的通路，使列车发生紧急制动，从而避免脱轨事故的扩大。

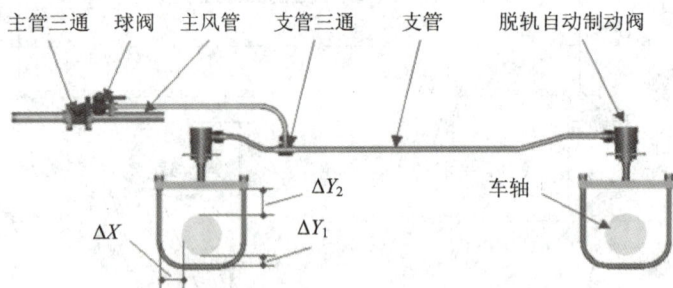

图 6-14　铁路货车脱轨制动装置配置

图 6-15　脱轨制动阀

6. 人力制动机

人力制动机分为手制动机和脚制动机，其中手制动机为主流，主要有链条式手制动机、棘轮式手制动机、螺旋式手制动机。

1996 年，我国针对当时铁路货车使用的直立轴绕链式手制动机存在的易碰撞损坏、制动员身体摆动幅度大、操作不安全等问题而研制了脚踏式制动机。

FSW 型手制动机是近几年研制的新型货车手制动机，它具有制动、阶段缓解和快速缓解三种功能，并具有省力、操作简便(一手扶托，单手操作)、安全性好的优点。

人力制动机发展到现阶段为 NSW 型手制动机，现国内新造车主要使用 NSW 型手制动机。NSW 型手制动机是在 FSW 型手制动机的基础上经局部改进而成的，它保留了 FSW 型手制动机的优点，简化了结构，增设了锁闭装置，有较好的防溜功能，提高了车辆停放安全性。在对 FSW 型手制动机进行改进时，减少了手制动机机体的垂向高度和手轮的直径，满足了我国手制动机对每轴 10 kN 换算闸瓦压力的要求，并取消了阶段缓解功能。根据实际运用情况，2007 年取消 NSW 型手制动机锁闭机构(锁芯为三角形)。

NSW 型手制动机示意图如图 6-16 所示。

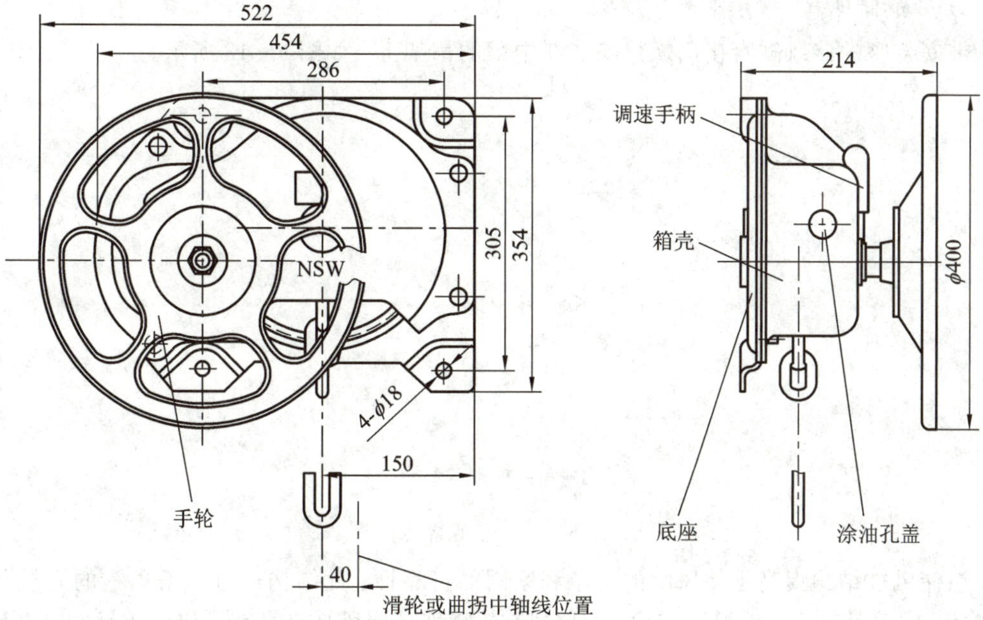

图 6-16 NSW 型手制动机示意图

7. 储风缸

我国铁路车辆用储风缸分为副风缸、降压缸和加速缓解风缸三种。副风缸的容积有 40L、50L、60L 等，降压缸的容积为 17 L，加速缓解风缸的容积为 11 L。我国铁路车辆用储风缸符合《铁道车辆储风缸》(TB/T 1900—2016)的规定。

1) 不带吊储风缸

传统的不带吊储风缸由两端头带螺纹，制成"U"形的圆钢、螺母、弹性垫圈组成，如图 6-17 所示。

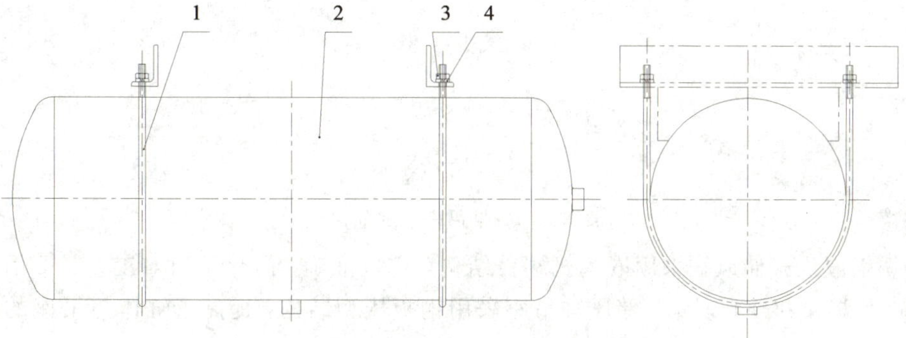

1—吊；2—储风缸；3—螺母；4—弹性垫圈。

图 6-17 不带吊储风缸

这种储风缸的缺点有：缸体与吊带之间易产生锈蚀；储风缸的定位和紧固的可靠性相对不高。

2）带吊储风缸

带安装座的储风缸直接用螺栓安装在中梁的吊架上，如图 6-18 所示。

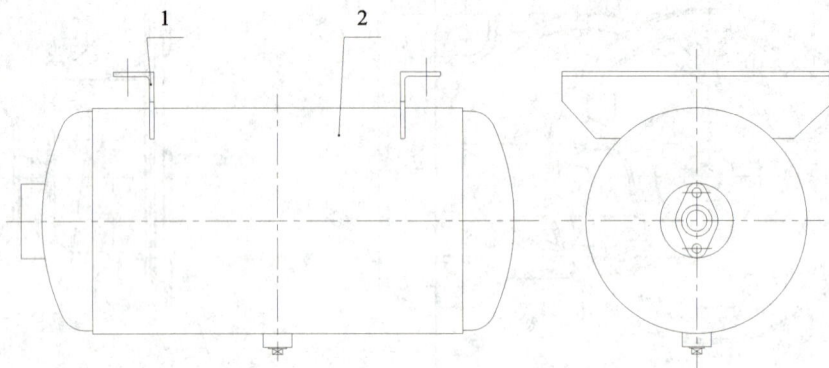

1—吊；2—储风缸。

图 6-18　带吊储风缸

该储风缸结构提高了储风缸的定位和紧固的可靠性。此结构通过 2 条角钢的立棱与风缸连接，焊接处较小，无弹性缓冲。而储风缸，特别是副风缸自身有一定的质量，加之列车运行过程中的剧烈摇晃和振动，在连接、焊接应力比较集中的地方，易出现反复变形现象，从而产生裂纹。

3）带吊嵌入式储风缸

带吊嵌入式储风缸如图 6-19 所示。

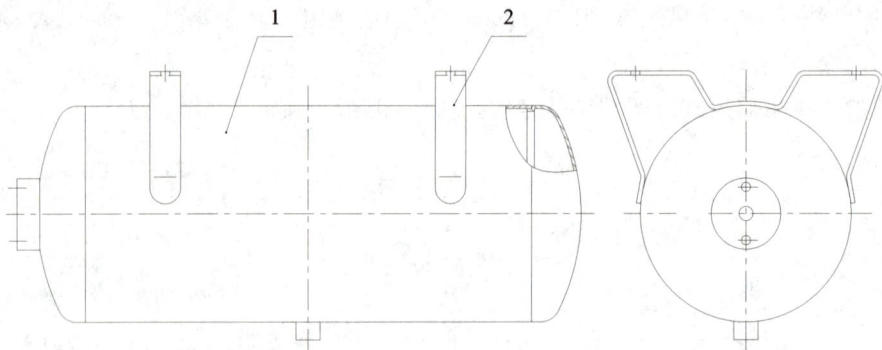

1—吊；2—储风缸。

图 6-19　带吊嵌入式储风缸

不锈钢嵌入式储风缸采用嵌入式端盖结构，定位准确，简化了组对工艺；采用自动焊接，提高了焊接和外观质量。储风缸吊座采用钢板压型结构，提高了缸体与吊座的连接可靠性，改善了焊接质量，可解决原角钢吊座结构储风缸在运用中出现的缸体开裂问题。目前我国铁路货车均采用嵌入式储风缸结构。

6.1.3　国外制动技术发展

国际上，货车制动技术主要分为以美国重载运输为主的 AAR 标准重载货车制动技术和以欧洲国际快捷货运为主的 UIC 标准快捷客货车制动技术。世界上著名的制动产品供应商有德国 KNORR 公司、法国 Faiveley 公司和美国 Wabtec 公司等。

1. 欧洲制动技术

欧洲的地理环境决定了欧洲货运列车的特点是短小轻快、密度较高，而且欧洲铁路对制动距离要求高，故欧洲铁路在快速货车制动系统上起步早、发展快。空气分配阀大部分采用三压力作用原理，具有良好的阶段缓解及不衰减性，制动波速高，客货通用。

1) 欧洲货车及其运用条件的特点

欧洲铁路货运的主要特点如下：

(1) 以短编组快速为主。其货车轴重为 20～23 t，列车牵引总重为 1000～3000 t。

(2) 信号距离及制动距离较短。信号距离为 1000～1400 m，制动距离为 800～1600 m。

(3) 运行速度较高。S 级≤100 km/h，SS 级≤120 km/h，快速货车≤160 km/h。

(4) 四轴货车普遍采用构架式转向架。二轴及四轴货车普遍采用双侧制动（一轮两瓦）及双侧双瓦制动（一轮四瓦）。

2) 欧洲货车制动机的主要特点

欧洲铁路货车早期使用手制动机、真空制动机和比较原始的韦斯汀豪斯空气制动机。20 世纪 20 年代，欧洲出现了最早的三压力分配阀。第二次世界大战后，按 UIC 的规定，欧洲各国相继推出了新型空气制动机，具有代表性的是德国克诺尔公司的 KE 型空气制动机。KE 型空气制动机包括：KE 型空气分配阀、密封式制动缸、折角塞门、软管连接器、VTA 型空重车调整装置、600 型闸瓦间隙自动调整器、P10 闸瓦、风缸、螺纹连接的管系等。其主要特点如下：

(1) 采用三压力阶段缓解模式。

(2) KE 系列分配阀具有适应快速短编组列车准确灵活控制的特点。

(3) 制动缸较大，制动热负荷较高，每瓦最大制动功率为 85 kW（每轴为 340 kW）。

(4) 普遍采用空重车调整装置。

(5) 基础制动装置的形式多样化。

KE 型空气分配阀采用模块化设计原理，由各个标准的部件经不同组合而获得适用于客车、货车等不同用途的方案，具有制动波速高、缓解时间短而均匀等特点。KE 型空气分配阀的外形及原理分别见图 6 - 20、图 6 - 21。

VTA 传感阀是 VTA 型空重车调整装置的核心部件，其外形及原理分别见图 6 - 22、图 6 - 23。

图 6 - 20　KE 型空气分配阀的外形

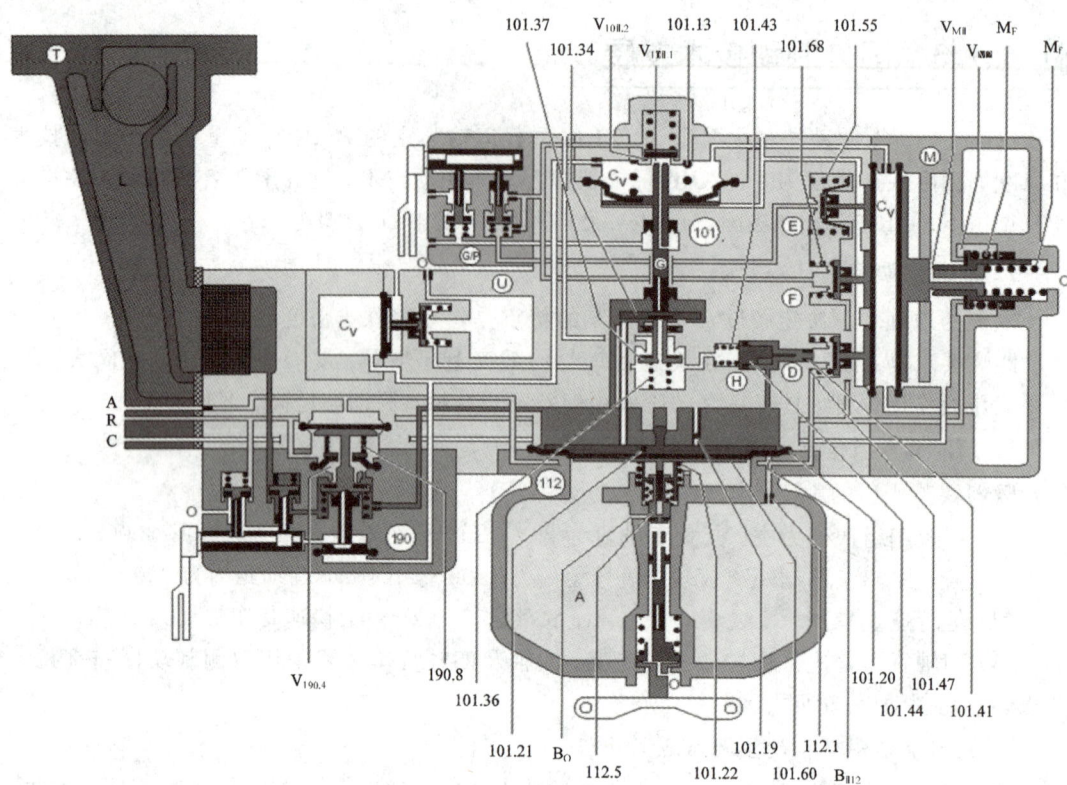

图 6-21　KE 型空气分配阀的原理

图 6-22　VTA 传感阀的外形　　　　图 6-23　VTA 传感阀的原理

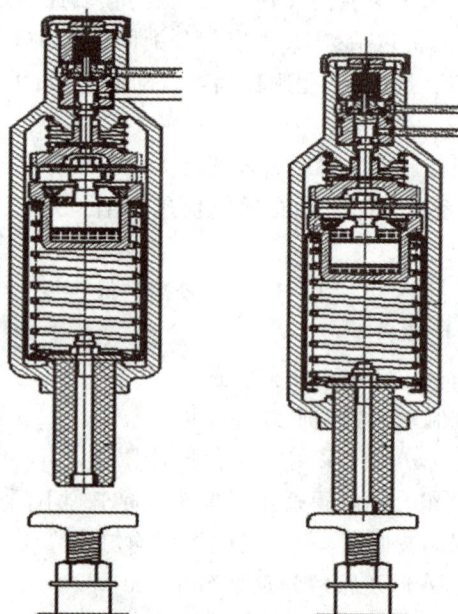

目前，欧洲国家运用的时速为 160 km 的快速货车转向架，其紧急制动时的轴制动功率已超过踏面制动的最大极限轴制动功率，达到 350 kW 左右，故快速货车必须采用盘形制动。如德国的 DRRS 型转向架和法国的 Y37 型转向架均采用了盘形制动。对于欧盟国家，一般采用盘形制动作为基础制动装置的车辆均安装防滑器。如图 6-24 所示的是法国 Faiveley 公司的轮装式铝合金制动盘和紧凑型夹钳制动单元。

(a) 轮装式铝合金制动盘　　　(b) 紧凑型夹钳制动单元

图 6-24　法国 Faiveley 公司的轮装式铝合金制动盘和紧凑型夹钳制动单元

2. 北美制动技术

北美以 George 韦斯汀豪斯的空气制动机为原型，从 AB 型、ABD 型、ABDW 型发展到现在的 ABDX 型空气制动机及符合 AAR 标准的 DB-60 控制阀。随着车辆和列车的加长，为了缩短常用制动信号在列车的传递时间，提供较好的制动冲动并缩小制动距离，1990 年左右，北美出现了在 ABDX 和 DB-60 的基础上改进的以 ABDX-L 和 DB-60L 命名的制动控制阀。

1）北美货车及其运用条件的特点

受地理、经济及环境的影响，北美铁路货运的主要特点如下：

（1）以长大重载为主。其货车最大轴重达 35.6 t（G 轴），最大载重为 125 t。近年来，由于车辆自重的降低，载重不断增加，其重车与空车质量之比已超过 5.6∶1。列车编组在 20 世纪 20 年代达到 80～100 辆，到 20 世纪三四十年代则达到 150～200 辆。运输煤炭或矿石的单元列车或组合列车则更长，列车牵引总重达 20 000 t 以上。

（2）信号距离及制动距离长。信号距离为 1100～4500 m，制动距离最大为 3000 m。

（3）运行速度相对较低。普通货物列车运行速度为 80～100 km/h，单元及组合列车运行速度为 70～80 km/h。

（4）货车普遍采用三大件式转向架，其结构适合采用单侧制动。

（5）特种货车品种较多，如双层集装箱平车、关节车、浴盆车及背驼车等，这对基础制动装置提出了新的要求。

2）北美货车制动机的主要特点

为了适应北美铁路货运发展的需要，北美货车制动系统经过近百年的发展，经历了数代的变迁，形成了以 AB 系列为基本平台，以 ABDX 型控制阀为代表的北美货车制动系统。
DB-60 控制阀于 20 世纪 80 年代中期开始采用，并于 1988 年经初步试验合格后被批准为标
准的 AAR 控制阀。Wabtec 公司 ABDX 型空气控制阀的外形、Knorr 公司 DB-60 控制阀的
外形和 ABDX 型控制阀的原理分别见图 6-25、图 6-26 和图 6-27。

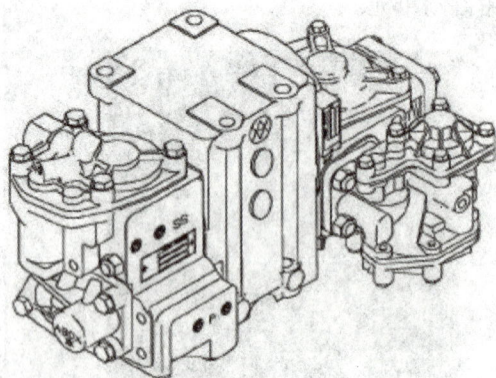

图 6-25　Wabtec 公司 ABDX 型空气控制阀的外形　　　图 6-26　Knorr 公司 DB-60 控制阀的外形

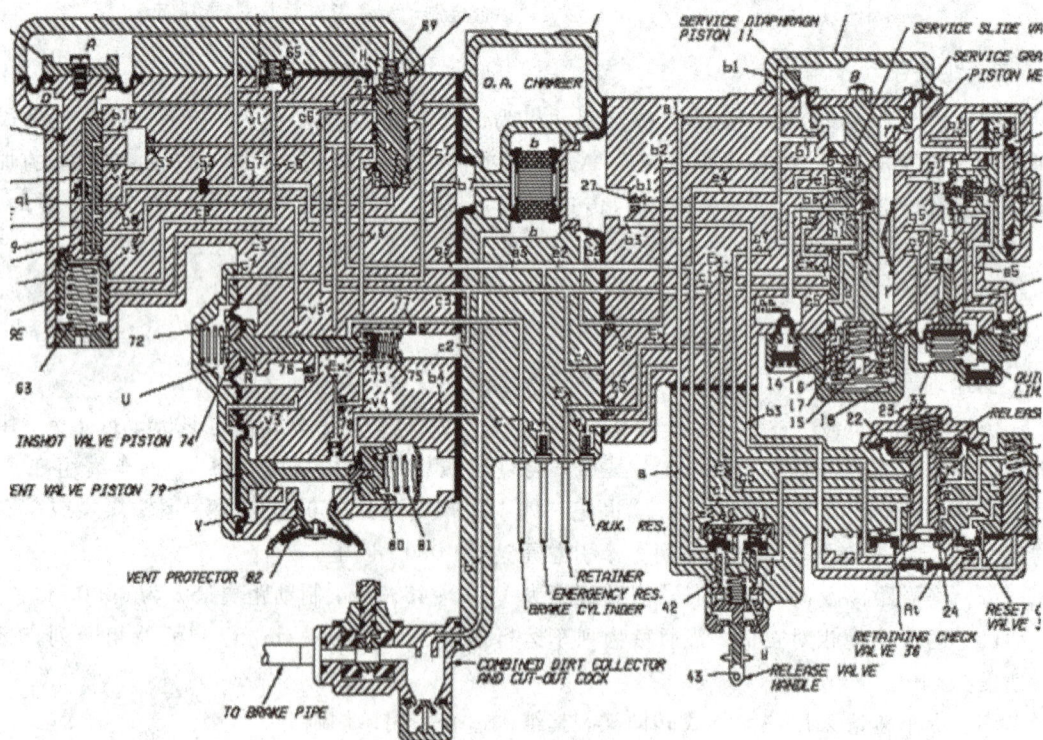

图 6-27　ABDX 型控制阀的原理

DB-60 控制阀的主要特点如下：

（1）采用两压力（直接缓解）作用模式。

（2）具有多种适应长大列车的性能。

（3）制动缸较小，制动热负荷较低。

（4）空重车装置简单。

（5）基础制动装置的形式多样化。

北美和欧盟国家货车转向架已大量采用单元式基础制动装置。单元式基础制动装置由单元制动缸、闸调器、制动梁、推杆、手制动杆和杠杆等零部件组成。各公司不同类型的单元式基础制动装置如图6-28所示。这种制动装置主要应用于车体底架结构复杂、空间狭窄而无法采用传统杠杆式基础制动装置的专用货车上，如浴盆车、关节货车、井式平车、漏斗车等车型。采用单元式基础制动装置，不仅能简化基础制动装置的传动环节，减轻自重，还能提高车辆制动的传动效率，提高制动与缓解的可靠性。

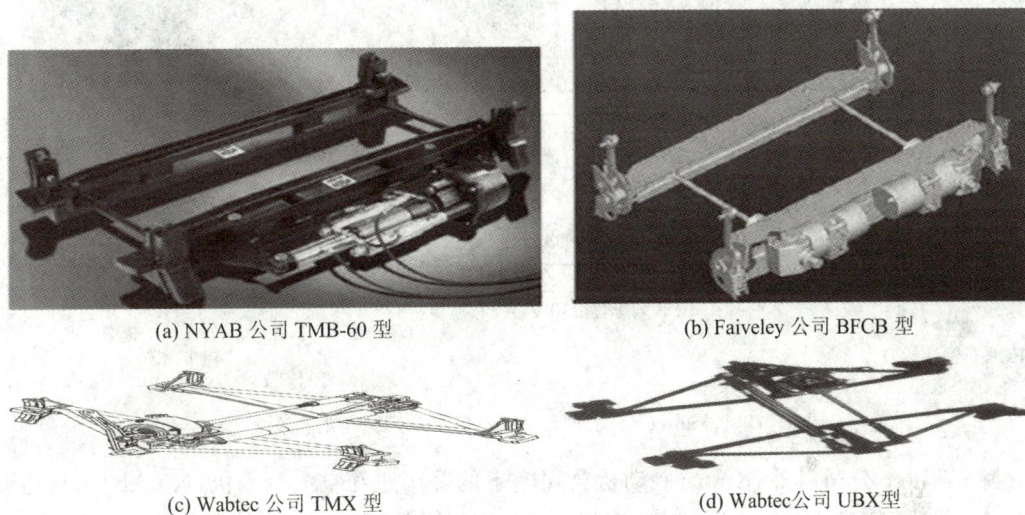

(a) NYAB 公司 TMB-60 型

(b) Faiveley 公司 BFCB 型

(c) Wabtec 公司 TMX 型

(d) Wabtec公司 UBX型

图 6-28 单元式基础制动装置

6.1.4 货物列车电空制动系统

货物列车电空制动系统（ECP）是一种电子控制的直通式空气制动系统。该系统直接用计算机控制列车中每辆货车制动缸的制动和缓解，使重载列车的所有车辆制动、缓解动作保持一致。

ECP有两种工作方式：一种是有线方式，通过贯通列车全长的电缆（列车总线）来传递制动控制信号，后面车辆也通过它向机车反馈信息；另一种是无线方式，利用车辆两端的无线电装置，在相邻车辆间接收和发送制动控制信号及反馈信息。

有线ECP的优点是结构比较简单，工作也比较可靠，适用于固定编组的货物列车。无线ECP的优点是比较灵活，适用于列车编组不固定、需要经常解编的列车。一般来说，无线ECP信号容易受干扰，工作可靠性不如有线ECP。1999年，AAR制定了第一个有线ECP的标准——S4200。AAR无线ECP的标准——S4300目前还在制定中。

目前美国生产 ECP 主要有 3 个公司，分别是 Wabtec 公司、NYAB 公司和 GE 哈里斯-哈蒙公司。

Wabtec 公司与 AAR 合作，在 1999 年 3 月制定出有线 ECP 的工业标准——S4200。Wabtec 公司 ECP-4200"Overlay"结构的车辆配置见图 6 - 29。

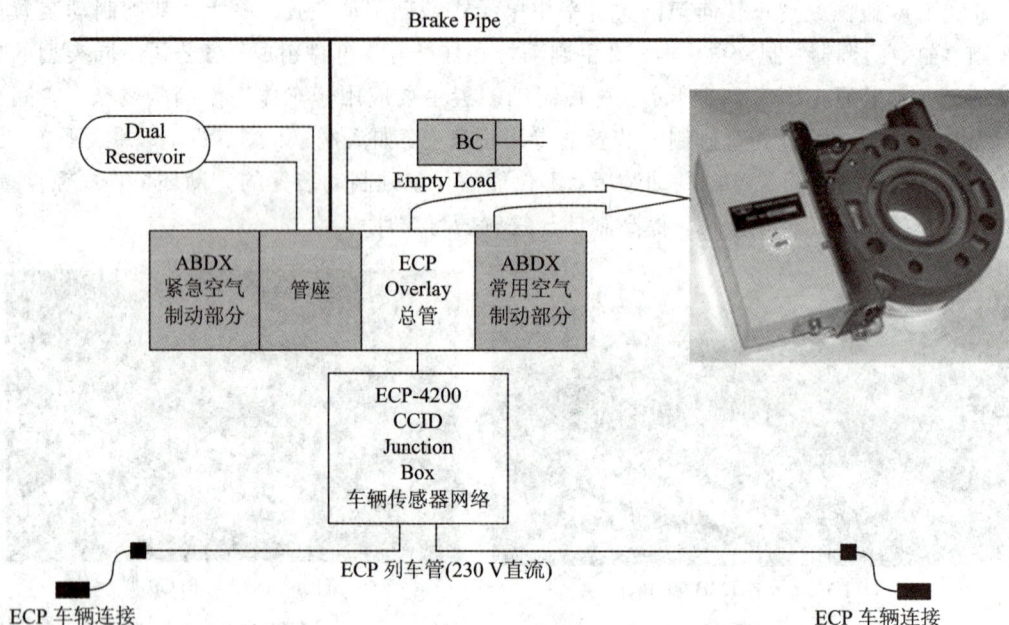

图 6 - 29 Wabtec 公司 ECP-4200"Overlay"结构的车辆配置

除 Wabtec 公司以外，Knorr 制动机公司麾下的美国纽约空气制动机(NYAB)公司也研制和生产有线 ECP，代表产品是 EP-60 电空制动系统(见图 6 - 30(a))，该制动系统具有以下特征：同时具有制动和阶段缓解能力；具有空重车调节装置以适应不同的车辆载重；按载重比例控制制动缸进排气量的大小；具有固定的制动率(平稳的制动率)；列车电缆电源安全联锁。

NYAB 公司的 EP-60 机车设备包括以下几部分：

(1) 列车电缆通信控制器(TCC)：实现网络管理、电源管理、列车状态信息的备份与诊断等功能；

(2) 列车电缆电源供给装置(TPS)：实现网络化智能电力供应；

(3) 运行接口单元(OIU)：机车上的小型显示单元。

1998 年，在加拿大魁北克 Cartier 矿山铁路(QCM)出现了第 1 列带有 "Stand-Alone" EP-60 制动系统的铁矿石列车。1999 年，出现了第 1 列带有"Overlay"EP-60 制动系统的铁矿石列车，当年 BNSF 有 1100 车辆装备了 EP-60 制动系统。2003 年，BNSF 还在 430 辆货车上装备了 EP-60 制动系统。到 2000 年，NYAB 公司的 EP-60 制动系统已经在美国 BNSF 和加拿大 QCM 可靠地工作了约 885 万车·km(550 万车·英里)，累计时间超过 50 多个月。

目前，NYAB 公司已经开发出 EP-60 制动系统的新一代产品：EP-60 II 制动系统，该系统达到了 AAR 使用灵活性、功能多样性和运行可靠性的要求。EP-60 II 制动系统采用了集成化、协作式整体设计，它的制动阀分为"Stand-Alone"和"Overlay"两种结构。EP-60 II 制动系统设计符合 AAR 的 S4200 规范并且可靠性比 EP-60 提高了 10 倍。如图 6-30(b)所示为 EP-60 II 电空制动系统配置。

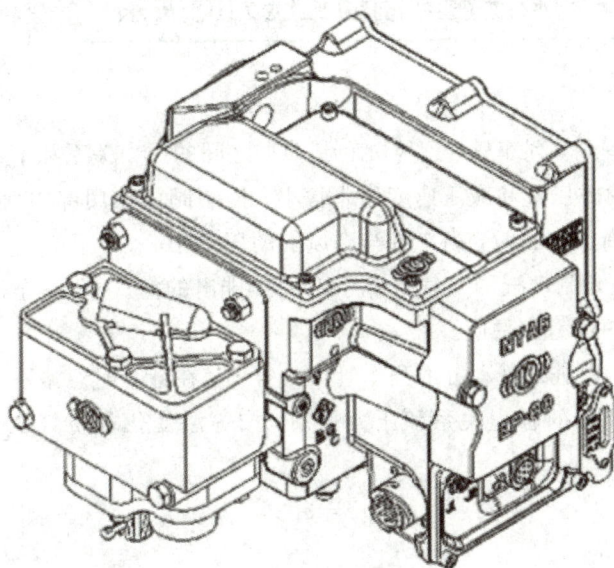

(a) NYAB 公司用于重载快速货车的 EP-60 电空制动机

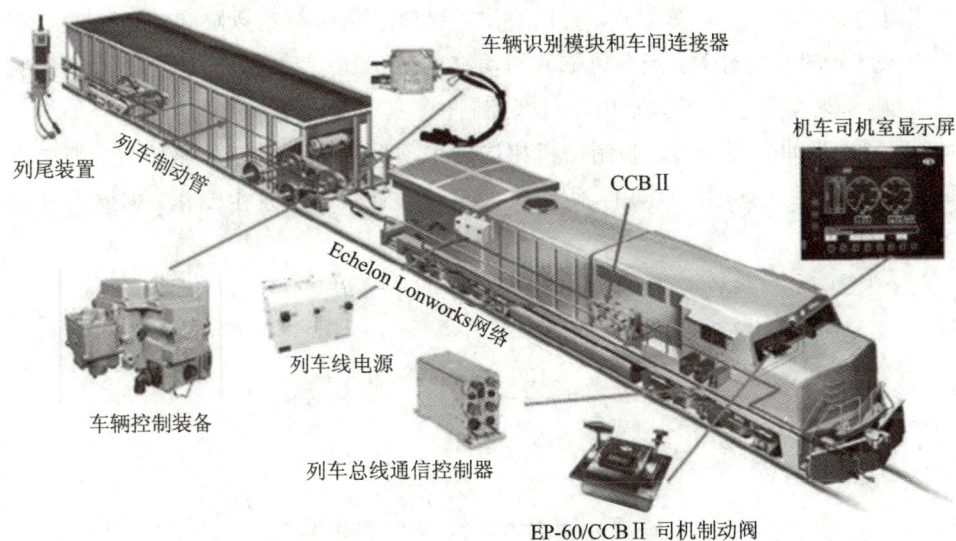

(b) NYAB 公司 EP-60 II 电空制动系统配置

图 6-30　NYAB 公司 EP-60 电空制动机和 EP-60 II 电空制动系统配置

6.2 制动应解决的主要问题

6.2.1 列车管减压量与制动缸压力的关系

1. 制动缸压力计算

在常用制动过程中,列车管、副风缸和制动缸之间的压力关系如下:

(1) 当列车管的减压量和减压速度均非常小,控制阀内作用部的列车管与副风缸的连通通路(充气通路)尚未切断时,列车管与副风缸的压力相等。

(2) 制动时,进入制动缸的空气量等于副风缸排出的空气量(重车位),而副风缸减压后的压力与列车管的压力相平衡。

(3) 由于局减作用进入制动缸的列车管压力空气,在计算时忽略不计。

知道了上述各风缸的容积关系和压力关系,按等温变化的空气压力与容积之间的关系,将得

$$p_z' = 3.25r$$

或

$$p_z = 3.25r - 100$$

上式即为制动缸压力计算公式。可以看出,制动缸压力与副风缸和制动缸的容积比及列车管减压量 r 的大小有关。当副风缸和制动缸的容积比一定时,制动缸压力就取决于列车管减压量 r。列车管减压量大小由司机来控制。

120 型制动机如采用与 GK 型制动机相同的手动两级式空重车调整装置,则在空车位时,降压风缸(降压气室)参与作用,使副风缸与制动缸容积比发生变化,据此可写出如下关系式:

$$p_1'V_f + 100 \times V_j = (p_1' - r)V_f + p_z'(V_z + V_j)$$

化简得

$$p_z' = \frac{100 \times V_j + V_f \times r}{V_z + V_j}$$

或

$$p_z = \frac{V_f}{V_z + V_j}r + \frac{100V_j}{V_z + V_j} - 100$$

式中:V_j——降压风缸容积,$V_j = 17$ L;

V_f——副风缸容积;

V_z——空车位制动缸容积,按制动缸活塞行程为 135 mm 计算,$V_z = 13.5$ L。

将各风缸容积(副风缸容积按 60L 计)代入上式,可得

$$p_z = \frac{60}{13.5 + 17} \times r + \frac{100 \times 17}{13.5 + 17} - 100 = 1.97r - 44.3 \text{（kPa）}$$

空车位制动缸压力与列车管减压量 r 的关系如上式所示，但由于空车安全阀的限制，制动缸最高压力不超过 190 kPa。

如 120 型制动机采用 KZW-A 型（TWG-1 型）空重车自动调整装置，则在重车位（降压风缸未充入压力空气）时仍可用以上所述公式计算制动缸压力。但不是重车位（降压风缸充入压力空气）时，需根据降压风缸容积、空重车阀内弹簧及活塞面积等参数以及车辆实际载重和摇枕弹簧参数等进行具体计算。空车位时制动缸最高压力按限压阀（调整阀）关闭压力应为 140～160 kPa。

2. 常用制动时列车管有效减压范围

从上述计算制动缸压力的公式中可以看出，制动缸压力大小与列车管减压量成正比。但是，使闸瓦压向车轮产生实际制动效果的制动缸压力有一个最小的值，制动缸压力若小于此值，便不能使闸瓦压向车轮，从而就不能产生制动效果。相应于这个制动缸压力的最小值，有一个列车管的最小减压量值，如减压量小于这个值，则不产生实际的制动效果，减压成为无效。所以，这个最小减压量称为"最小有效减压量"。反之，当增大列车管减压量时，制动缸压力也随之增高，但当副风缸向制动缸充入压力空气到最后两缸的压力达到平衡时，制动缸将获得常用制动时的最高压力，这时的列车管减压量称为"最大有效减压量"。因为此时列车管如再继续减压，制动缸也不会增高压力，成为无效减压量。

列车管最小有效减压量与最大有效减压量的界限以内，称为"列车管有效减压范围"。

1）列车管最小有效减压量 r_{min}

120 阀处于制动位时，副风缸压力空气进入制动缸活塞与后盖之间的空腔，随着活塞向外移动，这个空腔的容积也增大，故进入制动缸的压力空气需要补充此增大的空腔至大气压力，并克服缓解弹簧对制动缸活塞的背压［此缓解弹簧阻力值一般按制动缸活塞的面积每平方厘米约为 3.5 N（即 0.35 kgf），也即 35 kPa 计算］，同时还要克服基础制动装置各部分的摩擦阻力等，才能使闸瓦压紧车轮。

根据制动缸压力计算公式可得

$$p_z = 3.25 \times r_{min} - 100 = 35$$

故最小有效减压量为

$$r_{min} = \frac{135}{3.25} = 41.5 \text{ kPa}$$

以上计算结果表明，当减压量小于 41.5 kPa 时，制动缸压力就不能推动制动缸活塞、全压缩缓解弹簧。所以，列车管最小有效减压量在计算上确定为 41.5 kPa（0.415 kgf/cm²）。实际运用中规定：单车试验时，最小减压量为 40 kPa；列车试验时，考虑到列车管较长，存在着各管接头、塞门阻力及制动软管连接部分阻力等因素，列车管最小减压量为 50 kPa（0.5 kgf/cm²），编组 60 辆以上的货物列车的最小减压量为 70 kPa（0.7 kgf/cm²）。

但在实际运用中，列车管减压量约在 20 kPa 时，即能产生制动作用，原因如下：

（1）制动缸中缓解弹簧的阻力因活塞行程长短而异，它只在制动缸活塞达到最大行程时才是 35 kPa，而在制动初压缩阶段小于此值；

（2）制动缸活塞行程在实际运用中一般均小于 200 mm（120 阀与 254 mm 直径制动缸配套时，活塞行程为 130～180 mm；与 356 mm 直径制动缸配套时，活塞行程为 110～160 mm），所以副风缸与制动缸的实际容积比大于 3.25；

（3）120 阀具有急制动作用，在制动一开始时，产生列车管压力空气直接进入制动缸的局减作用，使制动缸压力增高。

正因为列车管减压量为 20 kPa 时就可能产生制动作用，所以在运用中应严格掌握列车管漏泄量，防止因列车管漏泄过大而引起车辆自然制动。

2）列车管最大有效减压量 r_{max}

常用制动时，制动缸最高压力和列车管最大有效减压量可根据波义耳-马略特定律及给定的列车管定压分别求出。

求制动缸最高压力 $(p_z)_{max}$，可根据

$$p'_1 V_f = (p'_z)_{max}(V_f + V_z)$$

$$(p'_z)_{max} = p'_1 \frac{V_f}{V_f + V_z}$$

化简得

$$(p_z)_{max} = p'_1 \frac{V_f}{V_f + V_z} - 100$$

也可代入各风缸容积比和列车管定压计算。当列车管定压为 500 kPa 时：

$$(p_z)_{max} = (500 + 100) \times \frac{3.25}{3.25 + 1} - 100 = 460 - 100 = 360 \ (kPa)$$

$$r_{max} = \frac{360 + 100}{3.25} = 140 \ kPa$$

当列车管定压为 600 kPa 时：

$$(p_z)_{max} = (600 + 100) \times \frac{3.25}{3.25 + 1} - 100 = 535 - 100 = 435 \ (kPa)$$

$$r_{max} = \frac{435 + 100}{3.25} = 165 \ kPa$$

上述计算结果表明：列车管定压分别为 500 kPa 和 600 kPa 时，列车管最大有效减压量分别为 140 kPa 和 165 kPa，实际应用时分别取 140 kPa 和 170 kPa。

从 $(p_z)_{max}$ 的计算公式和上述计算可知：制动缸最高压力和列车管最大有效减压量除与副风缸、制动缸容积比有关外，还与列车管定压有关。120 阀紧急制动时制动缸最高压力与常用制动时制动缸最高压力相同，而列车管压力排到零。

6.2.2　与制动距离有关的问题

速度、密度、质量并重的运输组织模式形成了我国铁路货车速度高、轴重大、编组长、制动距离短的特殊运用条件。在速度提高，轴重增大的同时，减速度明显提高，制动功率明显增大（见表 6-4）。

表 6 - 4　货车提速后的制动减速度

制动初速度/(km/h)	80	90	120	120
制动距离限值/m	800	800	1100	1400
平均减速度/(m/s²)	0.309	0.391	0.505	0.397
减速度之比	1∶1	1.27∶1	1.63∶1	1.28∶1
制动功率之比	1∶1	1.42∶1	2.1∶1①	2.1∶1②

① 轴重按 18 t 计算。

② 轴重按 23 t 计算。

1. 减速度提高，需进一步提高制动能力

制动能力是指列车在规定的紧急制动距离，即制动距离限值内安全停车的能力，可用列车所能达到的制动减速度表征。制动距离包括空走距离和实制动距离两部分。提高实制动减速度，缩短实制动距离，是提高制动能力的主要手段。采用高摩擦系数合成闸瓦不仅可以提高闸瓦的耐热性，还可以充分利用高速区的轮轨黏着力，缩短实制动距离，提高制动能力。在这一前提下，提高制动率或者提高闸瓦摩擦系数，均可以进一步提高制动力。提高制动率的手段是增大闸瓦压力，即增大制动倍率，或者增大制动缸直径。制动控制系统的容量应能满足制动缸直径增大的要求。美国采用提高制动主管定压的方法提高制动能力，目前不适合我国国情。

当黏着利用接近或达到黏着允许限度时，或者当车轮承受的制动热负荷达到极限时，提高制动控制系统的制动波速，缩短空走时间和空走距离可进一步缩短制动距离，特别是长编组重载列车的制动距离。

2. 减速度提高，轮轨黏着的可利用空间缩小

提高制动能力本质上是提高轮轨黏着利用率，故受轮轨黏着允许限度制约。当货车速度从 80 km/h 分别提高到 90 km/h 和 120 km/h 时，减速度增加了 27%～63%，按式 (6-1)，轮轨黏着的可利用空间相应缩小。

$$\beta \leqslant \mu g \qquad\qquad (6-1)$$

式中：β——制动瞬时减速度(m/s²)。黏着利用是瞬态的，故不能用平均减速度校核黏着利用是否超过限度。

μ——轮轨黏着系数，即轮轨黏着允许限度。

g——重力加速度，取 9.81 m/s²。

3. 货车重空比增大，轮轨黏着的可利用空间进一步缩小

60 t 级货车的重空比约为 3.5∶1，70 t 级货车的重空比约为 4∶1，而载重 80 t 运煤敞车的重空比达到 5∶1。重空比的增加使得满足制动距离限值要求的重车最小制动率与满足黏着利用不超过允许限度的空车最大制动率之间的可利用空间明显缩小。

重空比增大，要求增加空重车调整装置的作用范围。以转向架弹簧挠度变化量作为测重依据的空重车调整装置尚不能根据载重的变化全程调整，且由于转向架弹簧刚度从单级变成两级或多级，制动率-车重的函数曲线既不是直线，也不是单调变化的曲线，因此，进

一步缩小了轮轨黏着的可利用空间。车体的振动会使调整区的实际制动率偏离设计值，因此，空重车调整装置还应该具有相对稳定且偏向安全的动态特性。

4. 制动系统适应两种主管定压的运用条件，也使轮轨黏着的可利用空间缩小

货车制动系统适应两种主管定压的运用条件，在 500 kPa 定压条件下应满足制动距离限值的要求，在 600 kPa 定压条件下应满足黏着利用限度的要求，最小制动率与最大制动率之间的可利用空间明显缩小，甚至出现制动率超过黏着允许限度的情况（见图 6-31）。

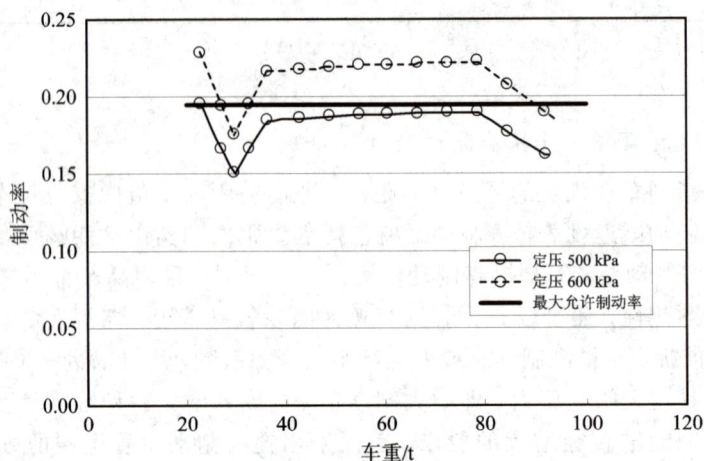

图 6-31　制动率-车重函数关系

5. 制动功率的限制

制动停车过程中，货车每轴承担的平均制动功率可按式（6-2）计算：

$$\overline{P} = \frac{1}{2}(1+r)q\beta v_0 \tag{6-2}$$

式中：$\overline{P}$——每轴平均制动功率（kW）；

　　q——轴重（t）；

　　r——回转惯量系数，一般取 $r=0.06$；

　　β——制动平均减速度（m/s²）；

　　v_0——制动初速（m/s）。

式（6-2）表明，制动功率的增加是货车重载、提速的必然结果。制动能力的提高又进一步增大了制动功率。在规定的制动距离下，车轮和闸瓦承受的制动功率与轮载重及速度的 3 次方成正比，即

$$\overline{P}_w = \frac{(1+r)q_w v_0^3}{4S} \tag{6-3}$$

式中：$\overline{P}_w$——每轮平均制动功率（kW）；

　　q_w——轮载重（t）；

　　r——回转惯量系数，一般取 $r=0.06$；

　　v_0——制动初速（m/s）；

　　S——制动距离（m）。

当货车速度提高到 120 km/h 后，快速货车和通用货车的制动功率达到提速前的 2.1 倍。随着轴重的进一步增加，制动功率还会继续提高。因此，随着货车速度的提高、载重的增加、重空比的扩大、减速度要求的提高，制动功率成为制动系统设计应考虑的又一重要因素。

长大下坡道地区的制动安全可靠性也与车轮和闸瓦的制动功率极限有关。过去，坡道地区的列车限速是从制动能力角度，按制动距离的要求确定的。但是随着列车牵引质量的增加、编组的扩大、速度的提高、操纵方式的变化，还应校核制动功率对坡道限速的影响。

坡道上，车轮和闸瓦承受的瞬时制动功率可用式(6-4)表示：

$$P_w = 9.81(1+r)(i-w_0'')q_w v \qquad (6-4)$$

式中：P_w——每轮瞬时制动功率(kW)；

q_w——轮载重(t)；

r——回转惯量系数，一般取 $r=0.06$；

i——下坡道的千分数；

w_0''——货车单位基本阻力(N/kN)；

v——列车下坡的瞬时速度(m/s)。

"一把闸"匀速下坡的制动功率可按式(6-4)计算。

制动距离限值、轮轨黏着利用允许限度、制动功率极限已成为现代货车制动系统设计的三个基本限制条件。应重点研究制动功率限值及制动距离限值问题。同时，应研究、改进车轮、闸瓦的材质和性能，提高其耐热性。

综上所述，制动距离限值的问题是制动系统基础的、核心的问题，既涉及制动控制系统，也涉及基础制动系统。制动距离限值既受既有线路信号距离的制约，又受线路通过能力的限制。因此，既要确定合理的制动距离限值，又要优化制动系统的参数和性能，提高可靠性，满足运用要求。但是，在我国铁路客货需求旺盛、运能运量矛盾突出、线路标准偏低、客货列车混行的特殊国情下，制动距离限值不得不服从于高密度行车组织的要求，致使制动功率接近或达到极限，轮轨黏着利用程度达到或超过允许限度。这种极端的运用条件不仅对制动控制阀和空重车调整装置提出了更高的要求，还对闸瓦提出了更严格的要求。

6.2.3 纵向动力学问题

重载列车，特别是长编组重载及组合列车的纵向动力学问题源于列车前后制动力的差，与制动控制系统的性能有关，也与闸瓦的摩擦性能有关，是重载列车，特别是长编组重载及组合列车的关键技术问题。

例如，为满足 5000 t 级重载列车运用要求研制的 103 型制动机，其制动、缓解波速高于 GK 型制动机，但仍偏低，且紧急制动波速仅有 230 m/s，不能满足万吨级重载列车的制动和操纵要求。120 型制动机具有加速缓解功能，120-1 型制动机还具有常用加速制动功能，且这两种制动机均为直接作用式，故其动缓解性能明显优于 103 型制动机，因此可以满足单编 1 万吨列车的制动和操纵要求。纯空气制动机操纵的万吨列车是万吨以上等级组合列车的技术基础。

采用电控空气制动系统可以实现全列车制动缓解作用的同步，这样不仅可以降低列车的纵向冲动作用，也可缩短空走距离和空走时间，提高制动能力，还可以降低车轮和闸瓦的磨耗。

优化制动缸充气特性，延长制动缸充风、排气时间，有利于降低纯空气操纵时，列车前后部制动力的差，从而减小列车的纵向冲动，但也会延长空走时间和空走距离。

以高摩擦系数合成闸瓦替代铸铁闸瓦，在提高制动能力的同时，因低速区的摩擦系数明显降低，可以有效缓解低速制动、缓解时的纵向冲动，扩大列车的可控速度范围。

机车同步制动装置可以提高动力分散牵引的长编组组合列车，特别是万吨以上等级组合列车制动缓解作用的同步性。20 世纪 80 年代，我国曾研究、试验过空气同步制动装置和无线遥控制动装置。2004 年，大秦铁路引进了 Locotrol 动力分散无线同步操纵装置，并进行了 2 万吨组合列车试验。试验结果表明，我国的 120-1 型空气控制阀与新型高摩合成闸瓦组成的制动系统能完全满足该系统动力分散无线同步操纵的要求。

6.2.4　长大坡道地区的制动安全可靠性问题

长大下坡道地区列车制动的安全可靠性问题是重载列车，尤其是长编组重载及组合列车的又一关键技术问题。这一问题的核心是列车在长大下坡道上持续制动时，保持制动力不衰减。

列车在长大坡道地区制动力的衰减与闸瓦的制动功率极限有关，也与制动系统的再充气能力有关。过去列车在下坡道上采用波浪式操纵方式的目的是"晾闸"，避免铸铁闸瓦过热造成的制动力衰减和过度磨耗引起的制动失效。由于受制动功率和制动时间的制约而采用循环制动方式，要求空气制动系统具有较短的再充气时间。采用高摩擦系数合成闸瓦不仅提高了闸瓦的制动功率极限，而且因闸瓦压力降低而采用小直径制动缸和配套的小容积副风缸，使再充气时间明显减少，提高了坡道地区的安全性。

长编组列车在长大坡道地区宜采用"一把闸"下坡的操纵方式，不仅可以避免因反复制动缓解、再充气时间不足造成的制动力衰减问题，而且可以避免反复制动缓解引发的纵向冲动作用，提高长编组重载列车在长大坡道地区的安全性。120 型及 120-1 型制动机具有的压力保持功能，可以克服漏泄的不良影响，有利于更准确地控制制动管压力，使全列车制动力分配均匀。120 型及 120-1 型制动机与高摩擦系数合成闸瓦组成的制动系统，可以实现列车"一把闸"下坡，满足重载列车在长大坡道地区安全操纵的要求。当然，长大坡道地区的制动功率限度还取决于车轮的直径、磨耗状态和材质。

6.2.5　制动系统的可靠性问题

"速度高、轴重大、编组长、制动距离短"的苛刻运用条件不仅对制动系统的制动性能提出了特殊要求，还对制动系统及各关键零部件的可靠性提出了更高的要求。

制动系统的可靠性包括制动、缓解作用的稳定性，制动控制阀结构的合理性，材质的可靠性，橡胶膜板的可靠性，空重车调整装置动态调整的可靠性，安装方式的合理性，空气系统的漏泄及防尘、滤尘性能，各种零部件安装、吊挂的安全可靠性等方面。

由于轮轨黏着的可利用空间明显缩小甚至达到限度，制动功率也明显提高甚至达到限度，因此，基础制动系统的传动效率、闸瓦压力分布的均匀性、缓解作用的可靠性等问题更为敏感。提高传动效率有利于降低制动倍率，增大闸瓦间隙，提高制动梁缓解的可靠性。闸瓦压力分布不均易造成部分车轮和闸瓦承担过大的制动负荷，既不利于降低车轮和闸瓦的制动热负荷，又不利于改善轮轨黏着，也增加了闸瓦的磨耗和更换量。制动梁缓解不良会造成闸瓦和车轮过热及过度磨耗，甚至产生金属镶嵌等损伤。闸瓦的可靠性要求体现在耐热性、耐磨性、与车轮的匹配性等方面。

6.3　制动装置设计

6.3.1　主要性能参数

1. 制动倍率

制动倍率是车辆理论闸瓦压力总和与制动缸活塞推力或拉力的比值，一般货车制动倍率以 7~9 为宜。

基础制动装置杠杆尺寸确定后，可根据杠杆原理计算制动倍率。典型的制动倍率的计算公式如下：

$$n = \frac{\sum K}{P_r}$$

式中：n——制动倍率；

$\sum K$——单一车辆按杠杆比理论计算所得的闸瓦总压力(N)；

P_r——制动缸活塞推力。

通常为使车辆1、2位转向架的制动均衡，就要使转向架各轴闸瓦压力分配均匀。由于转向架各杠杆的对应尺寸设置比例相等，即

$$\frac{L_3}{L_4} = \frac{L_5}{L_6}$$

因此与1位转向架游动杠杆支点连接的拉杆和与2位转向架游动杠杆支点连接的拉杆所受的拉力应相等，同时结合车辆结构空间和对称布置的因素，制动装置中相应处的杠杆尺寸大小应相等。

通用敞车、棚车、平车的制动布置简图如图 6-32 所示。转向架的制动倍率为 $n_z = 2\frac{L_3}{L_4}$，且

$$P_1 = P_2$$

$$L_1 + L_2 = L_7 + L_8$$

$$P_1 = P_r \cdot \frac{L_1}{L_2}$$

$$P_2 = P_r \cdot \frac{L_1 + L_2}{L_2} \cdot \frac{L_7}{L_7 + L_8}$$

所以

$$\frac{L_1}{L_2} = \frac{L_1 + L_2}{L_2} \cdot \frac{L_7}{L_7 + L_8}$$

解得 $L_1 = L_7$，$L_2 = L_8$，所以整车制动倍率为

$$n = 2\frac{L_1}{L_2} \cdot n_z$$

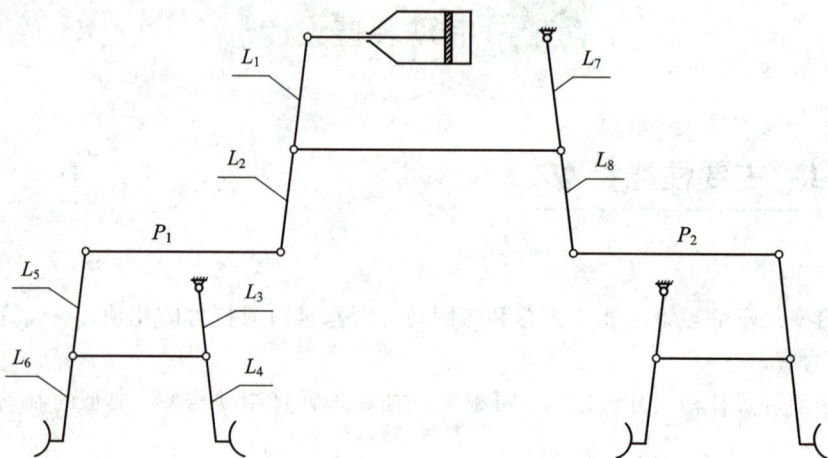

图 6-32　通用敞车、棚车、平车的制动布置简图

通用漏斗车的制动布置简图如图 6-33 所示。转向架的制动倍率为 $n_z = 2\dfrac{L_3}{L_4}$，且

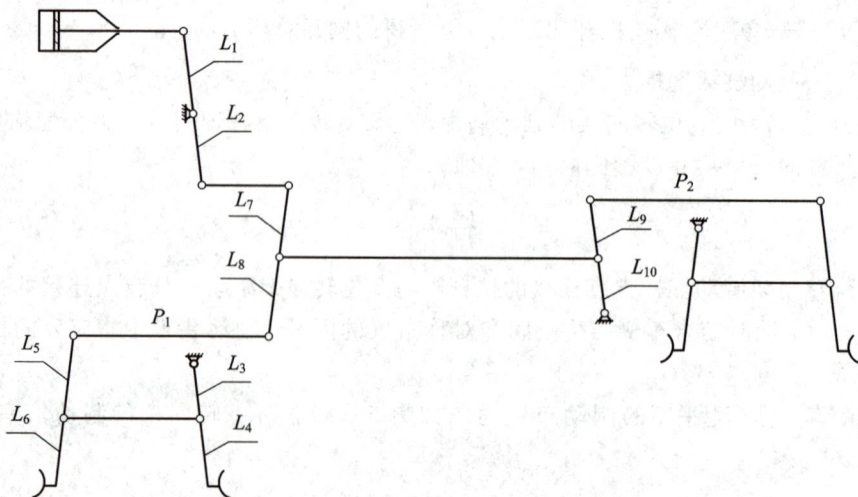

图 6-33　通用漏斗车的制动布置简图

$$P_1 = P_2$$

$$P_1 = P_r \cdot \frac{L_1}{L_2} \cdot \frac{L_7}{L_8}$$

$$P_2 = P_r \cdot \frac{L_1}{L_2} \cdot \frac{L_7 + L_8}{L_8} \cdot \frac{L_{10}}{L_9 + L_{10}}$$

则

$$\frac{L_7 + L_8}{L_7} = \frac{L_9 + L_{10}}{L_{10}}$$

即

$$1 + \frac{L_8}{L_7} = 1 + \frac{L_9}{L_{10}}$$

亦即

$$\frac{L_8}{L_7} = \frac{L_9}{L_{10}}$$

所以整车制动倍率为

$$n = 2 \frac{L_1}{L_2} \cdot \frac{L_7}{L_8} \cdot n_z$$

制动倍率是基础制动装置的重要特性，制动倍率的大小和制动缸活塞行程及闸瓦与车轮之间的间隙（闸瓦间隙）大小无关，而仅仅与基础制动装置各孔距尺寸有关。选择制动倍率应适中。如果制动倍率过小，则在保证足够的闸瓦压力的情况下，必须考虑提高制动管定压或增大制动缸直径，但这会造成空气制动系统耐压强度及泄漏严重的问题，或者带来不便安装布置的困难；如果制动倍率过大，又会带来由闸瓦磨耗引起制动缸活塞行程显著伸长，制动效果受影响，检修工作量加大的问题。

2. 基础制动装置传动效率

在制动过程中，基础制动装置中的各杠杆拉杆销接处的摩擦，制动缸缓解弹簧和制动梁缓解弹簧的抵抗作用，制动缸活塞与制动缸壁的摩擦等，使得作用在各闸瓦上的实际压力小于理论计算出来的闸瓦压力值。实际闸瓦压力值与理论闸瓦压力值的比值称为传动效率，一般用 η_0 表示，即

$$\eta_0 = \frac{全车实际闸瓦压力}{制动缸活塞推力 \times 制动倍率}$$

通用形式基础制动装置计算传动效率：装用 356 mm 制动缸的取为 0.9，装用 305 mm 制动缸的取为 0.85，装用 254 mm 制动缸的取为 0.8。

对于采用非标准型杠杆、链传动等特殊形式的基础制动装置，应考虑传动效率的降低，必要时应通过试验确定。

3. 闸瓦压力

制动时，闸瓦压紧在车轮踏面（或闸片压紧在制动盘面）上的力叫作闸瓦压力。它的大小与制动缸直径、制动缸内空气压力、制动倍率、传动效率及闸瓦块数有关。每块闸瓦压力为

$$K = \frac{\frac{\pi}{4}d_z^2 \cdot P_z \cdot \eta_0 \cdot \gamma_z}{n}$$

式中：K——每块闸瓦压力(kN)；

　　　d_z——制动缸内径(mm)；

　　　P_z——制动缸空气压力(kPa)，见表 6-5；

　　　η_0——基础制动装置传动效率；

　　　γ_z——制动倍率；

　　　n——闸瓦块数。

表 6-5　采用 120 型控制阀紧急制动时制动缸空气压力　　单位：kPa

制动缸状况	制动缸定压	
	500	600
重车位	350	410
空车位	140	140

加装有闸调器的闸瓦总压力为

$$\sum K = \left(P_z \cdot \frac{\pi}{4} \cdot d_z^2 \cdot \gamma_z - F_R \cdot \gamma_{red}\right) \cdot \eta_0$$

式中：F_R——闸调器反作用力，ST_2-250 型的 $F_R = 2.43$ kN，ST_1-600 型的 $F_R = 2.0$ kN；

　　　γ_{red}——加装闸调器以后的基础制动倍率。

对于闸调器安装形式 1(见图 6-34)：

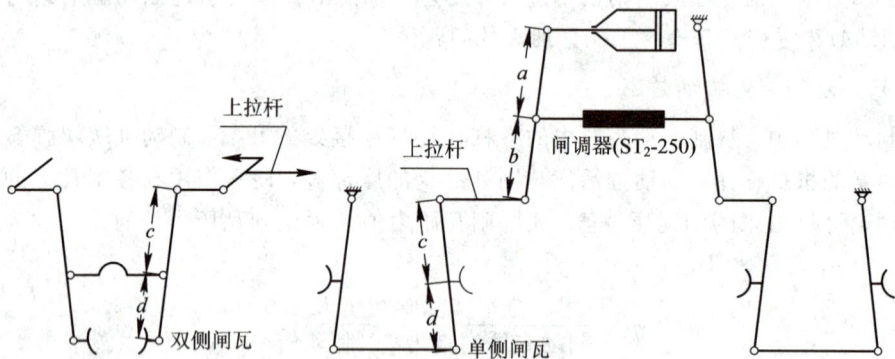

图 6-34　闸调器安装形式 1

单侧闸瓦转向架　　　　$\gamma_{red} = 2\left[\dfrac{a}{a+b}\left(\dfrac{c+d}{d} \cdot n_L\right)\right]$

双侧闸瓦转向架　　　　$\gamma_{red} = 2\left[\dfrac{a}{a+b}\left(\dfrac{c}{d} \cdot n_L\right)\right]$

对于闸调器安装形式 2(见图 6-35)：

单侧闸瓦转向架　　　　$\gamma_{red} = \dfrac{c+d}{d} \cdot n_L$

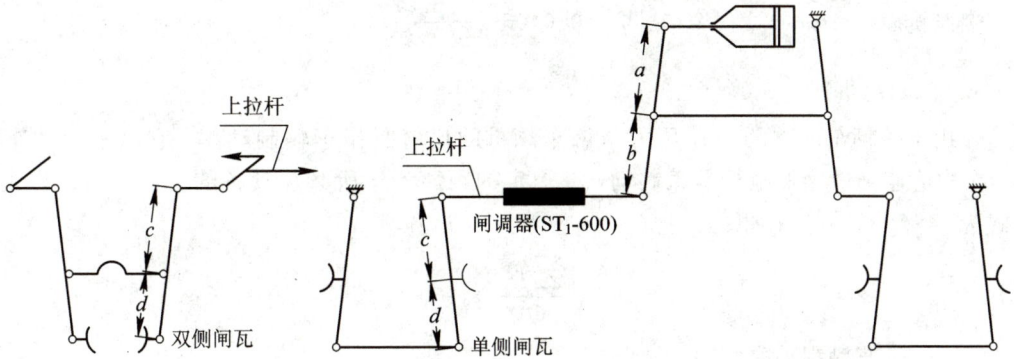

图 6-35　闸调器安装形式 2

双侧闸瓦转向架　　　　　　　　$\gamma_{red}=\dfrac{c}{d}\cdot n_L$

式中：n_L——一个转向架的制动梁数量。

4. 轮轨间黏着力和黏着系数

轮轨间的接触是椭圆形面接触，列车运行要发生各种冲击和振动；车轮踏面是圆锥形，车轮在钢轨上滚动的同时，必然伴随微量的轮轨间的纵向和横向的滑动。所以，轮轨接触面是"静中有微动"或"滚中有微滑"的状态。在铁路牵引和制动理论中，把"静中有微动"的状态称为"黏着状态"。当分析轮轨间切向作用力的问题时，不用静摩擦这个名词，而以"黏着"来代替。相应地，把黏着状态下轮轨间切向摩擦力最大值（即轮轨间的最大水平作用力）称为轮轨间的"黏着力"，把它与车轮钢轨间垂直载荷之比称为"黏着系数"。当闸瓦（或闸片）与车轮间的摩擦力大于轮轨间的黏着力时，车轮将在钢轨上滑动，造成车轮擦伤等问题，因此空、重车闸瓦压力要受到轮轨黏着力的限制。

黏着系数应按相关标准给出的潮湿状态下黏着系数计算公式取值。对于装用高摩合成闸瓦的车辆应按高速段取值，对于装用其他形式闸瓦的车辆应根据闸瓦摩擦特性取值。

可供中国机车车辆设计时选用的制动黏着系数公式如下（相应曲线参见图6-36）：

干燥轨面　　　　　　　　$\mu=0.0624+\dfrac{45.6}{v+260}$

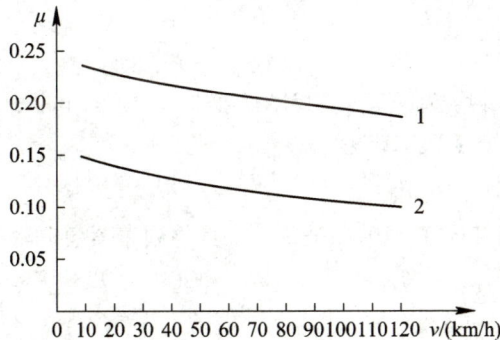

图 6-36　中国铁路推荐使用的实测制动黏着系数曲线

潮湿轨面
$$\mu = 0.0405 + \frac{13.5}{v+120}$$

5. 车辆制动率

作用于一辆车的总的闸瓦压力与该车总重的比值叫作车辆制动率。它表示设计车辆时，在构造速度情况下施行紧急制动，在规定的距离停车所必须具备的制动能力。其计算公式为

$$\theta_z = \frac{\sum K_z}{Q_z} \times 100\%$$

式中：θ_z——车辆制动率（%）；

　　$\sum K_z$——一辆车的闸瓦压力总和（kN）；

　　Q_z——车辆总重（kN）。

车辆制动率通常包括空车制动率和重车制动率。空车制动率为空车状态下，车辆闸瓦压力总和与车辆净重的比值；重车制动率为重车状态下，车辆闸瓦压力总和与车辆净重及载重之和的比值。

车辆制动率的大小一般经过制动计算后确定。在设计时，要求在满足列车制动距离及不会产生擦伤车轮的前提下尽量增大制动率。

6. 制动距离及制动时间

列车制动距离是指自制动开始到停车，列车所走的距离。其间所经过的全部时间叫作制动时间。

《铁路主要技术政策》规定的货物列车紧急制动距离见表 6－6。

表 6－6　货物列车紧急制动距离

列车速度/(km/h)	90	120	160
紧急制动距离/m	≤800	≤1100	≤1400

6.3.2　制动计算

1. 制动能力

制动距离、列车阻力等均按《列车牵引计算　第 1 部分：机车牵引式列车》（TB/T 1407.1—2018）的规定进行计算。计算采取实算法。

1）计算参数的确定

（1）空走时间。根据 TB/T 1407.1—2018，货物列车紧急制动空走时间为

$$t_k = (1.6 + 0.065n) \cdot (1 - 0.028i_j)$$

式中：n——牵引辆数；

　　i_j——加算坡度千分数。

（2）主管定压、制动缸压力及传动效率。

① 主管定压：按 500 kPa 计算重车制动距离，按 600 kPa 校核空车黏着。

② 制动缸压力（P_z）：重车位为 360 kPa（500 kPa）/420 kPa（600 kPa）；空车位为 140 kPa（500 kPa）/160 kPa（600 kPa）。

③ 传动效率（η_z）：0.85～0.9。

（3）关门车数量。按 6% 关门车计算。

2）计算方法及公式

（1）列车制动距离：

$$S_z = \frac{v_0 \cdot t_k}{3.6} + 4.17 \sum \frac{v_1^2 - v_2^2}{1000\beta_c \cdot \vartheta_h \cdot \varphi_h + w_0 + i_j}$$

式中：v_0——初始速度；

t_k——制动空走时间；

v_1——速度间隔的初速；

v_2——速度间隔的终速；

β_c——常用制动系数；

ϑ_h——列车换算制动率；

φ_h——换算摩擦系数；

w_0——列车单位运行基本阻力。

（2）闸瓦实算摩擦系数：

铸铁闸瓦的实算摩擦系数为

$$\varphi_{k1} = 0.82 \frac{K+100}{7K+100} \cdot \frac{17v+100}{60v+100} + 0.0012(120-v_0)$$

机车低摩合成闸瓦的实算摩擦系数为

$$\varphi_{k2} = 0.25 \frac{K+500}{6K+500} \cdot \frac{4v+150}{10v+150} + 0.0006(100-v_0)$$

机车高摩合成闸瓦的实算摩擦系数为

$$\varphi_{k3} = 0.391 \frac{K+200}{4K+200} \cdot \frac{2v+150}{3v+150}$$

货车高摩合成闸瓦的实算摩擦系数为

$$\varphi_{k4} = 0.481 \frac{K+200}{4K+200} \cdot \frac{2v+150}{3v+150}$$

粉末冶金闸瓦的实算摩擦系数为

$$\varphi_{k5} = 0.675 \frac{K+130}{6K+130} \cdot \frac{2v+40}{5v+40}$$

合成闸片的实算摩擦系数为

$$\varphi_{k6} = 0.444 \frac{K+200}{4K+200} \cdot \frac{2v+150}{3v+150}$$

式中：K——每块闸瓦的实算闸瓦压力或每块闸片折算到车轮踏面的实算闸片压力；

v——运行速度。

（3）货车单位运行基本阻力：

重车　　　　　　$w_0'' = 0.92 + 0.0048v + 0.000\,125v^2$

空车　　　　　　$w_0'' = 2.23 + 0.0053v + 0.000\,675v^2$

（4）每块闸瓦的实算闸瓦压力：

$$K = \dfrac{\dfrac{\pi}{4}d_z^2 \cdot P_z \cdot \eta_z \cdot \gamma_z \cdot n_z}{n_k \cdot 10^6}$$

式中：d_z——制动缸直径；

　　　n_z——制动缸数，凡未说明的情况下均为1；

　　　η_z——基础制动装置计算传动效率；

　　　n_k——闸瓦数，凡未说明的情况下均为8；

　　　γ_z——制动倍率。

2. 制动黏着系数计算

在机车车辆速度小于等于 160 km/h 条件下，制动时轮轨间的黏着系数计算如下。

潮湿轨面（未使用防滑装置）：

$$\mu_{z\text{-}w} = 0.0405 + \frac{13.55}{120 + v}$$

潮湿轨面（使用防滑装置）：

$$\mu_{z\text{-}a} = 0.0486 + \frac{13.55}{120 + v}$$

干燥轨面：

$$\mu_{z\text{-}d} = 0.0624 + \frac{45.60}{260 + v}$$

3. 风缸容积匹配关系

120 阀配套的副风缸与制动缸的容积比并不是一个常数，而是一个变数。特别是涉及制动缸活塞行程在规定范围内的差异，容积比的差异更大。在制动计算中，取容积比为3.25，这实际上不是真正的容积比，而是考虑了各种影响因素以后的一种"换算容积比"。

不同规格制动缸配用的副风缸的容积应符合表 6-7 的规定。

表 6-7　制动缸与副风缸的容积匹配表

制动缸规格直径×行程（mm×mm）	副风缸容积/L
356×254	60
305×254	50
254×254	40
203×254（两个）	60

6.3.3　制动系统布置基本设计步骤

1. 确定制动机的形式

根据我国铁路货车设计任务书要求或国内货车采购合同要求,结合铁路当前的技术政策,制定制动机的形式,或者根据类似货车的制动装置选用类似的制动机的形式。目前我国铁路货车全部采用 120 型(或 120-1 型)制动机、KZW-A 型空重车自动调整装置(个别空重比小的货车经制动核算不设空重车调整装置)和闸瓦间隙自动调整器,另外根据实际使用状态选用不锈钢管系或非不锈钢管系。

对于出口货车,应根据国外货车采购规范的要求确定制动机形式。

2. 确定制动缸数量

一般通用型的敞车、棚车和平车等采用一个制动缸,每个制动缸通过杠杆传动系统对两个转向架的轮对施加制动力。而专用车如双层集装箱平车、浴盆式敞车及具有中央卸货系统的漏斗式货车等,车辆底架下部不便于安装制动阀及杠杆传动系统,一般采用一个控制阀配置两个制动缸,车辆的 1 位、2 位端各设一个制动缸,每个制动缸对一个转向架的轮对施加制动力。采用两个制动缸时,应根据制动缸平衡压力重新核算副风缸的容积。

3. 确定制动缸规格

根据货车的自重或类似车型确定制动缸的规格。自重较小的车辆采用直径较小的制动缸,自重较大的车辆选用直径较大的制动缸,原则上应选用当时货车最常用的制动缸规格。制动缸规格见表 6-2。

4. 确定空重车自动调整装置

我国研制和生产了 KZW 系列和 TWG-1 型空重车无级自动调整装置。为了方便检修,从 2006 年 1 月起我国全路新造货车统一生产装用 KZW-A 型空重车自动调整装置。

对于出口货车,应根据国外货车采购规范的要求确定空重车自动调整装置的形式及规格。

5. 制动计算

根据车辆已经确定的技术参数,如商业运行速度、载重、自重、列车编组辆数(列车质量)、制动缸规格等进行制动计算。制动计算的主要目的是确保在紧急情况下,由该种车辆编组的列车,由最高运行速度减速到静止状态时,列车的实际制动距离不超过国家铁路所规定的该类型车辆所允许的列车紧急制动距离,并核算列车在空车状态下,不会发生车轮擦伤问题。

在进行制动计算时,应首先选择一个具体的制动倍率数值。可利用已有类似车型的制动倍率数值进行制动计算,并根据计算结果进行调整,直到选定一个合适的制动倍率数值为止。

6. 制动总体设计

根据制动布置方案进行空气制动装置和人力制动装置的具体设计,设计出总体布置图和零部件图。

6.3.4 我国货车空气制动装置总体布置原则

根据空气制动原理图进行空气制动装置总体设计和布置，制动装置不超过车辆限界，与车体底架不发生干涉等。具体原则如下。

1. 便于检修和运用

制动零部件的安装位置应便于检修维护和运用，如便于制动阀、制动缸活塞、管路漏泄的拆装和检修等。

2. 模块化设计及组装

根据现有制动设计要求，制动装置分为四个模块，即120阀模块（含储风缸、调整阀及连接管系）、制动缸模块（含闸调器、制动缸前后杠杆）、脱轨自动制动装置模块和制动主管模块，如图6-37所示。各模块应尽量一致，不同车辆相同功能配件应尽可能实现互换。制动装置进行组装时，各配件须先油漆后组装；运输、转序及存放须采取防护、防尘措施；配件应达到直接组装标准；各厂生产的同一车型制动配件须实现互换。

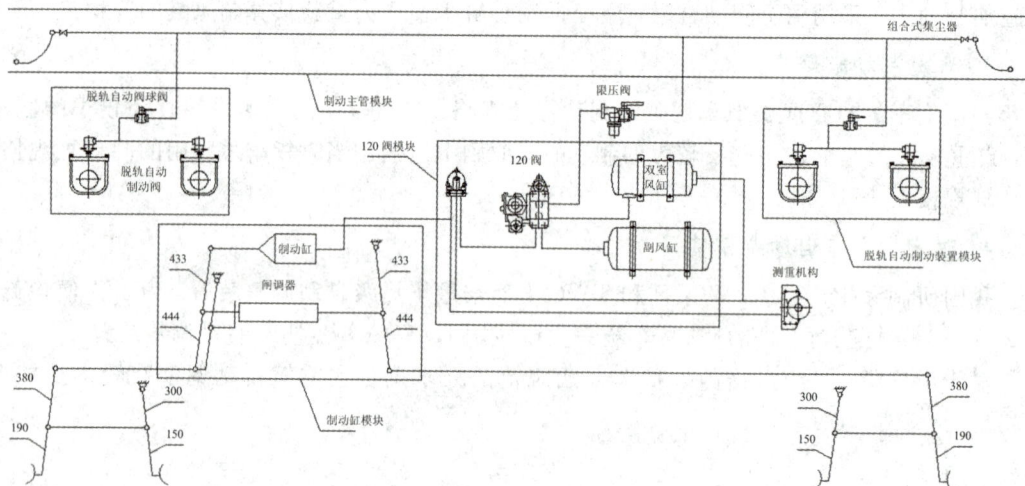

图6-37 制动装置的四大模块

3. 管路布置考虑车体结构

主管应沿着中梁设置于车辆底架的中间位置，并固定于中梁侧面；制动管路的接头应尽量减少，管路（主管和支管）长度应尽量缩短，以提高制动波速；制动主管弯曲部分穿越中梁时应尽量选中梁的低应力区或零应力区，降低对底架中梁强度的影响。

4. 根据车体结构设置制动缸

制动缸一般设于底架中央且偏于中梁一侧的位置。对于车体中部为漏斗形式或凹底形式的车辆，最好在车辆两端各设置一个制动缸及杠杆传力机构。对于中梁断面较高的车辆，制动缸一般设于侧梁附近。

5. 制动缸的悬挂高度确定

空车状态时制动缸的悬挂高度(制动缸中心距轨面高度),应按转向架制动杠杆与上拉杆连接点在缓解位时的高度来确定(缓解位置时的高度与制动缸活塞行程有关),并考虑与其他车型的通用性、与其他部件的位置关系等因素。

6. 制动部件防止干涉

制动装置各固定部件和游动部件在任何位置情况(包括制动、缓解,新车及最大磨耗状态)下,与车体、转向架等部件应有足够的间隙(如制动主管距车轮较近时,应核算最不利状态下的间隙,防止车辆在最小半径曲线上时主管与车轮碰磨)。

7. 各种吊应满足设置梁件的强度和刚度要求

制动配件安装座及对应的车体连接部位应具有足够的强度和刚度,以承担制动配件和安装在其上的各管件的质量,并防止在调车作业或发生冲撞时因吊的位移和变形造成的漏泄。

制动缸吊于固定支点座的设置,要注意梁件及吊、座本身的刚度,设计时可采取制动缸后盖带支点座的结构。

8. 考虑防盗防丢失措施

车辆在运行过程中因零部件发生故障而影响正常运输的情况也时有发生。制动配件丢失主要表现为控制阀、零部件、空车安全阀、折角塞门手把、制动缸堵、储风缸堵、各风缸吊螺纹连接件、法兰螺栓等的丢失。

如果条件允许,零部件尽可能采用焊接固定,改用螺栓紧固专用拉铆钉。在保证功能和安全的前提下,将零部件材料由高经济价值材料改为低经济价值材料。此外,制动零部件在结构上必须考虑防盗设计。

9. 尽量减小拉杆的偏角

考虑拉杆的设置,应使拉杆中心线与车体中心线之间的角度不大于3°;要减少制动缸推杆的偏磨,防止杠杆与拉杆间蹩劲。两根拉杆的长度在可能条件下应考虑一致。

6.3.5 设计制造要点

为全面提升铁路货车制动系统设计制造质量,提出制动系统设计标准化、工艺规范化、制造商品化,实现零部件互换,简称"三化一互换"的目标。

按照"运用检修方便、结构安全可靠、制造工艺简统"的要求,在设计结构、安全可靠性、制造工艺方面对货车空气制动装置进行以下改进完善。

(1)悬吊件应进行可靠性设计及评估,组装位置应有足够刚度和焊接空间。在不影响"三化一互换"组装工艺的前提下,制动缸、副风缸、降压气室及加速缓解风缸等主要悬吊件应加装防脱装置。

(2)车体外露的重要零部件应采取防脱、防盗、防意外撞击措施。

(3)制动阀采用整体冲压防护装置、系列化锻造制动杠杆、整体锻造拉杆头、整体冲孔防滑手制动踏板。

（4）优化空气制动和手制动连接拉杆及其防脱吊、闸调器防脱吊、杠杆托架的结构形式，改进销轴的连接方式，提高防脱可靠性。

（5）主要磨耗部位采用非金属或可拆卸磨耗件。主要磨耗件应设置明显磨耗限度、生产厂家、生产日期、使用寿命标识；同类零部件应设置明显区分标识或具有防误装结构；磨耗件、运动件、承载件等关键零部件结构、位置设置合理，便于外观检查、限度测量、状态确认。提高检修维护性能，方便运用、检修、维护。

（6）脚蹬与转向架之间，制动软管总成与车钩、钩提杆之间等影响运用安全的关键部位应留有足够的安全距离。

（7）手制动链和上连接杆应增加防脱、防摆和防松垂措施。

（8）制动管制造尽量横平竖直，便于互换和美观。

（9）车型和部分零部件应尽量统型，以利于形成批量生产。

（10）为使制动系统真正实现无抗力组装，方便组装、运用检修，可以进行能否在制动系统局部适当采用软管的论证。

1. 统一定位基准

制动装置的四个模块内部统一定位基准，模块间控制相对位置关系。将制动系统内部实现同一作用的零部件划分为同一模块，在确定定位基准时，模块内部以主要件为基准，模块之间通过相对位置关系确定。120 型控制阀、制动缸的纵向定位基准为车体横向中心或枕梁中心，限压阀、储风缸的纵向定位基准为 120 型控制阀的安装座中心；垂向定位基准为中梁下翼面；横向定位基准为车体纵向中心线。

2. 制动缸模块的设计及要点

1）制动缸安装要求

制动缸的安装位置应便于检查活塞行程，并有足够的空间拆装制动缸活塞，活塞应能向活塞推出方向移出 350 mm，或留有采取倾斜活塞的方法拆装的空间。安装制动缸时，前盖上的滤尘孔须向下。

2）制动缸模块设计步骤

（1）制动缸位置的确定。

根据上述内容，在确定了制动缸的数量后，选用一套制动缸，例如敞车、棚车。在车辆纵向方向，制动缸应尽可能靠近车体的中心；在车辆横向方向，制动缸应尽可能偏于中梁一侧。同时，制动缸应安装在有足够刚度的底架主要梁件上，如中梁、侧梁等。

空车状态时，制动缸的悬吊高度（制动缸中心距轨面高度）应和转向架制动杠杆与上拉杆连接点在缓解位置时的高度相同，当达不到相同高度时，二者的高度应尽可能地接近（缓解位置时的高度与制动缸活塞推杆行程大小有关）。

在确定了制动缸位置之后，要注意以下几方面要素：

① 制动缸的悬吊的吊座应有足够的强度和刚度，同时不能跟车体横梁等发生干涉；

② 悬吊制动缸的紧固件组装顺畅；

③ 尽量进行防脱设计；

④ 制动缸活塞推杆不能和制动杠杆托架发生干涉；

⑤ 制动缸的布置应便于检查活塞行程，并具有足够的空间以利于拆装制动缸活塞，活塞和前盖应能向外移出 350 mm，如受结构空间限制，也须留有采取倾斜活塞的方法拆装的空间；

⑥ 制动缸与吊座之间须加钢质垫板，以免在紧固吊座螺栓时制动缸发生变形。

（2）制动杠杆尺寸的确定。

根据制动计算书，全车制动倍率和车辆所配装的转向架制动倍率已知，一车辆配装 2 台转向架。所以，车体制动杠杆倍率为

$$n_{车体} = \frac{n}{2n_z}$$

式中：n——全车制动倍率；

n_z——一台转向架制动倍率；

$n_{车体}$——车体制动杠杆倍率。

处于空车制动位时，上拉杆组成与制动杠杆连接端须偏向车体纵向中心，上拉杆组成与制动杠杆的平面夹角 α 不大于 3°，目的是尽量减小车体横向产生的分力。同时，制动杠杆应有足够的长度，以减少制动时作用于活塞杆的横向分力。

结合车体底架的空间，在车体横向方向上，制动缸与转向架游动杠杆的上拉杆支点间有一定距离。同时，闸调器筒体与制动缸缸体间在任何情况下应有足够的间隙，闸调器的安装位置应保证在空车制动位时闸调器外体与相邻部件的间隙不小于 50 mm。先确定杠杆的 a 值，再由车体制动杠杆倍率 $n_{车体}$ 来确定 b 值（见图 6-38）。

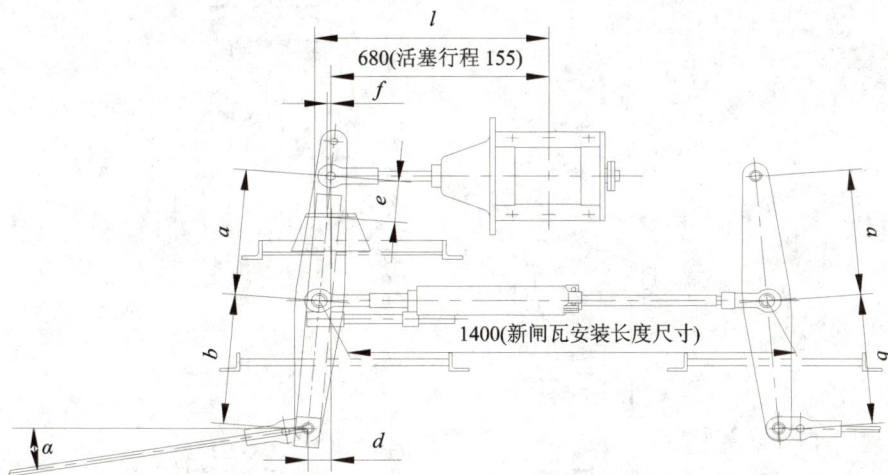

图 6-38　ST_2-250 型闸调器的控制

在空车制动位时，ST_2-250 型闸调器的设计长度为 1400 mm。

制动杠杆的布置原则为：在空车制动位、瓦轮间隙由闸调器自动调整的前提下，闸瓦在允许磨耗量一半（高磨合闸瓦推荐值为 18 mm）时，制动杠杆须与制动缸推杆垂直。

（3）控制杠杆尺寸的确定。

ST_2-250 型闸调器的控制机构如图 6-39 所示。

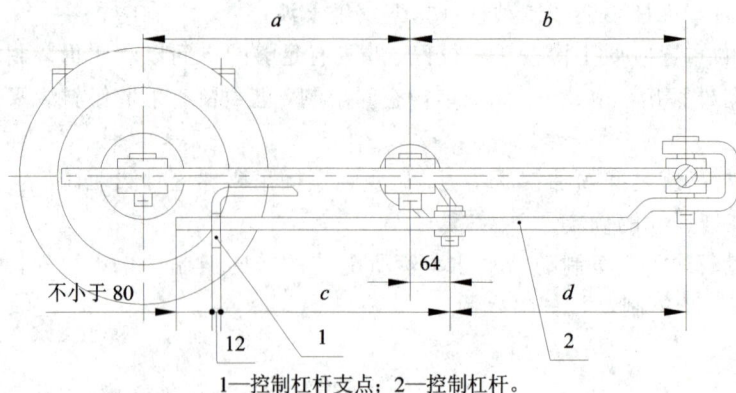

1—控制杠杆支点；2—控制杠杆。

图 6-39 ST₂-250 型闸调器的控制机构

由图 6-39 可知，控制杠杆支点（件号 1）与控制杠杆（件号 2）间的比例关系为

$$\frac{a}{b} = \frac{c}{d}$$

其中 $d = b - 64$，由此可确定

$$c = \frac{a \cdot d}{b}$$

杠杆式闸调器的控制杠杆模型见图 6-40，由上述所得的尺寸就可以确定控制杠杆的尺寸。

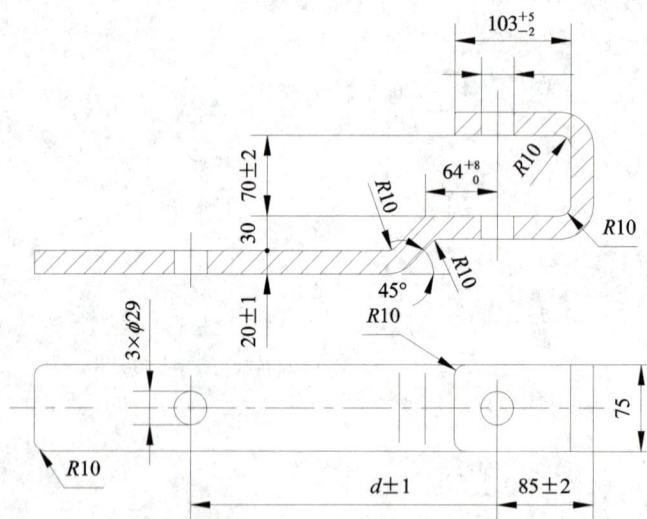

图 6-40 控制杠杆模型

（4）控制杠杆支点的确定。

图 6-38 中，车体横向方向上控制杠杆与制动缸的相对位置已经确定。用图解法求出控制杠杆支点在车体横向方向上的位置，这样就确定了控制杠杆支点的 x 值。

结合图 6-38，可求出 e 值。由相似三角形可得

$$\frac{e}{a+b}=\frac{f}{d}$$

整理得

$$f=\frac{e \cdot d}{a+b}$$

结合控制杠杆支点导槽孔的尺寸得出

$$l=f+51+680$$

这样就确定了控制杠杆支点的 y 值。

由图 6-41 可确定控制杠杆支点的 z 值。

图 6-41　控制杠杆支点开口尺寸

（5）制动杠杆导架长度的确定。

在闸瓦完全磨耗的状态下，制动位和缓解位，制动杠杆也与杠杆导架不干涉。根据闸瓦磨耗，制动杠杆的运动轨迹通过图解法确定。

（6）闸调器应调整的最大闸瓦间隙的确定。

以运用中不调杠杆孔为条件，由闸瓦磨耗、轮对磨耗所产生的增加间隙应由闸调器来调整。确定闸调器应调整的最大闸瓦间隙时，闸瓦按最大磨耗 35 mm 计，轮对磨耗按 5 mm 计，共计 40 mm。

（7）制动缸杠杆及控制杠杆位置的确定。

空车全制动状态下，在闸瓦磨耗 17.5 mm，轮对磨耗 5 mm（共计 20 mm）时，ST_2-250 型闸调器两端销轴间距取 1400 mm，制动缸杠杆及控制杠杆应与制动缸中心线接近垂直。

（8）闸调器组装位置的确定。

闸调器的安装位置应保证在空车制动位时闸调器外体与相邻部件的间隙不小于 50 mm，并方便列检作业时使用工具转动闸调器前盖。

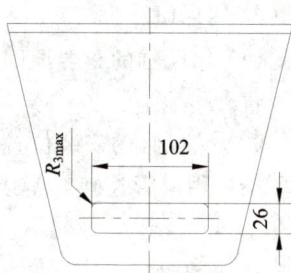

6.3.6　120 阀模块的设计及要点

1. 120 型控制阀

（1）一般集中布置在车体中部位置，同时应安装在有足够刚度的底架主要梁件上，如中梁、侧梁等。

（2）对于无自防盗功能的 120 阀体应加装防盗装置，并尽量进行防脱设计。

（3）阀体安装部位应留有主阀和紧急阀的拆装空间（拆除防盗装置情况下），建议主阀和紧急阀的安装螺栓轴向向外侧预留不小于 100 mm 的拆装空间。

（4）120 阀与吊座之间应加钢质垫板，以免在紧固吊座螺栓时引起 120 阀中间体的变形。

2. 空重车自动调整装置

（1）限压阀安装座的位置应便于观察空重车指示牌，当限压阀安装于车体底架下方时，原则上安装座中心与车体下侧梁外侧面的距离应不大于 600 mm。

（2）测重机构的安装应符合 JLB 045—2005 的要求。

3. 储风缸

(1) 储风缸的布置原则上应有利于连接管内冷凝水流向储风缸。储风缸的排水堵须向下放置。

(2) 储风缸的安装位置应方便拆装且下部不能侵入机车车辆限界，储风缸与控制阀间尽可能使用弯管连接，连接管路原则上不设中间接头，同时应尽量紧凑，减少连接管路长度。

4. 制动管

(1) 制动支管的长度应尽量短，以利于提高制动波速。

(2) 制动主管与控制阀之间包括组合式集尘器在内的连接管路原则上全长应在 550～1800 mm，以保证连接管路具有一定柔性的同时支管容积尽可能减少。

(3) 制动管的推荐规格、弯曲半径见表 6-8。

表 6-8　制动管的推荐规格、弯曲半径　　　　单位：mm

公称通径	DN10	DN15	DN20	DN25	DN32
推荐规格(外径×壁厚)	17×2.2	21×2.5	27×3	32×3	42×3
弯曲半径	80	100	100	120	250

(4) 制动管须避免出现低凹部位，以防止水分和杂质的积聚。与阀连接的管路原则上应避免管内冷凝水流向阀内。

5. 接头

(1) 各主、支管在方便安装情况下尽量少用或不用接头。

(2) 除必需的三通接头外，控制阀、储风缸、制动缸、限压阀之间管路中间不设两通接头。支管需要穿过中梁等时，视具体情况可以设置两通接头。

(3) 主管三通的安装方向应防止凝结水由制动主管流向支管。

6. 制动管吊

(1) 沿管路长度方向，制动主管的管吊距离应不大于 2400 mm，支管的管吊距离应不大于 1800 mm。U 形管悬臂长度超过 500 mm 时应设置管吊。

(2) 集尘器、三通及两管相连的法兰接头处应至少设置一个管吊，管吊与连接面的距离原则上应不大于 300 mm。

(3) 制动管采用"U"形螺栓式管卡固定时，除折角塞门处的"U"形螺栓外，其余"U"形螺栓与管子接触部位均为宽度不小于螺栓直径的平面。

(4) 折角塞门吊须使用自锁螺母，塞门吊须安装在塞门体定位凹槽位置。

7. 缓解阀拉杆

(1) 缓解阀拉杆须沿车体横向布置，并设导向定位支点，以免因其自身的惯性引起缓解阀的误动作。拉杆的末端须为封闭环形。

(2) 缓解阀拉杆末端为封闭环形，由原三角形改为梯形，末端与杆体为对接，利于提高焊接质量。

（3）侧墙上具有供人员出入车门的车辆，缓解阀拉杆手把不得设置在距门柱（框）内侧 400 mm 的范围以内，以免被误作为脚蹬使用而导致变形和损坏。

6.3.7 货车脱轨自动制动模块设计

脱轨制动阀的连接管路总容积须尽可能小，每车应不大于 1.5 L。每根车轴上方安装一个脱轨制动阀（其拉环环抱车轴），每台转向架上方的两个脱轨制动阀通过支管、三通和铁路货车脱轨自动制动阀不锈钢球阀（以下简称球阀）等与主风管连通，见图 6-42。

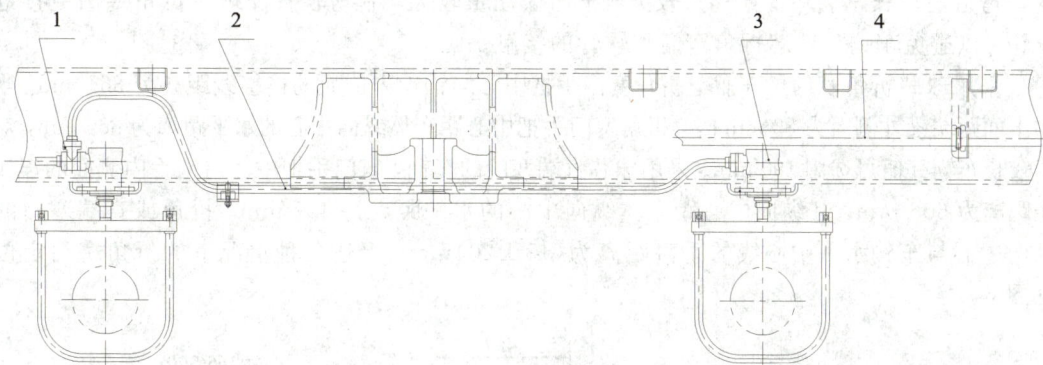

1—三通；2—支管；3—脱轨制动阀；4—主风管。

图 6-42 脱轨制动模块

脱轨制动阀拉环中心距车辆纵向中心线的距离应不大于 420 mm（见图 6-43）。在此前提下，脱轨制动阀应避免与车辆现有装置干涉或满足其他使用要求。

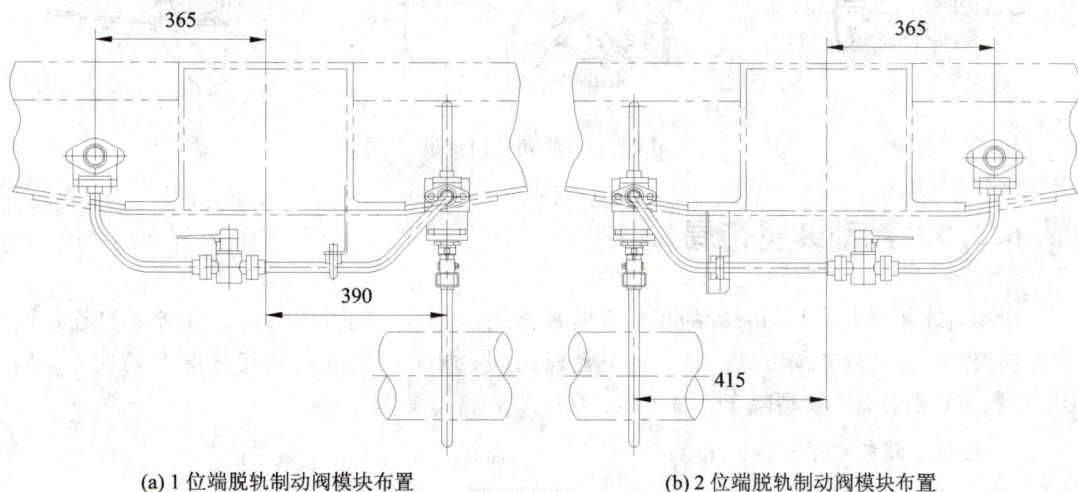

(a) 1 位端脱轨制动阀模块布置　　　　　(b) 2 位端脱轨制动阀模块布置

图 6-43 脱轨制动阀模块布置

脱轨自动制动阀安装座应有足够的强度，承受 1 吨的拉力后不发生变形。

6.3.8　主管模块设计及要点

1. 管路布置考虑车体结构

制动主管应沿中梁设置于车辆底架的中间位置，并固定于中梁侧面；制动主管弯曲部分穿越中梁时应尽量选择中梁的低应力区或零应力区。

2. 端梁上球芯折角塞门位置考虑连挂要求

弯道上较长车辆端部偏移量较大，车钩摆动量较大，制动软管和球芯折角塞门更接近车钩，以避免车钩与球芯折角塞门和软管的接触。

采用球芯折角塞门的车辆，折角塞门手把中心与钩舌内侧面的连接线距离为 367 mm。当冲击面距端梁外侧面为 83 mm 时，折角塞门手把中心距车体纵向中心的水平距离为 365 mm，对于较长车辆其值可选用 390 mm。采用球芯直端塞门的车辆，塞门手把中心与钩舌内侧面的连接线距离为 606 mm，其纵向中心距车体纵向中心的水平距离为 457 mm。折角或直端塞门的纵向中心与车钩水平中心线的垂直距离为 (15 ± 20) mm。上述各种情况下的折角塞门定位见图 6-44。

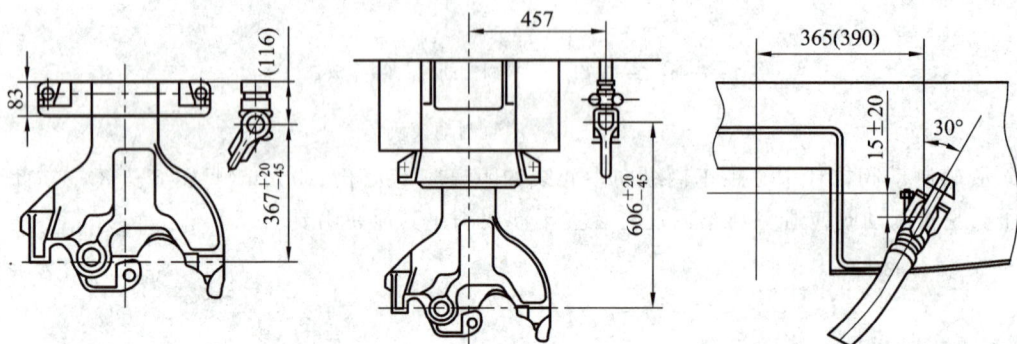

图 6-44　折角塞门定位

6.3.9　制动装置布局

根据货车的结构，制动装置的布局有两种方式。其一：一套控制阀、一个制动缸连接两个转向架，此为常规布局方式；其二：一套控制阀、两个制动缸分别连接两个转向架，如 C_{76} 型敞车、铝合金 C_{80} 型敞车、漏斗车、双层集装箱车等。

1. 敞车、棚车和平车常规布局

敞车、棚车常规布局如图 6-45 所示。平车常规布局如图 6-46 所示。

2. 漏斗车、双层集装箱车和 C_{76} 等车型布置两个制动缸的常规布局

漏斗车常规布局如图 6-47 所示。

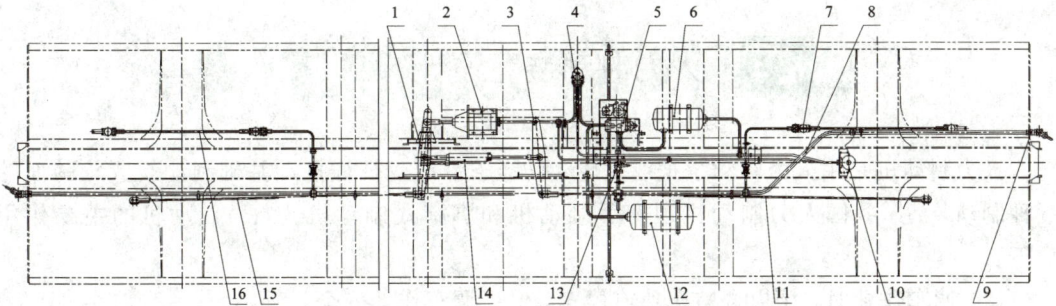

1—前制动杠杆；2—制动缸；3—后制动杠杆；4—比例阀；5—120阀；6—17L×11L双室风缸；
7—二位脱轨自动制动装置；8—制动管；9—折角塞门；10—测重机构；11—二位上拉杆；12—副风缸；
13—组合式集尘器；14—ST₂-250型闸调器；15—一位上拉杆；16—一位脱轨自动制动装置。

图 6-45　敞车、棚车常规布局

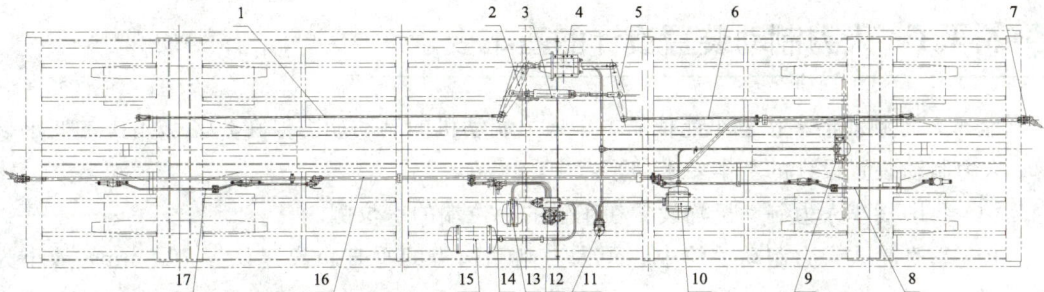

1—一位上拉杆；2—前制动杠杆；3—ST₂-250 型闸调器；4—制动缸；5—后制动杠杆；6—二位上拉杆；
7—折角塞门；8—二位脱轨自动制动装置；9—测重机构；10—17 L 风缸；11—比例阀；12—120 阀；
13—11 L 风缸；14—组合式集尘器；15—副风缸；16—制动管；17—一位脱轨自动制动装置。

图 6-46　平车常规布局

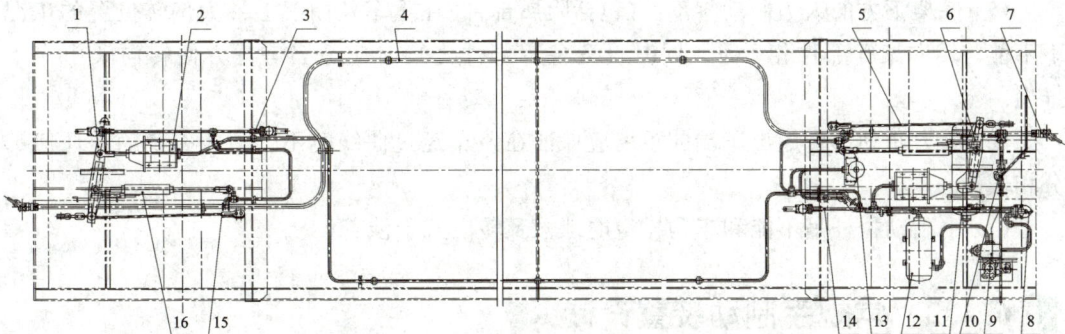

1—一位制动杠杆；2—制动缸；3—一位脱轨自动制动装置；4—制动管；5—二位上拉杆；6—二位制动杆；
7—折角塞门；8—比例阀；9—120阀；10—组合式集尘器；11—副风缸；12—17L×11 L 双室风缸；
13—测重机构；14—二位脱轨自动制动装置；15—一位上拉杆；16—ST₂-250 型闸调器。

图 6-47　漏斗车常规布局

6.4 人力制动装置设计

人力制动机是用人力转动手把或手轮，以链条带动或杠杆拨动基础制动装置轮踏面的一种制动装置。我国人力制动机现有手制动机和脚踏式制动机。人力制动机的主要作用如下：

(1) 调车作业时，用以调整车速或停车，保证调车作业安全；

(2) 当列车或车辆停在有坡度的线路上、车站或专用线上时，施行人力制动以防止其溜走。

过去我国货车一般采用水平轮、垂直轴(平车采用两段折叠轴)链式人力制动装置。目前，我国新设计货车均采用 NSW 型人力制动装置。

6.4.1 人力制动装置设计的基本要求

全车人力制动倍率按重车能依靠本车人力制动机的制动能力停在 20‰坡道上的要求核算。人力制动装置设计的基本要求如下：

(1) 我国货车人力制动机均设置在车辆的一位端的一位侧。

(2) 垂直轮式人力制动手轮中心距人力制动踏板的垂直距离建议为 762 mm，最小为 635 mm，最大不超过 1016 mm。其中平车建议在 400～450 mm。装在平车上时，NSW 型人力制动机顶面不得与平车端板放平位置相干涉。

(3) 人力制动手轮或手柄的握手处周围应留有 100 mm 的净空隙。

(4) 在制动位时，人力制动拉杆与制动缸杠杆应接近相互垂直(按车轮踏面及闸瓦处于磨耗一半状态考虑)。

(5) 底架下方的人力制动零部件(包括附属部件)在重车及曲线上最大偏转位置的工况下不能与转向架等部件相干涉，同时设置各零部件位置时应适当考虑方便转向架由车下推出。

(6) 人力制动部件超出车端的距离应保证在该车经过曲线时不会与相邻车辆的任何部分相干涉。

(7) 手制动拉杆吊不能和车钩托板的螺栓及转向架干涉。

6.4.2 常规手制动装置设计

常规手制动装置设计的一般步骤如下。

(1) 根据底架及手制动装置画出俯视图的放大图，计算出手制动拉杆经过枕梁中心的"a"值，如图 6-48 所示。

① 尺寸 495 为手制动拉杆链长(HT257-00-91)。

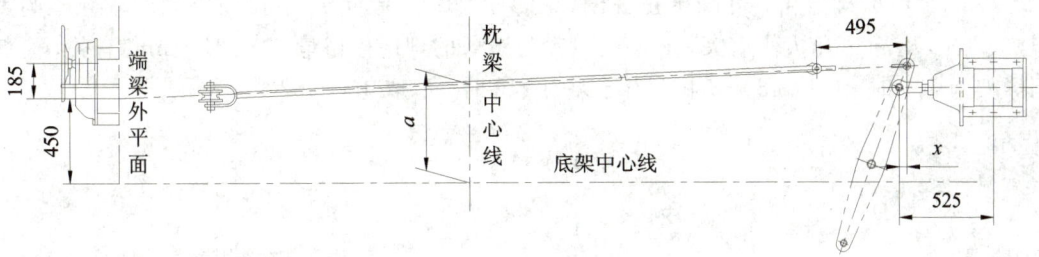

图 6-48 常规手制动装置的布置

② 尺寸450(手制动轴中心距转向架中心)是考虑到检修时转向架由端部推出时车轮与手制动导轮不相碰，即 $450+45$(滑轮座组成半宽)$< \frac{1}{2}$ 轮对内侧距(675)；同时这个尺寸的确定，也要满足车辆在过曲线时，车轮与手制动拉杆不干涉。

③ 尺寸 x 的计算：

图 6-49 中 A、B、C 为杠杆尺寸(C 通常为120)，$D=$ 制动缸行程(12″制动缸取155)＋闸瓦间隙(取20)×转向架制动倍率(一般取4)。由相似三角形得

$$x = \frac{C \cdot D}{A + B}$$

④ 尺寸525为12″制动缸中心至推杆孔中心的距离。

⑤ 检查拉杆是否与转向架相碰，留适当的间隙(考虑转向架在最小弯道运行时的情况)。

(2) 求得尺寸"a"后画出该处枕梁与摇枕的相对位置，以确定拉杆经过此处的高度"b"。拉杆与枕梁及摇枕之间的间隙 e 和 f 最好相等，如图 6-50 所示。

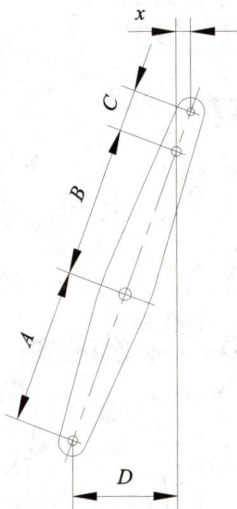

图 6-49 缓解位时制动缸前杠杆倾斜状态

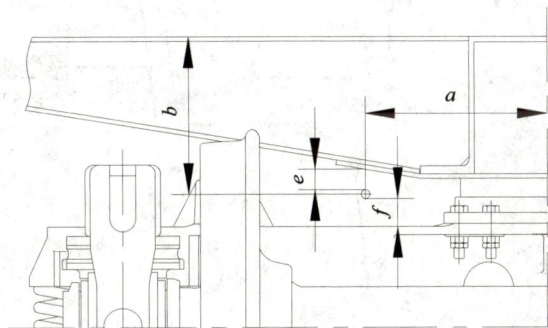

图 6-50 手制动拉杆端视图

（3）尺寸"b"确定后，可画出正视图（见图 6-51）。尺寸 E 不仅与手制动轴导架高度（140、100）及 α、β 角大小有关，还与手制动机链条的理论松裕量（70～150 mm）有关。一般当导架为 100 时，E 取 480～540；当导架为 140 时，E 取 460～520。

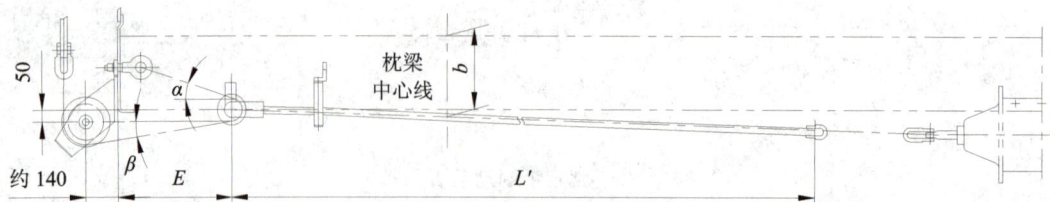

图 6-51　手制动拉杆正视图

（4）选定尺寸 E 后，求拉杆全长 L：

$$L=制动缸中心至端梁处平面距离-525+x-495-E$$

图 6-51 中 L' 为水平直线长度，再根据拉杆斜度大小算出倾斜长，然后凑一整数即得 L 值。

（5）拉杆导架最少为两个。沿车体纵向确定拉杆的位置后，求出拉杆中心至中梁上平面的距离 h_1。

（6）手制动脚踏板位置的确定：

为保证电气化线路接触网下作业人员的安全作业要求，敞车、棚车的手制动机和手制动脚踏板位置高度可参照进行设计。同时，手制动机的位置高度应该满足在空车全缓解位时，手制动机链条的理论松裕量为 70～150 mm。

6.4.3　人力制动能力计算

典型的人力制动装置传动系统见图 6-52。

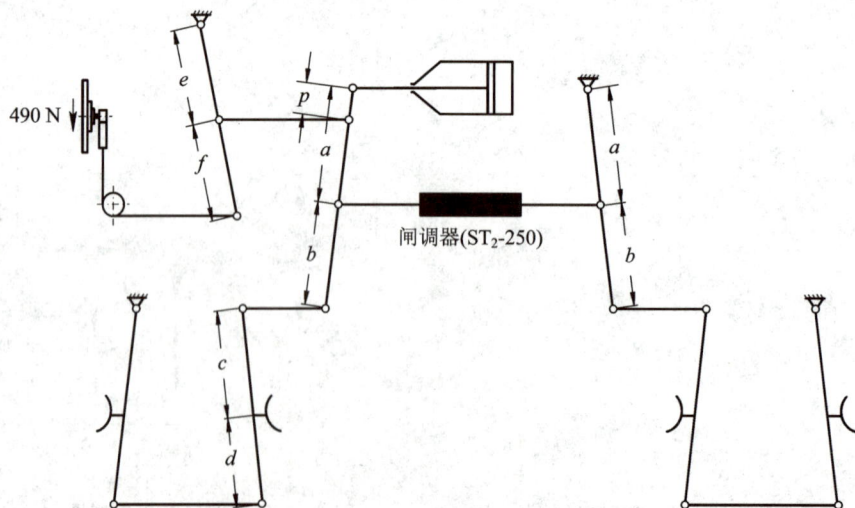

图 6-52　典型人力制动装置传动系统

人力制动作用下的闸瓦总压力(若计闸调器反力,则需减去闸调器反力):

$$\sum K_R = F_R \cdot \gamma_z \cdot \eta_R$$

式中:K_R——人力制动作用下的闸瓦压力(N);

　　　F_R——施加在手制动机手轮上的力,一般 F_R 取 490 N;

　　　γ_z——整车人力制动倍率;

　　　η_R——人力制动效率,链轮传动取 $0.9 \sim 0.95$;

　　　n——闸瓦块数。

整车人力制动倍率:

$$\gamma_R = \gamma_{NSW} \cdot \frac{e+f}{e} \cdot \frac{a-p}{b} \cdot \gamma_j$$

式中:γ_{NSW}——NSW 型人力制动机倍率,$\gamma_{NSW}=27$,如采用 FSW 型,则 $\gamma_{FSW}=42$;

　　　γ_j——转向架制动倍率,$\gamma_j = 2 \times (c+d)/d$。

空车人力制动率:

$$\vartheta_k = \frac{\sum K_R}{车辆自重 \times 9800}$$

重车人力制动率:

$$\vartheta_z = \frac{\sum K_R}{(车辆自重+载重) \times 9800}$$

注: 我国铁路未规定人力制动率。一般应满足装用高摩闸瓦的货车在 20‰ 的潮湿轨道上停车的要求。AAR 规范 S-401-99 规定装用高摩闸瓦重车人力制动率不小于 10%。

6.5 制动装置零部件的优化和创新

1. 增加制动缸吊架防脱滑槽结构,防止制动缸脱落

车辆在运用中曾发生因紧固件分离导致制动缸脱落的事故。为防止制动缸非正常脱落,制动缸吊架和制动缸吊进行了改进设计。在制动缸吊架上增加制动缸防脱滑槽结构,防脱槽长 100 mm,制动缸吊增设翼缘。安装时,制动缸滑移 100 mm 使翼缘入位进防脱槽中,然后安装紧固件。该状态下即使紧固件分离,制动缸也只能在移动 100 mm 的情况下脱出滑槽而脱落,在制动管约束下这种情况发生的概率极小,可有效保持制动缸位置状态,杜绝危及行车安全的事故发生。制动缸座翼缘和制动缸装配示意图如图 6-53 所示。

2. 锻造制动杠杆,增设防误装功能

锻造制动杠杆(见图 6-54)可提高配件可靠性、改善外观质量。该新型杠杆设计不同的杠杆两端厚度,且在杠杆正面刻打杠杆长度和正面标记,多角度防止杠杆误装,避免杠杆装反或装错。对于手制动附加杠杆还设计了不同的销孔直径,进一步防止杠杆错装。

(a) 制动缸座翼缘示意图

(b) 具有防脱功能的制动缸装配示意图

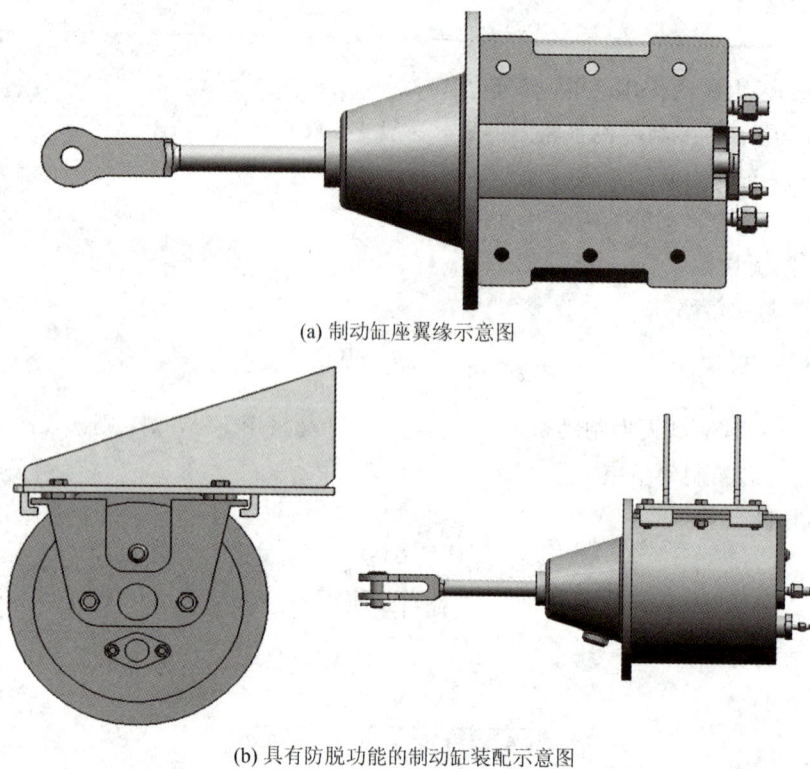

图 6-53　制动缸座翼缘和制动缸装配示意图

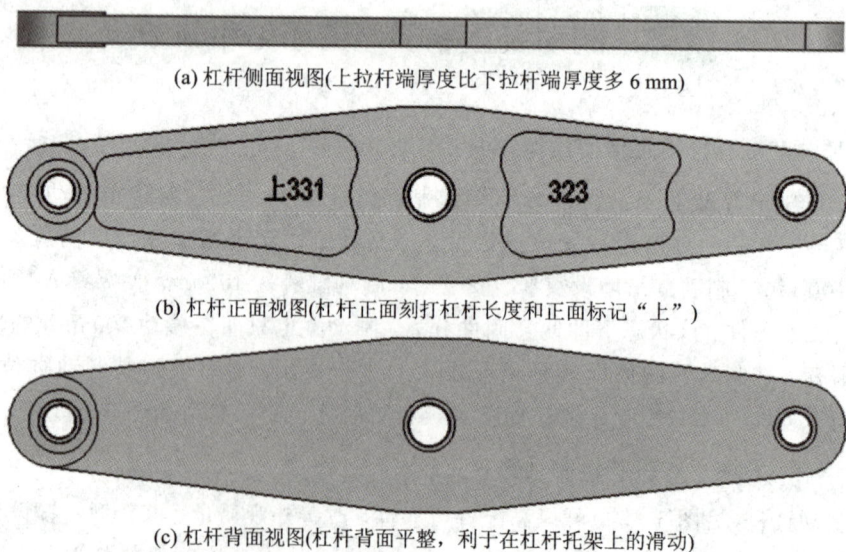

(a) 杠杆侧面视图(上拉杆端厚度比下拉杆端厚度多 6 mm)

(b) 杠杆正面视图(杠杆正面刻打杠杆长度和正面标记"上")

(c) 杠杆背面视图(杠杆背面平整,利于在杠杆托架上的滑动)

图 6-54　锻造制动杠杆

3. 一体式锻造拉杆头，改善组装工艺性

一体式锻造拉杆头（见图6-55）可提高配件可靠性、改善外观质量。拉杆头一次装卡钻制拉杆组装孔和定位盲孔，能自导向定位拉杆，保证拉杆的组装位置度。组装后拉杆圆周四条纵向填充焊缝施焊简单，可获得较好的焊缝质量，保证连接强度。

图6-55　一体式锻造拉杆头

4. 手制动踏板用新型冲孔防滑板，产品配件人性化

手制动踏板采用新型冲孔滑板（见图6-56），增加防滑性能。

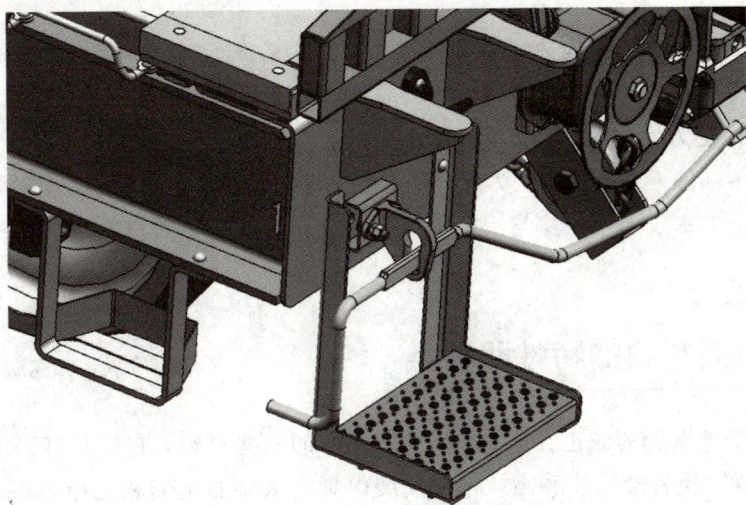

图6-56　新型手制动踏板

第七章　材料及应用

7.1　概　　述

　　我国重载货车技术已经跨入了世界先进行列，铁路货车制造综合技术水平已达到或接近世界先进水平。我国铁路货车装备技术的发展趋势为重载、快捷并重。而重载、快捷货车的发展需要开发更为优质的材料，以提高车辆可靠性、实现轻量化设计、减少磨耗、减少腐蚀、实现主要零部件寿命管理等。为此，在提高设计、工艺水平的同时，应对货车用新材料进行充分研究，进一步加强铁路与冶金等行业的合作，以优质的材料来促进铁路车辆工业的迅速发展。

7.1.1　新材料的特性和种类

　　新材料指新近发展的或正在研发的、性能超群的一些材料，它们具有比传统材料更为优异的性能，在人类社会进步和高技术的发展中具有重要的基础和先导作用。新材料和常规（传统）材料之间并没有明确的界限，新材料的发展必须以常规材料为基础，才能实现质量提高、品种增加、性能改进的目的。

　　新材料一般应具有以下特性：

　　（1）特定的机械特性；

　　（2）质量轻；

　　（3）在腐蚀、高温和低温的恶劣环境中经久耐用；

　　（4）易于加工；

　　（5）适合大批量生产。

　　新材料按照其基本组分可以分为新金属材料、无机非金属材料、高分子材料和复合材料四大类，按照其性能可以分为结构材料和功能材料两大类。目前，高分子材料和复合材料具有比金属材料更快的发展速度，但是金属材料在将来一段时间内仍会占据主导地位。在很长一段时间里，结构材料是新材料的主体，但随着高新技术的发展，功能材料将占据更重要的地位。对于所有的新材料，共同的要求是高性能、高精度、高质量稳定性、小型化和轻量化。

新材料的发展趋势如下：

（1）结构材料走向复合化和功能化，功能材料走向多功能集成化和智能化。

（2）按特定的应用目标、依靠新的合成制备技术开发新材料，借助材料科学设计新材料。

目前，铁路车辆采用的新材料主要有以下几种。

1. 新金属材料

新金属材料主要有黑色金属（铁和以铁为基的合金）、有色金属（黑色金属以外的所有金属及合金）和特种金属（具有不同用途的结构和功能金属材料）等。较高的性能价格比，成熟的工艺和现有的装备优势，使得新金属材料在今后铁路车辆的发展中仍将占有重要地位。

2. 复合材料

复合材料又叫作高性能组合材料，是运用先进的材料制备技术，将不同性质的材料组分优化组合而成的新材料。该类材料不仅性能优于组成中的任意一个单独的材料，还可具有单独组分不具有的独特性能。各种材料在性能上互相补充，产生协同效应，使复合材料的综合性能优于原组成材料，从而满足各种不同的要求。

复合材料是结构材料发展的重点，包括金属基复合材料、树脂基复合材料、陶瓷基复合材料以及碳基复合材料等。利用复合材料的复合效应，也可以开发出新型的功能材料和多功能材料。

3. 高分子材料

高分子材料主要有塑料（热塑性塑料和热固性塑料）、橡胶（经硫化处理，弹性优良的高分子材料）和纤维（呈纤维状的高分子材料）等。这类材料近几十年来发展很快，其中，功能高分子材料的研发取得了很大进展。

7.1.2 铁路车辆应用新材料的作用

铁路车辆技术装备的重载快捷技术发展，要求尽可能降低车辆自重，增加载重。因此，车体轻量化成为一个极其重要的研究课题。采用相对较轻的、耐蚀的新材料对实现车体轻量化及防蚀具有重大意义。

据统计，一般车体钢结构质量约占车辆总重的一半以上。为有效减轻车体质量，在设计中广泛采用了综合机械性能较好，同时耐腐蚀性较强的高强度耐候钢。此外，把不锈钢、铝合金等作为车体承力构件在减轻自重方面潜力很大。而非金属材料在提高零部件性能方面具有一定优势。

由于高强度耐候钢在不增加车辆质量的前提下可增强构件的抗变形能力，因此在同等强度条件下，采用高强度耐候钢可以减少板厚，降低车体质量。同时，与铝合金、复合材料等相比，高强度耐候钢具有良好的低温韧性、机械性能和焊接性能，以及制造相对容易、经济性较好等特点，因此被广泛应用于铁路车辆的车体承力构件。

为解决车辆的防腐问题，延长车辆的使用寿命，减少车体的检修次数，近年来我国铁路货车开始采用不锈钢作为车体承力构件。采用不锈钢，在板厚较小的情况下也不会因腐蚀而影响车辆性能，同时也可以达到减轻自重的目的。在我国货车中，车体已成功运用不锈钢材料的铁路货车有铁素体不锈钢专用敞车，铁素体不锈钢煤炭、石碴漏斗车以及不锈钢罐车等。不锈钢材料的运用显著增强了车体的耐蚀性，使车辆寿命由 25 年延长至 30 年、35 年；同时降低了车辆自重，提高了车辆的载重。

铝合金具有良好的机械性能和耐腐蚀性能，其密度只有钢铁的 1/3，可有效减轻车体质量。我国大秦线运用的 C_{80} 型铝合金浴盆式运煤敞车在端墙、侧墙、浴盆等部位都采用了铝合金材料。

非金属材料具有密度小、耐磨损、抗腐蚀、成型性好等特点，因此在铁路车辆上得到了较为广泛的应用，并逐渐向结构件和功能件扩展，如心盘磨耗盘、轴箱橡胶垫、弹性旁承体、轴向橡胶垫、钩尾框托板磨耗板、滑块磨耗套、斜楔磨耗板、车钩托梁磨耗板、车钩支撑座磨耗板、手制动滑轮等，在改善车辆性能、实现车体轻量化设计方面发挥了重要作用。

综上所述，铁路车辆上使用新材料后，减轻了车辆自重，延长了车辆使用寿命，保证了行车安全，提高了车辆系统的经济效益。

2003 年以来，大秦线重载货车从轴重 21 t、载重 60 t 的 C_{63A} 型敞车升级为轴重 25 t、载重 80 t 的 C_{80} 型铝合金、C_{80B} 型不锈钢运煤专用敞车，为大秦铁路开行 2 万吨重载列车提供了优良的装备保障，使大秦线实现了年运量 4 亿吨的跨越。从 2006 年开始，新造通用货车实现了载重由 60 t 级迈向 70 t 级的全面升级换代，载重增加了 17%；车体主要承载部件材料采用屈服强度为 450 MPa 的高强度耐候钢，许用应力提高了 30%；车体纵向承载力从 2250 kN 提高到 2500 kN，满足了 1 万吨编组列车纵向力的要求。上述成就的取得主要得益于近几年来新材料在铁路货车上的成功应用，标志着我国重载货车技术已经跨入了世界先进行列。

7.1.3 使用新材料的目的

新材料及其应用技术作为铁路货车技术非常重要的一个方面，直接影响铁路货车整体技术水平。减轻车辆自重、提高承载能力和可靠性、延长使用寿命是实现铁路运输重载与提速的重要手段，而铁路货车的发展离不开新材料。自重系数的降低，既可使车体轻量化，增加载重，又可以直接降低每吨公里货物净重的单位能耗。减轻车辆结构质量的主要方向之一是采用高强度钢材和其他新材料，随着铁路货车整体技术水平的提高，高强度、高耐腐蚀性能的新型和大型挤压成型材料，不锈钢、铝合金等金属材料，以及橡胶、高分子复合材料、玻璃钢等非金属材料在货车上得到了大量推广和使用。使用挤压成型材料，可以优化车辆构件，使断面合理，充分利用材料性能并减少焊接工作量。不锈钢具有高机械性能，其冷变形硬化的良好特性可以降低构件的厚度，其合理的断面设计可以提高构件的刚度。美国使用铝合金材料制造的车辆已占车辆总数的 1%，使用寿命可达 50 年。另外，美国还成功研制了聚苯乙烯玻璃钢漏斗车，自重减轻约6 t。因此，合理地采用新材料和新结构可以提高铁路货车的技术经济性能，为用户带来良好的经济效益。

使用新材料的目的是降低车辆自重系数、延长车辆使用寿命、优化整车运行品质、提高车辆系统的经济效益。近几年来，许多新材料在铁路货车上的推广和应用在减轻车辆自重、提高承重能力、延长使用寿命、保证行车安全等方面发挥了重要作用。随着生产技术的日益成熟，新材料在铁路车辆中的应用越来越广泛。

车辆零部件所用材料应根据零部件的承载情况、工作环境、重要程度，并考虑材料来源、工艺性能和经济性等因素综合研究而确定。由于在运用中车体钢结构承受着较复杂的动载荷，运行地区的温差很大，工作环境恶劣，因此要求所用材料具有较好的机械强度、良好的塑性、低温冲击韧性、可焊性以及抗腐蚀性等。

7.1.4 材料的发展历程

铁路货车车体结构采用的钢材主要有普通碳素结构钢、低合金结构钢、耐大气腐蚀钢、高强度耐大气腐蚀钢、铝合金、不锈钢等。

1949年后，中国铁路货车主要经历了两个发展阶段。第一阶段是从1949年至1957年的仿制国外产品阶段，第二阶段是从1957年至今的自行设计、自主创新阶段。在这两个阶段中，我国铁路货车用钢材发展主要经历了钢木混合、碳素钢、低合金钢、耐候钢、高强度耐候钢等几个阶段。2003年以后，在专用货车上采用了铝合金和不锈钢材料。我国铁路货车用材料发展历程见表7-1。

表7-1 我国铁路货车用材料发展历程

时间（年）	专用货车主要材料				通用货车主要材料		
	中梁	主要型钢	主要板材	备注	中梁	主要型钢	主要板材
1949—1978					A3	A3	A3
1978—1985					09V	Q235-AF	09MnCuPTi
1985—2001	09V	09PCuXt、Q235-AF	09CuPCrNi	C_{63}	09V	09PCuXt、Q235-AF	09CuPTiRe
2001—2003	09V	Q400NQR1	09CuPCrNi	C_{76}	09V	09PCuXt、Q235-AF	09CuPCrNi
2003—2020	Q450NQR1	铝合金	铝合金	C_{80}	Q450NQR1		
	Q450NQR1	不锈钢	不锈钢	C_{80B}			

在20世纪80年代以前，铁路货车钢结构基本上采用普通碳素结构钢等材料。20世纪90年代初期研制的耐大气腐蚀钢以屈服强度为295 MPa的09CuPTiRe和屈服强度为

345 MPa 的 09CuPCrNi 铜磷系列钢材为代表，其耐腐蚀性一般相当于普通碳素结构钢的 2 倍左右。到 2001 年为止，铁路主型敞车、平车、棚车、罐车、漏斗车上都采用的是这种耐候钢。

随着重载、提速战略的实施，2003 年开始，铁路行业开始使用高强度、高耐候的结构钢，以降低车辆自重、提高整车性能。70 t 级货车主要采用屈服强度为 450 MPa 的 Q450NQR1 耐候钢。

2003 年 3 月铁道部在关于大秦线运输扩能货车技术工作会议上，提出了为实现重载、提速，开发大秦线专用的铝合金运煤敞车，拉开了铝合金材料在铁路车辆上应用的序幕，经过铁道部定型的 C_{80} 型铝合金运煤敞车在大秦线运用。

为满足铁路货运重载、提速、安全、可靠、优质、环保的要求，应提高铁路车辆尤其是货运车辆的品种、档次和质量。不锈钢以其特有的耐腐蚀性强、自重轻、造型美观、耐高温、寿命长等优点，受到了铁路车辆制造企业的极大关注，应用范围越来越广泛。2004 年，采用铁路经济型铁素体不锈钢制造的载重 80 t 不锈钢运煤专用敞车研制成功，2005 年 5 月开始在大秦线进行运用考验，2006 年开始批量生产，到 2020 年底已有 50 000 辆投入大秦线运用。

目前运行于我国线路上的新型重载铁路货车主要采用高强度耐大气腐蚀钢、铝合金、铁素体不锈钢三种材料。高强度耐大气腐蚀钢具有较好的力学性能参数、良好的焊接工艺、成熟的运用经验，有利于保证车辆主要承载结构的强度；铝合金材料的使用有助于降低车辆自重，提高抗腐蚀性，延长使用寿命，但铝合金价格昂贵，不宜采用焊接结构且维护、检修困难；铁素体不锈钢的抗腐蚀性好，焊接工艺成熟，寿命期内综合使用成本较低。

为进一步提高新造货车转向架摇枕和侧架的运用可靠性，提高摇枕、侧架的结构强度和产品质量，摇枕、侧架采用了 B＋级铸钢。

非金属材料具有密度小、耐磨损、抗腐蚀、成型性好等优点，因此在铁路车辆上的应用范围越来越广。各研制单位都积极研究、探索采用非金属材料代替传统材料制造货车零部件，以提高车辆的技术性能，减轻车辆自重，满足车辆重载、提速的要求。

7.2　耐候钢

7.2.1　耐候钢的特点及铁路车辆用耐候钢性能

铁路货车长时间处于大气环境条件下，受到大气中温度、湿度、降水和空气污染的作用，同时其所处环境通常并不固定，运用条件有时相当恶劣。特别是车厢内部，除受到水、温度和阳光的作用外，还受到货物中酸、碱、盐的影响，货物装卸时机械的作用和运输、装卸过程中货物与车厢的相互摩擦作用。如此严酷的运用条件可能使车辆的防护涂装在较短的时间内发生损坏，进而造成钢板的腐蚀和磨损，在此情况下材料本身的性能至关重要，这就是货车车体使用耐候钢后其使用寿命明显优于使用原普通碳钢的主要原因。

　　耐候钢又称耐大气腐蚀钢，其特点是在钢中加入少量 Cu、P、Cr、Ni 等合金元素，锈蚀一段时间后表面 Cu、P 等微量元素富集，使钢铁材料在锈层和基体之间形成一层约 $50\sim$ $100\,\mu m$ 厚的致密且与基体金属黏附性好的非晶态锈层组织。耐候钢长期暴露后的稳定锈层是由内层和外层构成的双层结构，最常见的是内层为微细晶粒的 $\alpha\text{-FeOOH}$，外层为 $\gamma\text{-FeOOH}$ 的双层结构。暴露更长时间后的耐候钢也有可能只有 $\alpha\text{-FeOOH}$ 单层结构，如暴露于自然环境条件下 25 年后的耐候钢。由于耐候钢表面可形成具有保护效应的稳定锈层，因此耐候钢可以在多数条件下不经涂装就裸露使用，如应用于桥梁、塔桅、灯柱、高速公路导轨。但在重腐蚀环境条件下，耐候钢必须经涂装后方可使用。

　　耐候钢中这层致密氧化物膜的存在，阻止了大气中氧和水向钢铁基体渗入，减缓了锈蚀向钢铁材料纵深发展，从而大大提高了钢铁材料的耐大气腐蚀能力，其耐蚀性相对原用低碳钢有相当大的改善。

　　耐候钢与普通钢材腐蚀锈层比较如图 7-1 所示。研究表明，依耐候钢成分不同，钢构件使用环境不同，耐候钢的抗大气腐蚀能力可比普通钢提高 $2\sim8$ 倍，涂装性可提高 $1.5\sim$ 10 倍。

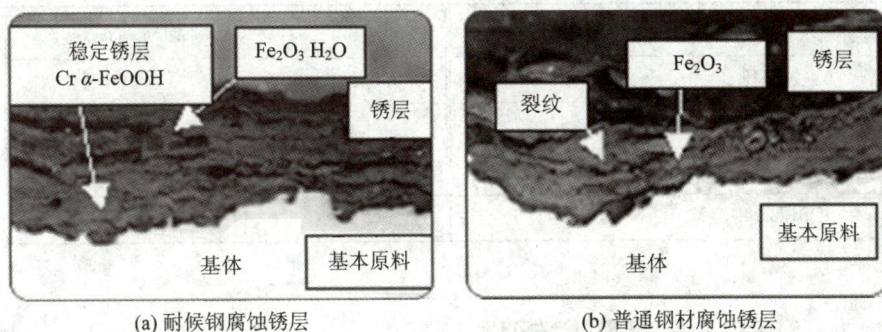

(a) 耐候钢腐蚀锈层　　　　　　(b) 普通钢材腐蚀锈层

图 7-1　耐候钢与普通钢材腐蚀锈层比较

　　耐候钢的研究始于美国，其 20 世纪 30 年代开发的 Cor-Ten 系列耐候钢为各国仿制并沿用至今。相对于普通钢的抗大气腐蚀的有效性和相对于不锈钢的经济性，使得耐候钢在世界各国得到了迅速发展。在 Cor-Ten 系列耐候钢的基础上，各钢铁大国根据资源和使用要求开发了品种繁多的耐候钢系列。总的来说，目前的耐候钢都是以 Cor-Ten 为基础，有的加入微合金化元素，提高强度，如美国的 Mayari-R 钢（耐腐蚀性是普通钢的 $3\sim6$ 倍），日本的加铌钢 River-Ten，日本的加钛钢 Hi-YAW-Ten 等；有的去掉 Cor-Ten 钢中的磷、镍或铬，改加其他元素。铜是耐候钢中最重要的元素，很少有耐候钢不含铜。由于磷元素易形成低熔点化合物并且具有偏聚特性，而较厚规格高磷含量耐候钢的焊接性能和低温冲击性能难以满足工程需要，因此，一般焊接结构用耐候钢都会对磷的含量加以限制，由此带来的耐腐蚀性和强度等方面的损失则通过加入其他元素来弥补，如英国的 BS968 钢降低磷含量提高锰含量，苏联的 HM 钢降低磷含量加入钛，苏联的 10CrSiNiCu 钢降低磷含量提高硅含量，日本的 JIS SMA41 系列钢降低磷含量提高锰含量，美国的 Cor-Ten B 钢降低磷含量提高锰含量并加入钒，等等。

我国开发耐候钢品种起步较晚，1961 年鞍钢开始研制 16MnCu，之后又结合国内资源特点研制了一批含铜、磷、钛及稀土等元素的耐候钢。1969 年我国研制 09MnCuPTi 制造铁路货车。1978 年以后，我国开始采用镍和铬等元素仿制国外耐大气腐蚀钢。从 1965 年起，武钢与有关科研院所选择了 19 种含铜钢及含稀土、钛、锰等元素的低合金钢，在我国不同环境条件下进行了长达 15 年的 7 个周期大气暴露试验，积累了一批可靠的数据，为进一步发展我国耐候钢奠定了良好的基础。

我国在 1967 年首次将耐候钢材料用于铁路货车制造。1978 年前后，铁道部与冶金部合作，开始在铁路货车车体结构上试用耐大气腐蚀钢，1985 年开始将其应用于铁路货车生产，1990 年起新造车辆全部采用耐大气腐蚀钢。使用较多的耐候钢有 09CuPTiRe 和 09CuPCrNi 等，强度等级前期主要为 295 MPa，之后多为 345 MPa。耐大气腐蚀钢的耐腐蚀性能见表 7 - 2。试验表明，相对于普通钢材，耐候钢的使用寿命可延长 1 倍左右。铁路货车采用耐候钢后，通过改善表面处理、涂料保护和涂装条件等措施，延长了车辆使用寿命，厂修期由 5 年改为 8 年。

表 7 - 2　耐大气腐蚀钢的耐腐蚀性能

牌　号	相对腐蚀速率	牌　号	相对腐蚀速率
08CuPVRe	≤65％	09CuPCrNi-B	≤60％
09CuPTiRe-A	≤65％	05CuPCrNi	≤60％
09CuPTiRe-B	≤65％	Q235-A	100％
09CuPCrNi-A	≤60％		

7.2.2　我国高强度耐候钢性能

铁路车辆的技术进步，一定程度上依赖于我国钢材的品种、性能与质量。在 20 世纪 80 年代以前，钢结构基本上采用普碳钢等，耐大气腐蚀钢则一直以屈服强度为 295 MPa 的 09CuPTiRe 和屈服强度为 345 MPa 的 09CuPCrNi 为主，而美国等一些发达国家耐候钢的屈服强度已高达 550 MPa。这种铜磷系列的耐候钢，其耐腐蚀性一般相当于普通碳素钢的 2 倍左右。到 2001 年为止，铁路主型货车（敞车、棚车）上都采用的是这种耐候钢。随着重载、提速的铁路主要技术政策的制定，2003 年开始，铁路行业开始选用高强度、高耐候的结构钢，以降低车辆自重、提高整车性能。

高强度耐候钢是指屈服强度不小于 400 MPa 的耐候钢，它是与 Cu-P-Cr-Ni 耐候钢成分体系不同的高强度、高耐候性钢系列。高强度耐候钢是一个以细晶化和析出强化为特征的低合金钢体系，是融入了现代冶金新机制、新技术和新工艺后发展而成的新钢种。与普通耐候钢相比，高强度耐候钢提高了 Si、Mn 元素的含量，降低了 P、S 等有害元素的含量，使钢材强度有较大幅度的提高。

高强度耐候钢具有优质钢的强韧、塑延、成型、焊割、磨蚀、高温、疲劳等特性，是制造重载提速货车的重要材料，已在我国 70 t 级、80 t 级新一代货车上广泛运用，主要用于车体底架的中梁、侧梁、横梁、端梁，端柱，侧柱等承载构件。

为满足新型货车的轻量化要求，提高车辆用钢材的强度等级，改善钢材的耐大气腐蚀性能，延长车辆使用寿命，2003 年开始在铁路货车上批量采用屈服强度为 400 MPa、450 MPa 和 500 MPa 的高强度耐大气腐蚀系列钢。

2008 年，新型 70 t 级共用平车采用了 Q420NQR1 耐大气腐蚀 H 型钢。新型 H 型钢的开发应用，满足了新型铁路平车增加载重对车体钢结构的强度要求。

常用高强度耐候钢的耐腐蚀性能见表 7-3，耐候钢、高强度耐候钢与普通钢材耐腐蚀性能比较见图 7-2。

表 7-3　高强度耐候钢的耐腐蚀性能

钢牌号	相对腐蚀率
Q400NQR1	≤47.0%
Q450NQR1	≤47.5%
Q500NQR1	≤50%
Q550NQR1	≤55%
Q345C	100%

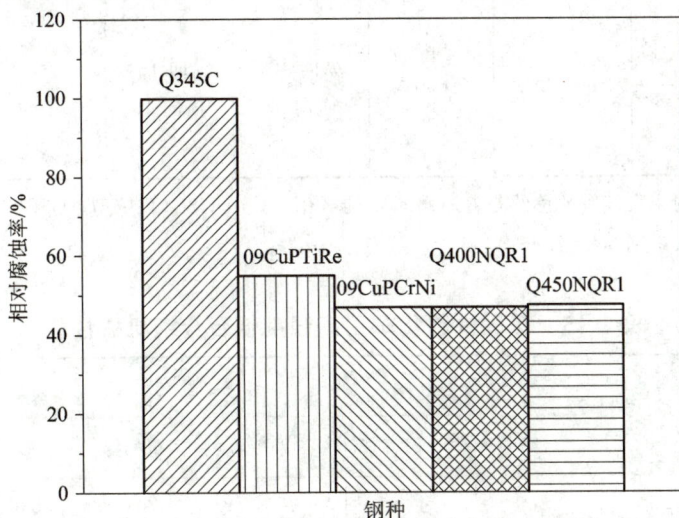

图 7-2　耐候钢、高强度耐候钢与普通钢材耐腐蚀性能比较

由图 7-2 可知，高强度耐候钢的耐腐蚀性能约为普通结构钢的 2 倍。

7.2.3　国外铁路货车用钢材

重载运输比较发达的国家主要有美国、加拿大、澳大利亚、南非、巴西等，其中以美国为代表，其铁路货车技术一直都代表着世界最先进的水平。美国在 20 世纪 30 年代就开始研究耐候钢并在铁路货车上进行了应用。随着铁路货车技术水平的不断发展，为了提高运能，最大可能地降低车辆自重、提高载重，美国在铁路货车上大量采用了铝合金和不锈钢材料，但其主要受力部件仍采用高强度耐候钢和高强度低合金钢，其中以高强度耐候钢为主。美国铁路货车用耐候钢机械性能见表 7-4。美国铁路货车用高强度低合金钢符合 ASTM 的要求，其机械性能见表 7-5。美国铁路货车用钢化学成分见表 7-6。

表 7-4 美国铁路货车用耐候钢机械性能

材料	机械性能					执行标准
	抗拉强度 /MPa	屈服强度 /MPa	断面收缩率 % 板厚 ≤6 mm	延伸率(%)		
				板厚 ≤50 mm	板厚 ≤100 mm	
USS Cor-Ten A	≥480	≥345	—	≥22	≥18	ASTM A242
USS Cor-Ten B	≥480	≥345	—	≥21	≥18	ASTM A588
USS Cor-Ten C	≥550	≥415	—	≥21	≥16	ASTM A871
USS Cor-Ten B-QT	620~760	≥485	—	≥19	—	ASTM A852
USS"T-1"型	760~895	690	纵向40，横向35	纵向18，横向16		ASTM A514 F级
USS"T-1"A 型						ASTM A514 B级

注：上述材料的耐大气腐蚀性约是普通碳素钢的 2 倍，其中 USS"T-1"型、USS"T-1"A 型如不含 Cu 则和普通碳素钢的相当.

表 7-5 美国铁路货车用高强度低合金钢机械性能

机械性能		材料牌号					
		45	50	55	60	65	70
抗拉强度/MPa		380	410	450	480	520	550
屈服强度/MPa		310	340	380	410	450	480
延伸率/%	热轧	25	22	20	18	16	14
	冷轧	22	20	18	16	15	14
耐大气腐蚀性		和普通碳素钢相当(如指定含铜钢，则是普通碳素钢的 2 倍)					

表 7 - 6　美国铁路货车用钢化学成分

材料	化学成分/%												
	C	Si	Mn	P	S	Cr	Mo	V	B	Ti	Ni	Cu	N
USS"T-1"型 ASTM A514 F级	0.10~0.20	0.15~0.35	0.60~1.00	≤0.035	≤0.035	0.40~0.65	0.40~0.60	0.03~0.08	0.0005~0.006	—	0.70~1.00	0.15~0.50	—
USS"T-1"A型 ASTM A514 B级	0.12~0.21	0.20~0.35	0.70~1.00				0.15~0.25		0.0005~0.005	0.01~0.93	—	—	—
ASTM A572 50级	≤0.23	≤0.40	≤1.35	≤0.050	≤0.040								
St 52-3	≤0.20	≤0.55	≤1.60	≤0.040									
ASTM A588	≤0.20	0.15~0.50	0.75~1.35	≤0.040	≤0.050	0.40~0.70	0	0.01~0.10	0	0	≤0.50	0.20~0.40	—
ASTM A441	≤0.15	0.10~0.40	0.90~1.30	≤0.045	≤0.035	0.50~0.80	0.02~0.10	—	—	—	≤0.40	0.30~0.50	0.009

　　加拿大铁路货车的发展趋势基本上和美国的一致，在大力发展铝合金和不锈钢车；澳大利亚铁路货车已经逐步淘汰耐候钢，向不锈钢发展；南非是采用不锈钢车体最早的国家之一，也正在大力发展不锈钢车。

　　2010 年以来，俄罗斯铁路货车也得到了大力发展，现阶段其主要车型的轴重为 23 t，已开发了 27 t 轴重货车，正在研制 30 t 轴重货车。俄罗斯铁路货车用材料以耐候钢为主，2001 年以前，俄罗斯铁路货车主要采用强度级为 295、325、345 的耐候钢，其屈服强度都不超过 345 MPa；2002 年俄罗斯研制了强度级为 390 的耐候钢，其屈服强度为 390 MPa，这种耐候钢在新造货车上得到了广泛应用。俄罗斯铁路货车用耐候钢机械性能见表 7-7。

表 7 - 7　俄罗斯铁路货车用耐候钢机械性能

机械性能	强度级 295	强度级 325	强度级 345	强度级 390
强度极限/MPa	440	450	490	530
屈服极限/MPa	305	325	345	390
延伸率/%	21	21	21	19
耐大气腐蚀性	为普通碳素钢的 2 倍以上			不到普通碳素钢的 2 倍

2002 年，俄罗斯钢铁公司开始为铁路货车研制强度级为 400～500 的高强度耐候钢，目前该类型钢材的化学成分和机械性能都已确定，正在进行各项综合试验，其主要机械性能见表 7-8。

表 7-8 俄罗斯高强度耐候钢机械性能

机械性能	车体承载部件用钢牌号			车体防护部件用钢牌号		
	14ГСфАЮД	12ХГ2СМфАД	08Г2МфЪД	10ХНдПф	12ХдПф	14дПф
强度极限/MPa	530	600	600	530	530	530
屈服极限/MPa	410	500	500	420	420	420
延伸率/%	22	22	18	21	19	19
耐大气腐蚀性	高于普通碳素钢					

7.3 不 锈 钢

7.3.1 不锈钢的分类、特性及用途

不锈钢是指铬含量在 10.5% 以上的合金钢。按组织不同，不锈钢可分为奥氏体不锈钢、铁素体不锈钢、马氏体不锈钢、双相不锈钢四大类。

奥氏体不锈钢在固溶状态下没有磁性，耐腐蚀性能、加工性能、低温韧性良好，在不锈钢中应用最广泛。但由于这类不锈钢含 8%～10% 的贵重金属 Ni 和 Mo，因此其价格昂贵。典型钢种 SUS304（0Cr18Ni9）含 18% Cr、8%～10% Ni 和少量 Mo，SUS316L（00Cr17Ni14Mo2）含 17%Cr、14%Ni 和 2%Mo。这类不锈钢常用于石油化工、化肥、水处理、工业及日用制品等。

铁素体不锈钢有磁性，屈服强度高，耐应力腐蚀性能好，耐大气腐蚀性能与奥式体不锈钢基本相当。由于这类不锈钢不含或含少量 Ni，因此其价格远低于奥氏体不锈钢。近年来随着不锈钢冶金技术水平的提高，这类不锈钢应用越来越广泛。典型钢种 SUS430（0Cr17）含 17%Cr，SUS409L、3Cr12、5Cr12（00Cr12Ti）含 12%Cr、0.5%～0.8%Ni 及适量 Ti。这类不锈钢主要用于家电、工业及日用制品、交通运输装备等。

马氏体不锈钢通过热处理提高表面硬度，强度、硬度高，耐磨性好，但韧性及焊接性能较差。尽管这类不锈钢价格低廉，但其应用范围有限。典型钢种 SUS420J（2Cr13）、SUS410（1Cr13）均含 13%Cr。这类不锈钢常用于制造刀具、轴、汽轮机叶片等。

双相不锈钢同时具有奥氏体和铁素体两种不锈钢的优点，强度高，耐腐蚀性能好，但其生产和加工难度最大，价格昂贵，用量占不锈钢总量不足 1%。典型钢种 2205（00Cr22Ni5Mo3N）含 22%Cr、5%Ni、3%Mo。这类不锈钢应用于石油化工、海洋等苛刻的腐蚀环境。

7.3.2 不锈钢的三种典型表面状态

按加工工艺和用途划分，不锈钢的表面状态有许多种，但典型的主要有以下三种：

（1）不锈钢在热轧后表面为黑色，与普通碳钢没有多少差别，称为不锈钢黑板，南非铁路不锈钢货车用的即该黑色表面状态的不锈钢板；

（2）热轧状态不锈钢板通过热处理、除鳞、酸洗后得到银白色亚光表面状态，称为 No.1 表面，澳大利亚铁路不锈钢货车用的即经酸洗后的银白色亚光表面状态不锈钢板；

（3）冷轧状态不锈钢板经过冷轧、退火、酸洗、平整后得到银白色光亮表面，称为 2B 表面，这也是我们常看到的工业及日用制品用不锈钢表面状态。

7.3.3 国外 3Cr12 经济型不锈钢的特点及应用

3Cr12 类铁素体不锈钢是典型的经济型不锈钢，最早由总部位于卢森堡的世界最大的不锈钢生产企业——阿塞洛公司所属的南非哥仑布厂在 20 世纪 70 年代开发，很多国家和地区已将该钢种纳入其不锈钢标准，欧标中的 1.4003、美标中的 S41003、德标中的 X2CrNi12 以及我国的 022Cr12Ni 均等效于南非的 3Cr12。后续瑞典、德国等欧洲国家也进行生产，只是德国命名的牌号为 4003，瑞典命名的牌号为 5Cr12Ti。3Cr12 不锈钢的主要特点如下：

（1）3Cr12 不锈钢含有 12% 左右的 Cr、适量的 Ti 和少量的 Mo 元素，因此该不锈钢具有中等的耐腐蚀性、较高的强度、良好的可焊性，以及较好的耐磨性、耐湿磨性和滑动性。

（2）3Cr12 不锈钢含价格昂贵的 Ni、Mo 等元素较奥式体不锈钢少，所以其价格比奥氏体不锈钢低，且比较稳定，受市场影响的波动较小。

（3）属于绿色钢铁材料，对环境友好。经济型不锈钢具有良好的耐腐蚀性，即使长期放置也不会因锈蚀而造成环境的污染，而且加工余料和废钢残值不受影响，通过回炉熔炼和轧制，便可重复利用。因此经济型不锈钢又可称为"绿色钢铁材料"。

3Cr12 不锈钢耐腐蚀性比奥式体不锈钢的低些，比耐候钢的高很多倍。南非及英国的试验结果表明：3Cr12 不锈钢在海洋环境中的恒定腐蚀速率为 0.001～0.002 mm/年，耐候钢在涂漆良好的条件下一般腐蚀速率为 0.1 mm/年。澳大利亚 BHP 公司对应用了 5 年的不锈钢矿石车进行了测量，基本没有测到材料的减薄数值。南非 Spoornet 对不锈钢煤车进行了为期 5 年的运用考验跟踪检测，也没有发现不锈钢墙板厚度减薄。因此，3Cr12 经济型不锈钢在南非、澳大利亚的铁路货车中越来越多地得到了应用。

7.3.4 国外经济型不锈钢铁路货车应用情况

1. 澳大利亚

不锈钢货车在澳大利亚应用范围比较广泛，不锈钢煤车、矿石车的保有量超过 10 000 辆。近年来必和必拓（BHP）、力拓、FMG 等铁矿石巨头大量采购不锈钢车，市场前景很好。

2. 南非

南非运用不锈钢车历史最长。从 1995 年开始，南非铁路就已经停止了耐候钢煤车的制造，陆续对既有的耐候钢煤车车体进行技术改造，与煤接触的部分全部更换为不锈钢材质。

3. 英国

英国采用不锈钢制造的煤漏斗车样车已经应用了多年。1995 年，不锈钢首次批量应用在新型煤车的漏斗上，对漏斗体和底门的检查表明了其卓越的性能——具有光滑的低摩擦表面，提供连续高效的卸煤环境。

7.3.5 我国不锈钢材料性能

采用不锈钢材料作为铁路货车的结构材料，是我国铁路货车设计、制造及运用的一个新领域。2003 年，根据国内外研究现状与发展趋势，以及 C_{80} 型铝合金运煤专用敞车在大秦线的运用情况，我国研制了铁路经济型铁素体不锈钢 TCS345，采用该材料制造了第一辆载重 80 t 的运煤专用敞车，样车于 2005 年 5 月开始在大秦线进行运用考验。2005 年该材料定名为 TCS345（T 表示铁路货车的汉语拼音的首位字母；C 表示车体的汉语拼音的首位字母；S 表示不锈钢英文的首位字母；数字表示屈服强度的最低值）。经过一段时间的现场运用考验，第一批用 TCS345 材料生产的车辆出现了裂纹，后通过引进国外材料如德国 Nirosta4003 mod 铁素体不锈钢、日本新日铁 NSSC410WMT1 铁素体不锈钢，国内钢厂对 TCS345 材料的合金成分进行了优化，研制了改进型的铁素体不锈钢，2008 年该材料定名为 T4003。

TCS 材料与国外 3Cr12 化学成分相近，但由于 TCS 材料采用了超低碳氮和微合金化控制技术，因此与 3Cr12 相比，TCS 材料强度较高，韧性较好，脆性转变温度低。TCS 材料是典型的经济型不锈钢，其主要特点如下：

（1）含有 12％左右的 Cr 和少量的 Ni 元素，具有中等的耐腐蚀性、较高的强度、良好的可焊性以及较好的耐磨性和滑动性。

（2）含有的 Ni、Mo 等元素较奥氏体不锈钢少，价格较低。

T4003 不锈钢焊接接头熔合线低温冲击值高于 TCS 不锈钢，这改善了焊缝热影响区的性能，降低了焊缝热影响区裂纹的风险。T4003 经济型不锈钢已成功应用在我国 C_{80B} 型不锈钢运煤敞车上。

7.4 铝 合 金

7.4.1 材料性能

铝是一种储量非常丰富的材料，它在地壳中的含量为 8.1％，仅次于氧和硅，在金属中高于铁(含量为 5.0％)而居于第一位。纯铝(纯度为 99.999％)在退火状态下抗拉强度仅为 45 MPa，延伸率为 60％，但是通过形变、合金化和热处理就可以显著提高其强度，使其抗拉强度达到 500 MPa，相当于合金钢的强度。铝的密度只有 $2.7×10^3$ kg/m³ 左右，约为钢材的 1/3，显然铝的比强度大大高于钢材，这是铝合金作为轻量化结构材料最重要的原因。

铝合金是以铝为基的合金总称，主要合金元素有铜、硅、镁、锌、锰，次要合金元素有镍、铁、钛、铬、锂等。铝合金分为形变铝合金和铸造铝合金，铸造铝合金在铸态下使用；形变铝合金能承受压力加工，力学性能高于铸造铝合金，可加工成各种形态、规格的铝合金材。根据合金的成分，形变铝合金又分为工业纯铝、防锈铝、硬铝、锻铝、超硬铝和特殊铝。在国际标准 ISO 和国标中，铝合金牌号采用 1000～8000 之间的 4 位数字来表示，其中 5000 系列铝镁合金、6000 系列铝镁硅合金和 7000 系列铝锌合金都具有较高的强度，在铁路车辆设计中被用作结构材料。铁路车辆常用铝合金材料化学成分、力学性能及特性分别见表 7-9、表 7-10 及表 7-11。

表 7-9　铁路车辆常用铝合金材料化学成分

| 牌号 | 化学成分/% | | | | | | | | | | 其他 | | Al |
	Si	Fe	Cu	Mn	Mg	Cr	Zn	Ti	Zr	V	单个	合计	
5083	≤0.40	≤0.40	≤0.10	0.40~1.00	4.00~4.90	0.05~0.25	≤0.25	≤0.15	—	—	≤0.05	≤0.15	余量
5383	≤0.25	≤0.25	≤0.20	0.70~1.00	4.00~5.20	≤0.25	≤0.40	≤0.15	≤0.20	—	≤0.05	≤0.15	
6N01	0.40~0.90	≤0.35	≤0.35	≤0.50	0.40~0.80	≤0.30	≤0.25	≤0.10	—	—	≤0.05	≤0.15	
6005A	0.50~0.90	≤0.35	≤0.30	≤0.50	0.40~0.70	≤0.30	≤0.20	≤0.10			≤0.05	≤0.15	
6061	0.40~0.80	≤0.70	0.15~0.40	≤0.15	0.80~1.20	0.04~0.35	≤0.25	≤0.15			≤0.05	≤0.15	
6082 (EN 573-3 P10)	0.70~1.30	≤0.50	≤0.10	0.40~1.00	0.60~1.20	0.25	≤0.20	≤0.10			≤0.05	≤0.15	
7N01	≤0.30	≤0.35	≤0.20	0.20~0.70	1.00~2.00	≤0.30	4.00~5.00	≤0.20	≤0.25	≤0.10	≤0.05	≤0.15	
7020	≤0.35	≤0.40	≤0.20	0.05~0.50	1.00~1.40	0.10~0.35	4.00~5.00	—	0.08~0.20	—	≤0.05	≤0.15	

表 7-10　铁路车辆常用铝合金材料力学性能

牌　号	状态	抗拉强度 R_m/MPa	非比例延伸强度 $R_{p0.2}$/MPa	断后伸长率 A50/%
5083	H321	≥305	≥215	≥12
	O	274~352	127~169	≥16
5383	H321	≥305	≥220	≥12
6061	T6	≥265	≥245	≥9
6N01	T5	≥245	≥205	≥8
6005A	T6	≥260	≥215	≥8
6082(EN 573-3 P10)	T6	≥295	≥250	≥12
7N01	T5	≥325	≥245	≥10
7020	T6	≥340	≥270	≥9

表 7-11　铁路车辆常用铝合金材料特性

牌号	截面复杂程度	强度	耐腐蚀性	切削性能	可焊性	弯曲能力	导电率	阳极氧化能力
5083	-	+	++	+	++	+	0	-
6082	0	+	+	+	+	+	0	0

注：++表示非常合适，+表示合适，0表示可能合适，-表示不合适。

　　铝合金车体零部件间的连接，既有焊接结构，也有铆接结构、螺栓连接结构，这是因为：一方面，铝合金的焊接复杂，手工操作难，容易产生较大的热应力变形、裂纹和气孔；另一方面，焊缝区域是微细的铸造组织，其机械强度比母材低，即焊缝是车体的薄弱环节。

　　利用铝合金良好的塑性，将车体的板与梁做成一体化的挤压型材结构，可使车体结构大大简化，使其具有较好的刚度，并具有良好的耐冲击性。

　　在板梁结构中，应用广泛的材料是 5000 系列合金，如 5083 合金。5000 系列合金属于防锈铝，耐腐蚀，焊接性能好，不能进行热处理，可以通过冷变形强化，但挤压性能不太好，不能用来挤压复杂的断面，且壁厚不能太薄。因此，5000 系列合金主要用来制作板梁式结构的侧板、顶板和骨架。挤压性能最好的是 6000 系列合金，如日本研制的 6N01 合金和法国研制的 6005A 合金，这两种合金都属于锻铝，具有良好的焊接性能，其中的镁元素和硅元素能够形成塑性良好的 Mg_2Si 化合物，因此，6000 系列合金能够挤压出复杂的形状，最新壁厚可达到 2.5 mm，并具有中等强度，是具有挤压型材结构的车体使用最多的材料。

　　铝合金材料的性能有以下几大特点：

　　(1) 在强度满足要求的情况下，同一结构的钢质件自重是铝质件的 2 倍；

（2）铝的化学性质很活泼，空气中铝合金表面会形成一层致密的 Al_2O_3 保护膜，其表面硬度较高，不易破损，在大气中有很好的防腐能力，不仅可以降低车辆的制造和修理费用，还可以减少涂装工作量；

（3）铝合金在潮湿环境中，特别是当介质中含有阴离子（如 Cl^-）时，容易产生局部原电池，发生点蚀，形成点蚀坑，由于温度对铝合金材料性能的影响较大，因此焊缝热影响区内材料的性能（如强度）有所降低，故零部件的连接须采用铆接结构；

（4）铝合金材料与其他金属接触存在电化学腐蚀，为防止这种腐蚀，在车辆设计生产中，凡是铝合金材料与钢接触的部位均应采取防电化学腐蚀措施，如在铝合金表面和电解质之间设置一层物理性阻挡层，可以起到防腐作用。

7.4.2　材料分类及特性

铁路货车常用铝合金材料的牌号主要有 5083-H321 和 6061-T6。其中，板材多为 5083-H321，属于第 5 系列铝合金。该系列合金中镁是主要元素，故该系列也被称为"Al-Mg系"。在工业常用的第 5 系列铝合金中，镁的含量一般不超过 5.5%，它的加入能显著提高铝的强度，但又不会使其塑性过分降低。H321 表明了该材料加工硬化后再经过稳定化处理的状态，加工硬化后再经低温退火，合金强度略有降低，伸长率稍有升高，材料力学性能稳定。各种工业结构件用的铝合金型材多为 6061-T6，属于第 6 系列铝合金，即"Al-Mg-Si系"。镁和硅作为合金元素添加到铝中，提高了铝合金的可热处理强化性，当达到 T6 固溶处理人工时效的状态后，铝合金材料的力学性能处于稳定状态，从而便于工程使用。

7.5　复合材料

7.5.1　材料分类

常见的复合材料由基体材料和增强体材料两种性质不同的材料组合而成。基体材料分为金属材料和非金属材料两大类，金属基体材料常用的有铝、镁、铜、钛及其合金，非金属基体材料主要有合成树脂、橡胶、陶瓷、石墨、碳等。增强体材料主要有玻璃纤维、碳纤维、硼纤维、芳纶纤维、碳化硅纤维、石棉纤维、晶须、金属丝和硬质细粒等。

复合材料按用途主要可分为结构复合材料和功能复合材料两大类。

结构复合材料指主要作为承力结构使用的材料，由能承受载荷的增强体组元（如玻璃、陶瓷、金属等）与能联结增强体成为整体又起传力作用的基体组元（如树脂、金属等）构成。通常按基体的不同将结构复合材料分为聚合物基复合材料、金属基复合材料、陶瓷基复合材料、碳基复合材料和水泥基复合材料等。

功能复合材料指除力学性能以外还提供其他物理、化学、生物等性能的复合材料。

　　金属与金属复合材料是由两种或多种不同种类的相容性材料通过物理方法合成的具有多相结构的金属材料，具有与金属相似的特性，如导电、导热性好，抗氧化，抗腐蚀等。按照非金属相的形态和分布，金属与金属复合材料可以分为金属层状复合材料、弥散强化金属复合材料、颗粒增强金属复合材料和金属纤维复合材料四类。

　　复合材料的推广应用对于我国铁路货车的发展有着积极作用。早在 20 世纪，复合钢板材料就在冰醋酸罐车上得到了应用，其具有不锈钢的性能，而价格比纯不锈钢低很多，因此备受用户欢迎。但复合板制造工艺相对复杂，焊接程序烦琐，因此未进行扩大使用。近年来，我国铁路货车发展步伐加快，铁路货车新技术得到快速发展及应用，复合材料作为一种性能好而成本相对低的新型材料，必将在铁路货车的发展中得到大量应用。此外，既有车辆改造时，采用复合材料可发挥其成本优势，全面提高货车整体性能。

7.5.2　应用实例

1. 竹木复合层积材

　　竹木复合层积材是一种竹材与木材的复合材料，它总共分为 3 层，上、下表面层为高密度竹帘胶合板，芯层为木板。竹帘胶合板是由用竹篾编织而成的竹帘经过浸胶、干燥、组坯、热压、砂（刨）削等工序制成的结构紧密的薄板。由于其强度和硬度很高，因此将其用作表层材料可以大幅度提高产品的耐磨损性能和耐候性能，使产品具有较长的使用寿命。芯层木板是由马尾松或性能相当的其他小径材（直径 80 mm 以上）经干燥、定厚刨削、铣边、拼板等工序制成的薄板。竹木复合层积材表面强度、硬度高，中间层较轻、较软，这是因为该板材利用了竹胶板的高强度、高硬度、耐磨损、抗紫外线、耐腐蚀等特性，同时中间采用木材使材料整体具有较小的复合密度。中间层可以采用小径木材薄板通过粘接制作成的较厚的板材，木材分为 2～3 层，可以避免因木板缺陷导致的局部强度下降问题，同时还可以使板材的入钉性能和握钉力得到很好的保证。我国铁路平车地板用竹木复合层积材的各项物理力学性能指标均能达到或超过目前主型平车木地板的性能指标，这种材料用来装载坦克等军用装备具有良好的适应性，其表面抗碾压性能优于松木。目前，70 t 级平车与 P_{70} 型棚车地板已部分采用竹木复合层积材。

2. 罐车用铝＋铝合金复合材料

　　目前在用的浓硝酸罐车均采用纯铝材质，主要车型有 GAL、GH、GH40LK 等。

　　由于纯铝的强度很低，因此应用于 60 t 级罐车上已经暴露出强度不足等问题。70 t 级罐车考核要求较 60 t 级罐车又提高了，单纯采用纯铝材料难以满足运用要求。

　　铝合金材料虽然强度稍高，但不耐浓硝酸腐蚀；特种不锈钢虽然耐浓硝酸腐蚀，但市场价格高昂，难以推广应用。采用纯铝＋铝镁合金复合板罐车装运浓硝酸，可综合纯铝的耐腐蚀性及铝合金材料的高强度，从而解决纯铝强度不足的问题。

　　目前纯铝＋铝镁合金复合材料已经用于 70 t 级浓硝酸罐车试制。

3. 不锈钢复合钢板

　　用不锈钢复合钢板来代替现有普通碳钢能很好地解决制动缸内壁腐蚀问题。不锈钢复合钢板是碳钢基层与不锈钢复层结合而成的复合钢板，其主要特点是碳钢和不锈钢形成牢固的冶金结合，可以进行热压、冷弯、切割、焊接等各种机械加工，有良好的工艺性能。不锈钢复合钢板的基层材料可以使用 10、Q235B、16MnR、20R 等各种普通碳素钢和专用钢，复层材料可以使用 0Cr18Ni9、316L、1Cr13 和双相不锈钢等各种牌号的不锈钢。不锈钢复合钢板作为一种资源节约型的产品，可以减少贵重金属的消耗，大幅度降低工程造价，实现低成本和高性能的完美结合，有良好的经济效益和社会效益，已经广泛应用于石油、化工、盐业、水利、电力等。

4. 不锈钢冶金复合管

不锈钢冶金复合管是以碳素钢无缝钢管为基层，以薄壁不锈钢管为覆层，界面采用冶金结合方式，使用覆层连续均匀覆于基层钢管内壁所形成的复合管材料（以下简称复合管）。复合管外层为低碳钢无缝钢管，内层为不锈钢焊接管，采用内压热扩散技术制造，内、外层界面结合强度高，外壁焊接性能好，内壁耐腐蚀性强。与不锈钢管相比，复合管经济性好，主要用于车辆制动管系的制造。

7.6 低合金铸钢（B＋、C、E 级铸钢）

7.6.1 材料性能

摇枕、侧架是货车转向架的重要承载部件，具有很高的强度和安全性要求。在货车重载、提速以后，摇枕、侧架的材料设计、结构设计和制造工艺都有了较大提升。同时，通过整体芯铸造、射线探伤等手段，大幅提升了安全可靠性。铸钢材料先由原来的 ZG230-450（ZG25）铸钢（抗拉强度≥450 MPa）升级为 B 级铸钢（抗拉强度≥485 MPa），又由 B 级铸钢升级为采用精炼工艺的 B＋级铸钢（抗拉强度≥550 MPa）。B＋级铸钢（ZG25MnCrNi）是在 B 级钢的基础上发展起来的一种新型低合金铸钢。与 B 级铸钢相比，B＋级铸钢增加了对 Cr 元素含量的要求，C、Si、Mn 元素含量略有调整，铸造性能、焊接性能与冶炼工艺基本相当，而屈服强度提高了 32.7％。B＋级铸钢中虽然增加了 0.3％～0.5％ 的 Cr 元素，但允许将 Ni 元素的含量由 0.3％～0.4％ 最低降至 0.2％，总体来看铸件的制造成本基本持平，但强度等级提高约 $\frac{1}{3}$。

我国目前研制的 C 级钢主要有 ZG24SiMnVTi、ZG25MnCrNiMo 和 ZG32MnMoNiCu 三个钢种。其中，ZG24SiMnVTi 系铸钢材料采用正火＋回火的热处理方式，钢材料的强度和塑性达到了 AAR 对 C 级钢的要求。ZG25MnCrNiMo C 级钢采用正火＋回火的热处理方式，克服了 ZG24SiMnVTi 铸钢的铸造性能差、可焊性不好和裂纹敏感等缺点，具有良好的机械性能和焊接性能。ZG32MnMoNiCu 钢车钩材料含有 Mo、Ni、Cu 等合金元素，采用淬火＋回火的热处理方式，属于调质 C 级钢。

为了适应铁路货车快速发展的需求，我国根据美国 AAR-M-201 标准研制了 E 级钢（ZG25MnCrNiMo）材料，1991 年开始应用于大秦线运煤专用车 16、17 型车钩的生产，后来又应用于大容量缓冲器箱体的生产，2006 年开始逐步推广生产 E 级钢车钩，以满足货车重载提速的要求。采用 E 级钢铸造的 16、17 型车钩钩体的破坏强度达到 4005 kN，满足我国万吨重载货物列车的牵引要求。

7.6.2　应用实例

B+级钢主要应用于新造货车转 K5、K6、K7 型转向架的摇枕、侧架等，提高了摇枕、侧架的强度，增加了转向架的强度储备与安全系数，对铁路货车行车安全有重大意义。C_{80B}型不锈钢运煤敞车的心盘座材料也采用了 B+级钢。

采用 C 级钢铸件的零部件主要有 70 t 级货车的前、后从板座及 C_{80B} 型不锈钢运煤敞车的冲击座等。

采用 E 级钢铸件的零部件主要有 16、17 型车钩，钩尾框，牵引杆及大容量缓冲器箱体等。

7.7　非金属材料

7.7.1　材料性能

非金属材料通常指由非金属元素或化合物构成的材料，分为三大类：有机非金属材料、无机非金属材料、复合材料。随着生产和科学技术的进步，尤其是无机化学和有机化学工业的发展，以天然的矿物、植物、石油等为原料，制造和合成了许多新型非金属材料，如水泥、人造石墨、特种陶瓷、合成橡胶、合成树脂(塑料)、合成纤维等。这些非金属材料具有各种优异的性能，为天然的非金属材料和某些金属材料所不及，在机械、工程等领域中的用途不断扩大，并迅速发展。

非金属材料在防腐蚀、密度、非导电等方面具有优势。随着铁路货车新技术的发展，非金属材料日益增多，在新车型开发过程中，应根据车辆零部件的使用要求，优先选取非金属材料，使车辆达到自重小、使用寿命长、便于维修等设计目标。非金属材料具有较高内阻，对高频振动的减振以及隔音性有良好的效果；非金属材料的弹性模量比金属小得多，采用这种材料可以得到较大的弹性形变，容易实现预想的良好的非线性特性。此外，采用非金属材料，可自由确定零件形状；可避免金属件之间的磨耗，安装、拆卸简便，并无需润滑，有利于降低成本；可减轻车辆自重。

7.7.2　应用实例

为改善车辆的动力学性能，降低磨耗部位的磨耗量，减少维修工作量，延长车辆使用寿命,满足铁路货车提速重载的要求,铁路货车研制单位加强了非金属材料在货车上的应用研究。1997年,转K3型焊接构架式转向架在轴箱定位装置上采用了橡胶件,保证了该转向架既有较高的临界速度,又有良好的曲线通过性能。减振器的立柱磨耗板、斜楔主磨耗板和旁承磨耗板首次用高分子合成材料,心盘磨耗盘首次采用尼龙材料。试验和运行考核表明,转向架摩擦系数更稳定,耐磨性更好,提高了免检的走行公里数,降低了维修成本。

为了使车体和转向架之间有合适的回转阻力,在转K2、转K3、转K4、转K5及转K6型转向架的设计中采用常接触弹性旁承,提高了车辆高速运行的稳定性。该旁承具有较高的强度、柔性和耐久性,满足了转向架旁承承受高负荷的要求。常接触弹性旁承已在铁路货车上大量推广使用。

轴箱橡胶弹性装置的采用实现了轴箱一系悬挂方式,可减少簧下质量,降低轮轨垂向动作用力,降低轮轨磨耗。弹性交叉支撑装置依靠橡胶件的弹性为转向架提供一定的抗菱刚度,提高了转向架抗菱形变形能力。

经过长时间运用经验的积累,高分子耐磨材料现已推广应用到制动梁端头、车钩钩尾框托板磨耗板、缓冲器、从板磨耗板、车钩支承座、手制动滑轮、制动管卡等部位,改善了磨耗状况,减少了检修工作量。

高摩合成闸瓦替代普通铸铁闸瓦后,在达到同样的制动力时,可以减小闸瓦上的正压力,可以采用直径较小的制动缸及较轻巧的制动系统,同时减轻了车辆自重,降低了对车轮的磨损和热影响。

另外,采用弹性胶泥的新型缓冲器提高了容量,滚动轴承采用塑钢轴承保持架提高了耐磨性能,延长了使用寿命。

7.8 铁路货车用钢材的发展趋势

铁路货车的生产正在由单一品种、大批量向多品种、小批量的方向发展,铁路货车的出口也将不断地增加,这意味着对铁路货车的性能参数和制造水平的要求也将越来越高。与此同时,对铁路货车用材的品种和性能也会有更多、更高的要求。从目前生产情况和长远角度分析,钢材的发展趋势主要体现在以下几个方面。

7.8.1 耐大气腐蚀性

铁路货车应用环境恶劣,传统耐候钢(09CuPTiRe和09CuPCrNi)的耐大气腐蚀性能只能达到普通结构钢的2倍左右,即使配合涂漆还是无法彻底解决钢板在使用过程中的锈蚀问题,不能满足铁路货车寿命期25年内免截换的要求。Q450NQR1是现阶段我国铁路货车的主要用钢,其耐大气腐蚀性不比09CuPCrNi高。因此,提高耐大气腐蚀性是我国铁路货车用耐候钢未来发展的主要方向之一。

开发增加少量的合金元素,通过微合金化元素调整,在成本增加不多的情况下,获得更高耐腐蚀性(在目前耐候钢的基础上再提高 1 倍),并具有优良的低温韧性和焊接性能的耐候钢成为一种比较可行的解决方式。如美国的 Mayari-R 钢,通过微合金化元素调整,所获得耐候钢的耐腐蚀性是普通钢的 3～6 倍。

Q450NQR1 高强度耐候钢在我国 70 t 级、80 t 级铁路货车上应用广泛,很好地满足了我国铁路货车的发展需要。目前,我国正在研究采用微合金化元素优化方法提高 Q450NQR1 耐候钢的耐腐蚀性,预计耐腐蚀性将会在现有基础上提高 30% 以上。

此外,不同耐候性元素在不同环境下的抗腐蚀作用不一样,例如加入 Mo 对降低工业大气腐蚀速率有效,但对海洋性大气的抗腐蚀作用不明显。因此,根据腐蚀环境的不同,向专用性、特殊用途化发展耐候钢,同时调整其成分体系,以提高所加入耐候性元素的有效性和应用效率。耐海水腐蚀钢、耐海洋性气候腐蚀钢、耐酸性气候腐蚀钢和耐热带气候腐蚀钢等专用钢种是这一类钢种的代表。

7.8.2　机械性能

1. 强度等级

Q450NQR1 的屈服强度为 450 MPa,其强度等级基本能够满足铁路货车的发展需求。因为铁路货车设计时,强度只是其考核标准之一,提高材料强度的最大目的就是降低车辆自重,而降低自重就要使钢材厚度减薄,钢材厚度减薄就会使车辆的刚度、疲劳可靠性降低。同时,材料强度等级提高时,材料的其他性能如延伸率、焊接性能、耐大气腐蚀性等会相应降低。因此,为了未来铁路货车的发展需要,应进一步完善屈服强度为 550 MPa 的耐候钢的各项性能指标。

2. 延伸率

延伸率是铁路货车用钢最重要的指标之一。铁路货车采用了大量的冷弯型钢,而冷弯型钢的成型、弯角大小主要由材料的延伸率确定。如果延伸率小,则冷弯型钢的弯角半径会很大,在很多情况下不能满足应用要求。09CuPTiRe 和 09CuPCrNi 两种耐候钢具有良好的压延性能,用它们制造的冷弯型钢成型美观,裂纹产生概率小。随着强度的提高,相对来说 Q450NQR1 的延伸率有所降低,且不同钢厂生产的钢材延伸率相差较大,给货车制造带来了一定的困难。

货车车体在运行过程中并不是一个完全的刚体,在纵向、垂向等载荷作用下,车体会有一定的弹性变形,特别是平车,车体刚度小、挠度大,在垂向载荷作用下,变形较大,这就需要材料有良好的塑性,即有较高的延伸率。另外,良好的塑性和韧性也是材料焊接性能的重要保证之一。因此,提高延伸率是铁路货车用钢的一个主要发展趋势。

7.8.3　焊接性能

铁路货车 80% 以上采用焊接的连接方式,因此,铁路货车用钢材的焊接性能是铁路货车可靠性和安全性的重要保障之一。

经过长时间的运用考验，09CuPTiRe 和 09CuPCrNi 两种材料具有良好的焊接性能，且其焊接规范、焊丝等已制定成了标准。Q450NQR1 研制成功后，在各货车制造单位和钢厂的共同努力下，经过大量的焊接试验，制定了 Q450NQR1 钢材的焊接规范，经过几年的实际运用考验，证明 Q450NQR1 具有较好的焊接性能。

铁路货车对钢材的焊接性能主要有以下几点要求：

（1）在正常工作条件下能够进行焊接，不应附加过多的额外条件，比如焊接环境温度要求、预热要求等。

（2）材料轧制均匀，塑性、韧性好，焊接变形小。

（3）材料的 P、S 含量不应太高，以防止焊接裂纹的产生。

（4）焊丝通用性好，额外附加条件少。

（5）材料研制单位应提出该材料的焊接规范。

7.8.4 热敏感性

铁路货车钢结构焊接后不可避免地要遇到火焰矫正，火焰矫正温度一般会达到 1000℃。在实际生产中，当采用 09CuPTiRe 和 09CuPCrNi 两种材质时，制造工厂一般可以采取火焰矫正；当采用 Q450NQR1 材质时，经过试验，若温度超过 700℃，则会对钢材的机械性能及晶粒度有一定的影响，故 Q450NQR1 材质火焰矫正温度一般要求不超过 680℃，但这不能满足火焰矫正的要求。因此，在保证材料其他性能的前提下，应尽可能地降低材料的热敏感性。

7.8.5 强度系列化

目前，铁路货车基本上都为全钢焊接结构，其各部位的受力状态并不一致。拿敞车来说，其底架相对于端、侧墙受力大，且底架中中梁、枕梁为全车最主要受力部件，所以中梁、枕梁主要采用高强度材料，而端、侧墙主要考虑材料的耐腐蚀性能。因此，铁路货车用钢材应形成强度系列化，主要受力部位可采用高强度钢材，一般受力部位可采用强度级别较低的钢材，如地板、端侧板、底架附属件等部位最好采用强度级别较低、耐腐性好且价格适中的材料。

7.8.6 型钢专用化

铁路货车专用型钢的采用，有效地节约了材料，方便了货车生产，产生了较好的效益。因此，应拓宽铁路货车专用型钢使用范围，增加其使用量。目前铁路货车专用型钢主要有热轧专用型钢和冷弯专用型钢。

1. 热轧型钢

铁路货车上使用的热轧型钢主要为槽钢、角钢、工字钢、H 型钢、乙字钢等型材。热轧型钢以其外形尺寸精确，加工制造方便，工艺性好等特点，大大方便了车辆制造，使各部件之间的连接更为简便，使结构的强度和刚度均得到了一定的加强，推动了铁路货车的发展和进步，并在铁路货车用钢中占有很大的比例。但这个比例随着材料的改进而逐步降低，主要原因如下：一是从模具开发到投入使用周期较长且费用较高，限制了热轧型钢的发展，如目前采用 Q450NQR1 材质的热轧型钢仅有 310 乙字型钢；二是随着材料强度等级的提高，热轧型钢的性能可能会减弱，如采用 Q450NQR1 材质的 310 乙字型钢，有时存在夹层、轧制不均匀等缺点。

铁路货车对热轧型钢的要求如下：

(1) 进一步改善高强度材质热轧型钢的轧制工艺，提高其可靠性和焊接性。

(2) 将高强度钢材应用在热轧型钢的制造上，以满足铁路货车主要梁件承担载荷的需要，形成热轧型钢系列化。

(3) 研制变截面、变厚度热轧乙字型钢，改善铁路货车受力状态，实现等强度设计，提高材料利用率。

2. 冷弯型钢

近年来，冷弯型钢在货车制造中得到了广泛应用。冷弯型钢以其形式多样、外形美观、性能稳定、与热轧产品相比质量轻，并能以较复杂断面满足用户需求而广泛应用于建筑、桥梁、机械、制造等各类行业，并逐步成为在铁路货车产品结构设计上热轧型钢的替代品。

铁路货车对冷弯型钢的要求如下：

(1) 解决冷弯回弹、弯角裂纹、变形大等缺陷。

(2) 轧制出更多适合结构需要，具有复杂断面形状的冷弯型钢，使铁路货车的结构得到更合理的优化，使货车产品的整机性能迈上一个新的台阶。

(3) 轧制变截面冷弯型钢，实现等强度设计。

7.8.7 表面处理技术

开发与耐候钢基体相配合的涂层材料，可使耐候钢的耐腐蚀效果成倍提高。例如，日本将含有百分之几碳酸铬的聚乙烯醇缩丁醛树脂涂在耐候钢表面，人工加快稳定锈层的产生，防止或减少了初期流动铁锈的生成，减少了环境污染，提高了耐候钢的耐腐蚀能力。

7.8.8 新型耐候钢

国外正在研究非 Cu-P、非 Cu-P-Cr-Ni 系的耐候钢，一旦商业化，将能提供比现有耐候钢更加价廉质优的耐候钢，从而引发耐候钢品种的革命。

第八章 可靠性设计与货车三维设计技术

8.1 概　述

8.1.1 可靠性的基本知识

1. 可靠性理论

可靠性是人们衡量产品质量的一个重要指标。长期以来，一切讲究信誉的企业，为了争取顾客，都在追求其产品具有较好的可靠性。因为只有可靠性较高的产品，才能长期发挥其使用性能，从而受到用户的欢迎。此外，对于有些产品，如飞机、轮船、列车、汽车等产品，如果其关键零部件不可靠，不仅会给用户带来不便，耽误时间，造成经济损失，还可能直接危及使用者的生命安全。

可靠性理论是以产品的寿命特征作为重要研究对象的一门综合性和边缘性科学，它涉及基础科学、技术科学和管理科学的许多领域。可靠性理论在发展过程中形成了以下三个独立的学科：

（1）可靠性数学，主要研究解决各种可靠性问题的数学方法和数学模型，研究可靠性的定量规律。

（2）可靠性物理，研究产品失效的物理原因与数学物理模型，研究检测方法与纠正措施。它从本质上、从机理上探究产品的不可靠因素，为研制高可靠性产品提供科学的依据。

（3）可靠性工程，它是对产品的失效及其发生的概率进行统计、分析，对产品进行可靠性设计、可靠性预测、可靠性试验、可靠性评估、可靠性检验、可靠性控制、可靠性维修及失效分析的一门边缘性工程学科。

2. 可靠性定义

可靠性的定义为在给定的条件下和规定的时间内，产品完成规定的功能的能力。我国的可靠性工作起步较晚，20 世纪 70 年代才开始在电子工业和航空工业中初步形成可靠性研究体系，并将其应用于军工产品。其他行业可靠性工作起步更晚，与先进国家差距约为十年，虽然国家已制订可靠性标准，但尚未引起所有企业的足够重视。

对产品而言,可靠性越高越好。可靠性高的产品,可以长时间正常工作(这正是所有消费者想要得到的),从专业角度上说就是:产品的可靠性越高,产品可以无故障工作的时间就越长。

可靠性的上述定义中含有以下因素:

(1) 对象。可靠性问题研究的对象是产品,它可以是零件、部件、总成、机器、设备,甚至整个系统。

(2) 使用条件。使用条件包括运输条件、存储条件、环境条件、使用方法、维修水平等,这些因素对产品可靠性都会有很大影响。例如同一型号的汽车分别在高速公路和崎岖的山路上行驶,其可靠性的表现就不大一样。因此,要谈论产品的可靠性,必须指明规定的条件是什么。

(3) 规定时间。规定时间是关于产品使用期限的规定。随着产品任务时间的增加,产品出现故障的概率将增加,产品的可靠性将下降。因此,对时间的要求一定要明确。

(4) 规定功能。规定功能指产品规定了的必须具备的功能及其技术指标。所要求产品功能的多少和其技术指标的高低,直接影响产品可靠性指标的高低。例如,电风扇的主要功能有转叶、摇头、定时,那么规定功能是三者都要,还是仅需要转叶,所得出的可靠性指标是大不一样的。

(5) 概率。产品的可靠性可用可靠度来衡量。可靠度是可靠性的概率表示。

研究产品的可靠性问题时,必须明确对象、使用条件、规定时间、规定功能等因素。

3. 可靠性尺度

可靠性尺度是评定产品可靠性的数值指标。常用的可靠性尺度有可靠度、失效率、平均寿命、寿命方差、寿命标准差、可靠寿命、中位寿命、特征寿命、维修度、有效度、系统有效性、重要度、经济尺度以及与人为差错有关的可靠性尺度等。

有了统一的可靠性尺度,就可在设计产品时用数学方法计算和预测其可靠性,在产品生产出来后用试验方法等考核和评定其可靠性。

4. 可靠性设计

可靠性设计是保证产品满足给定的可靠性指标的一种方法,包括对产品的可靠性进行预计、分配、技术设计、评定等工作。它不但直接反映产品各组成部件的质量,而且影响整个产品质量性能的优劣。在不同领域中可靠性工程所处理的具体问题不同,使用的方法也有差异。以下简要介绍与一些机车车辆可靠性设计有关的理论和方法。

8.1.2   线性累积损伤理论

1954年,美国学者迈因纳(M. A. Miner)在对疲劳累积损伤问题进行大量试验研究的基础上,将帕姆格伦(J. V. Palmgren)在1924年提出的线性累积损伤理论公式化,形成了至今仍被广泛使用的Palmgren-Miner疲劳线性累积损伤法则,简称Miner法则。这些疲劳强度或寿命分析的基本原理至今仍被机车车辆技术水平发达的国家的工程技术人员采用,以分析或预测承载结构的疲劳强度或寿命。

疲劳累积损伤的假说多达数十种，其中最简单、最适用的是迈因纳（Palmgren-Miner）线性累积损伤理论，习惯称之为线性累积损伤理论。迈因纳理论认为材料的疲劳破坏是由循环载荷的不断作用而产生损伤并不断积累造成的，疲劳损伤累积达到破坏时吸收的净功 W 与疲劳载荷的历史无关，并且材料的疲劳损伤程度与应力循环次数成正比。设材料在某级应力下达到破坏时的应力循环次数为 N_1、经 n_1 次应力循环而疲劳损伤吸收的净功为 W_1，根据迈因纳理论，有

$$\frac{W_1}{W} = \frac{n_1}{N_1} \tag{8-1}$$

则在 i 个应力水平级别下分别对应 n_i 次应力循环时，材料疲劳累积损伤为

$$D = \sum \frac{n_i}{N_i} \tag{8-2}$$

式中：n_i——第 i 级应力水平下经过的应力循环数；

N_i——第 i 级应力水平下达到破坏时的应力循环数。

当 D 值等于 1 时，认为被评估对象开始产生疲劳破坏。

应该指出，迈因纳理论没有考虑加载顺序和平均应力的影响，只是一种近似理论。但是，由于该理论简单，便于利用，因此在工程上得到了广泛应用。

8.1.3 影响疲劳强度的因素

在进行疲劳损伤计算时，需要用到材料的 $P-S-N$ 曲线和疲劳极限，一般它们均是大量光滑小试样通过成组法和升降法在室内疲劳试验的结果。由于实际车辆零部件的尺寸、形状和表面情况各式各样，与光滑小试样的疲劳试验结果差异很大，因此要考虑这些因素的影响。

1. 缺口效应

在车辆结构中，一般存在沟槽、孔洞、拐角等，铸造材料还存在夹渣、疏松等缺陷。这些结构截面的变化和材料的缺陷统称为缺口。在这些缺口处，不可避免地会产生应力集中，常常成为零部件的疲劳薄弱环节。因此，在疲劳可靠性设计中必须考虑缺口效应。

应力集中提高局部应力的作用可以用理论应力集中系数 K_t 来表征：

$$K_t = \frac{\sigma_{max}}{\sigma_n} \tag{8-3}$$

式中：σ_{max}——缺口处的最大局部应力；

σ_n——缺口处的名义应力。

理论应力集中系数只与试件的几何形状有关，可以采用试验或有限元方法确定。

应力集中对疲劳强度的影响极大。应力集中降低疲劳强度的作用可以用缺口疲劳系数 K_f 来表征：

$$K_f = \frac{\sigma_{-1}}{\sigma_{-1k}} \tag{8-4}$$

式中：σ_{-1}——光滑试样的疲劳极限；

σ_{-1k}——缺口试样的疲劳极限。

通过缺口敏感系数 q 可以将理论应力集中系数 K_t 和缺口疲劳系数 K_f 联系起来：

$$q = \frac{K_f - 1}{K_t - 1} \tag{8-5}$$

2. 尺寸效应

部件的尺寸对疲劳强度的影响很大。一般来说，零部件的尺寸增大，其疲劳强度降低。这种疲劳强度随零部件尺寸的增大而降低的现象称为尺寸效应。影响尺寸效应的因素很多，归纳起来可以分为两大类：工艺因素和比例因素。由铸造、锻造、热处理与机械加工过程引起的尺寸效应属于工艺因素。比例因素是指由于金属为多晶体，内部可能存在大小不同的缺陷，零部件尺寸越大，出现薄弱晶粒和缺陷的比例越大，使大尺寸零部件的疲劳强度较低。尺寸效应的大小通常用尺寸系数 ε 来表征：

$$\varepsilon = \frac{\sigma_{-1d}}{\sigma_{-1}} \tag{8-6}$$

式中：σ_{-1}——标准尺寸试样的疲劳极限；

   σ_{-1d}——零部件的疲劳极限；

3. 平均应力

决定零部件疲劳强度的主要应力参数是压力幅值，平均应力对疲劳强度的影响是第二位的，但其影响也不容忽视。在一定的平均应力范围内，压缩平均应力提高疲劳强度，拉伸平均应力降低疲劳强度。古德曼（Goodman）疲劳线对于延性金属略偏保守且简单方便，在疲劳设计中应用最广。如图 8-1 所示，将最大可能平均应力与在 N 次循环内的临界应力幅值联

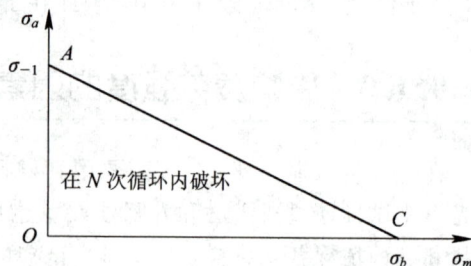

图 8-1　古德曼（Goodman）疲劳线图

系起来，在 AC 线左边就会出现破坏，在 AC 线上，平均应力越高，应力幅值越小。古德曼（Goodman）疲劳极限图对应的表达式为

$$\sigma_a = \sigma_{-1}\left(1 - \frac{\sigma_m}{\sigma_b}\right) \tag{8-7}$$

通过转换，可得到对称循环的等效疲劳极限线幅值 σ_{-1eq}：

$$\sigma_{-1eq} = \frac{\sigma_b}{\sigma_b - \sigma_m}\sigma_a \tag{8-8}$$

按式（8-8）考虑平均应力对疲劳强度的影响，进行疲劳评估。

8.1.4　疲劳设计方法

疲劳设计方法一般有无限寿命设计方法、有限寿命设计方法和损伤容限设计方法。根据产品所受应力的状况和构件的裂纹情况，疲劳设计方法可以分为名义应力方法、局部应力应变方法和断裂力学方法。根据货车结构的特点，目前大多采用名义应力方法进行结构

的疲劳寿命估算。

车辆在运行过程中所受到的载荷是变幅的，而且是随机的，因此研究疲劳累积损伤是进行结构疲劳设计的关键。利用载荷谱和线性累积损伤理论，结合材料或焊接接头的基本疲劳性能参数，就可以对货车结构进行疲劳设计。需要进行疲劳分析的关键部件有摇枕、侧架、中梁、端梁、枕梁、侧梁、车门孔部位、侧墙、端墙、装载加固支座等。

在进行车辆结构疲劳设计时，主要的假设条件如下：

（1）车辆结构中的疲劳损伤按照迈因纳线性累积损伤法则计算；

（2）所有的计算分析均在低于材料的屈服强度下进行，即可以采用线性叠加原理；

（3）所有的应力应该由有限元分析或试验来确定；

（4）环境载荷谱的加载次序不会影响疲劳累积损伤；

（5）车体载荷与载重呈线性关系。

按线性累积损伤假设，每次当零部件承受的应力大于其对应应力比下的疲劳极限时，该零部件会产生损伤。如果损伤的累积之和等于1，便认为该零部件出现损坏。如果 N_i' 表示在某一载荷作用下的循环数，N_i 表示在该载荷作用下导致零部件损伤的循环数，则在式（8-9）情况下零部件出现损坏：

$$\sum \frac{N_i'}{N_i} = 1 \qquad (8-9)$$

如果 N_T 表示零部件在载荷谱下出现损坏的总循环数，且 a_i 表示每一应力级占总循环的比例，那么 $N_i' = a_i N_T$，式（8-9）可变为

$$N_T \sum \frac{a_i}{N_i} = 1 \qquad (8-10)$$

于是零部件在载荷谱下的疲劳寿命为

$$N_T = \frac{1}{\sum \dfrac{a_i}{N_i}} \qquad (8-11)$$

进行疲劳分析时的部件疲劳极限可以由材料或焊接接头疲劳性能试验获得，也可以通过查阅有关的标准和资料获得，如 AAR 标准、UIC 标准、EN 标准、JIS 标准等。一般的资料所给出的疲劳极限和疲劳特性均是在平均质量工艺条件下试样的实验结果。

在实际情况下，货车结构承受的相当一部分载荷产生的应力小于疲劳极限，对于低于疲劳极限应力的处理一般有以下三种方法：

（1）假设低于疲劳极限的应力循环不产生损伤。

（2）假设低于疲劳极限的应力循环产生损伤，其贡献与高于疲劳极限的应力相当，即 $S-N$ 曲线的斜率在高于疲劳极限和低于疲劳极限时一样。

（3）假设低于疲劳极限的应力循环产生损伤，其贡献要小于高于疲劳极限的应力，即 $S-N$ 曲线的斜率在低于疲劳极限时比高于疲劳极限时要小。

大量的试验研究结果表明，材料或焊接接头的 $S-N$ 曲线方程为 $S^m N = C$（式中，m，C 是与材料、应力比、加载方式等有关的参数），在双对数坐标中是直线。因此，如果知道了 $S-N$ 曲线的斜率，就可以预测承受超过疲劳极限的应力 S_i 对应的部件 N_i（疲劳损坏的循

环数）。理想的 S-N 曲线如图 8-2 所示。

设 k 为 S-N 曲线的绝对斜率，则

$$\frac{\lg S_i - \lg S_e}{\lg N_e - \lg N_i} = k \tag{8-12}$$

$$k\lg\frac{N_e}{N_i} = \lg\frac{S_i}{S_e} \tag{8-13}$$

$$\frac{N_e}{N_i} = \left(\frac{S_i}{S_e}\right)^{\frac{1}{k}} \tag{8-14}$$

$$N_i = \frac{N_e}{\left(\frac{S_i}{S_e}\right)^{\frac{1}{k}}} \tag{8-15}$$

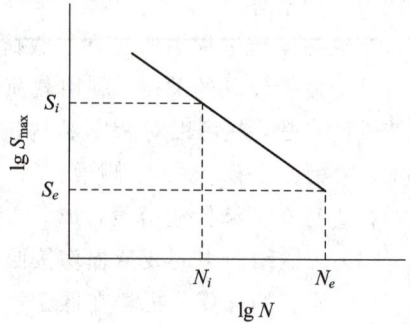

图 8-2　理想的 S-N 曲线

一般来说，疲劳极限 S_e 是在应力比 $R=0$ 或 $R=-1$ 条件下通过试验获得的，而实际载荷在各个应力幅值下的应力比不同，即平均应力并不一致，故可以通过 Goodman 方程将这些应力幅值等效到一个固定的平均应力下，使上述方程可以预测零部件达到损坏的循环数。最后，计算零部件的寿命：

$$寿命（公里）= \frac{N_T}{\beta} \tag{8-16}$$

式中，β 是每公里谱总循环数。

车辆在运行过程中受到多种载荷的作用，包括沉浮、侧滚、扭转和纵向载荷等，各种载荷都有自己的载荷时间历程，各种载荷可能按顺序或者同时起着作用，从而造成零部件的疲劳损伤。由于载荷变成载荷谱后，载荷的作用时间顺序和相位关系已经不存在，因此在多种载荷作用的组合谱情况下，零部件的疲劳损伤的精确处理是不可能做到的，但可以假设其疲劳损伤是由各种载荷产生的损伤累积而成的。于是，零部件的疲劳寿命可由式（8-17）估算：

$$疲劳寿命 = \frac{1}{\dfrac{1}{寿命1} + \dfrac{1}{寿命2} + \cdots} \tag{8-17}$$

式中，寿命 1、寿命 2……分别代表由沉浮、侧滚、扭转和纵向载荷等单独作用下的寿命。

1. 名义应力方法

在估算疲劳寿命时，名义应力方法以材料的 S-N 曲线为基础，并考虑各种修正，用构件的名义应力和 Miner 公式进行累积损伤计算。名义应力方法估算的疲劳寿命包括构件的裂纹萌生和裂纹扩展的寿命，可用于高周（$N>10^5$）循环疲劳分析。

对于型钢或焊接构件，推荐采用等效恒幅应力范围值方法进行疲劳强度评估。

等效恒幅应力范围值可按式（8-18）计算，式中有关系数可由应力谱确定：

$$\Delta S_e = \left(\sum_{i=1}^{K}\frac{\Delta S_i^m \cdot n_i}{N}\right)^{-1/m} \tag{8-18}$$

可用类似的方法计算等效恒幅剪应力范围值，此时疲劳强度根据有关的正应力疲劳强度曲线确定。

考虑安全系数的疲劳评估解析式为

$$\frac{\Delta S_R}{y_m} \geqslant y_s \cdot \Delta S_e \qquad (8-19)$$

式中，y_m 和 y_s 是考虑到疲劳强度和载荷独立变化的分项安全系数，其值均不应小于 1。对于剪应力范围也应作类似的评估。

对于铸钢件，推荐采用构件 $S-N$ 曲线和 Goodman 图相结合的方法进行疲劳寿命估算。在无实测的构件 $S-N$ 曲线（或 $P-S-N$ 曲线）时，可对有关材料的 $S-N$ 曲线（或 $P-S-N$ 曲线）加以修正获得。在修正时，应考虑构件危险部位的表面加工情况、尺寸效应和应力集中等因素。

$S-N$ 曲线的表达式为

$$N_i = \left(\frac{\Delta S_i}{2}\right)^m = C \qquad (8-20)$$

构件在交变载荷下不同应力比时的疲劳极限可通过修正 Goodman 图获得，等效疲劳极限按式(8-21)计算：

$$S_e = \frac{\sigma_0}{1 - K \cdot R} \qquad (8-21)$$

疲劳寿命可按式(8-11)、式(8-16)进行估算。

2. 局部应力应变方法

局部应力应变方法对构件的应力集中部位采用弹塑性分析方法确定局部应力应变，并计入了加载顺序的影响。局部应力应变方法估算的是构件应力集中最严重部位（通常为缺口区域）的裂纹萌生寿命，可用于低周（$N < 10^5$）疲劳分析，也可推广应用到中高周疲劳问题。

局部应力应变历程可以通过下列方法获得。

1) 修正 Neuber 方法

联立修正 Neuber 方程和材料循环应力应变曲线方程并求解，即可得到局部应力应变的近似值。

修正 Neuber 方程为

$$\Delta\sigma \cdot \Delta\varepsilon = \frac{(K_f \cdot \Delta S)^2}{E} \qquad (8-22)$$

循环应力应变曲线方程为

$$\frac{\Delta\varepsilon}{2} = \frac{\Delta\sigma}{2E} + \left(\frac{\Delta\sigma}{2K'}\right)^{\frac{1}{n'}} \qquad (8-23)$$

2) 试验测定方法

通过电测法、应力涂层法、光弹性法或弹塑性有限元分析法，可得到局部部位的载荷-应变（$P-\varepsilon$）标定曲线。

局部应变历程的循环计数建议采用雨流计数法（如输入程序谱，则不需另行计数）。由局部应变计算疲劳寿命时，建议采用 Morrow 修正的 $A_\varepsilon - N_f$ 曲线（考虑平均应力影响），其表达式为

$$\frac{\Delta \varepsilon}{2} = \frac{\sigma_{f'} - \sigma_m}{E}(2N_f)^b + \varepsilon'_f(2N_f)^c \tag{8-24}$$

3. 断裂力学方法

断裂力学方法用于估算构件从宏观初始裂纹扩展至临界裂纹所经历的应力循环数，即疲劳裂纹扩展寿命。此方法限于评估正应力作用下的张开型裂纹扩展寿命问题（Ⅰ型裂纹扩展）。

计算裂纹稳定扩展的通用公式（Paris 公式）为

$$\frac{\mathrm{d}a}{\mathrm{d}N} = A(\Delta K)^n \tag{8-25}$$

从初始裂纹尺寸 a_0 扩展到临界裂纹 a_f 所经历的循环纹数 N 可按式（8-26）计算（小于 ΔK_{th} 的裂纹扩展速率 ΔK 值取零）：

$$N = \frac{1}{A}\int_{a_0}^{a_f}(\Delta K)^{-n}\mathrm{d}a \tag{8-26}$$

式（8-26）中的 A 和 n 在给定的材料、环境、板厚和裂纹扩展速率的范围内才可能是常数。这些常数的值可根据有关的试验测定。

当构件存在不连续性时，规定不连续尺寸为初始裂纹尺寸 a_0。临界裂纹尺寸 a_f 可根据构件发生断裂、净截面屈服等极限状态确定，也可参照车辆所属单位颁布的车辆零部件的裂纹报废极限尺寸确定。评估短裂纹（a_0 小于 1 mm）的寿命时，特别是在异常大的晶粒区域内，仍采用以上裂纹扩展定律计算，得到的结果误差较大，故应谨慎对待。

8.2   机械失效分析概述

8.2.1   失效分析

一个零件或部件不能实现设计赋予它的规定功能，称该零件或部件失效。失效包括以下三种情况：

（1）完全不能工作；

（2）可以工作，但不能令人满意地完成预期的功能；

（3）受到严重损伤，不能可靠且安全地连续使用，必须拆下来进行修理或更换。

失效分为正常失效和非正常失效，达到设计寿命的失效为正常失效，否则为非正常失效，后者是通常失效分析工作的主要对象。

1. 失效分析的意义、目的

机械产品设计者的主要任务是为社会提供质量好、寿命长、成本低的产品。一种新产品的诞生，开始并不是完美的，可能存在各种问题，这些问题在设计、制造中可能难以发现，往往只有在使用中才能充分暴露。为此，设计、制造者必须针对产品使用中出现的失效进行仔细分析，找出问题的症结，重新改进，之后再投入使用，再发现问题，再改进，这个循环过程也许要反复进行多次。因此，失效分析是机械产品的质量由不完善走向完善的必经之路，是机械产品可靠性设计的重要一环。

2. 失效的来源

失效的来源主要有以下方面：设计，选材，材料缺陷，制造工艺（冷加工、热加工、表面处理等），储存、运输（碰撞、锈蚀等），装配（如螺栓拧紧力矩），服役条件（环境温度、受力状态、腐蚀环境、相关件的影响等）。

因此，失效不能单归咎于设计、制造者，也可能是流通环节和使用者的一些问题。

3. 失效分析的思路、方法

进行失效分析时，可能要做的工作如下（根据分析工作的难易来取舍）。

（1）收集背景资料，如失效件的设计图纸、要求，失效件的制造历史，失效件的服役情况等。

（2）通过查询运行记录、询问现场人员、拍照等确认失效件的现场状态。

（3）分析化学成分，鉴别材料的选择是否正确。

（4）通过磁粉、超声波、着色、涡流、X 射线、γ 射线、工业 CT 等进行无损探伤。

（5）保存好失效件的断口，不要使其受到损伤，不要将两个断口吻对，断口上的附着物不要忙于清除，以便进行断口分析。注意断口的清洗要小心谨慎。

（6）进行金相检验（包括低倍与高倍）。

（7）通过扫描电镜、透射电镜、俄歇谱仪、能谱分析等进行断口电镜分析。

（8）利用 X 射线衍射进行相结构分析。

（9）通过光弹、应变片、涂漆、X 射线应力测定进行受力分析。

（10）力学性能测试：硬度，σ_b，σ_s，δ，ψ，A_k，K_{1c}，da/dN，…。

（11）对一些无法确定的破坏形式，根据受力条件、环境进行模拟重现，即进行断裂模拟试验。

8.2.2 断口分析

断裂是机器零件失效最严重的表现形式之一。对断裂的研究已发展成一门独立的边缘学科，涉及断裂力学、断裂物理、断裂化学和断口学等多个分支。由于断口存储、记录了大量失效特征及失效原因的信息，因此，断口分析是失效分析最基本也是最重要的方法之一。尽管如此，在断口上记录的信息毕竟有限，加之对断口的基本研究仍在深入，以及在复杂工况条件下断口形貌会变异，这些都增加了断口分析的难度和结论的可靠性。因此，绝不能把断口分析和失效分析等同起来，把断口分析得出的结论充当零件失效原因的结论。

1. 断口保存

不要磕碰断口，不要把两个匹配断口用力吻对，以免断口形貌失真。断口上的一些残留物、污迹往往是失效的证据，不要轻易去除。比如断口上的油污、锈迹等往往是判断裂纹产生在热处理前还是热处理后的依据。待分析的断口要用干净的纸或布包好，达到防潮、防锈蚀的目的。

存在多个断口时，要标明每个断口的位置，进行编号，并拍照留存。

2. 断口清洗

对断口进行清洗，可用乙醇、丙酮等直接清洗，也可用不干胶带反复粘贴或电镜薄膜粘贴，还可用超声波清洗。

当断口污染、锈迹严重时，可用呈弱酸性的溶液、碱液清洗，如醋酸、磷酸、稀氢氧化钠溶液、10%～20%的草酸等。

清洗完后，用乙醇淋洗，吹干后观察或置于干燥箱中保存。

3. 二次断口的打开

有时断口受到严重损坏，观察不到断裂细节，此时将次生裂纹处打开进行观察，往往可以获取更加真实的断裂细节。此外，应将断裂处反响折断，以防断口受到挤擦损伤。有时可将试样进行深冷处理（如使用液氮），使材料脆化，便于折断。

4. 配对断口的提供

有时单个断口不能反映断裂的力学特征，此时对配对断口进行观察比对便可得出结论。如对于张开型断裂、扭转剪切型断裂，从韧窝的相对变形方向便可判断其受力性质。在三种应力状态下形成的显微空洞及微坑形状如图 8-3 所示。

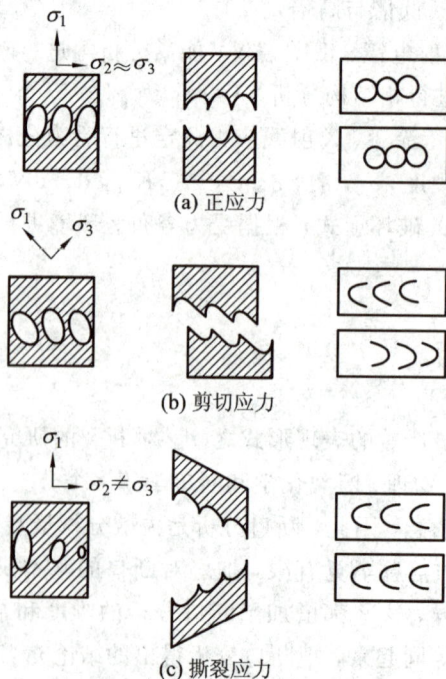

图 8-3　在三种应力状态下形成的显微空洞及微坑形状

5. 断裂性质初步分析

为了对断裂性质作初步定性分析,用肉眼观察零件的实际断口时,主要从以下几个方面入手:

(1)观察断口是否存在放射花样或人字纹,人字纹的顶点就是裂纹源的位置。根据放射区和纤维区面积的相对大小,可以大致定性估计断裂性质。放射区大,所受外力就大,脆性也就越大。

(2)观察断口上是否存在弧形线,如有海滩状弧线,说明是疲劳破断。

(3)观察断口的粗糙程度,断口越粗糙,表明韧性纤维断裂所占比重越大。反之,断口细平,多光泽,则解理脆性断裂所占比重大。

(4)观察断口颜色,断口越灰暗,塑性越大。

(5)观察断口与最大正应力方向的交角。脆断时,断口与最大正应力方向垂直,而纯剪断时,断口与最大切应力方向平行。

6. 断口分析部分名词术语

1)沿晶断裂

实际金属材料为多晶粒结构,晶粒之间的边界称为晶界,裂纹沿晶界扩展所导致的脆性断裂,叫作沿晶断裂。图 8-4 就是沿晶断裂的断口形貌,宛如冰糖状,所以这种断口又叫冰糖状断口。

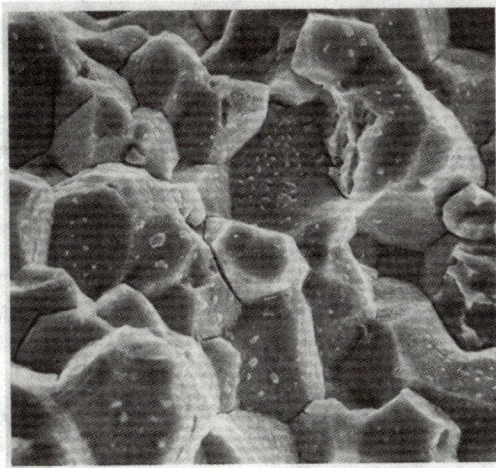

图 8-4 沿晶断裂的断口形貌

2)穿晶断裂

与沿晶断裂相反,裂纹穿过多晶体材料的晶粒扩展而发生的断裂称为穿晶断裂。

3)解理断裂

解理断裂是一种在正应力作用下产生的穿晶断裂,通常沿一定的严格的晶面——解理面分离,如体心立方金属中,(001)面就是解理面。解理断裂的形貌为河流花样,河流的上游(支流)就是裂纹发源处。肉眼观察断口时,旋转断口所看到的许多闪闪发光的亮点(常称为小刻面)就是解理面。解理断裂的形貌如图 8-5 所示。

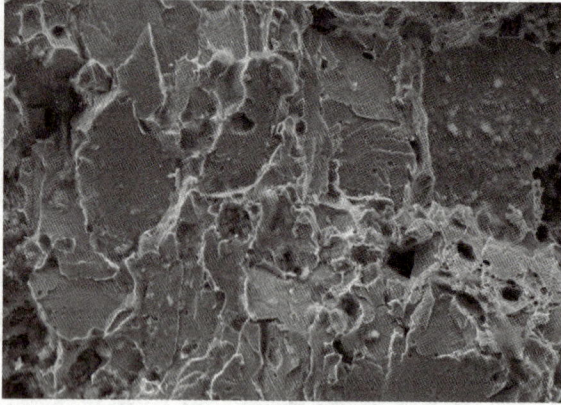

图 8-5　解理断裂的形貌

4）准解理断裂

裂纹主要沿着晶粒内的解理面扩展，同时伴随着一定程度的塑性撕裂现象而发生的断裂称为准解理断裂，其形貌如图 8-6 所示。

5）韧性断裂

金属材料发生明显的宏观塑性变形后产生的断裂称为韧性断裂，其形貌如图 8-7 所示。断裂过程由显微空洞的形成、长大、连接组成。这些显微空洞称为韧窝。

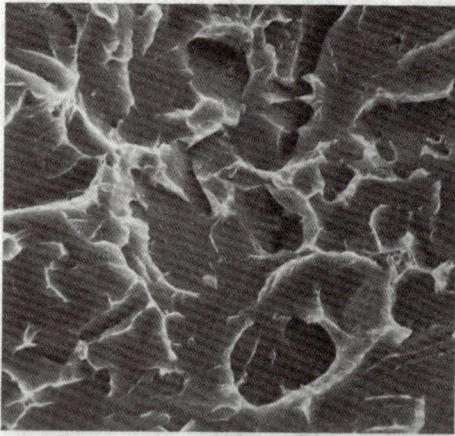

图 8-6　准解理断裂的形貌

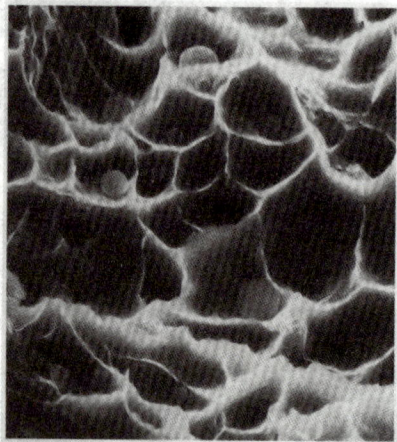

图 8-7　韧性断裂的形貌

6）剪切唇

剪切唇是指金属构件断裂时断口边缘部分常出现的一种宏观特征，一般出现在断裂过程的最后阶段，其表面光滑，与拉应力方向成 45°角，通常称之为拉边。此时裂纹在平面应力状态下发生失稳扩展，材料塑性变形很大。

7）放射花样

裂纹快速扩展而在断口上留下的撕裂痕迹称为放射花样（见图 8-8），它的放射方向就是裂纹扩展的方向。

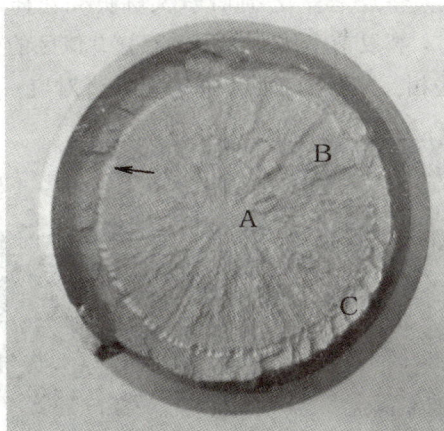

图 8-8 放射花样

8）疲劳断裂

在全部结构零件的破坏中，疲劳断裂占绝大多数，因此需要人们的特别关注。

疲劳是在周期交变应力作用下产生的一种突发破坏形式，在静载荷条件下不存在疲劳。疲劳的抗力指标是疲劳极限 σ_r，通常低于材料的屈服极限。

疲劳断裂在宏观上没有显著的塑性变形，从这个意义上说，疲劳断裂属于脆性断裂。

疲劳断口大体上可分成三个区：裂纹源区、裂纹扩展区、裂纹快速扩展区（瞬断区）（见图 8-9）。

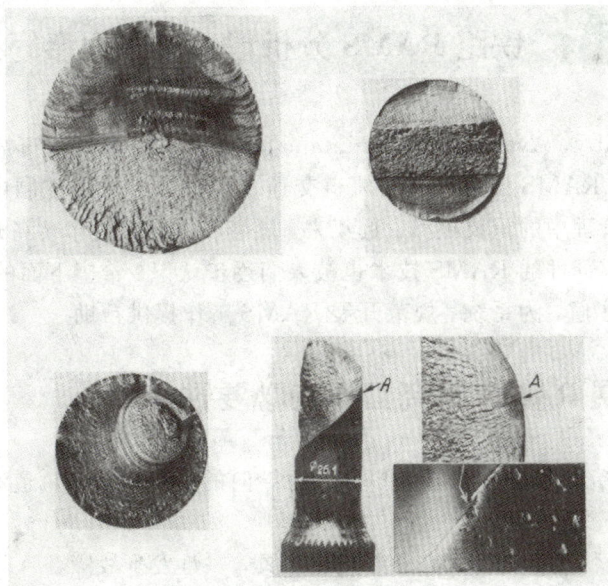

图 8-9 疲劳断口形貌

裂纹源区：一个光滑、细腻的细小区域。由于受交变应力的作用，裂纹两侧反复挤压而变得平坦、光滑。

裂纹扩展区：该区的最大特点是有疲劳弧线（又称贝壳花样或海滩花样），这是裂纹扩展中停顿或应力大小变化时，裂纹前沿线所留下的痕迹。该区的微观形貌存在疲劳辉纹（见图 8-10）。疲劳辉纹是一些相互平行的条带，每一个条带对应一次应力循环。

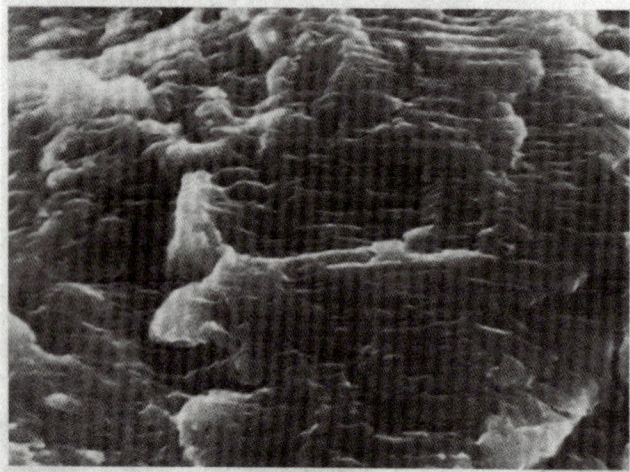

图 8-10　疲劳辉纹

瞬断区：疲劳裂纹扩展至一定深度后，零件的剩余截面积不足以抵抗外力的作用而产生瞬时破断。该区的特征是有放射条带和剪切唇。

8.3　铁路 RAMS 分析基本工作程序简介

RAMS(Reliability, Availability, Maintainability and Safety)为可靠性、可用性、维修性和安全性的统称。RAMS 技术在欧洲轨道交通装备设计与质量控制中已得到广泛使用，成为产品全寿命期管理中的重要项目。近年来，随着我国铁路技术装备现代化水平的提高，机车车辆产品及其零部件的 RAMS 技术也被人们逐步认识。希望下面的介绍，能使读者对 RAMS 分析有初步了解，为系统、规范开展 RAMS 工作提供帮助。

8.3.1　开展 RAMS 研究工作的必要性

开展 RAMS 研究工作是企业以客户价值为导向的必然要求。轨道车辆开展 RAMS 研究工作主要基于以下原因：

（1）轨道车辆是快速、大运量的公共交通工具，一旦发生故障，后果很严重。

（2）轨道车辆的投资成本高、使用寿命长、维护要求高，因此客户要求将产品的全生命周期成本(LCC)尽可能地降低。

（3）提高产品竞争力的需要。

8.3.2　RAMS 研究工作内容

RAMS 研究工作主要从以下 7 个方面进行：

(1) 项目投标 RAMS 工作；

(2) 可靠性工作；

(3) 可维护性工作；

(4) 可用性工作；

(5) 安全性工作；

(6) RAMS 分析故障率数据来源；

(7) FRACAS 应用。

1. 项目投标 RAMS 工作

项目投标过程中的 RAMS 工作主要包括以下 4 项任务：

(1) 研究标书中 RAMS 要求；

(2) 对标书中 RAMS 要求进行澄清及偏离；

(3) 编制投标 RAMS 文件；

(4) 参与合同 RAMS 部分的谈判。

项目投标过程中的一个重要工作是利用公司在 RAMS 研究方面的经验，说服业主接受公司对投标文件的合理偏离。

2. 可靠性工作

1) 可靠性工作流程

可靠性工作流程如下：

(1) 对照合同技术规范的要求，制定相应的可靠性计划（这个计划包含在 RAM 计划中）。

(2) 根据计划开展可靠性的初步分析，在这个过程中，需要开展功能性故障模式影响分析。

(3) 根据初步分析的结果，利用公司经验数据和潜在供应商相应数据，对列车的可靠性进行初步的分配。可靠性分配的结果将落实到采购技术规范中，这个采购技术规范包括可靠性、可维护性和安全性要求。

(4) 当设计信息满足需要时，将开展子系统的可靠性分析。子系统的可靠性分析使用 FMECA、RBD、FTA 等方法进行。

(5) 子系统可靠性分析完成后，将开展整车级的可靠性计算，对车辆的可靠性进行预测并形成可靠性综合分析报告。

(6) 车辆交付后将进入可靠性增长和可靠性验证阶段，这些阶段的车辆故障数据将进入 FRACAS 系统。

(7) 可靠性验证结束后将出具可靠性验证报告。

由上述过程可得可靠性工作流程如图 8-11 所示。

```
                    ┌─────────────────────┐
                    │     合同技术规范      │
                    └─────────────────────┘
                               ↓
              ┌──────────────────────────────────┐
              │   可靠性计划(包含在RAM计划中)      │
              └──────────────────────────────────┘
                               ↓
┌──────────────┐    ┌─────────────────────┐
│  功能性 FMEA  │───→│    初步可靠性分析     │
└──────────────┘    └─────────────────────┘
                               ↓
┌──────────────┐    ┌─────────────────────┐
│  公司经验数据  │    │    初步可靠性分配     │
├──────────────┤══→ └─────────────────────┘
│潜在供应商相应数据│            ↓
└──────────────┘
┌──────────────┐    ┌─────────────────────┐
│FMECA、RBD、FTA│───→│   子系统可靠性分析    │
└──────────────┘    └─────────────────────┘
                               ↓
┌──────────────┐    ┌─────────────────────┐
│  整车可靠性计算 │───→│    车辆可靠性预测     │
└──────────────┘    └─────────────────────┘
                               ↓
┌──────────────┐    ┌─────────────────────┐
│  FRACAS 系统  │───→│ 可靠性增长和可靠性验证 │
└──────────────┘    └─────────────────────┘
                               ↓
                    ┌─────────────────────┐
                    │    可靠性验证报告     │
                    └─────────────────────┘
```

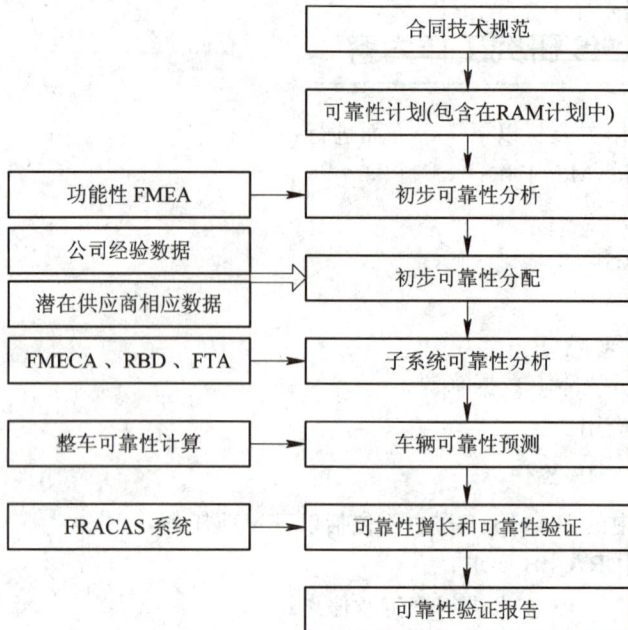

图 8-11　可靠性工作流程

2）部分可靠性活动的输出

（1）RAM 计划，主要包括以下内容：

① 车辆级与系统级 RAM 人员的职责；

② 对车辆系统的功能划分和定义；

③ 关键术语的定义和可靠性及可维护性分类的准确定义；

④ 可靠性及可维护性各阶段的主要活动和提交的文件。

（2）可靠性综合分析报告，基本包含了可靠性活动的所有信息，具体如下：

① 进行可靠性初步分析和功能性故障模式影响效应分析（FMECA）；

② 对整个可靠性目标进行初步分配；

③ 实现与可靠性目标一致的设计；

④ 进行各子系统可靠性定性分析与定量预测；

⑤ 列车 MDBF 可靠性指标的预测；

⑥ 结论。

（3）可靠性验证计划，主要包括以下内容：

① 事故计算规则；

② 可靠性计算的输入；

③ 可靠性数据库的管理；

④ 故障审查委员会会议。

（4）可靠性验证报告，主要包括以下内容：

① 定期可靠性验证报告；

② 最终可靠性验证报告。

3）部分可靠性分析输出示例

（1）功能性故障模式影响效应分析（FMECA）输出示例如表 8-1 所示。

表 8-1　FMECA 输出示例

序号	功能	部件及功能	故障模式	定性分析								
				局部影响	对子系统的影响	对列车运营的影响		故障检测方法	采取措施	危害严重性等级	故障分类	备注
						车站	站间					

（2）可靠性目标初步分配。

可靠性分配是根据系统设计任务书规定的可靠性指标，按照一定的方法合理地分配到各分系统或部组件直至各元器件和每一个连接点、焊接点，确定薄弱环节，采取有效的措施改进设计，从而保证各部组件、各分系统以及全系统达到可靠性指标要求。可靠性分配是一个由整体到局部、由大到小、由上到下的分解过程，并且应尽早进行，反复迭代。可靠性分配的目的就是使各级设计人员明确其可靠性设计要求，根据要求估计所需的人力、时间和资源，并研究实现这个要求的方法。

（3）可靠性预计——可靠性方框图计算。

可靠性方框图计算如图 8-12 所示。

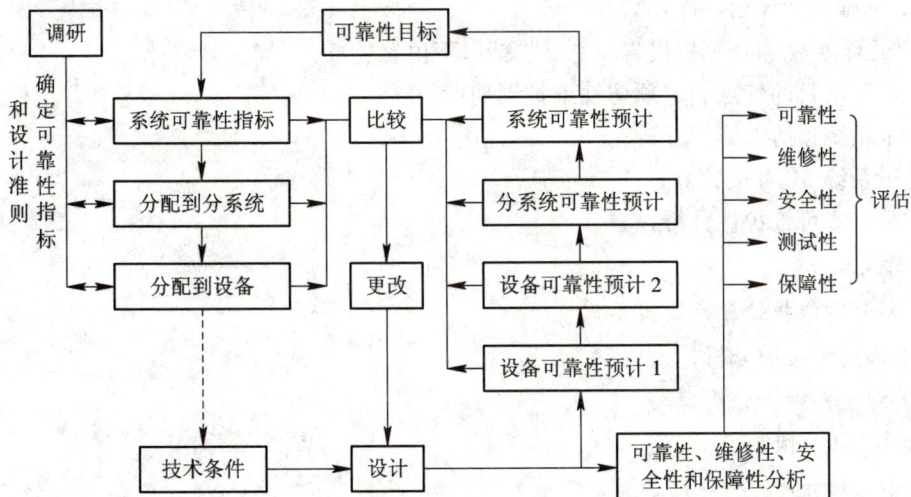

图 8-12　可靠性方框图计算

3. 可维护性工作

1）可维护性工作流程

可维护性工作流程如下：

（1）编制可维护性计划（包含在 RAM 计划中）。

（2）按计划利用公司经验数据和潜在供应商相应数据，制定预防性维护间隔并递交业主审核。

（3）对可维护性要求进行分配，将可维护性分配编入采购技术规范。

（4）当设计信息满足需要时，子系统 RAMS 工程师利用经验和供应商数据开展预防性维护分析和纠正性维护分析。

（5）RAMS 主管在整车级进行可维护性综合分析，形成可维护性综合分析报告。

由上述过程可得可维护性工作流程如图 8-13 所示。

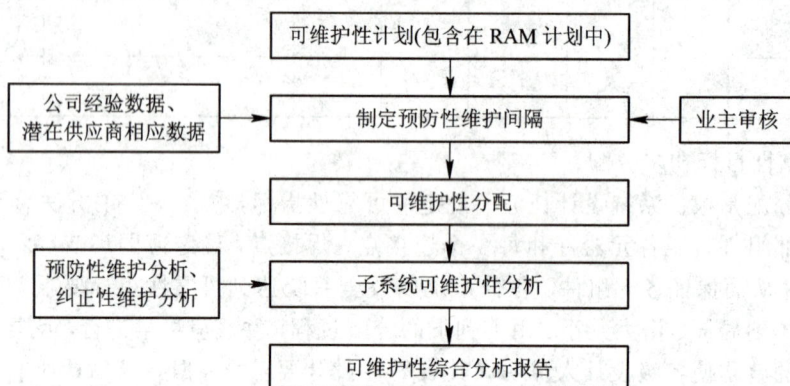

图 8-13 可维护性工作流程

2）部分可维护性活动的输出

（1）可维护性计划，同 RAM 计划。

（2）可维护性综合分析报告，主要包括以下内容：

① 按照项目的特点制定预防性维护周期；

② 子系统预防性维护分析；

③ 子系统 MTTR 预测；

④ 系统级可维护性分析；

⑤ 结论。

3）部分可维护性分析输出示例

（1）预防性维护分析。

（2）纠正性维护分析。

（3）MTTR 预测。

4. 可用性工作

可用性是列车可靠性和可维护性的综合表现，主要有以下四种表达方式：

（1）内在可用性 $A_{in} = \dfrac{MTBF}{CMTBF+MTTR}$；

（2）技术可用性 $A_{te} = \dfrac{MTBF}{CMTBF+MTTR+MTTP}$，包括预防性维护；

（3）实际可用性 $A_f = \dfrac{MTBF}{CMTBF + MTTR + MTTP + MTTM}$，包括预防性维护和后勤管理；

（4）列车可用性 $A_{fleet} = \dfrac{可使用列车数}{可使用列车数 + 维修列车数}$。

按照用户的要求，应主要关注车辆内在可用性和列车可用性两个方面的研究。

5. 安全性工作

1）安全性工作流程

安全性工作流程如下：

（1）根据技术规范编制安全保证计划。

（2）根据安全保证计划开展初步危害分析。

（3）由初步危害分析得出初步危害列表。

（4）进行详细安全分析，详细安全性分析结果将用来对列车的安全性进行评估，一旦评估结果为可接受，将形成安全性综合分析报告，安全流程结束。否则，对列车设计进行更改，重新开始安全性工作流程。

（5）所有危害的识别、应对措施、当前状态都将登记在危害日志中，危害日志同时反映列车识别危害的关闭及开口状况。

由上述过程可得安全性工作流程如图 8-14 所示。

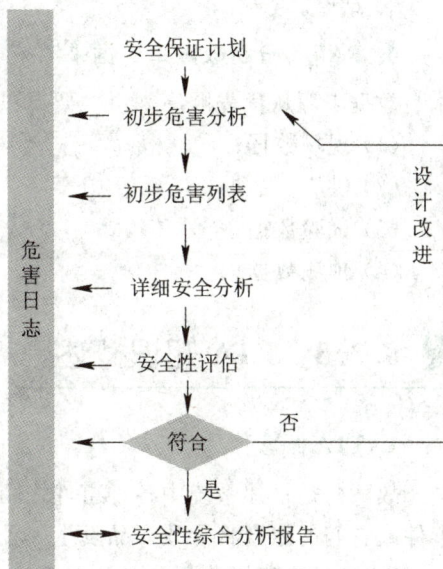

图 8-14 安全性工作流程

2）部分安全性活动的输出

（1）安全保证计划，主要包括以下内容：

① 整车与子系统级 RAMS 人员的职责；

② 对车辆系统的功能划分和定义；

③ 关键术语的定义；

④ 安全性分类的准确定义；

⑤ 严重性分类；

⑥ 频率分类；

⑦ 风险的分类；

⑧ 安全性各阶段的主要活动和提交的文件。

（2）初步危害分析，主要包括以下内容：

① 整车与子系统级 RAMS 人员的职责；

② 列车或车辆常见事故列表；

③ 进行初步危害矩阵列表，列出与事故有关的功能矩阵；

④ 初步危害识别；

⑤ 分析故障原因及后果；

⑥ 制定危害消除/减轻措施；

⑦ 确定下一步开展故障树分析的顶事件。

（3）安全性综合分析报告，主要包括以下内容：

① 列车及子系统描述；

② 子系统安全性分析；

③ 列车安全性分析；

④ 危害日志；

⑤ 结论。

6. RAMS 分析故障率数据来源

数据来源从优先顺序来讲主要有以下四种：

（1）现场数据；

（2）供应商数据；

（3）试验数据；

（4）预测数据。

8.3.3 FTA 知识概述

1. FTA 概念

故障树是描述系统中各种事件之间的因果关系，表明产品哪些组成部分的故障或外界事件或它们的组合将导致产品发生一种给定故障的逻辑图。

FTA 即故障树分析，它是在系统设计过程中，通过对可能造成系统失效的各种因素（包括硬件、软件、环境、人为因素等）进行分析，画出逻辑框图（失效树），从而确定系统失效原因的各种可能组合方式，计算系统失效概率，采取相应的纠正措施，以提高系统可靠性的一种设计分析方法。

2. FTA 目的、作用

1）FTA 目的

（1）帮助确定可能发生的故障模式和原因，以及它们的组合关系；

（2）事先花时间对设计进行分析，以低成本进行改进；

（3）降低未来更大损失发生的可能性；

（4）进行事故调查和分析。

2）FTA 作用

（1）发生重大故障或事故后，FTA 是故障调查的一种有效手段，它可以系统而全面地分析事故原因，为故障"归零"提供支持。

（2）FTA 可以指导故障诊断、改进使用和维修方案等。

（3）通过 FTA 可以确定故障树构成。

3. FTA 实施方法

1）构造故障树

故障树中常用符号图示及说明如表 8-2 所示。

表 8-2 常用符号图示及说明

图　示	说　明
	与门
	或门
	顶事件、中间事件
	未展开事件
	基本事件

构造故障树的图示与步骤如图 8-15 所示。

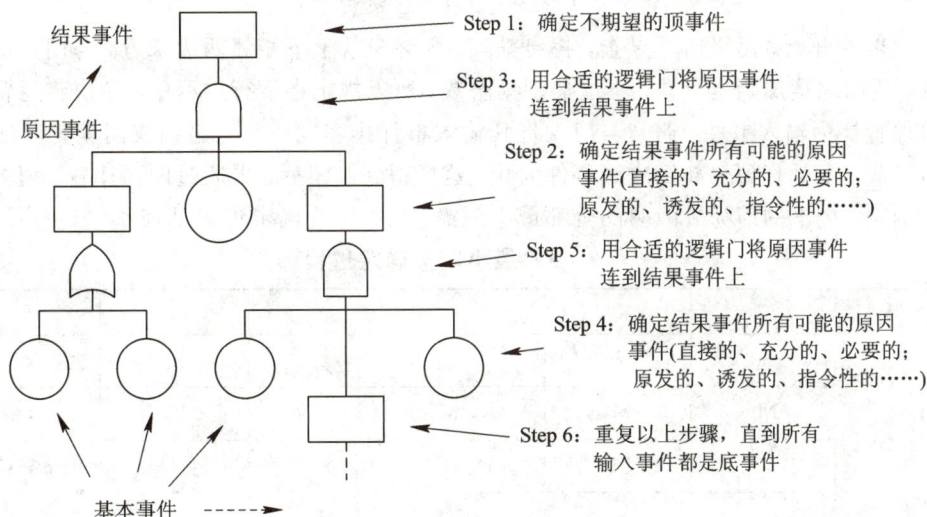

图 8-15 构造故障树的图示与步骤

2）确定最小割集

割集是故障树中一些底事件的集合，当这些底事件同时发生时，必然导致顶事件的发生。

若某割集中所含的底事件任意去掉一个就不再成为割集，则这个割集就是最小割集。这里给出一个最小割集确定的实例，如图 8-16 所示。

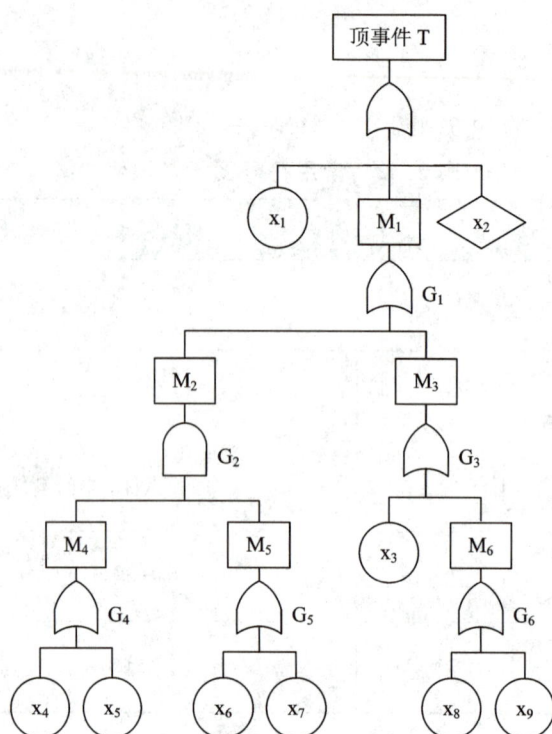

图 8-16 最小割集确定

从顶事件开始，逐级向下寻查，找出割集。因为只就上下相邻两级来看，与门只增加割集阶数，或门只增加割集个数，不增加割集阶数，所以规定在下行过程中，顺次将逻辑门的输出事件置换为输入事件。遇到与门就将其输入事件排在同一行，遇到或门就将其输入事件各自排成一行，直到全部换成底事件为止。这样得到割集后，再通过两两比较，划去那些非最小割集，剩下的即为故障树的全部最小割集。最小割集确定过程见表 8-3。

表 8-3 最小割集确定过程

步骤	1	2	3	4	5	6
过程	x_1	x_1	x_1	x_1	x_1	x_1
	M_1	M_2	M_4，M_5	M_4，M_5	x_4，M_5	x_4，x_6
	x_2	M_3	M_3	x_3	x_5，M_5	x_4，x_7
		x_2	x_2	M_6	x_3	x_5，x_6
				x_2	M_6	x_5，x_7
					x_2	x_3
						x_8
						x_9
						x_2

4. FTA 实例

这里给出 FTA 的一个实例，如图 8-17 所示。

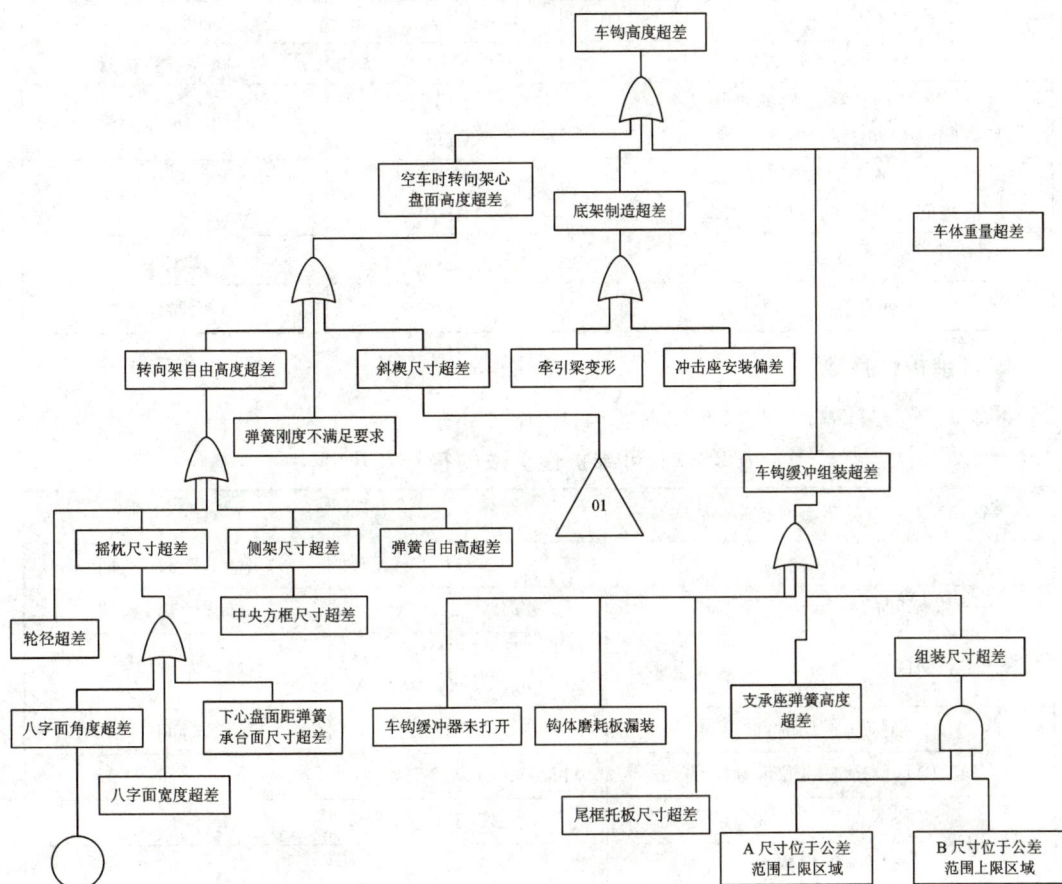

图 8-17 FTA 实例

5. FTA 小结

（1）在产品研制早期就应进行 FTA，以便早发现问题并进行改进。随着设计工作的进展，FTA 应不断补充、修改、完善。

（2）故障树应由设计人员在 FMEA 基础上建立，可靠性专业人员协助、指导，并由有关人员审查，以保证故障树逻辑关系的正确性。

（3）应通过 FMEA 找出影响安全及任务成功的关键故障模式（即 Ⅰ、Ⅱ 类严酷度的故障模式）作为顶事件，建立故障树进行多因素分析，找出各种故障模式组合。

8.3.4 RAMS 典型参数和符号

1. 可靠性参数

可靠性参数的符号及尺寸如表 8-4 所示。

表8-4　可靠性参数的符号及尺寸

参　数	符　号	尺　寸
失效率	$Z(t),\lambda$	失效/时间,距离,周期
平均使用时间	MUT	时间,距离,周期
平均初次出故障时间、故障间平均初距离(对不可维修项而言)	MTTF、MDBF	时间,距离,周期
平均无故障时间、故障间平均距离(对可维修项而言)	MTBF、MDBF	时间,距离,周期
失效概率	$F(t)$	无量纲
可靠性(成功概率)	$R(t)$	无量纲

2. 可维护性参数

可维护性参数的符号及尺寸如表8-5所示。

表8-5　可维护性参数的符号及尺寸

参　数	符　号	尺　寸
平均空闲时间	MDT	时间,距离,周期
维修间的平均时间/距离	MTBM/MDBM	时间,距离,周期
MTBM/MDBM,可矫正的或可预防的	MTBM(c)/MDBM(c),MTBM(p)/MDBM(p)	时间,距离,周期
维护前平均时间	MTTM	时间
MTTM,可矫正的或可预防的	MTTM(c),MTTM(p)	时间
修复前平均时间	MTTR	时间
失误警报率	FAR	时间
失效涉及范围	FC	无量纲
修理涉及范围	RC	无量纲

3. 可用性参数

可用性参数的符号及尺寸如表8-6所示。

表8-6　可用性参数的符号及尺寸

参　数	符　号	尺　寸
可用率 固有的 可达的 可操作的	$A(.)=MUT/(MUT+MDT)$ A_i A_a A_o	无量纲
车队可用率	FA(可用的车辆/车队)	无量纲
表定(记入一览表的)附着	SA	无量纲

4. 逻辑支持参数

逻辑支持参数的符号及尺寸如表 8−7 所示。

表 8−7　逻辑支持参数的符号及尺寸

参　　数	符　　号	尺　　寸
操作和维修成本	O 和 MC	钱
维修成本	MC	钱
维修人工时间	MMH	时间（小时）
逻辑和管理延后	LAD	时间
失效纠正时间	—	时间
修理时间	—	时间
维修支持性能		无量纲
替换员工	EFR	无量纲
需要时储存备件概率	SPS	无量纲

5. 安全参数

安全参数的符号及尺寸如表 8−8 所示。

表 8−8　安全参数的符号及尺寸

参　　数	符　　号	尺　　寸
危险失效间平均时间	MTBF(H)	时间，距离，周期
安全系统失效间平均时间	MTBSF	时间，距离，周期
危险率	$H(t)$	失效/时间，距离，周期
与失效概率相关的安全性	$F_s(t)$	无量纲
安全功能概率	$S_s(t)$	无量纲
回复到安全前时间	TTRS	时间

8.4　货车三维设计

三维实体设计是指工程设计人员利用计算机及三维 CAD 软件系统进行产品设计。三维实体设计作为产品设计的重要工具，在世界范围内得到越来越广泛的应用，对企业提高产品创新开发能力起到了巨大的推动作用。我国制造业信息化工程也将三维实体设计作为重点支持开发和重点推广应用的共性关键技术之一。三维实体设计作为一种先进的设计技术，已经在众多的机械制造企业取得了重大的成功，特别是通过三维的动态仿真技术，提前杜绝了多数的设计问题，提高了产品设计质量，缩短了产品研制周期，使企业能够取得明显的经济效益。近年来，随着国外先进三维设计软件在铁路货车行业的不断应用，众多铁路货车企业纷纷采用三维实体设计手段，使货车整体设计水平得到了较大的提高。

8.4.1 特点

为认识三维设计的特点，首先对现行的二维设计的特点作一个简单分析。传统的 CAD 技术以平面设计为主，设计者必须在大脑中把三维形体抽象出平面的三向视图加以表达，难免出现表达差错和缺漏；图形和数据相分离，图形和工程数据的联系基本上靠人脑实现；设计的正确性要靠经验和主观判断来确定；许多在设计阶段可以纠正的差错，常常出现在施工阶段；施工人员不得不先将平面信息想象成三维的形体才能付诸实施，表达和理解的差异往往带来差错。

三维设计技术将现实虚拟化，形成了图形与工程数据的统一、主观与客观的统一、理论与现实的统一，真正将工厂建到了"纸"上；设计人员的主要精力不用放在枯燥、烦琐的三维到二维的转化上，而是考虑如何使方案更合理化；将复杂的书面图纸转化为专业化模型的提交，实现专业间无缝连接；所有设计修改均在三维模型上进行，所有的设计成品都从经过修改的模型上抽取，保证了设计成品的一致性，可以随意实现二维出图，使得出图质量和速度大大提高；三维漫游通过虚拟的三维空间直观、真实地展示设计方案，通过干涉检查等手段可以提前发现专业内、外的配合问题，使施工阶段的差错大大减少；通过模拟拆装过程、施工状态等手段可以迅速确定合理的装配路径和施工方案，大大缩小了设计与施工的思维差异。

三维技术之所以能迅速成为 CAD 技术的主流，是因为它有许多传统的平面二维设计所无法比拟的优越性。三维技术利用计算机提供一个三维空间，设计人员可以直接在这个三维空间里建造物体模型，表达自己的设计意图，对几何形体描述得更加真实、准确和全面。与二维设计相比，三维设计具有以下优点：

（1）可以从空间不同角度观察和操作对象，有利于设计方案的形成，也有利于与不熟悉平面图、剖视图的人员交流设计思想，让他们更容易了解设计思路。

（2）从设计方案的三维模型即可快速得到装配体、零件等的主视图、俯视图、左视图以及任意角度的平面投影图、透视图等，并可以将模型输出为标准规范的工程图纸，提高设计效率，降低错误发生的概率。

（3）利用三维模型的着色和渲染功能，可以得到设计方案的三维效果图，这使得设计人员和决策人员在产品投产和工程项目投标之前就能全面、准确地了解其外观，有助于设计的决策，可以缩短审批周期，加快产品开发进程。

（4）利用实体建模方法可以检查零件的详细情况，方便计算模型的体积、质量、重心、转动惯量等参数。这对于产品的动态特性分析以及工程项目的成本预算等都具有十分重要的意义。

(5) 三维设计是实现设计、制造一体化的基础，尽管 CAD 不具备 CAM 的功能，但它可以输出 DXF 等标准文件，为其他专业的 CAM 软件所共享。

三维设计已远远超出平面设计的绘图功能，为工程设计带来了巨大变革。

8.4.2 方法

目前常用的两种设计过程是自底向上(Bottom-Up)和自顶向下(Top-Down)。自底向上的主要思路是先设计好各个零件(可以由不同的人来完成)，然后将这些零件拿到一起进行装配，如果在装配过程中发生零件干涉或不符合设计意图就对零件进行修改。不断重复这个修改过程，直到设计满意为止。由此可见，如果在设计阶段没有做出很好的规划，没有一个全局考虑，就会使设计过程重复工作很多，造成时间和人员的浪费，使工作效率降低。这种方法不能完全利用三维设计软件的功能完整地描述产品设计过程，即使能完成部分模型的三维设计，也仅仅描述实体模型中几何要素的低级关联信息，没有很好地确定零、部件之间内在的关联和约束。

自顶向下是一种先进的设计方法，是在产品研发的初期就按照产品的功能要求先定义产品架构并考虑组件与零件、零件与零件之间的约束和定位关系，在完成产品的方案设计和结构设计之后，再进行单个零件的详细设计。这种设计过程能够最大限度地减少设计阶段不必要的重复工作，有利于提高工作效率。在方案设计过程中可以对产品的结构、关键零件进行仿真优化和强度、刚度校核，从而使设计的产品更可靠。

目前，世界上流行的工业设计软件如 UG、Pro/ENGINEER、CATIA、I-DEAS、SolidWorks 等都提供了完整的 Top-Down 设计方案，可以定义顶层的设计意图并从产品结构的顶层向下传递信息到有效的子装配或零件中。Top-Down 设计在组织方式上具有这样几个主要设计理念：确定设计意图；规划、创建产品结构；规划产品的三维空间；通过产品的结构层次共享设计信息；元件之间获取信息。在构建大型装配的概念设计时，Top-Down设计技术是驾驭和控制这些软件相关性设计工具最好的方法。

1. 主要软件及功能

目前我国铁路货车企业主要使用的三维 CAD 设计软件有 UG NX、Pro/E、CATIA、I-DEAS、SolidWorks、Solid Edge 等。尽管三维 CAD 软件各具特色，在具体操作方法上有一定差异，但主流、高端的三维 CAD 软件提供的主要功能基本相同。

1) UG NX 系列软件

UG NX 系列软件是由西门子公司推出的三维 CAD 软件。该软件可实现从产品设计到产品分析，再到产品加工的整个产品开发过程。

NX 产品开发解决方案完全支持制造商所需的各种工具，可用于管理过程并与扩展的企业共享产品信息。NX 与 UGS PLM 的其他解决方案的完整套件无缝结合。这些对于 CAD、CAM 和 CAE 在可控环境下的协同、产品数据管理、数据转换、数字化实体模型和可视化都是一个补充。

UG NX5.0 的主要功能包括：

(1) 工业设计和造型(CAID)功能。UG NX5.0 集成了工业设计和造型的解决方案，用户能够利用涵盖建模、装配、制造和产品生命周期等功能的工具包。CAID 与传统的 CAD、CAE 和 CAM 工具相结合，能够提供完整的工业设计和高级的表面处理解决方案。

（2）产品设计（CAD）功能。这是三维 CAD 软件最重要、最基本的功能。UG NX5.0 具有建模模块（实体建模、特征建模和自由现状建模）、装配模块（基本装配模块、高级装配模块、虚拟现实装配模块和漫游模块）和制图模块等，还具有专业的管路和线路设计系统、钣金模块、专用塑料件设计功能和其他行业设计所需的专业应用程序。

（3）产品工程分析（CAE）功能。UG NX5.0 的产品辅助工程工具包含了有限元分析、机构学和注塑模分析等，能够实现设计仿真和设计验证等，可以满足工程计算需求、缩短设计周期、优化设计结构、提高安全可靠性。

（4）产品制造（CAM）功能。UG NX5.0 具有的产品辅助制造工具主要包括车加工、三轴加工、五轴加工、高速加工和型芯、型腔铣削等，用以改善 NC 编程和加工过程，并进行加工仿真，提高产品加工制造效率，减少产品加工制造时间。

（5）二次开发和 Internet 发布等功能。

2）Pro/E 软件

Pro/E（全称 Pro/ENGINEER）是美国 PTC 公司开发的三维 CAD 软件。该软件包括了工业设计和机械设计等方面的功能，以及对大型装配体的管理、功能仿真、制造、产品数据管理等功能。其主要特性包括：

（1）全相关性：Pro/E 的所有模块都是全相关的。这就意味着在产品开发过程中某一处进行的修改，能够扩展到整个设计中，同时自动更新所有的工程文档，包括装配体、设计图纸，以及制造数据。全相关性鼓励在开发周期的任一点进行修改，却没有任何损失，并使并行工程成为可能，所以能够使开发后期的一些功能提前发挥作用。

（2）基于特征的参数化造型：Pro/E 使用用户熟悉的特征作为产品几何模型的构造要素。这些特征是一些普通的机械对象，并且可以按预先设置很容易地进行修改。例如，设计特征有弧、圆角、倒角等，它们对工程人员来说是很熟悉的，因而易于使用。

（3）装配、加工、制造以及其他学科都使用这些领域独有的特征。通过给这些特征设置参数（不但包括几何尺寸，还包括非几何属性），然后修改参数，很容易地进行多次设计迭代，实现产品开发。

（4）数据管理：加速投放市场，需要在较短的时间内开发更多的产品，为了实现这种效率，必须允许多个学科的工程师同时对同一产品进行开发，数据管理模块的开发研制，正是专门用于管理并行工程中同时进行的各项工作。由于使用了 Pro/E 独特的全相关性功能，因而数据管理成为可能。

（5）装配管理：Pro/E 的基本结构能够使用户利用一些直观的命令，例如"啮合""插入""对齐"等很容易地把零件装配起来，同时保持设计意图。高级的功能支持大型复杂装配体的构造和管理，这些装配体中零件的数量不受限制。

（6）易于使用：菜单以直观的方式联级出现，提供了逻辑选项和预先选取的最普通选项，同时提供了简短的菜单描述和完整的在线帮助，这种形式使得该软件容易学习和使用。

3）CATIA 软件

CATIA（全称 Computer Aided Tri-dimensional Interface Application）是法国达索

(Dassault System)公司的 CAD/CAE/CAM 一体化软件。作为 PLM 协同解决方案的一个重要组成部分，它可以帮助制造厂商设计他们未来的产品，并支持从项目前阶段，具体的设计、分析、模拟、组装到维护在内的全部工业设计流程。

模块化的 CATIA 系列产品旨在满足客户在产品开发活动中的需要，包括风格和外形设计、机械设计、设备与系统工程、管理数字样机、机械加工、分析和模拟。CATIA 产品基于开放式可扩展的 V5 架构。

CATIA 具有先进的混合建模技术。设计对象的混合建模：在 CATIA 的设计环境中，无论是实体还是曲面，都能实现真正的互操作；变量和参数化混合建模：在设计时，设计者不必考虑如何参数化设计目标，因为 CATIA 提供了变量驱动及后参数化能力。

CATIA 所有模块具有全相关性。由于 CATIA 的各个模块基于统一的数据平台，因此 CATIA 的各个模块存在着真正的全相关性。三维模型的修改能完全体现在二维，有限元分析，以及模具和数控加工的程序中。

4）I-DEAS NX 软件

I-DEAS NX 是西门子公司开发的 CAD/CAM 软件。该软件是高度集成化的 CAD/CAE/CAM 软件系统。它能帮助工程师以极高的效率，在单一数字模型中完成从产品设计、仿真分析、测试直至数控加工的产品研发全过程。I-DEAS 是全世界制造业用户广泛使用的大型 CAD/CAE/CAM 软件。国外许多著名公司，如波音、索尼、三星、现代、福特等均是 I-DEAS 的用户。

5）SolidWorks 软件

SolidWorks 是 SolidWorks 公司开发的三维 CAD 软件，它具有三维设计、仿真分析和产品数据管理功能。该软件采用 Windows 图形用户界面，是基于特征、参数化、实体建模的设计工具，可以创建全相关的三维实体模型。设计过程中，实体之间可以存在或者不存在约束关系，可以利用自动的或用户定义的约束关系来体现设计意图。

6）Solid Edge 软件

Solid Edge 软件是西门子公司基于 Windows 平台开发的一款三维 CAD 软件。该软件将普及型 CAD 系统与实体造型引擎结合在一起，提供了从二维视图到三维实体的转换工具，用户可以利用以前绘制的二维图进行三维实体设计。该软件支持自顶向下和自底向上的设计思想，具有实体建模、钣金设计、大装配设计、产品制造信息管理、生产出图、价值链协同、内嵌的有限元分析和产品数据管理等功能，以及简单易用的特点。

2. 铁路货车三维设计的流程

进行铁路货车产品的三维设计时，首先根据货车产品的总布置要求和造型定义该货车的总体参数（又称全局参数）；其次定义产品各大总成和零部件间的控制结构关系（类似于装配结构关系），这种控制结构关系使得产品设计的规则和标准具体化；再次建立产品零部件（子系统、子体）间的相关性。这样，我们就可以通过少数的总体参数来定义、控制和更改产品设计，以适应快速的市场变化要求。

货车三维设计可分为以下六个阶段：

（1）进行开发论证，确定车辆的载重、容积等主要性能参数，车辆的长度、宽度、高度和车辆定距等关键尺寸参数以及车辆的总体结构。

（2）划分车辆部件，以部件为单位进行设计。铁路货车通常分为车体、制动装置、车钩缓冲装置和转向架四大部分。

（3）进行货车数字样机的仿真分析和结构优化。一般在完成车辆主要承载结构的三维实体设计后进行仿真分析。根据仿真分析结果，优化车辆的设计参数或结构。

（4）进行车辆零部件的详细设计，完成车辆全部三维实体模型。

（5）利用车辆的三维实体模型制作二维工程图。

（6）根据车辆的样机试制、试验情况以及样机的鉴定意见优化车辆三维实体结构、调整二维工程图，完成车辆的定型设计。

货车三维实体设计的流程如图 8-18 所示。

3. 标准化、模块化设计

三维实体设计的标准化包括两个方面的含义：一是必须按企业制定、发布的操作规范使用三维设计软件，包括设置统一的建模环境、定制统一的三维实体建模或二维工程图的模板文件、制定合理的三维文件管理规则等内容；二是三维设计的产品必须符合相关的国家、行业或企业标准，以保证产品的有效性和正确性。

模块化设计是指设计一个复杂产品时自顶向下逐层把产品划分成若干模块的过程。产品的三维实体建模、装配过程本身就是一种模块化设计行为，通过装配不同的零部件使产品实现不同的功能，满足用户的不同需求。实际运用中，模块化设计大量应用在两个方面：一是建立标准件库，如螺栓、螺母等标准紧固件库，其特点是每种类型的零件均有多种规格，数量较多，但同一类型零件的结构相似、建模过程完全相同，只是尺寸有差别；二是建立通用配件库，这类产品一般为成熟、定型的产品，其接口形式和尺寸是确定的，在产品设计中经常使用。进行三维实体设计时，应先建立必要的标准件库、通用配件库，并根据需要进行补充、完善，方便设计人员调用，避免重复建模，从而提高设计效率。

模块化与标准化已成为现今产品设计发展的一个趋势。在保持产品基本模块的基础上，通过模块化、标准化设计，可以方便地实现内部功能的整合、外部功能的扩展，既保持了成熟产品的内在优势，又大大拓展了产品创新发展的空间。

4. 三维实体制图标准

数字化设计取代传统手工设计已是必然趋势，三维 CAD、CAE、CAM 以及自动化测量集成化的应用将持续快速增长。目前，以二维工程图为主体的技术信息标准体系在某些方面已无法满足数字化环境，特别是三维 CAD 环境下的产品技术信息表示、处理和集成的标准化要求，三维 CAD 应用标准化需求日益迫切。

各企业都针对自己的需求和应用情况制订了各自的三维 CAD 标准。标准中主要包括标准模板、常用件设计文件命名规则、参数的定义、左右件的处理、钣金件设计、标准件的调用等基本规定。

然而，这样没有统一的规范，不利于企业之间相互进行交流。目前，全国技术产品文件标准化技术委员会正在制定国家标准《三维 CAD 应用技术规范》。该标准包括术语与定义、数据集的识别与控制、数据集要求、设计模型要求、产品定义数据通用要求、几何建模特征

```
                        ┌─────────────┐
                        │ 车辆研制项目开始 │
                        └──────┬──────┘
                               │
     ┌──────────────────────────┴─────┐          ┌──────────────┐
     │ 车辆总体设计：确定车辆的主要 │←─────────│ 优化主要参数  │←──────┐
     │ 性能参数、基本尺寸和总体结构 │          │ 或总体结构    │       │
     └──────────────┬─────────────────┘          └──────────────┘       │
                    │                                                    │
          ┌─────────┴─────────┐          ┌──────────────────┐           │
          │   主要部件三维设计  │←─────────│ 优化相关零部件结构 │←──────────┤
          └─────────┬─────────┘          └──────────────────┘           │
      ┌──────┬──────┼───────────┬────────────────┐                      │
 ┌────┴───┐┌─┴────┐┌───┴──────────┐┌──────┴───────┐                     │
 │车体结构 ││转向架 ││风、手制动装置 ││车钩缓冲装置   │                     │
 │  设计  ││ 设计 ││    设计       ││    设计       │                     │
 └────┬───┘└─┬────┘└───┬──────────┘└──────┬───────┘                     │
      └──────┴─────────┼──────────────────┘                             │
                       │                                                 │
     ┌─────────────────┴──────────────────────┐                        │
     │ 产品数字样机CAE仿真分析，主要包括：        │                        │
     │ (1) 车体钢结构的静强度、动强度、刚度       │                        │
     │ 计算和模态计算等。                        │                        │
     │ (2) 转向架的静强度、动强度计算等。         │                        │
     │ (3) 车辆动力学性能计算等。                │                        │
     └─────────────────┬──────────────────────┘                        │
                       │                                                 │
                  ◇────┴────◇         否                                │
                 仿真分析结果是否 ─────────────────────────────────────────┘
                 满足设计要求？
                  ◇────┬────◇
                       │是
     ┌─────────────────┴──────────────────────┐
     │ 进行细部结构设计、车辆附属件             │
     │ 设计，完成全部三维实体建模               │
     └─────────────────┬──────────────────────┘
     ┌─────────────────┴──────────────────────┐
     │ 利用三维实体模型制作二维                 │
     │ 工程图、渲染效果图等                     │
     └─────────────────┬──────────────────────┘
     ┌─────────────────┴──────────────────────┐
     │ 进行产品物理样机试制和性能试验           │
     └─────────────────┬──────────────────────┘
                  ◇────┴────◇         否
                 性能试验结果是否 ──────────────────────→
                 满足设计要求？
                  ◇────┬────◇
                       │是
                 ┌─────┴─────┐
                 │  项目结束  │
                 └───────────┘
```

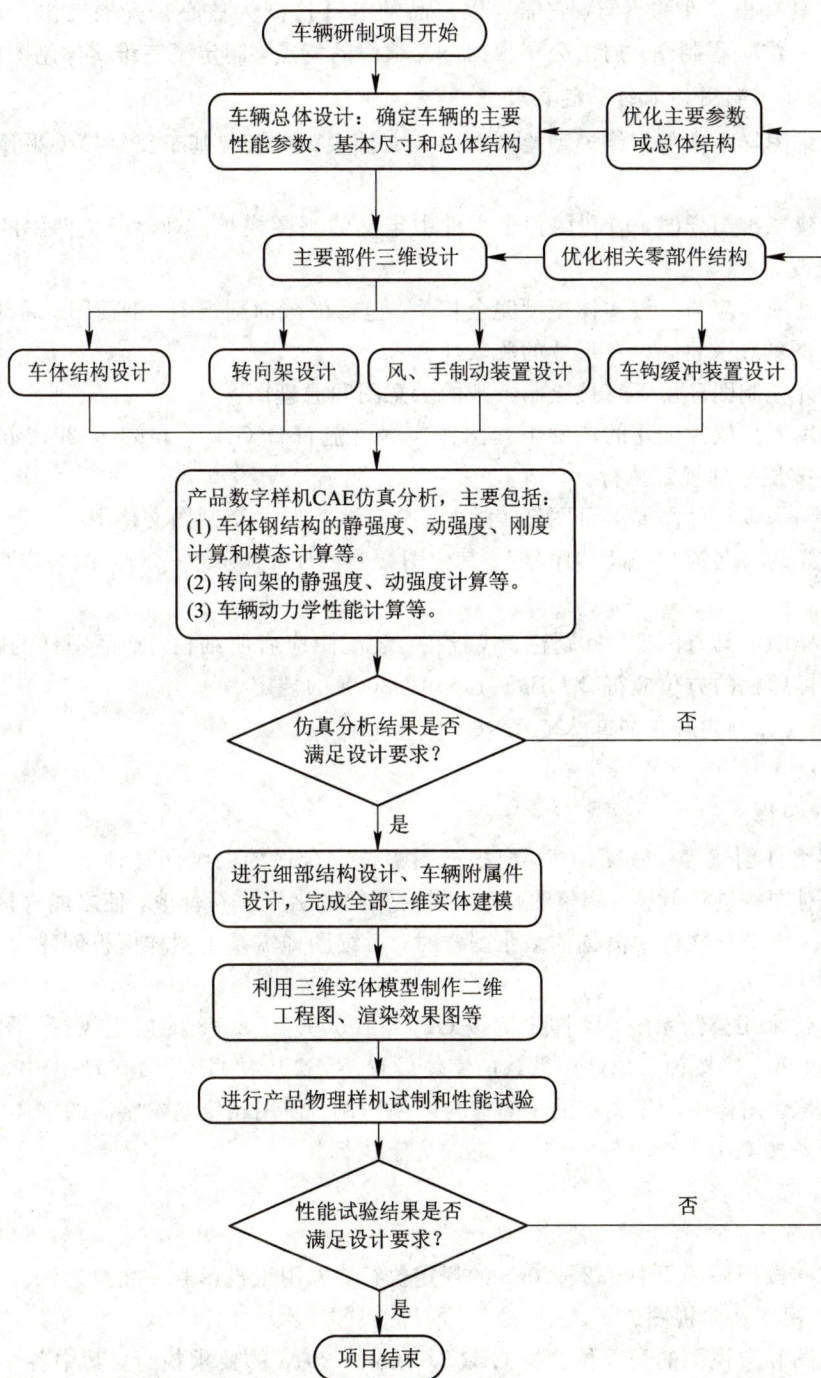

图 8-18　货车三维实体设计的流程

规范、备注和特殊符号要求、模型的数值与尺寸要求、几何公差的应用、基准的应用、模型简化表示法等内容。

与基于 AutoCAD 软件进行的二维设计相比，基于 NX 软件进行的三维设计在产品的设计理念上具有根本性的不同，它需要以产品的三维模型为核心来开展工作。为规范 NX 软件创建的二维工程制图，眉山公司根据 NX 软件的特点，制定了三维实体制图标准。

1）三维实体制图标准的一般要求

（1）二维图样不应与三维模型绘制在同一文件中，一般应基于三维模型采用主模型方法进行创建。

（2）创建二维图样时，应利用种子文件中定义的制图模板。对种子文件中的标准设置不应随意更改。

（3）二维图样应与三维实体模型完全相关，包括横截面剖视图、剖面图、局部放大图和向视图等视图的相关性，以及尺寸的关联性。

（4）允许在制图环境下直接绘制特殊的示意图和原理图。

（5）使用 NX 软件创建的二维工程图样应尽可能符合 GB/T 14665—2012 的要求，不能满足的应按规范的规定执行。

（6）当一个零组件需要多页图纸表达时，应绘制在同一个制图文件中。

（7）图样的命名为"图幅"_"序号"，其中图幅为 GB/T 14689—2008 的规定名字，序号为数字字符。

（8）图样中应具有图框、标题栏、代号栏，装配图应有明细栏。产品图样的幅面尺寸、图框格式、标题栏的方位应符合 GB/T 14689—2008 的规定。

2）三维实体制图标准的具体要求

（1）图样。

① 创建图样。

当对零组件创建第一张图样时，应根据图幅选取合适的二维图样种子文件。如果图幅不合适，可对图幅进行调整。调整图幅后，需对图幅的名字进行修改，使之能直接反映图幅的尺寸。当二维图样文件中需创建多张图样时，后续图样需基于图样模板创建。

② 图样的设置。

图样单位采用公制系统。图样比例按 GB/T 10609.1—2018 的规定执行。图样中的字母、数字、汉字直接按种子部件中默认的字体设置。字高应从 GB/T 14691—1993 标准规定的系列中选取。图样中所用文字的字高应与图幅协调，使用相应基本字高的字体绘制文本。图样中的线条按 GB/T 14665—2012 标准的规定执行。

（2）视图。

① 投影方向。

投影方向按照 GB/T 14692—2008 的规定执行，采用正投影第一角投射法。

② 基本视图和向视图。

基本视图和向视图的配置位置按 GB/T 14689—2018 的要求执行，其中各个几何元素的投射位置应保持一致。当基本视图不按默认配置关系进行放置时（如向视图），应在视图的上方标注视图的名称"X 向"，同时在相应的视图附近用箭头指明投影方向，并注上相同的字母。

③ 剖视图和剖面图。

剖视图和剖面图的绘制应按 GB/T 17452—1998 的规定执行。当视图不按默认配置关系进行放置时,应在视图的上方标注视图的名称"X‐X"。剖面区域的表示按 GB/T 17453—2005 的规定执行。

④ 局部放大图。

当创建局部放大图时,应严格按比例进行放大,而不应夸大绘制。当同一零组件上有几个被放大的部位时,应用字母依次标明被放大的部分,并在局部放大图的上方标注出相应的字母和所采用的比例。

⑤ 轴侧视图。

对于结构比较复杂且用普通视图表达困难的零件,为方便识图,可以在图样上增加轴侧视图。轴侧视图中轮廓边界的显示设置:实际轮廓边界按中粗线显示,光顺边界按细线显示。

⑥ 平面展开图。

如果需要在二维图纸中表达零件的展开形状,则可以利用建模功能创建展开图的轮廓曲线,并将这些展开曲线在二维图纸中表现。当利用建模功能创建模型的展开形状困难时,也可直接在二维图纸上利用曲线功能表达模型的展开形状。

(3)标注和注释。

① 实用符号。

中心线、偏置中心点、目标点、相交符号等二维制图中的辅助几何元素,应尽可能用实用符号的功能进行绘制。如果利用该功能有困难,则允许展开相应视图,用曲线功能直接进行绘制,但此时需对所创建的几何对象的线宽和线型进行正确的设置。

② 尺寸与公差标注。

尺寸一般应与三维模型相关联,用变量名表示的尺寸和依据规定省略不画的特征的尺寸标注可以除外。尺寸标注按照 GB/T 4458.4—2003 的相关规定执行,尺寸公差与配合标注按照 GB/T 4458.5—2003 的相关规定执行。形状与位置公差按 GB/T 1182—2018 和 GB/T 1184—1996 的相关规定执行。圆锥的尺寸和公差标注按照 GB/T 15754—1995 的规定执行。尺寸数字不可被任何图线通过,否则应通过用户自定义符号中的断开符号进行断开。当尺寸数字内嵌在剖面线中时,应利用剖面线边界编辑功能将剖面线断开。

③ 文字注释。

与视图相关的文字注释应与视图保持关联。技术条件的文字注释可按种子文件中的缺省设置进行绘制。

④ 其他符号。

表面粗糙度的标注需利用"表面粗糙度"命令,按 GB/T 1031—2009 的规定执行。焊接符号的标注应利用"焊缝符号"命令,按 GB/T 324—2008 和 GB/T 12212—2012 的规定执行。如标注的焊接符号不符合要求,则允许用"客户化符号"命令进行创建。针对一些特定的符号,可用"用户自定义"符号和"客户化"符号进行创建。

8.4.3 示例

这里介绍 C_{70C} 型焦炭运输敞车(以下简称 C_{70C})三维设计示例。

在 UG NX5.0 软件环境下，建立一个 C_{70C} 总装配模型文件 MSH127-00-00-000. prt，如图 8-19 所示。在该模型文件中进行相应的控制结构设计和表达式定义。利用表达式工具定义车辆的长度、定距等关键设计参数，如图 8-20 所示。

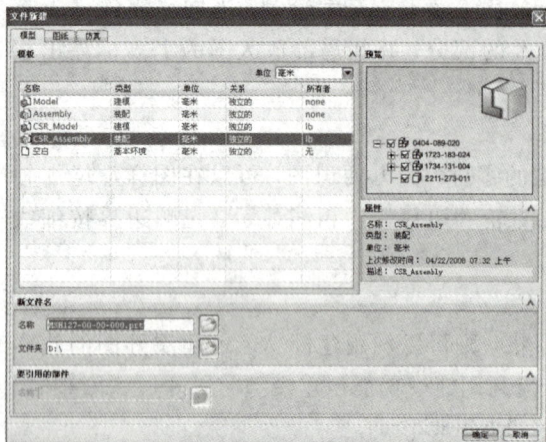

图 8-19 C_{70C} 总装配模型文件

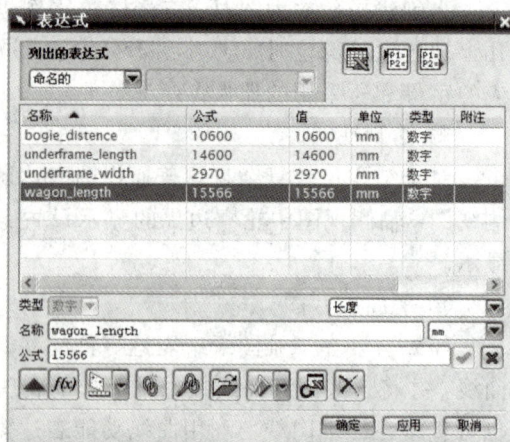

图 8-20 定义 C_{70C} 的关键设计参数

创建绝对坐标系和主要参考平面，绝对坐标系原点通常取为中梁上平面的中心，X 轴为车辆纵向，Y 轴为车辆横向，Z 轴为车辆垂向。建立参考面时，可利用预先确定的设计参数定义控制参考面与绝对坐标系或几何要素之间的距离表达式，如图 8-21 所示。

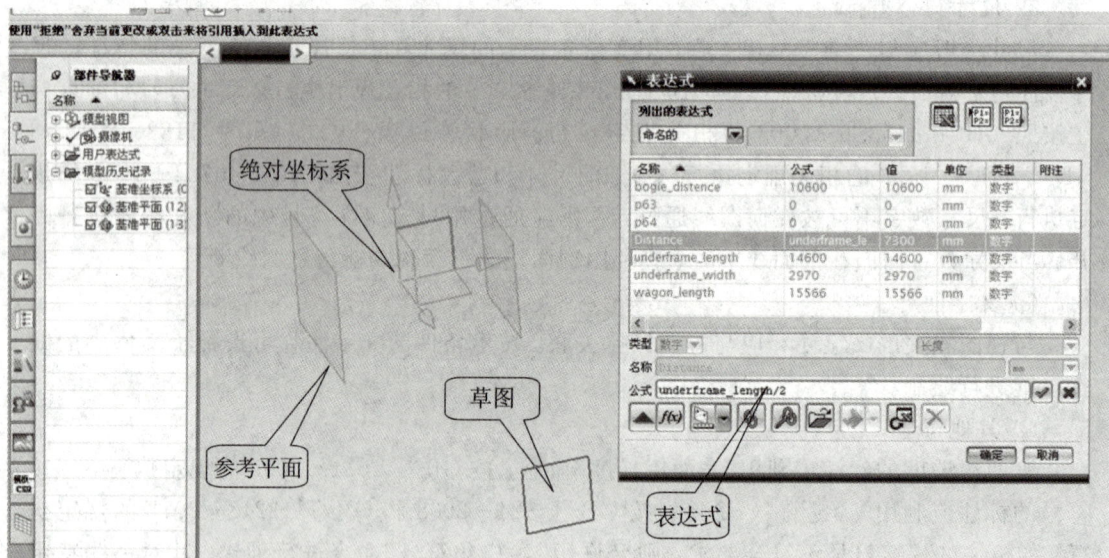

图 8-21 定义控制参考面与绝对坐标系或几何要素之间的距离表达式

在参考面或坐标系上绘制车辆的主要截面，同样可利用设计参数控制截面的几何尺寸。如无特殊需要，所有绘制的草图截面必须处于全约束状态。如图 8-22 所示为 C_{70C} 底架中梁截面图。建定绘制完需要控制的截面后，即可构成车辆的控制结构，如图 8-23 所示。在 C₇₀C 总装配模型中创建部件的装配模型，如图 8-24 所示，其中 MSH127-01-00-000 为底架组成，MSH127-10-00-000 为侧墙组成，新建的部件装配模型内没有任何几何元素，是一个空的文件。然后将新建部件如底架组成设置成工作部件，利用 WAVE 几何链接器将总装配模型定义的表达式、参考面、草图等几何要素链接过来，如图 8-25 所示。利用链接的中梁截面草图设计中梁的结构，如图 8-26 所示。利用链接的枕梁截面草图设计枕梁的结构，如图 8-27 所示。

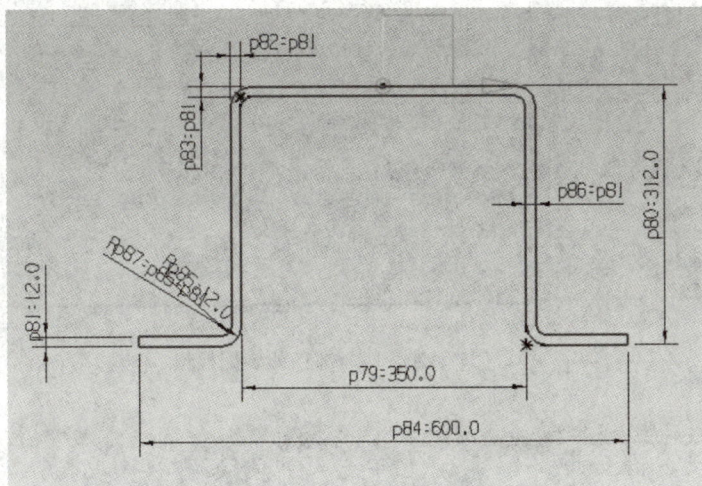

图 8-22 C₇₀C 底架中梁截面图

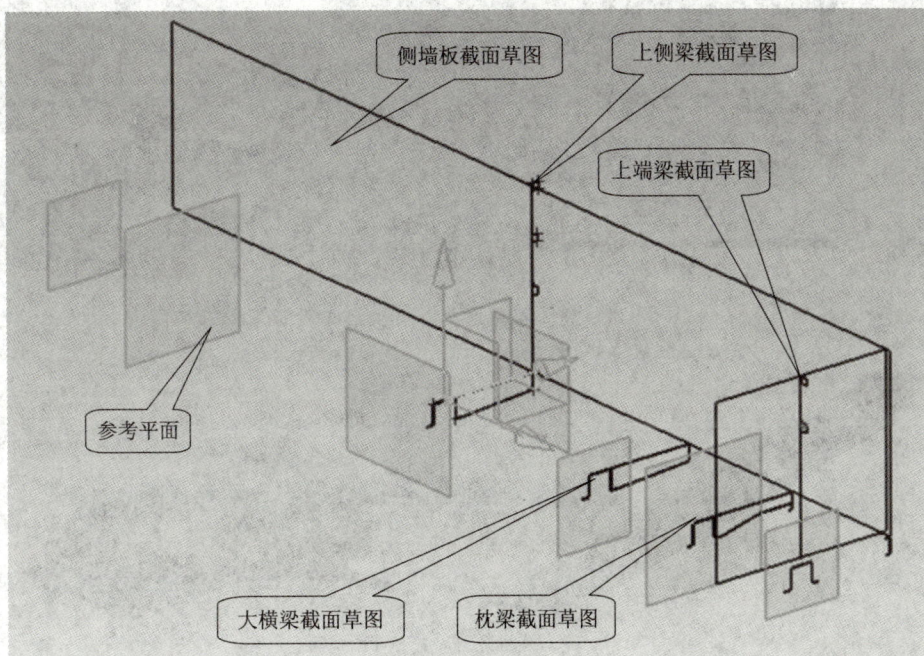

图 8-23 车辆的控制结构

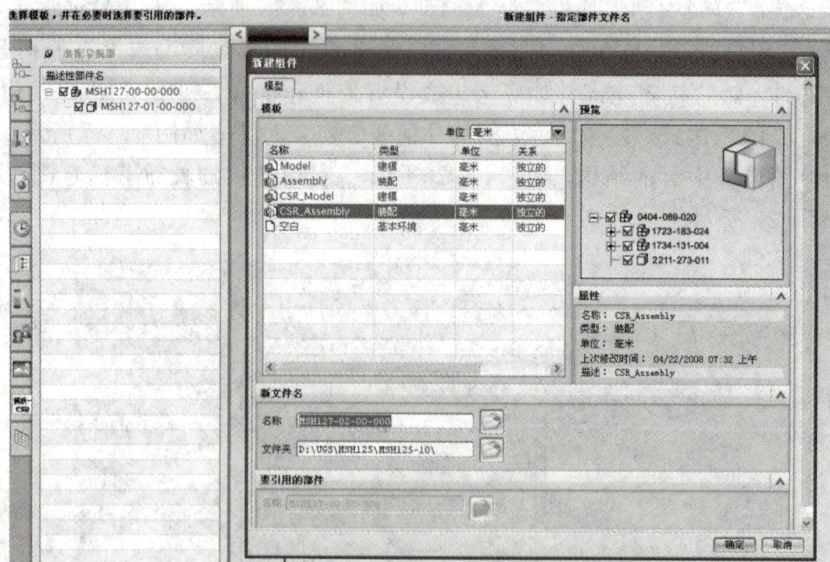

图 8-24　创建 C_{70C} 部件的装配模型

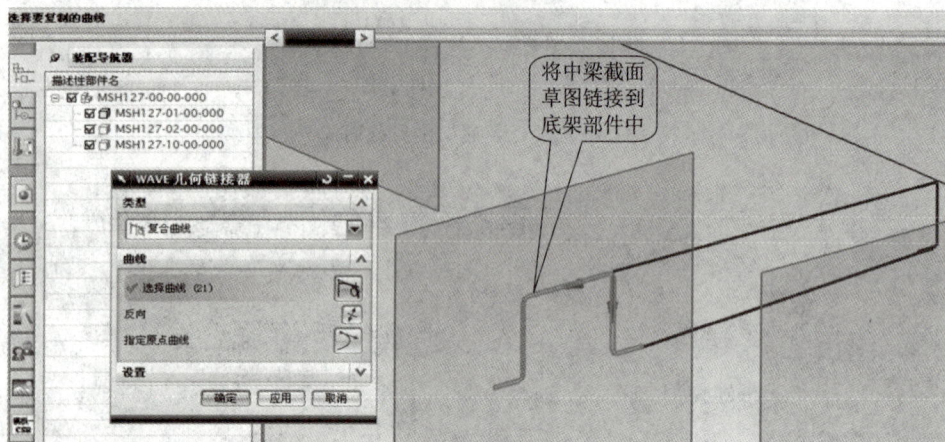

将中梁截面草图链接到底架部件中

图 8-25　将中梁截面草图链接到底架部件

图 8-26　C_{70C} 中梁的三维图

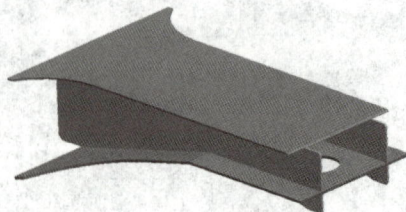

图 8-27　C_{70C} 枕梁的三维图

在底架组成部件中,只能引用而无法修改 WAVE 链接过来的几何要素,修改要在定义这些几何要素的模型中进行。修改 C_{70C} 总装配模型中被 WAVE 链接过来的几何要素后,部件中 WAVE 链接过来的几何要素将自动更新。同理,在底架组成部件中可以定义新的设计参数、参考面或草图截面,设定部件级的控制结构,并利用 WAVE 链接到下一级零部件中。通过这种自顶向下的 WAVE 链接,建立总装配体与部件、零件之间的控制关系,最终构成车辆的控制结构。车辆的控制参数更改后,将按照总装配体→部件→零件的顺序自动更新车辆的三维结构。由于 WAVE 技术严格控制了父子级三维实体模型之间的几何对应关系,因此固化了父子级零部件之间的配合或装配关系。设计主管完成车辆的总体结构布置后,通过 WAVE 链接可以将车辆分解为多个零部件分发给不同的设计人员协同设计,充分发挥设计团队的力量、提高设计速度、避免人为失误。

C_{70C} 可分为底架、侧墙、端墙、制动装置、车钩缓冲装置和转向架等部件,这些部件的三维实体模型如图 8-28 至 8-32 所示。完成 C_{70C} 各部件的三维设计后,就可以组装出 C_{70C} 整车三维实体模型,如图 8-33 所示。

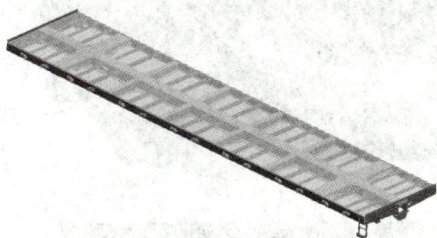

图 8-28 底架的三维实体模型

图 8-29 侧墙的三维实体模型

图 8-30 端墙的三维实体模型

图 8-31 制动装置的三维实体模型

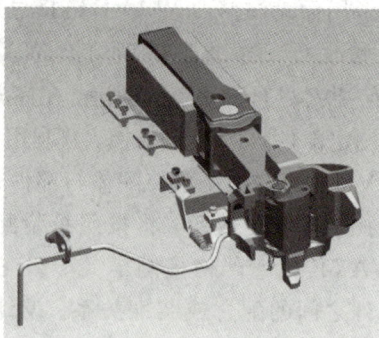

图 8 - 32　车钩缓冲装置的三维实体模型

图 8 - 33　C_{70C} 整车三维实体模型

8.5.4　展望

　　利用三维实体设计技术可以生成完整的三维产品模型数据，从而适应不同应用的需求。如二维/三维关联绘图，可以根据需要将三维产品数据生成工程图纸，指导产品生产；利用三维产品几何数据可以制作具有高度真实感的图片，供市场部门、客户、供应商使用；可以在互联网上预览产品；三维产品数据可以直接传递给制造部门进行数控加工编程，可以提供给专用程序进行有限元分析，可以输出至快速成型设备制作样品等。三维产品模型数据可以满足产品供应链上所有环节需要，实现产品数据交换与共享。三维实体设计技术不仅具备零件设计功能，而且具有装配设计、图纸设计功能，以及与设计相关部分如标准件及各种专用零件库。借助计算机完成产品设计与制造的相关分析，如结构性分析、可装配性分析、干涉检验、物性计算等，可以保证制造实施可行性。利用三维 CAD/CAM 技术，可以降低产品开发风险，提高产品设计成功率。同时与 Internet 技术配合使用，建立产品开发团队，进行协同设计，可大幅度缩短产品设计周期。

实践证明，三维实体设计技术对加速新产品开发、提高产品质量、降低成本起着关键作用，是支持企业增强创新设计，提高市场竞争力的强有力手段。在目前经济不断发展、市场状况瞬息万变、铁路货车新技术不断出现的背景下，推广应用三维设计技术，是提高产品质量，增强企业应变能力和国际竞争能力的必备手段。铁路货车产品设计与制造的全过程采用 CAD/CAE/CAM/CAT/PDM 技术对于提高货车产品的质量、缩短研制周期和降低生产成本具有重要意义。

第九章　制造与检验技术

9.1　概　　述

铁路货车制造技术贯彻"装备保工艺、工艺保质量、质量保安全"的指导思想，推进工艺技术创新，从单元式生产向流水式作业转变，新建货车轮轴生产线、转向架生产线、下料生产线、中梁生产线、底架生产线、端侧墙生产线、车体生产线、车体油漆喷涂线等货车专用生产线；实现由手工作坊式的生产向工业化生产转变，铸钢大部件实行整体芯制造、机械化作业，货车焊接实施焊接自动化，制动系统实施模块化组装；产品质量控制手段提升，采用在线检测、实时采集、工序共享、动态监控手段，采用超声波检测、高能射线 DR 成像及工业 CT 检测等无损检测技术控制货车生产的关键工序。

根据铁路货车发展趋势及多品种的市场需求，铁路货车制造系统着手建立铁路货车柔性化制造系统，并引入 ERP 管理手段，对制造过程进行有效管理，实行定时、定量、流水作业方式生产。

9.1.1　货车制造技术发展历程

中华人民共和国成立初期，我国开始仿制货车，采用铆接钢底架、钢骨木板车体，主要采用热铆接工艺。20 世纪 60 年代后期，我国开始生产全钢结构的货车，采用剪切、氧气-乙炔切割的下料工艺，手工电弧焊焊接方法。20 世纪 70 年代后期，我国开始有了少量气体保护焊机和埋弧焊机，半自动化和自动化生产的模式初见雏形，焊接方法从以手工电弧焊为主改为推广采用二氧化碳气体保护焊方法。

20 世纪 80 年代开始，随着我国现代工业化生产的需要和科学技术的蓬勃发展，规模化生产才能适应铁路货车大批量的生产形式，冲压工艺实现了机械化和模具化。为提升零部件的表面质量、改善作业环境，各工厂又相继从国外引进了型钢和板材预处理生产线。

20 世纪 90 年代后期，随着铁路货车的专业化、多样化和市场化，小批量、多品种和高质量成为生产的主流，专用设备、模具逐渐被通用装备和数控柔性化设备所取代。各工厂先后引进了数控等离子切割机、数控折弯机、数控转塔冲床、数控剪切中心等先进的下料设备，在焊接方面引进了焊接机械手及焊接专机。同时，柔性组装夹具和柔性加工组合单元等技术开始在生产中应用。

2000 年以来，随着 C80 型铝合金运煤敞车的研制生产，拉铆连接技术被用于铁路货车。随着市场化的推进，铁路货车制造的质量、效率和技术不断提升。焊接方面大量采用自动化，焊接小车、焊接专机和焊接机械手得到广泛应用，柔性组装夹具、柔性组装生产线更是不断创新。铁路货车制造技术有了飞跃发展。

2006 年以后，铁路货车制动系统采用"设计标准化、工艺规范化、制造商品化，实现零部件互换"的模块化组装工艺，解决了制动系统存在的惯性问题，实现了不同生产厂家、不同车型主要零部件的互换，降低了制动系统漏泄的可能性。制动系统模块化组装工艺的实施，推动了铁路货车制造工艺技术和管理水平的提升，使货车制造向精益化转变，催生了中国铁路货车制造和生产管理的新模式。在摇枕、侧架整体芯制造，货车新材料焊接，制动系统模块化组装等工艺技术方面取得突破；货车专用生产线、自动化焊机和各种检测现代化设备全面应用；精益制造模式稳步推进。这些工艺技术和技术管理模式创新极大地促进了中国铁路货车制造技术水平的全面提升。

9.1.2 货车制造技术发展策略

要全面提升铁路货车制造技术和工艺水平，就要推行精细化的工艺，准时化的生产组织方式，信息化的管理手段，在工艺装备、工艺技术、质量控制等方面加大投入和改进，使货车的制造质量稳步提升，推进中国铁路货车走向精益之路，大幅提高车辆安全可靠性，加速中国铁路货车重载、提速装备的发展。

要在货车制造工艺技术方面取得突破，就要对车体钢结构关键部位采用自动化焊接，对铸钢大部件采用整体芯 B＋级钢制造，对制动系统采用模块化组装，应用在线检测及各种现代检测设备，稳步推进精益制造模式，使制造技术向世界一流水平迈进。

在货车焊接方面，推行高强度耐大气腐蚀钢的焊接技术和提高铁素体不锈钢焊接过渡区低温冲击韧性的焊接技术，在焊接工艺试验研究、焊接工艺装备、焊接质量控制等方面加大投入和改进，对货车车体钢结构关键部位采用自动化焊接技术等，使货车的焊接质量稳步提升。

在铸造新技术方面，推广铁路货车摇枕、侧架等长大、复杂件的整体制芯技术。在原有湿法荧光磁粉整体表面探伤的基础上，采用超声波和 X 射线探伤，检测铸件内部缺陷，有针对性地改进工艺，降低铸件内部惯性缺陷，使摇枕、侧架的产品质量和安全可靠性大幅度提高。

在货车制动系统方面，解决原制动系统的控制阀、制动缸、风缸、管件等零部件分布安装在底架各部位，单件组装、基准不统一，导致制动系统组装困难，易造成空气泄漏，互换性差，维修不便的问题。采用"制造商品化、工艺规范化、设计标准化，实现零部件互换"的模块化组装工艺。

在轮轴制造技术方面，采用数控加工、自动选配，生产过程工艺数据自动采集、网络数据传递，并与全国铁路货车技术管理信息系统自动连接，实现加工数控化、检测及组装自动化、过程管理信息化。

9.2　货车专用生产线

各铁路货车制造企业原有的工艺装备老化，关键工序的设备精度低，大部分已经不能满足铁路货车制造技术发展的要求。面对新形势和新要求，各个铁路货车制造企业已经加快了技术改造的步伐，积极适应外部环境，新建了铁路货车制造专用柔性生产线，即轮轴生产线、转向架生产线、钢材预处理线、下料生产线、车体生产线、车体油漆喷涂线等。

9.2.1　轮轴生产线

轮轴生产线包括车轴、车轮机械加工及轮对、轴承压装，见图9-1和图9-2。

图9-1　货车轮轴生产线（数控加工）　　图9-2　货车轮轴生产线（在线检测）

9.2.2　转向架生产线

转向架生产线包括摇枕组装、侧架组装、交叉杆组装、转向架落成、正位检测，见图9-3、图9-4。各工序采用合理的工艺布局，连续流、准时化生产作业，实现了精益制造。

图9-3　转向架生产线（转向架落成）　　图9-4　转向架生产线（U形布置）

9.2.3 钢材预处理线、下料生产线

钢材采用预处理线进行表面处理，板材经过开卷、抛丸除锈、喷涂工序间预涂底漆、烘干等工序进行裁料。大部分冲压件制造采用数控剪切、冲压、折弯设备，提高零部件下料的尺寸精度。钢板预处理生产线、型钢预处理生产线分别见图9-5、图9-6。下料生产线中的数控剪切中心、数控折弯机分别见图9-7、图9-8。

图9-5 钢板预处理生产线

图9-6 型钢预处理生产线

图9-7 下料生产线（数控剪切中心）

图9-8 下料生产线（数控折弯机）

9.2.4 车体生产线

车体生产线主要由中梁生产线、底架生产线、端侧墙生产线（见图9-9）、总装生产线（见图9-10）等构成。中梁生产线配备了组对、翻焊、压平、钻孔、铆接以及矫正检测等工位；底架生产线配备了组对、翻焊、地板铺装、地板自动焊接、底架焊接、底架矫正、底架检测等工位；端侧墙生产线配备了组对、正反面专机自动焊接、矫正等工位；车体总装生产线配备了端侧墙组装、车体焊接、在线翻转、侧柱整体钻专机、侧柱铆接等工位。各生产线采用了接口标准化、工装夹具模块化，实现了装备的柔性化，适应了系列化货车产品的生产要求。同时，焊接设备自动化，大大提高了车体制造的质量。

图 9-9 底架生产线

图 9-10 总装生产线

9.2.5 车体油漆喷涂线

车体油漆喷涂线(见图 9-11)主要由封闭式喷漆室、喷涂机械手、红外线油漆干燥设备组成。喷漆室具有强制送排风功能,可将过喷的漆雾有效处理,避免了环境污染及对操作人员身体健康的损害。

图 9-11 车体油漆喷涂线

9.3 焊接技术

9.3.1 货车焊接技术的发展

20 世纪 50 年代初,我国开始仿制货车,首先仿制了 C_1 型 30 t 敞车,采用铆接钢底架,钢骨木板车体。随着现代工业生产的需要和科学技术的蓬勃发展，焊接技术不断进步，在机车车辆的制造和修理上，逐渐用焊接结构代替了铆接结构，货车从钢木混合结构进入全钢结构。我国先后制造了敞车、平车、棚车、罐车、漏斗车以及长大特种车等。

1. 货车用材料的发展

在 20 世纪 50 至 70 年代，车辆采用 Q235 普通碳素结构钢，并用以 J422 为代表的结构钢焊条焊接。到 20 世纪 80 年代后期，我国开发了屈服强度为 295 MPa 的 Cu-P 合金系 09CuPTiRe 耐候钢和屈服强度为 345 MPa 的 Cu-P-Cr-Ni 合金系的 09CuPCrNi 耐候钢，并推行采用 CO_2 气体保护实心焊丝焊接。进入 21 世纪后，不同于 Cu-P-Cr-Ni 耐候钢成分体系，屈服强度分别为 400 MPa、450 MPa、500 MPa、550 MPa 的高强度高耐候钢系列问世，并开始采用药芯焊丝焊接。其中 Q450NQR1 钢已经广泛用于 70 t、80 t 级货车制造，为货车增加载重提供了条件。2005 年开始采用耐候性能更好的铝合金和 TCS 及 T4003 经济型铁素体不锈钢。新材料的采用对焊接装备、焊接工艺提出了新的要求。铝合金车辆生产线和 C_{80} 型铝合金运煤敞车分别见图 9-12、图 9-13。不锈钢车辆生产线和 C_{80B} 型不锈钢运煤敞车分别见图 9-14、图 9-15。

图 9-12 铝合金车辆生产线

图 9-13 C_{80} 型铝合金运煤敞车

图 9-14 不锈钢车辆生产线

图 9-15 C_{80B} 型不锈钢运煤敞车

2. 焊接装备的发展

焊接装备包括焊接设备、焊接辅机具和切割设备。在 20 世纪六七十年代，各工厂一般只有手工交流焊机和手工直流焊机，20 世纪七八十年代有了少量气体保护焊机和埋弧焊机，20 世纪 90 年代开始气体保护焊机、埋弧焊机数量大幅上升。2000 年后，各工厂开始采用数字化焊机、焊接专机、焊接机器人等先进设备，比如敞车侧墙、端墙用上了焊接专机，

C_{80B} 型不锈钢敞车的焊接采用数字化焊机、焊接机器人等。对于下料工序，在 20 世纪 60 至 80 年代采用剪板机下料和手工氧-乙炔切割，从 20 世纪 90 年代开始则采用数控火焰切割机、数控等离子切割机、精细等离子切割机、激光切割机等自动化设备。

3. 焊接技术的发展

在 20 世纪六七十年代，车辆焊接采用手工电弧焊方法及少量埋弧焊方法，到 20 世纪 70 年代末期开始试用效率高、焊接变形小的 CO_2 气体保护焊方法，到 20 世纪 80 年代各货车新造工厂广泛采用 CO_2 气体保护焊工艺。20 世纪 90 年代末期开始推广采用飞溅小、外观成型好的富氩混合气体保护焊方法，焊接生产效率和产品质量大大提升。2000 年后，新材料、新技术的发展，促进了 MIG 焊、MAG 焊、TIG 焊等焊接方法在货车行业的应用。

随着新材料的应用和产品质量要求的提高，人们对焊接质量的可靠性提出了更高的要求。为减少制造过程中人为因素的影响，降低工人的劳动强度，提高焊接生产效率，确保焊接质量的稳定，提升货车制造工艺水平，货车制造企业对车体钢结构关键部位焊缝、长直焊缝采用自动化焊接。采用这种焊接方式，必须提高车辆部件的下料精度、组装精度，为此货车企业大力推广先进的自动、半自动的下料工艺、焊接工艺、焊接专机，自动线或柔性生产线，焊接机器人和各种不同层次的低成本生产流水线，全面提升了货车制造焊接自动化水平，使货车自动化焊接向前迈进一大步。各制造工厂在工艺试验研究、工艺装备、焊接工艺、焊接质量控制等方面加大投入和改进，使货车的制造质量稳步提升。

4. 焊接技术应用举例

1）数控切割下料技术的应用

机器人、焊接专机焊接的必要条件是工件下料组装精度高，如果没有很好的组装精度，就难以实现自动化焊接技术。因此，广泛采用数控下料技术，半自动和全自动切割，数控火焰切割（见图 9-16），数控精细等离子切割（见图 9-17），水下等离子切割（见图 9-18），激光切割（见图 9-19），极大地提高了下料精度，为组装焊接打下良好基础。

图 9-16　数控火焰切割

图 9-17　数控精细等离子切割

图 9-18 水下等离子切割

图 9-19 激光切割

2）焊接机器人的应用

机器人焊接的工件，不论是装配精度还是表面清洁度，要求都比半自动气体保护焊要高得多，因此这种焊接方式一般用来焊接机械加工较多的部件（如转向架部件），或者结构较复杂，不便实现半自动或专机焊接的部件。焊接机器人焊接转向架部件、侧架支撑座、敞车侧墙、敞车端墙分别见图 9-20 至图 9-23。

图 9-20 焊接机器人焊接转向架部件

图 9-21 焊接机器人焊接侧架支撑座

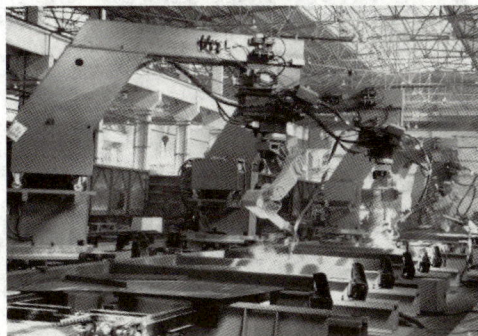

图 9-22 焊接机器人焊接敞车侧墙

图 9-23 焊接机器人焊接敞车端墙

3）焊接专机的应用

铁路货车零部件的加工偏差较大，大多为不进行机械加工的型钢与板材搭接的长直焊缝。比如敞车的侧墙、端墙等，其结构形式非常适合采用焊接专机来焊接。侧墙自动焊专机、端墙自动焊专机分别见图9－24、图9－25。

图9－24　侧墙自动焊专机

图9－25　端墙自动焊专机

9.3.2　铁素体不锈钢焊接工艺

采用传统耐候钢制造的货车自重大，车体耐腐蚀性差，综合技术经济性不好，而采用经济型铁素体不锈钢较好地解决了这些问题。

从2005年开始，太钢集团、齐车公司、哈焊所等单位对铁路货车用铁素体不锈钢进行开发研究。通过大量的试验研究，这些单位共同攻克了铁素体不锈钢化学成分优化和焊接工艺参数确定等技术难题，开始小批量制造TCS345铁素体不锈钢运煤专用敞车。

TCS345不锈钢具有良好的耐腐蚀性和力学性能，但对焊接热输入敏感，焊接接头组织晶粒粗大（见图9－26），低温冲击韧性较低。另外，焊接时钢水黏度大、流动性差，易造成焊接缺陷和焊缝成型不良。为进一步保障车辆运行可靠性，借鉴前期研究成果及小批量生产过程实践经验，相关单位对铁素体不锈钢的材料成分、性能，以及焊接性进行了优化。

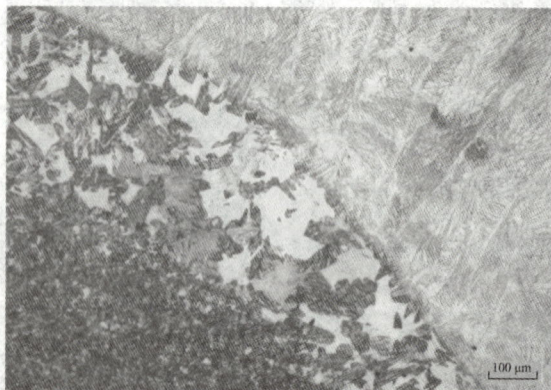

图9－26　TCS345焊接接头熔合线

通过优化钛（Ti）、铌（Nb）、镍（Ni）、锰（Mn）等元素含量，不锈钢焊缝及热影响区马氏体组织比例增加，抑制了焊接时铁素体晶粒的长大，焊缝及热影响区组织得到细化（见图9-27），热影响区低温冲击韧性显著提高。改进后的不锈钢牌号为 T4003，目前已大批量用于铁路货车的制造。

图 9 - 27　T4003 焊接接头熔合线

通过对铁素体不锈钢同种材料、铁素体不锈钢与耐候钢异种材料的各种焊接接头形式、不同焊接热输入量的焊接试样进行拉伸、弯曲、-40℃冲击、热影响区金相组织和CTOD 断裂韧度等试验、检测，全面掌握了铁素体不锈钢焊接特性。

针对铁素体不锈钢的焊接特性，提高部件下料尺寸精度，保证组对间隙，有效控制焊缝宽度；采用合理的焊接顺序，避免焊缝交叉重叠，减少起、收弧频次；配套使用数字化脉冲焊机，长直焊缝采用自动焊接，精确控制焊接工艺参数；保持焊接区域清洁，采用混合气体保护；采用机械定位，水平位置焊接。有效控制焊接热输入量、减少焊缝缺陷，是保证铁素体不锈钢焊接质量，提高焊缝疲劳可靠性的关键要素。

根据铁素体不锈钢焊接工艺特点，设计时应特别注意产品的结构、焊接接头的形式和位置的优化，并且焊缝形式应适应结构受力特点，使焊接结构部位有利于应力释放，避免应力集中而提高构件疲劳寿命。

9.3.3　焊接质量控制

工业化大生产的生产过程质量控制非常重要，要全员重视，全过程处于监控状态之下。钢材和焊接材料入库检验、工艺装备的准备、下料部件的精度、组装精度、焊接规范参数、对焊缝的细节处理、焊后检查等每一个环节都符合要求，才能获得焊接质量合格的产品。

1. 焊前准备要求

（1）对于采用富氩气体保护焊、CO_2 气体保护焊、手工电弧焊、埋弧焊等焊接方法进行焊接的工件，组装前工件表面接缝附近 20 mm 范围内不允许存在油漆、油污和水分。

（2）放置一段时间后再进行焊接的工件，如工件上产生异物或浮锈，应清除后再进行焊接。

2. 定位焊要求

（1）定位焊应采用与正式焊缝等级相同的焊接材料。定位焊表面需平整、光滑，不允许有焊瘤、气孔、夹杂、裂纹等缺陷。

（2）在接缝端头、拐角或焊缝交叉处 50 mm 范围内不允许有定位焊缝，如由于工件原因无法保证，则需在相关部件组装焊接工艺文件中对定位焊位置作出明确规定，严禁在端头或拐角进行定位焊。

3. 焊接工艺技术要求

（1）重要承载焊缝，8 mm 及以上角焊缝采用多层多道焊。8 mm 的角焊缝可以采用 2 层 2 道焊，10 mm 及以上的角焊缝需采用 2 层 3 道焊或更多的层道焊。

（2）对于采用多层多道焊的工件，应先将工件的第一层焊完后再进行下一层的焊接，依次类推。

（3）每一道焊完后焊下一道之前，都应将焊缝表面及施焊部位附近的焊渣、飞溅等异物清除干净，保证符合焊接要求。同时必须检查焊缝是否有缺欠，如有缺欠，需刨除补焊后再进行后一道焊接，不允许用后一道焊缝盖前一道焊缝的缺欠。

（4）每一条焊缝起、收弧处应填满焊缝，不允许出现弧坑、裂纹等缺陷。

（5）禁止在焊接区域外引弧及工件上调试焊接参数，避免电弧擦伤钢板表面。

4. 焊接质量检验

（1）焊缝内部缺欠的检查。根据产品技术条件或产品图样的规定，一般可采用射线照射、超声波探伤等方法检查，并按相关规定评估产品是否合格。

（2）焊缝外观检查。用焊缝尺寸检查样板或焊缝检测尺测量焊缝的形状、尺寸及焊缝缺欠的尺寸。

5. 焊缝的返修或返工

（1）焊缝存在裂纹，需将裂纹全部清除，打磨干净确认无误后进行补焊处理；

（2）焊缝咬边现象超过规定要求，需进行补焊及修磨处理；

（3）焊缝未填满，需进行补焊处理；

（4）焊缝存在过渡不圆滑、焊瘤等，需进行修磨处理；

（5）焊缝表面气孔、夹渣超过规定要求，需用碳弧气刨全部清除，打磨干净确认无误后进行补焊处理；

（6）焊缝存在内部缺陷，需采用机械加工或碳弧气刨将缺陷全部清除，打磨干净确认无误后进行补焊处理。

目前焊接品质较大程度上仍依赖人的主观因素，未来将采用监控软件实现焊接网络监测，可避免人为因素的影响，使传统的焊接管理模式发生变化。采用全数字电焊机和网络监测，通过通信电缆进行传递，可将焊接过程的参数实时地显示并记录在电脑中。利用全数字焊机的"焊接规范锁定功能"，设定焊接电流的允许变化范围，在超出范围时进行蜂鸣器报警提示，可有效规范焊工在操作时的行为（焊枪高度和角度，焊接速度等），防止由操作不当或设备故障（如气体漏气或压力不足）等引起的长时间超规范作业，保证焊接质量。

9.4　整体芯铸造技术

　　摇枕、侧架不但涉及转向架的运行性能，而且关系到铁路运输的安全，是铁路货车十分重要的零部件。摇枕、侧架的制造技术和产品质量一直受到各国铁路主管部门以及制造和运营商的高度重视，是铁路货车行业关注的焦点。

　　2000 年以来，在国民经济快速发展的带动下，铁路货车重载提速运输迅速发展，由此对摇枕、侧架的产品质量和制造技术提出了更高、更严的要求。货车主导制造厂和研究所联合攻关，实现了我国摇枕、侧架的制造技术和产品质量达到世界领先水平的战略目标。

9.4.1　我国摇枕、侧架制造工艺历史的简要回顾

　　历史表明，我国摇枕、侧架制造技术伴随着国民经济的发展、铁路运输的需要和社会科技的进步，始终在不断发展进步。

　　20 世纪 50 年代，苏联发明了 CO_2 水玻璃砂工艺，该工艺简便易行、价格低廉、污染程度低，我国机车车辆制造行业开始推广采用水玻璃砂工艺生产摇枕、侧架。到 20 世纪 60 年代中期，水爆清砂工艺的发现和推广，解决了水玻璃砂清砂困难的难题，形成了完整的水玻璃砂生产普通碳素钢摇枕、侧架的工艺和装备体系。

　　由于水爆清砂要求铸件在高温下（650℃左右）入水，铸件容易在铸态组织条件下激冷而产生毛细裂纹，因而大大缩短了摇枕、侧架的疲劳寿命。为改善水爆清砂工艺带来的问题，1987 年开始，在摇枕、侧架制造上推广了水浴清砂工艺，该工艺将铸件清砂入水温度降低到 500℃以下。水浴清砂工艺虽然在当时为降低铸件裂纹倾向起到了良好的促进作用，但实际表明，铸件在铸态和激冷条件下仍然产生毛细裂纹。

　　在铸件材质方面，为了提高材料的低温冲击韧性，20 世纪 80 年代中期，我国对世界发达国家各国铁路标准体系和铁路运用情况进行了系统对比分析，借鉴了国外先进的铁路标准体系，1986 年开发了 B 级钢，并开始用于生产铁路货车转向架摇枕、侧架。

　　在造型材料方面，随着国内外对水玻璃黏结、改性机理研究的深入和对采用树脂砂生产铸钢件的工艺技术的不断改进，"九五"和"十五"期间，在技术上率先突破了有机酯水玻璃砂仅应用于单件或小批量生产铸钢件的局限性，大部分工厂对原有传统水玻璃砂系统进行了技术改造，采用有机酯改性水玻璃砂工艺大批量生产摇枕、侧架，并实施了摇枕、侧架的干法清砂工艺。部分工厂先后建设了有机酯改性水玻璃造型、制芯生产线，还有部分工厂建设了树脂砂造型线、潮模砂造型生产线和 pep-set 树脂砂制芯线，彻底消除了铸件在铸态组织条件下进行激冷而产生裂纹的可能性。

　　在铸造工艺设计方面，至 21 世纪初，摇枕、侧架浇注系统逐步发展为两大类型：摇枕为一端浇注和两端浇注两种形式，侧架为中间浇注和两端浇注两种形式。摇枕、侧架的制芯工艺除了各厂的型砂工艺和制芯方法不同外，砂芯分块和组合方式大同小异：都采用分层、分段方

式进行砂芯分块和组合。例如，转 K6 型转向架摇枕内腔主体砂芯设计为两层、三段，由至少六个分块砂芯组成，如图 9 - 28 所示。摇枕分层、分段砂芯组合实物图如图 9 - 29 所示。

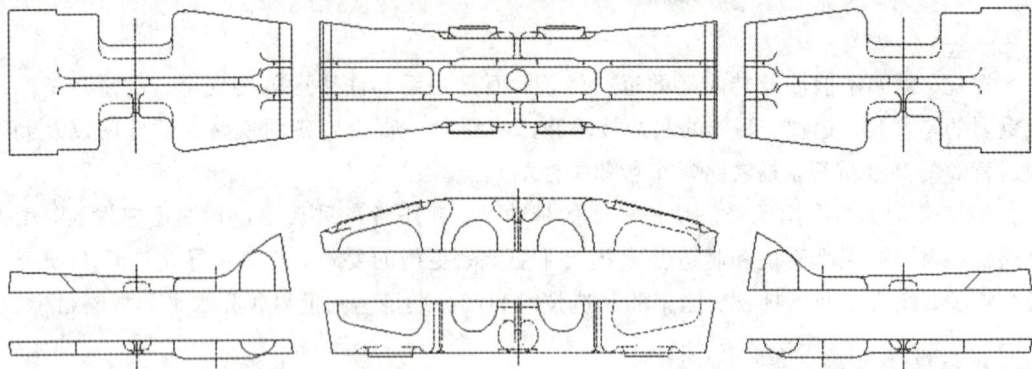

图 9 - 28　摇枕内腔主体砂芯设计为两层、三段

图 9 - 29　摇枕分层、分段砂芯组合实物图

转 K6 型转向架侧架内腔主体砂芯设计为两层、五段，由至少十一个分块砂芯组成，如图 9 - 30 所示。侧架分层、分段砂芯组合实物图如图 9 - 31 所示。

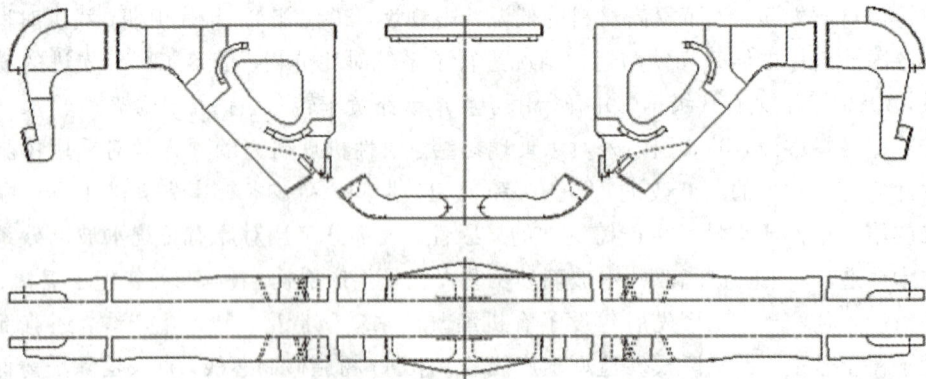

图 9 - 30　侧架内腔主体砂芯设计为两层、五段

在其他方面，到 20 世纪末，逐步淘汰了燃重油热处理炉。21 世纪初，采用了连续法整体磁化探伤方法对摇枕、侧架关键部位进行磁粉探伤。

图 9-31　侧架分层、分段砂芯组合实物图

综上所述，从 20 世纪 90 年代中后期开始，我国铁路货车摇枕、侧架制造技术水平有了明显提高，主要体现在以下几个方面：

（1）采用干法落砂清砂工艺，淘汰水浴清砂工艺。

（2）全面采用 B 级钢生产摇枕、侧架，淘汰普通碳素钢材质。

（3）采用炉温自动控制热处理炉进行正火热处理，淘汰燃重油热处理炉。

（4）重要部位采用湿法磁粉探伤检查等。

这些技术政策的实施，初步改变了我国摇枕、侧架制造技术水平落后的局面，使产品质量有了进一步提高。但是，随着我国铁路货车重载提速运输的逐步实施，摇枕、侧架的质量缺陷带来的安全隐患和安全事故日益突出。因此，为了提高摇枕、侧架在新的运行条件下的安全可靠性，必须对摇枕、侧架的制造技术进行创新。

9.4.2　我国摇枕、侧架制造工艺存在的主要问题与应对措施

通过分析和对运用现场反复调查，对影响和降低摇枕、侧架疲劳寿命的主要因素和存在的主要制造技术问题总结如下。

（1）铸件内腔砂芯分块太多，人为因素影响大，容易导致铸件关键部位内腔产生披缝、台阶、局部掉砂、多肉以及诸多芯撑熔合不良等缺陷，进而导致铸件生产和服役过程中产生裂纹的倾向明显增加。而且铸件上有些影响转向架重要性能和零部件受力情况的尺寸难以保证，导致转向架运用性能逐步下降，零部件受力逐步增大。

（2）部分工厂冶炼工艺和过程欠佳，导致夹杂物等级和含氧、含气偏高，使铸件形成凝固收缩缺陷和较多焊修缺陷，并容易在焊补区造成延迟裂纹和再热裂纹。

（3）造型工艺不细致，在 A 部位、B 部位的非评定区的热节处存在局部缩孔等缺陷。

（4）对照国外重载、快捷运输的成功经验，我国铁路货车摇枕、侧架所采用材质的强度储备有待提高。

1. 采用分块组合砂芯工艺产生的主要危害

采用分块制芯、组合下芯的工艺方法生产摇枕、侧架，将对铸件产生以下主要危害。

（1）在浇注过程中，主体砂芯的分层和分段处，即铸件内腔的横向和纵向，会产生较长

的披缝，原因如下：

① 芯盒数量多，芯盒变形的概率大，组合下芯后，砂芯接缝处难以贴合严密；

② 由于多数砂芯比较薄长，在存放过程中，特别是在春季和夏季，砂芯容易产生蠕变，致使分块砂芯在组合下芯后，在主体砂芯的分层和分段处容易产生局部翘曲，从而形成砂芯局部间隙；

③ 由于砂芯数量较多，组合下芯时，容易产生较大的累计尺寸误差，同时组合下芯过程中，砂芯难以准确定位，容易造成分块砂芯接合部位产生间隙（如图 9-32 所示）。

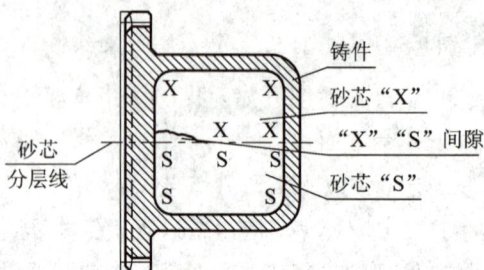

图 9-32　砂芯间隙

由上述原因形成的铸件内腔披缝，尤其是在摇枕、侧架的关键部位（A、B 部位）内腔的披缝，容易产生以下铸造缺陷和危害：

① 铸件凝固冷却过程中，披缝自身容易形成裂纹，如在铸件清理时，对披缝清除不干净，留存在披缝中的裂纹，在铸件服役过程中将逐步扩展张开，直至铸件本体。

② 即使披缝在凝固冷却过程中没有产生裂纹，但由于披缝边缘通常呈不规则的锯齿形状，在铸件服役过程中，锯齿状披缝边缘的尖锐凹陷处也容易首先形成裂纹，并逐步扩展至铸件本体。

③ 在铸件凝固和收缩过程中，由于厚度小，披缝通常首先凝固，而后阻碍铸件收缩，容易在披缝与铸件连接的根部（通常为直角）产生裂纹，尤其是横向披缝形成的横向裂纹更为有害。同时，由于披缝与铸件连接的根部容易产生局部黏砂，掩盖在黏砂带下面的裂纹在清理和检查过程中难以发现而容易被忽视，磁粉探伤也不能发现，从而使铸件带着裂纹出厂。

④ 由于披缝表面积大、厚度小，在浇注过程中，钢水在此处容易吸收气体，并且在凝固过程中，在披缝与铸件连接的根部容易产生皮下气孔或毛细裂纹，如图 9-33 所示。因这种气孔和裂纹位于铸件内腔，如上所述，不易被发现和排除。

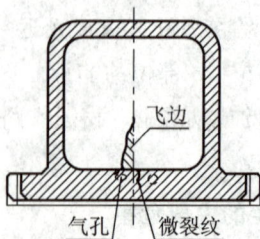

图 9-33　披缝（飞边）产生的气孔和裂纹

由披缝产生的上述缺陷，将引起铸件早期断裂，如图9-34和图9-35所示。

因披缝形成的横向裂纹

分块砂芯形成的披缝

图9-34　服役过程中摇枕B部位砂芯接头处产生的裂纹

漏水孔砂芯接头处形成披缝后产生的横向裂纹

图9-35　服役过程中摇枕A部位砂芯接头处产生的裂纹

（2）分块砂芯组合下芯时，由于砂芯变形等，在接合处的底部容易形成台阶，造成铸件重要受力部位壁厚突变或局部壁厚超差。服役过程中，台阶处形成多向应力和应力集中，壁厚较薄处应力增大，壁厚较大处往往组织疏松，从而大大降低了断裂韧度，导致该处形成早期疲劳裂纹而断裂。

（3）由于多数砂芯薄而长，所以在制芯、搬运和组合下芯操作过程中，分块砂芯容易在底部棱边处破损。如果在砂芯破损后下入型腔，则铸件相应部位形成局部多肉，除了与披缝的危害相似，还可能造成局部凝固模数增大而形成缩孔或疏松。如果在组合下芯操作时使砂芯棱边碰坏或挤压破损，则会形成大块掉砂。

（4）分块砂芯组合下芯通常为手工操作，会反复搬运和碰撞砂芯，容易使砂芯棱边处的冷铁松动或脱落进入型腔，浇注时嵌入铸件内部，且后面工序不易发现，造成铸件服役时突然折断。

（5）分块砂芯组合下芯时，必须采用芯撑（如图9-36所示）。一件摇枕或侧架使用芯撑多达30余个。芯撑对铸件质量有以下不良影响：

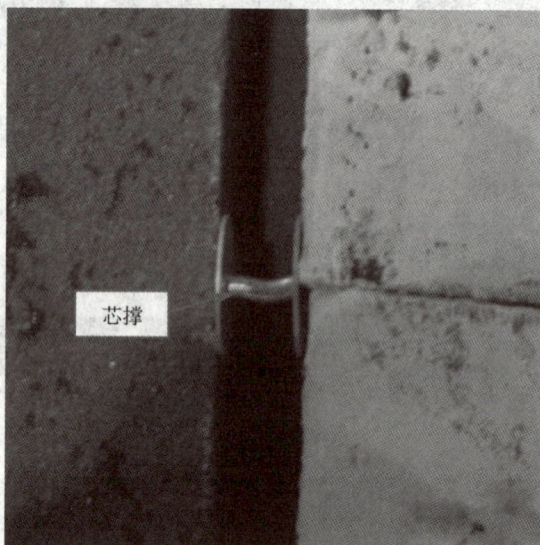

图9-36 芯撑

① 若芯撑不能与铸件熔合，如图9-37所示，则会减少铸件的有效承载面积，并形成局部宏观缺陷而成为疲劳裂纹源，在循环应力的作用下逐渐扩展。

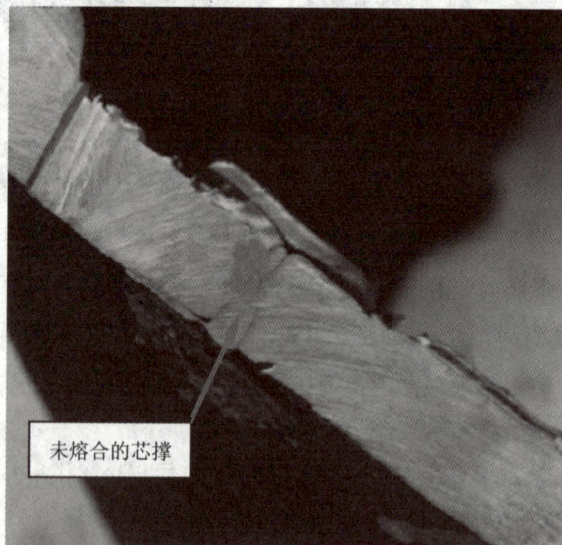

图9-37 未熔合芯撑

② 若芯撑表面发生锈蚀或镀锌层在浇注过程中产生气孔，则镀锡或锌层在与铸件接触后产生局部有害元素成分偏析，使铸件局部性能恶化。

③ 使用过程中，受芯撑搓挤而脱落的型砂直接掉入型腔（如图 9-38 所示），在铸件内部或表面形成砂眼、多肉。而内腔出现的缺陷通常不易发现和处理，给运行安全埋下隐患。

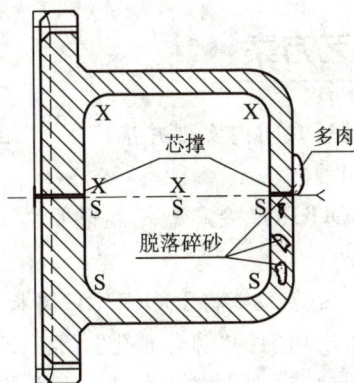

图 9-38　受芯撑搓挤而脱落的型砂直接掉入型腔

上述缺陷的存在，容易使摇枕、侧架在运行过程中产生早期脆性断裂，造成铁路安全事故，并带来严重后果。

2. 应对措施

根据上述分析，为了使摇枕、侧架满足铁路货车提速重载运输的需要，必须采取以下措施：

（1）在铸造工艺方面，开发长大复杂砂芯整体制芯技术，摇枕、侧架主体砂芯采用整体砂芯和整体砂芯机械下芯工艺。同时，采用金属芯盒和先硬化后取模的方法，实现铸件内腔关键部位平顺，无披缝、台阶，提高铸件壁厚尺寸的均一性，减少砂眼和芯撑熔合不良等铸造缺陷。进一步优化铸造工艺，消除铸件关键部位内部的缩孔缺陷。采用抛丸表面强化处理技术，使铸件表面形成均匀的压应力，从而进一步提高铸件的疲劳性能，并显著提高铸件的表面质量。

（2）在炼钢方面，在进一步规范炼钢操作的基础上，采用 LF 炉或钢包吹氩和喂丝等钢水精炼工艺，进一步降低有害元素和非金属夹杂物含量，使全部钢水达到优质钢标准。

（3）在材料方面，研制 B+ 级钢，并全面采用 B+ 级钢生产摇枕、侧架，将材料力学性能提高一个等级。

（4）在检测方面，进一步加强摇枕、侧架的表面缺陷检查，将原有湿法黑色磁粉整体探伤改进为湿法荧光磁粉整体探伤；制订超声波和 X 射线检测标准，对摇枕、侧架重要部位实施 X 射线探伤的定期检测和超声波探伤的日常检查；采用超声波测厚方式检测摇枕、侧架重要部位的壁厚，采用三坐标测量仪进行尺寸测量，进一步保证摇枕、侧架的可靠性。

从国外铁路货车摇枕、侧架制造技术发展水平来看，尽管有的发达国家采用了"一片式"砂芯，但实际上砂芯最大长度很短，主体砂芯没有实现整体芯工艺。其他国家摇枕、侧架铸造工艺都采用分块制芯、组合下芯工艺。从整个铸造行业制芯技术的发展水平来看，原有机械制芯设备技术无法满足大批量长大复杂砂芯的生产要求。因此，必须进行跨企业、跨专业的技术创新，才能在 2～3 年的时间内，使我国摇枕、侧架的制造技术和产品质量达到世界领先水平，促进我国铁路货车重载提速运输事业的快速发展，并带动企业技术水平的升级，提高国际竞争力。

9.4.3　整体砂芯工艺方案

通过探索和实践，我国在较短时间内实现并推广了 B＋级钢摇枕、侧架整体芯制造技术。下面简要介绍整体制芯的四种方法。

整体制芯方法一是采用 ISOCURE 冷芯盒树脂砂整体射芯、三乙胺固化的一次成型方法。

整体制芯方法二采用冷芯盒制芯系统将 ISOCURE 树脂砂分别一次射制主体上、下壳芯，并在主体砂芯的分芯面上留出均匀的"铆合通孔"，经三乙胺固化后，再将上、下壳芯合在一起，并在"铆合通孔"中射制锁芯，通过锁芯将上、下壳芯无缝地连接在一起，从而制作成整体砂芯。

整体制芯方法三是采用改性水玻璃砂和挤压锁芯成型的整体制芯方法。

整体制芯方法四是采用有机酯固化改性水玻璃砂和震实加压实制芯工艺的整体制芯方法。

9.4.4　整体芯摇枕、侧架配套技术

1. B＋级钢的研制

通过系统研究低合金铸钢材料的成分、组织和性能的关系，戚墅堰机车车辆工艺研究所研制出 B＋级钢材料（ZG25MnCrNi）。这种 B＋级钢改善了凝固结晶方式，从而有效地细化了一次结晶组织，进一步改善了铸件内部组织的致密程度。同时，通过提高钢中奥氏体组织的稳定性，降低了热处理的临界转变温度，从而大大细化了铁素体和珠光体组织（常温组织），晶粒度从 B 级钢的 7～8 级提高到 8～9 级。铸件的力学性能、抗疲劳性能和材料的抗裂能力得到较大幅度提高，力学性能提高一个等级，最大疲劳循环次数比 B 级钢提高 30％以上，材料的临界裂纹尖端张开位移（CTOD）比 B 级钢提高 10％。由于同时细化了铸件的高温和常温组织，铸造裂纹和焊接裂纹的倾向性进一步降低。

2. 钢水炉外精炼工艺的推广应用

为了进一步减少钢水中的气体和夹杂物，提高铸钢件的内在质量，在优化现有炼钢工艺和操作的基础上，推广采用了钢包吹氩/喂丝、LF 钢包炉等钢水精炼技术，现已全部投产。

通过优化冶炼工艺和推广采用炉外精炼技术，钢中有害元素的含量大大降低，各厂90％的炉次硫、磷含量控制在 0.020％以下，99.8％的炉次控制在 0.030％以下；钢中夹杂物提高了一个等级，钢的低温冲击韧性进一步提高。

3. 射线探伤

各研究所联合攻关组开展了摇枕、侧架内部缺陷与疲劳强度关系的试验研究。通过对

新造和服役摇枕、侧架的大量射线检验、疲劳试验检验和实物解剖验证，获得了大量的试验数据和摇枕、侧架的 A、B 部位各类缺陷 X 射线图片。同时对铸钢摇枕、侧架射线照相检验技术进行了系统的研究，确定了缺陷定性、定量标准及射线照相检验标准图谱。该项目为铸造工艺和过程质量的改进提供了依据，对控制和提高摇枕、侧架的内在质量具有重要意义。

为了提高 X 射线探伤的时效性，有的工厂采用了 X 射线数字成像技术（DR）对摇枕、侧架进行在线检测，采用工业 CT 进行定期检测和工艺改进。

4. 荧光磁粉探伤

为了进一步提高铸件表面缺陷的探伤灵敏度，中国铁道科学研究院金化所在联合攻关组各成员单位的配合下，开展了无暗室湿法荧光磁粉整体探伤工艺研究，以及紫外线辐照度与环境白光照度之间对应关系的研究，试验测试并绘制出白光强度与紫外线辐照强度关系曲线图。通过理论和试验研究，为无暗室荧光磁粉探伤提供了理论和实践依据。

目前，各厂已全部推广应用了无暗室湿法荧光磁粉整体探伤工艺，进一步提高了产品的可靠性。

5. 超声探伤

为了进一步提高摇枕、侧架内部缺陷的日常检测和控制水平，通过探索铸件内部缺陷特征与超声波反射传播之间的关系，联合攻关组各成员单位进行了大量试验，积累了数以万计的基础数据，系统地研究了摇枕、侧架超声波探伤技术。

6. 尺寸检测

采用三坐标测量仪测量整体芯摇枕、侧架的形位尺寸，采用超声波测厚仪测量铸件壁厚尺寸。

7. 表面强化

采用抛丸表面强化处理技术，对摇枕、侧架进行抛丸强化处理。研究表明，适当的抛丸强化，可使铸件表面产生均匀的残余压应力，从而使铸件表面产生以下效应：

（1）使原始轮廓中微小尖凹表面钝化，并消除该处可能存在的微观表面拉应力。

（2）表面强化后，抑制了表面驻留滑移带（PSB）的产生，从而抑制了低碳钢疲劳裂纹沿 PSB 萌生的概率。

（3）表面塑性变形使得晶界扭曲，使得表面可能萌生的裂纹尖端沿晶界扩展时，将消耗更多的表面自由能，从而降低了裂纹尖端在晶界的扩展速率。当钢丸速度不小于 $75\ \mathrm{m/s}$，并且钢丸流量保持一定时，铸件表面在热能和变形能的联合作用下可能产生再结晶，表层将形成超细晶粒或纳米晶。

（4）加工硬化使得表层材料比内部材料有更高的强度。

（5）在摇枕、侧架服役过程中，可抵消部分表面宏观拉应力。

试验表明，适当的抛丸强化不但大大提高了铸件的表面质量，而且大大降低了产生早期疲劳裂纹的形核萌生和快速扩展的概率，进一步提高了铸件的疲劳性能。零部件的疲劳寿命可提高约 $15\%\sim20\%$。

经过抛丸强化的侧架、摇枕分别如图 9-39、图 9-40 所示。

图9-39　经过抛丸强化的侧架

图9-40　经过抛丸强化的摇枕

另外，表面的多向拉应力将较大幅度地降低零部件的断裂韧度，而表面打磨会产生表面拉应力。尤其是采用粗砂轮打磨时，粗粒磨料的凿削作用，将使铸件产生尖凹纹理较深的粗糙表面。因此，热处理后，摇枕、侧架的重要部位的最终打磨纹理方向，应为摇枕、侧架的纵向；采用的最终打磨工具，应为细小磨粒砂轮；打磨工序应尽可能在最终抛丸强化之前完成。

8. 产品技术标准提升

通过修订产品技术条件，对钢水冶炼质量和铸件热处理质量提出了更加严格的要求，从而提高了产品的可靠性。新的技术条件主要作了如下重要变化：

（1）降低钢中磷、硫等有害元素的含量，以及钢中氧、氢等气体含量，使钢水达到优质钢标准。

（2）增加了金相组织及非金属夹杂物的检测要求。

（3）增加了湿法荧光磁粉探伤和超声波、射线内部缺陷探伤检查要求。

（4）加严对疲劳试验要求，使摇枕在组合载荷条件下试验达到100万次以上。

9.4.5　实施效果

经过两年多的生产实践和运用证明，采用整体芯工艺生产的B+级钢摇枕、侧架的工艺先进、质量稳定、使用性能大大提升，为我国铁路货车装备升级换代和铁路货车重载提速的快速发展打下了坚实的基础。

（1）摇枕、侧架砂芯采用整体芯工艺，大大提高了制造技术水平和产品质量。

整体砂芯表面光滑，曲面连续完整，消除了分体砂芯带来的铸件内腔裂纹、台阶、芯撑熔合不良等一系列质量缺陷和安全隐患。

由于整体砂芯抗变形能力较强，相对位置不会窜动，砂芯尺寸精度及稳定性高，因而采用这种工艺提高了铸件的尺寸精度及其稳定性，有利于提高转向架和货车的运行性能和安全可靠性。

采用整体砂芯，下芯时大大减少了芯撑数量，关键部位取消了芯撑，保证了铸件有效承载面积；同时避免了在安放、使用芯撑时，受芯撑搓挤而脱落的型砂掉入型腔，在铸件内部或表面形成砂眼。

采用制芯线和整体制芯方案，减少了人为因素的影响，大大提高了产品质量的稳定性，并改善了劳动条件。

采用整体制芯工艺，减少了制芯和下芯操作工人的数量，生产效率也有进一步提高。

经过对国外同行业工艺和装备水平的对比分析，可以看出，我国铁路货车摇枕、侧架的整体芯制造技术水平已经达到了国际领先水平。

（2）摇枕、侧架采用B+级钢制造，使其力学性能提升了一个强度等级。B+级钢和B级钢的力学性能指标比较见表9-1，批量生产的B+级钢力学性能见表9-2。

表9-1 B+级钢和B级钢的力学性能指标比较

钢种	屈服强度/MPa	抗拉强度/MPa	延伸率/%	断面收缩率/%	冲击值 A_{kv}/J（-7℃）
B+级钢	≥345	≥550	≥24	≥36	≥20
B级钢	≥260	≥485	≥24	≥36	≥20

表9-2 批量生产的B+级钢力学性能

炉号	屈服强度/MPa	抗拉强度/MPa	延伸率/%	断面收缩率/%	冲击值 A_{kv}/J（-7℃）
A599	375	610	27	49	66、65、67
B678	360	610	28	47	46、41、33
B682	435	630	30	59	72、67、84

（3）钢水质量全部达到优质钢标准，热处理质量稳步提高。整体芯B+级钢部分炉号的夹杂物、晶粒度、热处理等级如表9-3所示。

表9-3 整体芯B+级钢部分炉号的夹杂物、晶粒度、热处理等级

试样材质	炉号	夹杂物	晶粒度	热处理等级	备注
B+级钢	A599	Ⅰ、Ⅲ型细1.5级	8.5	正火组织4级	整体芯摇枕、侧架
B+级钢	B678	Ⅰ、Ⅲ型细1.5级	8	正火组织4级	整体芯摇枕、侧架
B+级钢	B682	Ⅰ、Ⅲ型细1.5级	9	正火组织3级	整体芯摇枕、侧架

B+级钢基体组织（铁素体+珠光体）评判结果如图9-41所示。

（4）摇枕、侧架疲劳强度大幅提高，远高于发达国家标准要求。

整体芯B+级钢摇枕在组合载荷试验条件下，按规定完成100万次循环后，再加大试验载荷20%继续试验，所有整体芯B+级钢摇枕都通过了120万次试验。

按上述试验和加载方法试生产的转K6摇枕最大循环次数累计达184万次，转K5摇枕最大循环次数累计达200万次，比用原工艺和原材质生产的摇枕最大循环次数提高60～80万次。疲劳循环次数远高于发达国家标准要求。

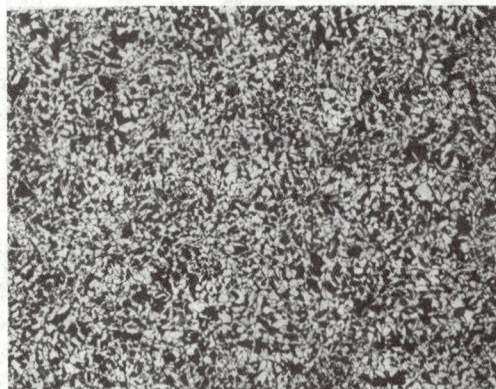　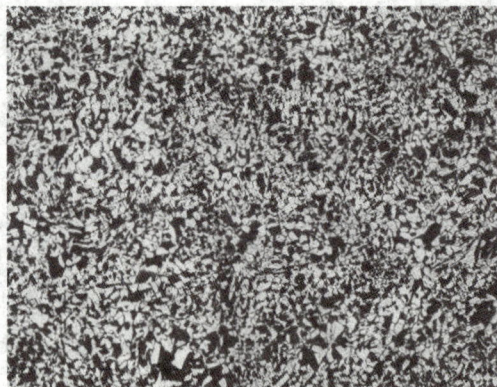

(a) 正火3级　　　　　　　　　　　(b) 正火4级

图9-41　B+级钢基体组织(铁素体+珠光体)评判结果

整体芯B+级钢侧架按规定完成试验循环次数后，加大试验载荷40%继续试验，累计循环次数达到50万次时均无裂纹。

（5）摇枕、侧架制造工艺技术水平和产品质量基本达到世界领先水平，产品质量检测手段高于发达国家标准要求。

（6）采用整体芯技术和B+级钢材料显著提高了产品质量、零部件的可靠性和疲劳寿命，因而大大提高了铁路运输安全性，延长了厂修周期和摇枕、侧架使用寿命，提高了摇枕、侧架和车辆寿命期内的综合经济效益，具有显著的社会效益和经济效益，进而大幅度提高了我国铁路货车制造行业和企业的全球竞争能力。这种工艺降低了人工成本，改善了劳动条件，减少了人为因素对产品质量的影响，提高了产品质量的稳定性。

采用整体芯技术和B+级钢材料生产的摇枕、侧架分别如图9-42、图9-43所示。

图9-42　整体芯B+级钢摇枕　　　　　图9-43　整体芯B+级钢侧架

综上所述，通过采用整体砂芯工艺、B+级钢材料、钢水精炼技术、超声波和射线内部探伤、湿法荧光磁粉表面探伤、超声波测量和三维测量、表面强化处理等技术措施，显著地提高了摇枕、侧架的内在质量和外观质量，大幅度提高铸件形位尺寸精度，进一步保证了车辆的运行性能和摇枕、侧架的安全可靠性。

生产过程采用整体砂芯和先进可靠的制芯线，减少了人为因素的影响，大大提高了产品质量的稳定性和可靠性，进一步改善了劳动条件，从根本上改变了生产效率低、质量影响因素多、质量稳定性差的落后局面。

另一方面，随着我国铁路运输事业的发展和西方国家对优质铸件的需求，我国铁路货车摇枕、侧架制造技术向更深、更高和更精细的方向发展。因此，我国摇枕、侧架制造技术的主要发展方向如下：

(1) 精确控形：进一步开发精确成型技术，发展净终形和近净终形制造技术，从而进一步提高摇枕、侧架的形位尺寸精度和内外表面质量，改善转向架的性能。

(2) 精确控构：预测和控制宏观组织（凝固组织形态和尺寸）、微观组织（亚晶界、枝晶间距等）、强化相的形态和分布，成分和组织的均匀性等，从而大幅提高摇枕、侧架的力学性能。

(3) 在研发新的成型技术的同时，开发高性能、精细化的新材料。

(4) 淘汰能耗大、污染大、效率低、效益低的传统工艺，研发环境友好、效益好的制造工艺技术和装备。

(5) 开发高纯净、低消耗的钢水冶炼工艺技术。

(6) 研究和发展更先进、更科学、更可控的凝固加工技术，以获得更精细、更致密的凝固组织，并逐步实现对产品多尺度精细结构的精确控制。

(7) 发展和推广凝固过程的模拟仿真技术。

(8) 研发制造过程和产品质量的检测技术和仪器设备。

(9) 精益制造、制造信息化等技术将得到进一步深化和推广。

(10) 各项工艺技术和装备将更加人性化、现代化。

当前，我国摇枕、侧架的制造技术正在朝着高质量、高效率、低消耗、低污染的良性循环方向快速发展。因此，我国摇枕、侧架的制造技术和产品质量达到并保持世界领先水平将成为必然。

9.5　制动系统制造技术

9.5.1　模块化组装的重要性

长期以来，货车制动系统存在以下惯性质量问题：① 车轮踏面擦伤故障率高；② 主支管集尘器处易漏泄，支管折断现象较为突出；③ 制动零配件防盗性能差，丢失现象严重；④ 相同车型配件互换性差；⑤ 闸瓦间隙小，列检作业更换闸瓦难度较大。

造成以上问题的原因主要在于：货车制动系统的设计缺乏统一的设计规范，各工厂的制动计算方法不同，参数取值存在差异；不同主导单位设计的货车上，相同作用、相同规格配件采用各自企业标准，检修时配件互换有一定困难；制造工艺规范不一致，各厂家制造基准不完全一致，按同一图样生产的货车存在差异。总而言之，设计和工艺没有统一标准，缺乏约束。

针对上述问题，从 2006 年 7 月开始，货车使用单位组织货车制造工厂全面开展货车制动系统"设计标准化、工艺规范化、制造商品化，实现零部件互换"技术攻关，即"三化一互换"。货车制动系统全面实施模块化组装后，提高了零部件制造和组装精度，实现了不同生产厂家、不同车型主要零部件的互换，在方便检修的同时，降低了制动系统泄漏的可能性。制动系统模块化组装工艺的实施，推动了制造工艺技术和管理水平的提升，实现了货车制造向精益化转变，创建了中国铁路货车生产管理的新模式。

9.5.2　制动系统设计制造标准

货车制动系统设计制造缺乏统一标准，使得各车辆主导设计单位设计的货车制动系统千差万别，造成产品零件制造缺乏商品性，零配件制造质量一致性差，导致货车制动装置的组装以散件手工组装方式为主。组装现场存在大量现场配装、配焊和强力组装，产品与图样差异性大。产品检验的标准也仅以在交检、交验状态下达到单车试验的要求为准，制动系统的技术状态难以保证，车辆投入使用后制动装置频繁发生故障，严重影响车辆使用效率和列车运行安全。因此，要纠正上述问题，必须首先制订设计和工艺标准。

1. 设计标准化

（1）对单一车型：制动装置按模块进行划分，模块内部统一定位基准，模块间控制相对位置关系。

（2）对相似结构的不同车型：要求其各模块应尽量一致，不同车辆相同功能配件应尽可能互换。

① 对车辆用配件：要求优先选用《70 t 级铁路货车制动装置技术条件（试行）》推荐的制动配件。

② 制动装置分为四个模块：120 阀模块（含储风缸、调整阀及连接管系）、制动缸模块（含闸调器、制动缸前后杠杆）、脱轨自动制动装置模块和制动主管模块。模块内部统一定位基准，模块间控制相对位置关系。不同车辆相同功能配件应尽可能互换。制动系统模块示意图如图 9 - 44 所示。

2. 工艺规范化

（1）以"先油漆，后组装"为生产组织形式，各制造单位的生产工艺必须满足《70 t 级铁路货车制动装置技术条件（试行）》的要求。

（2）规定各工厂制造同一车型时，制动装置制造组装工艺定位基准应一致，从工艺规范上保证不同厂家同一车型产品的配件互换性。

（3）规定制动附属件及管件不得配装，不得强力组装，以保证制动装置的组装质量。

3. 制造商品化

制动零部件的制造必须符合产品图样及技术条件的要求。把每件制动零部件当作商品进行制造，完成油漆后，在配件运输、转序及存放过程中必须采取防护、防尘措施，保证配件达到直接组装标准。

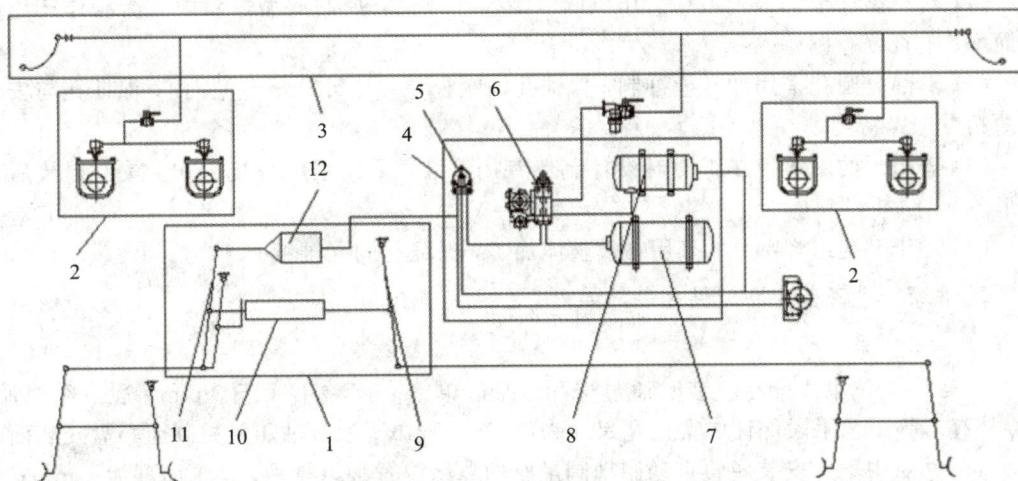

1—制动缸模块；2—脱轨自动制动装置模块；3—制动主管模块；4—120阀模块；5—限压阀；6—120阀；
7—储风缸；8—双室风缸；9—后制动杠杆；10—闸调器；11—前制动杠杆；12—制动缸。

图 9-44　制动系统模块示意图

9.5.3　制动系统的制造工艺

1. 底架附属件技术条件及制造工艺

1)《70 t 级铁路货车制动装置技术条件（试行）》底架附属件技术条件

型钢板材加工前应进行预处理，处理后钢材表面清洁度应符合 GB/T 8923.1—2011 中 Sa2 1/2 级要求，表面粗糙度为 30～80 μm，抛丸处理后进行可焊性金属防锈漆，干膜厚度为 10～20 μm。

（1）将附属件热轧角钢吊座完全改变为板材压型结构，同时将原尖角结构改成更加人性化的 R15 的圆角过渡结构。

（2）规定附属件板材下料不得采用手工切割去除材料，周边倒棱，去除飞边毛刺。

（3）规定附属件板材下料直角边垂直度不大于 1 mm，方板对角线差不大于 2 mm。部分压型件垂直度要求控制在 1～1.5 mm，孔间距公差要求在 ±0.5 mm 范围内。

（4）120 阀安装座、制动缸吊座组成安装面平面度不大于 1 mm。

2) 制造工艺

2006 年以前，货车制造企业底架附属件采用剪机或手工气割下料，成形采用普通折弯机或简易模具，制造工艺比较粗糙。2006 年以后，为满足底架附属件尺寸精度和外观要求，采用以下方法对零部件进行加工：

（1）采用数控等离子、数控火焰切割下料，零件下料精度可达到 JB/T 10045—2017 中 C 级和 I 级与 JB/T 10045—2017 中 A 级和 I 级的规定。

（2）设计制造专用冲孔落料模具下料。

（3）数控转塔机床加工，采用砂轮打磨周边棱角、飞边毛刺。

（4）对压型件全部采用数控折压机或压型模具成型，控制成型过程中人为操作产生的平面度、垂直度等偏差。

（5）对部分圆孔采用冲孔模冲制，保证孔间距公差在±0.5 mm范围内，保证孔与安装面的相对位置精度。

（6）需组焊的附属件在组对时设计制造专用工装，采用强制焊接方式，减少焊接后的变形。

（7）对于带孔组焊部件，采用钻模整体加工，保证孔间同轴度。

2. 底架制造工艺与附属件组装的要求

1）底架中梁工艺

底架1、2位单片梁在组装时通过选配，保证单梁高度差不大于3 mm；通过组对胎、350压缝车等工艺手段保证中梁内宽尺寸为(350±2)mm；通过油压机控制上心盘安装面的平面度，并对中梁上安装脱轨自动制动阀吊座的翼缘位置加以校平，使平面度为1 mm；利用中梁矫正台旁弯矫正装置，控制中梁旁弯，使其满足相关标准要求。

2）底架生产工艺

底架生产流程为：底架组对(包含部分附属件组对)→底架翻转焊接→地板组对(铁地板)→底架翻转焊接(包含部分附属件组对)→底架正面焊接→底架矫正→底架交验。

2003年开始的既有货车提速改造对底架附属件组装工艺提出了"采用样板或划线定位，在底架翻转机上焊接"等要求。2006年开始提出模块内底架附属件必须采用整体定位方式，采用翻转机水平焊接，批量生产时不得现场配焊。这些要求规范了底架附属件组装、焊接工艺，保证了底架附属件组装、焊接质量，以及制动装置的互换性。

3）底架组对工艺

中梁纵向定位基准为上心盘或从板座加工面，横向定位基准为中梁腹板，垂向定位基准为中梁上平面，定位完成后对中梁实施可靠夹紧，确保中梁挠度的一致性以及中梁位置的稳定性。

附属件组对在底架制造过程中完成。附属件组对全部采用刚性定位，保证了附属件组对位置精度。附属件组对工艺基准与设计基准完全统一。其中，120阀座纵向以后挡板加工面、横向以中梁纵向中心线、垂向以中梁上平面为定位基准。120阀模块以120阀座为基准，制动缸座以120阀座为基准，制动缸模块以制动缸座为基准。限压阀安装座、120阀防盗箱吊以120阀座为基准，制动缸前后制动杠杆托架以制动缸座为定位基准，脱轨制动吊座以上心盘为定位基准。

不能在底对台上组对的位于不同模块内的不同附属件在底架翻转机上用模块内整体式样杆进行组对。脱轨自动制动阀模块采用整体样板，以上心盘下平面、枕中梁中心为定位基准。120阀模块、制动缸模块其余件也采用整体样板，以120阀吊座、制动缸吊座为基准。

最后在底架交验工序利用检测样板对附属件组装质量进行全面检查，确保各种管吊位置符合图纸要求，保证产品流入下道工序为合格品。

3. 空气制动系统零部件的制造工艺

空气制动系统零部件主要包括控制阀(包含120型空气控制阀、限压阀、传感阀、脱轨自动制动阀)、制动缸、储风缸以及它们之间的连接管件、制动杠杆、拉杆等零部件。2006年12月开始铁路货车制造企业全面实施"三化一互换"制造工艺,相关制动配件制造工艺变更最大的为储风缸与制动管件,以及制动杠杆、拉杆类零部件。

1) 储风缸制造工艺

缸体下料由剪机改为数控等离子切割,采用数控滚圆机滚圆,控制缸体错边量,控制缸体圆柱度;端盖采用专用模具压型后,利用新制非标设备加工端口与缩口;采用专用组对工装组对风缸吊、法兰盘,控制风缸吊平面度和风缸吊面与法兰盘面垂直度。缸体与端盖焊接采用混合气体保护自动焊,严格控制焊接区热输入量,避免热输入量过大,造成焊接区金属金像粒度变粗,影响零件强度。焊接完成后,进行风水压试验,试验合格后,清理干净,存放于专用料架上,送下工序油漆。

2) 管件制造工艺

(1) 原工艺情况。

工艺流程:管件下料→套丝→弯制→焊接→气密性试验→交验。

管件下料后,下料尺寸为自由公差,误差大。管件弯制采用液压弯管机,弯管质量依赖操作者水平。管接头焊接采用手把焊,焊接质量控制困难。

(2) 现工艺情况。

工艺流程:制动管下料→套丝→弯管→管形检测→焊接→垂直度检测→管内吹扫→气密性试验→交验。

3) 拉杆与制动杠杆制造工艺

拉杆与制动杠杆制造工艺采用"先油漆后组装"工艺,即工件在组装前喷涂底、面漆后存放于专用料架,送至组装工序组装。

4. 制动配件的组装工艺

1) 原工艺情况

车体钢结构与制动配件制造完成后,采用单件组装方式:先组装120阀、制动缸、限压阀、储风缸、测重机构、脱轨自动制动阀,然后组装制动主管、各连接支管,再组装制动杠杆、拉杆与闸调器,最后组装手制动部件。组装完成后进行油漆。组装过程中如果存在质量问题,切修底架附属件或烤修管件,进行强制性组装。

2) 现工艺情况

制动系统遵照模块化组装要求,采用先油漆、后组装原则。车体钢结构组装完成后,进行底、面漆喷涂,烘干后送至组装线;制动配件不锈钢件、储风缸及铝合金阀类件,进行表面清理清除污物后,采用静电喷涂工艺喷涂面漆,烘干后送至组装线;杠杆与拉杆类零部件进行表面除锈处理后,进行底、面漆喷涂,烘干后送至组装线;标准件如螺栓、螺母、垫圈、开口销、销轴等件采用表面防腐处理(镀镍、镀铬、镀锌等)。

制动系统组装前,按照制动系统的四个模块,对能够实施整体组装的120阀模块进行预组装,而对无法实现整体组装的制动缸模块、脱轨制动模块和主管模块实施子模块分组装。

(1) 紧固件与销轴穿插方向:上下连接件,原则上从上向下穿;沿车体纵向,以车体横向中心线为基准，向车体两端穿；沿车体横向，以车体纵向中心线为基准，由里向外穿。制动管组装时不得强力组装、火焰矫正和配装；制动配件组装后应保持外观清洁、油漆无缺损。

（2）120阀模块的预组装以及模块与车体的总组装工作利用柔性组装升降车完成，均匀紧固各法兰连接螺栓，使120阀模块成一刚体，利用组装小车将120阀模块送入车体下部，与车体相应附属件连接。

（3）由于主管模块穿越枕梁、横梁与中梁，不能整体组装，因此采用单组装方式。组装时主管采用防护措施，避免在穿越时损伤主管表面油漆。以120阀模块中连接集尘器与主管三通（DN32X25）为基准连接各主管间法兰连接螺栓，同时组装制动管吊。

（4）组装制动缸模块（含闸调器、制动缸前后杠杆），穿插销轴与开口销，穿销轴时在连接孔涂润滑脂。

（5）组装脱轨自动制动装置模块，紧固各管件间法兰连接螺栓，组装制动管吊。

（6）组装连接拉杆，穿插销轴开口销，穿销轴时在连接孔涂润滑脂。

（7）紧固各法兰连接螺栓、制动管吊螺栓。

（8）组装手制动装置配件。

9.6 轮轴组装制造技术

9.6.1 轮轴组装制造技术的发展

货车轮轴制造技术的发展，经历了从作坊式生产到工厂化生产的过程，从手工操作、单机作业方式发展到了大规模自动化流水作业，逐步形成了工艺合理、设备齐全、功能完备的货车轮轴制造体系。

中华人民共和国成立前，我国只能从事简单的修理工作。中华人民共和国成立后，随着铁路事业的蓬勃发展，货车轮轴制造业也从无到有，逐步地建立起来，我国的货车轮轴制造技术也由此开始起步。

20世纪80年代，铁路货车开始装用专用货车滚动轴承，车轴专用仿形车床、车轴专用仿形车床磨床、轮对压装机、轴承压装机等先进设备逐步推广应用，促进了货车轮轴制造技术的发展。到20世纪末，货车轮轴制造技术已基本具备了完整的体系，提升了工业化大批量生产的轮轴质量。

20世纪90年代开始，车轴精加工、数据自动传输、微控轮对自动压装等新技术的应用将轮轴制造技术提升了一个新的台阶。

进入21世纪，铁路货车提速重载开始在全路推广，这对货车轮轴制造技术提出了更高的要求。50钢车轴的试制、紧凑型轴承的试制运行，加快了铁路轮轴制造业的前进步伐。21 t轴重产品也逐渐向25 t轴重产品过渡。

2004—2009年，铁道部进一步规范了各工艺线的建设工作，对轮轴各工艺线中关键工序的设置、关键设备的功能等提出了具体要求，使货车轮轴制造水平有了极大的提高，保证了货车轮轴制造质量。

随着铁路货车提速重载工作的不断深入，货车制造企业对货车轮轴制造技术从设计制造理念、工艺技术水平、配套技术性能和综合管理模式等方面进行了改进，提炼并推广了很多先进的工艺理念和工艺方法，例如车轴锻造的连铸式车轴、连续式热处理炉、成型磨削等，推动了轮轴制造技术的发展。

9.6.2 轮轴组装的技术条件

通过在生产实践中不断总结完善，轮对组装技术条件日趋成熟，对其组装前的配件、组装后的各项尺寸、压力曲线、压装设备等作了明确的要求，形成了轮轴标准化体系。

9.6.3 轮对自动组装流水线

轮对自动组装流水线应包含车轴自动测量、车轮自动加工、车轮预压装、轮对压装、轮对检测、镶入部探伤等。车轴测量机能准确地将测量的车轴轮座尺寸自动传给车轮加工机床，车轮加工机床自动按接收到的数据和规定过盈量进行轮孔精加工，车轮加工完毕后进行车轮喷油及预压装工作。预压装完成后，送压装位进行全自动压装。轮对压装生产线见图 9-45。

图 9-45 轮对压装生产线

9.6.4 轮轴制造组装与自动检测

目前全路在轮轴精加工及组装工艺上基本实现了加工、检测和组装自动化。车轴、车轮精加工后的最终尺寸依靠程序来保证，提高了轮轴精加工和轮对组装的质量保证能力。

车轴加工大致可分为粗加工、半精加工、精加工三部分，从半精加工开始一般是在生产线上完成。主要的工序有切头钻孔、粗车三径、半精车三径、精车三径、加工轴端三孔、磨削等。

车轴切头加工采用效率相对较高、可同时切断两端头及加工中心孔的机床进行。粗车三径采用机床自身质量较大、功率较高的数控车床或成型车床。粗车两端面一般使用双端面铣床。车轴身、半精车三径使用车床，然后精铣两端面、中心孔，使用组合铣床完成，一次装夹完成两步加工。

车轴精加工采用数控车床进行，包括精车轴颈、防尘座工序以及精车轮座工序。钻、扩、攻轴端三孔使用专用三孔加工机床完成，该设备可实现钻、扩孔和倒角、攻丝一次加工，以及具有 D、E 型等常见车轴的三孔加工。标记刻打使用轴端标记气动刻打机完成。

磨削轮座在磨床上进行，而磨削轴颈及防尘座按照要求在数控磨床上进行，且采用成型磨削的方式。车轴交检采用自动检测设备，在车轴荧光磁粉探伤机上进行磁粉探伤。

车轮加工路内各工厂主要加工车轮内孔，配合车轮轮座完成轮轴组装。车轮内孔要求表面粗糙度为 Ra6.3。目前，路内加工车轮内孔设备主要为立式车床和立式镗床，相比较而言，立式车床的加工范围较大，加工质量较高。

轮对压装采用全自动轮对压装机进行。轮对压装机分为两种形式：一种是美国西蒙斯的全自动压装机，在压装前，先设置轮对预压装工序；第二种主要以泰格公司压装机为代表，压装前没有预压装工序，采用轴颈保护套保护轴颈及防尘板座，车轮加工完毕并手动套轮后输送到自动压装位，进行两端自动压装。

轮对压装后采用轮对自动检测机（见图 9-46）进行检测。轮对自动检测系统主要用于轮对各部尺寸的自动测量及信息录入，并对采集的信息自动生成车统-51C 报表，对相关信息的录入可自动分析判断，同时可将基础数据上传到 HMIS 轮轴子系统中。

图 9-46　轮对自动检测机

9.6.5　轮对轴承组装与检测

轴承压装采用带有微机监控系统的轴承压装机，一般为铁路货车滚动轴承与轴颈压装专用，见图 9-47。它采用高灵敏度压力传感器，实时检测压装机压力，微机系统显示压力曲线、轴号、压装力、贴合力等，并自动生成打印报表，还可与HMIS联网。

图9-47 轴承压装机及力矩扳机

轴承选配采用轴承智能库系统，该系统由轴承内径测量、轴承智能存取库、轴颈自动测量、压装选配、轴承输送和控制管理系统组成，可实现轴承的自动测量、智能存取、轴承轮对压装优化选配的自动配送，使入出库作业高度自动化，物流与信息流高度同步化，提高了作业效率，确保了轮轴检修选配质量。

轴承标志牌符号数码打号的专用工装设备由微机、可编程共同组成主从式控制系统，通过步进电机进行精确控制，操作人员只需将打号信息输入计算机后，就可进行单条记录打印或连续打印。该设备可直接与其他工装设备连接成网，实现网络数据共享，实时打号。打字机构采用步进电机驱动字模成横向或纵向动作，由气缸或液压缸推动冲头冲击字模，使得该设备不仅在字间距、行间距上控制精确，还具有HMIS联网功能。

9.6.6 轮轴试验台跑合检验

微机控制轮对轴承磨合机使轮对从进轮、磨合到出轮整个过程由微机进行全过程控制，自动确定轴承磨合时间，自动控制、跟踪、检测、分析轮对磨合过程。温度检测采用接触式或红外线传感器，温升超限自动报警，自动打印磨合结果及输入的轴承参数。

9.7 检 测 技 术

9.7.1 轮轴检测

轮轴生产线配备车轴检测机(见图9-48)和轮对检测机，机械加工、组装实现在线检测并实现数据联网。车轴检测机对轴颈、防尘板座、轮座直径和形位公差，以及车轴全长等数据进行自动检测；轮对检测机对车轮直径、踏面跳动、内侧距、轮位差等数据进行自动检测。检测数据与相应机械加工、组装工序共享，使车轮、车轴、轴承自动达到最佳配合。同时采用荧光磁粉探伤进行裂纹等缺陷检测，采用专用探伤设备对轮对压装部位进行超声波检测。

图 9-48　车轴检测机

9.7.2　转向架检测

转向架生产线配备正位检测台和落成检测机。正位检测台对交叉支撑转向架两侧架导框对角线差、轴颈中心距差进行检测。落成检测机对心盘距轨面高度、心盘至旁承顶面垂向高度、两旁承高度差等数据进行自动检测。交叉支撑装置正位检测台见图 9-49。转向架正位检测、落成检测分别见图 9-50、图 9-51。

图 9-49　交叉支撑装置正位检测台

图 9-50　转向架正位检测

图 9-51　转向架落成检测

9.7.3 车体检测

钢结构生产线配备中梁、底架检测台，对中梁内距、心盘距、挠度和底架两心盘平行度、中侧梁高度差、对角线差等进行在线检测，保证大型钢结构组装尺寸精度。底架检测和中梁检测分别见图9-52、图9-53。

图9-52 底架检测

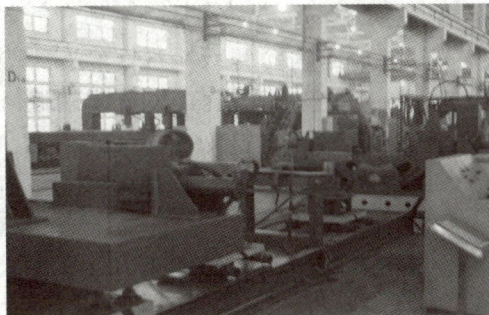

图9-53 中梁检测

9.7.4 制动控制阀检测

集中数字化控制的试验装置可同时对多个车辆制动系统进行性能检验。计算机控制的专用试验台可以检测空气控制阀、空重车阀等制动控制元件的作用性能。三坐标仪可以检测立体制动管的三维尺寸。

9.7.5 无损检测

对于摇枕、侧架、车轴、车轮、车钩、尾框、制动梁等影响货车运行安全的关键部件，采用荧光磁粉进行表面探伤，超声波或射线进行内部检查。高能射线DR成像及工业CT检测技术用于摇枕、侧架的生产工序的质量控制。

在各专业化生产线实现在线检测、实时采集、工序共享、动态监控、集中处理，并广泛应用荧光磁粉探伤、超声波检测、高能射线DR成像及工业CT检测等无损检测技术，实现工序间产品质量动态检测，减少了偶发因素对质量的影响。

在线检测数据实时采集、工序共享、动态监控、集中处理，对工序间产品质量状态动态分析，减少偶发因素对产品质量的不利影响，进入全国铁路货车技术管理信息系统（HMIS），实现产品质量信息全寿命管理。

参 考 文 献

[1]　严隽耄，傅茂海. 车辆工程[M]. 3版. 北京：中国铁道出版社，2007.

[2]　钱立新. 世界高速铁路技术[M]. 北京：中国铁道出版社，2002.

[3]　陈雷，张志建. 70t级铁路货车及新型零部件[M]. 北京：中国铁道出版社，2006.

[4]　华亮，姜建宁，沈艳丽. 机车车辆概论[M]. 北京：北京交通大学出版社，2010.

[5]　铁道部运输局装备部. 铁路机车概要[M]. 北京：中国铁道出版社，2008.

[6]　《铁路货车交叉支撑转向架》编委会. 铁路货车交叉支撑转向架[M]. 北京：中国铁道
　　出版社，2002.

[7]　王春山，陈雷. 铁路重载提速货车技术[M]. 北京：中国铁道出版社，2010.

[8]　陈雷. 铁路货车技术与管理[M]. 北京：中国铁道出版社，2010.

[9]　《铁路货车概要》编委会. 铁路货车概要[M]. 北京：中国铁道出版社有限公司，2020.

[10]　成建民，姚金山，尤文娅. 车辆设计参考手册：车辆总体及车体[M]. 北京：中国铁
　　道出版社，1988.

[11]　刘盛勋，赵邦华. 车辆设计参考手册：转向架[M]. 北京：中国铁道出版社，1988.

[12]　邵旦华. 车辆设计参考手册：制动装置[M]. 北京：中国铁道出版社，1990.

[13]　章音. 车辆设计参考手册：客车采暖、通风与空气调节[M]. 北京：中国铁道出版社，
　　1993.

[14]　饶忠. 列车制动[M]. 北京：中国铁道出版社，2010.

[15]　饶忠. 列车牵引计算[M]. 3版. 北京：中国铁道出版社，2010.

[16]　张开文. 制动[M]. 北京：中国铁道出版社，1993.

[17]　夏寅荪，吴培元，等. 120型空气制动机[M]. 北京：中国铁道出版社，1995.

[18]　钱立新. 国际重载机车车辆的最新进展[J]. 机车电传动，2002(1)：1-4.

[19]　钱立新. 世界铁路重载运输技术[J]. 中国铁路，2007(6)：49-53.

[20]　苗蕾，齐向春. 国外铁路货物运输发展特点及启示[J]. 中国铁路，2009(8)：73-76.

[21]　冯芬玲，陈治亚. 铁路重载运输的经济性分析[J]. 铁道运营技术，2009，15(2)：
　　33-35.

[22]　林路. 重载运输：铁路货运新天地[J]. 铁道知识，2009(3)：10-15.

[23]　吴玉督，朱乾龙，曹婧. 美国铁路改革模式及启示[J]. 宏观经济管理，2010
　　(6)：72-74.

[24]　杨晓莉. 美国铁路发展现状及启示[J]. 综合运输，2010(2)：67-71.

[25]　鲍祖贤. 澳大利亚铁路简介[J]. 国外铁道车辆，2000，37(3).

[26]　王春山. 中国铁路货车制造技术[J]. 铁道车辆，2010，48(2).

[27]　曹晋华，程侃. 可靠性数学引论[M]. 2版. 北京：高等教育出版社，2006.